Mythisches, Allzumythisches, Band 2
Peter Tepe, Helge May

Mythisches, Allzumythisches, Band II
© Melina-Verlag 1996

Bereits erschienen:
Mythisches, Allzumythisches, Band I
Theater um alte und neue Mythen
ISBN 3-929255-17-0

Die Deutsche Bibliothek - CIP-Einheitsaufnahme
Tepe, Peter:
Mythisches, Allzumythisches / Peter Tepe; Helge May.
Mitgestaltet von: Sabine Jambon... - Ratingen: Melina-Verl.
NE: May, Helge:
2. Abenteuer um alte und neue Mythen - 1996
ISBN 3-929255-23-5

Herausgeber: Melina-Verlag
Am Weinhaus 6, D-40882 Ratingen/Deutschland
Telefon: 02102/9596-21, Telefax: 02102/9596-22
Organisation: Melina-Verlag
Photos: Helge May
Umschlaggestaltung: Angela Buntenbroich
Layout: Helge May, Yoshiro Nakamura
Druck: A. Jakšto spaustuvė. 956
Kaišiadorys, Lithuania
ISBN 3-929255-23-5

Alle Rechte der Verbreitung, auch durch Film,
Funk, Fernsehen, fotomechanische Wiedergabe,
Tonträger jeder Art und auszugsweiser Nachdruck,
sind vorbehalten.

Peter Tepe, Helge May

MYTHISCHES, ALLZUMYTHISCHES
Band 2

Abenteuer um alte und neue Mythen

Mitgestaltet von:
Sabine Jambon, Yoshiro Nakamura,
Susanne Stemmler und Ingo Toben

Melina-Verlag

Anstelle eines Vorworts: Gebrauchsanleitung

PETER Liebe Leserin, lieber Leser, das Buch, das Sie gerade in Händen halten, fällt aus dem üblichen Rahmen.
HELGE Moment, das klingt ein bißchen arrogant, oder? Was meinst du überhaupt mit *üblich?*
PETER Nun, einerseits gibt es in der Wissenschaft vielfältige Theorieangebote, die sich an Fachleute wenden (und häufig auch nur von ihnen verstanden werden können). Andererseits gibt es Versuche, einem breiteren Publikum gewisse Erkenntnisse, seien sie nun im engeren Sinne wissenschaftlich oder nicht, zu vermitteln. Zu diesen Popularisierungen kann z.B. auch ein Erfolgsbuch wie *Sofies Welt* gerechnet werden, das einen Grundkurs Philosophiegeschichte in Romanform verpackt. *Unüblich* ist es hingegen, sich schon bei der Entwicklung einer Theorie an ein breiteres Publikum zu richten ...
HELGE ... und genau das passiert hier. Peter Tepe bringt seine *integrale Theorie des Mythos und der Ideologie*, die er in *Mythisches, Allzumythisches 1* bereits vorgestellt hat, auf möglichst allgemeinverständliche Weise voran. Oh, ein Wort zu diesem ersten Band, wenn Sie ihn nicht schon im Regal stehen haben: Dort wurde über Mythos und Ideologie nachgedacht.
HELGE Und zwar in *Theaterform*. Der erste Band ging aus einer *Theatervorlesung in 14 Etappen* hervor, und so hatte er drei Funktionen: die unterhaltsame Vermittlung einer Theorie, die Dokumentation einer neuartigen Vorlesungsform, und nicht zuletzt die Präsentation eines Theatertextes, der zur Nachahmung anregen sollte.
PETER Eine Verbindung von Theorieentwicklung und Theorievermittlung ist nicht in allen Erkenntnisbereichen möglich und sinnvoll. Wir meinen jedoch, daß sie dort sinnvoll ist, wo es um Dinge geht, die *für uns alle und für unsere Lebenspraxis* wichtig sind. Genau das ist aber der Fall, wenn Ideologien, Illusionen und Mythen zur Debatte stehen. Ohne den Theoriekontext Mythos/Ideologie (und spezifische künstlerische Interessen) hätte unsere theatralische Vorlesung damals wohl nie das Licht der Welt erblickt.

HELGE Das vorliegende Buch ist auch gewissermaßen ein Zwitter. Im ersten Kapitel, der *Museumsführung für Neueinsteiger*, werden die Grundlagen aus Band 1 zusammengefaßt. Gleichzeitig ist es aber auch eine Art Mikrokosmos der Rahmenhandlung, unseres Theaterstils und der Stimmung, die in den Theatervorlesungen herrschte.
PETER Dieses Kapitel wurde, wie *Chez Pierre*, noch auf der Hörsaalbühne gespielt.
HELGE Mit Kapitel drei beginnt der eigens für diesen Band geschriebene Komplex der *Kopf-Filme;* dialogisierte Geschichten also, die nicht auf der Bühne, sondern im Kopf des Lesers ablaufen.
PETER Während meine Theorie unter den verschiedensten Blickwinkeln weiterentwickelt wird ...
HELGE ... schicke ich dich, mich, die übrigen Mitglieder der *Mythic Tours GmbH* und jede Menge abgefeimter Schurken in immer verrücktere, wildere Abenteuer, an denen manche der gewonnenen Einsichten auf plastische bis drastische Weise verdeutlicht werden.
PETER Jetzt bist *du* aber ein bißchen arrogant.
HELGE Ach, halt den Mund.
PETER Nun, blättern Sie einfach mal durch, und Sie verstehen, was wir meinen.
HELGE Viel Spaß!

Düsseldorf, im August 1996   Peter Tepe, Helge May

1. Für Neueinsteiger: Die Museumsführung

In der Mitte der Bühne steht ein einsames Telefon. Ansonsten ist sie bis auf einen Tisch mit verschiedenen Exponaten aus den vergangenen Vorlesungen (Mitra, Schwert, Wams, Engelsflügelchen usw.) leer. Das Licht geht ganz aus. Schräge Salon-Musik wird eingespielt. Vier leere Getränkekisten werden hereingetragen, die Ratten, der Igel und die Kröte stellen sich darauf, nehmen ausdrucksstarke Denkmal-Posen ein und bleiben starr stehen. Es wird hell. Der Museumswärter kommt mit einem Klappstühlchen und einer Tasche herein, setzt sich, packt Butterbrot, Thermoskanne und Zeitung aus und macht Mittagspause. Er sieht sich kopfschüttelnd die Sportseite an und zerrt gerade eine Lage Schwarzwälder Schinken mit den Zähnen aus dem Kommißbrot, als das Telefon klingelt.

REICHSTEIN Deutsches Museum für Mythologie zu Düsseldorf, Reichstein am Apparat. Sprechen Sie lauter, ich kann Sie nicht verstehen! – Herr Direktor. Ich bin grade beim Abstauben, ja. Nein, alles in Ordnung ... Bestens, Herr Direktor, und Ihnen? ... Aha ... Und sonst, menschlich? ... Hmm ... hmm ... *(sieht sein Brot sehnsüchtig an, beißt schließlich wieder hinein)* Wie bitte? ... Schwarzwälder Schinken, Herr Direktor. ... Bitte? ... Nein, kein Besucher heute. ... Gestern auch nicht. Jaja, die Leut wissen nit, wat jot es. Selbstverständlich ... Ja, die Geräte sind angeschlossen ... Klar, ich mach sie an, wenn einer kommt.
Wunderbar ... Auch so! Wiederhören!
Er legt auf, trinkt seine Tasse leer und faltet die Zeitung wieder zusammen. Seufzend nimmt er einen Staubwedel und macht sich daran, die vier Statuen abzustauben. Kaum hat er damit angefangen, da klingelt das Telefon wieder.

REICHSTEIN Deutsches Museum für Mythologie, Reichstein am A ... Was??? Gruppenbesichtigung! Aber Herr Direktor, das ist ja ... Sind Amerikaner dabei? I can then Englisch speak! Oho ... Know you that not? There makes me so fast nobody what for! What? Entschuldigung, Herr Direktor. Wir polyglotten Menschen lassen uns so schnell fortreißen. Natürlich. Schicken Sie sie ruhig runter. Es kann wieder losgehen!

Blackout. Nach wenigen Sekunden wieder volles Licht, Herr Reichstein begrüßt das Publikum freudestrahlend.

REICHSTEIN Einen wunderschönen Nachmittag, meine Damen und Herren, a beautiful after-mid-day, my Ladies and Gentlemen, une bon ... äh ... apres-menü, Mesdames et Messieurs. Ich möchte Sie herzlich willkommen heißen im Deutschen Museum für Mythologie und hoffe, daß Sie aus der kommenden lehrreichen und anregenden Stunde einiges an Erfahrung mit nach Hause nehmen können. I want to heartly ... äh ... Ach, wat sullet. *(Er liest das folgende ab.)*
Meine Damen und Herren, die folgende Führung wird in 14 Schritten erfolgen. Es handelt sich um die kurze Zusammenfassung einer im letzen Winter entstandenen wertvollen Textsammlung des bekannten Mythos-Mäzens Peter Tepe. Es kann natürlich nicht in aller Ausführlichkeit auf alle Exponate eingegangen werden, wir bemühen uns vielmehr, Ihnen einen groben Überblick zu verschaffen. *(Wieder frei zum Publikum:)* Dat heißt auf jut deutsch: Se greatest hits of the 14 Vorlesungs in one auer. Jetzt haben Sie sich sicher schon gefragt, was dat da für komische Puppen sin. Das ist das vollautomatisierte IME™- Programm, sprich Interaktive Mythologie-Einführung. Ich weiß uch noch nit jenau, wie dat Dingen funktioniert, aber das können wir ja mal testen. Also, alles fing an mit einer Höhle unter der Erde. Mal gucken ...

Er zündet die Kerze des Igels an und drückt auf einen Knopf. Es wird dunkel, das Bild einer Höhle wird an die Wand projiziert, Harfen-Musik eingespielt, der Igel bewegt sich ruckartig und steigt vom Podest.

IGEL Tja. Also, da sind wir. Seht euch um! In dieser Höhle werde ich den Winter verbringen, und vielleicht den Sommer dazu. Ich hab sie mir nicht ausgesucht, und ob *ihr* bleiben wollt, könnt ihr nach meiner Geschichte entscheiden. Es ist das Jahr Eins nach der großen Katastrophe – ich nenne es jedenfalls so. Ich weiß nicht, was passiert ist, aber da oben ist kein Leben mehr möglich. Also wohne ich jetzt hier, tief unten, zur Untermiete. Ein Rattenpärchen läßt mich hierbleiben, bisher noch umsonst. Aber ich weiß nicht ... ich habe das Gefühl, daß die das nicht aus lauter Gutmütigkeit machen. Unterwegs hab ich eine alte Kröte getroffen, und als wir hier ankamen, hat der Alte gleich gesehen, daß die Ratten sich ne ganze Menge Krötenbücher unter die Kralle gerissen haben. Wiederkriegen wird er die nicht ... Die Sache ist nämlich die: Das Volk der Kröten war nie sehr beliebt bei den anderen Tieren. Oft haben wir Katastrophen erlebt, meistens grauenhafte Waldbrände, und jedesmal ist nur ein Bruchteil unserer Völker mit dem Leben davongekommen. Die kostbarsten Bücher der Igel verbrannten, die alten Geschichtenerzähler der Ratten erstickten, die Sänger unter den Schlangen verstummten für immer.

So ist es seit hunderten von Jahren, und die Geschichten unserer Völker gerieten immer mehr in Vergessenheit. Alle – außer den Geschichten, die die Kröten sammelten. Sie haben immer im Tümpel gelebt, und nie ist ihnen etwas passiert. Alle Tiere flüchteten sich zum Wasser, wenn die Feuerstürme losbrachen. Und sagten die Kröten: "Herein? Wir haben Platz, macht es euch gemütlich, nehmt euch´n Wurm?" Nein. Die Kröten verlangten Eintritt. Wer bleiben wollte, mußte eine Geschichte seines Volkes erzählen. So hatten die alten Grübler immer genug Stoff für immer dickere Wälzer. In dieser Kiste da sind die Mythen aller Tiervölker – und die Gedanken über diese Mythen. Sie ist das Kostbarste, was es auf dieser Welt gibt. Jetzt wißt ihr, warum die Kröte die Kiste wiederhaben will. Jetzt wißt ihr auch, warum die Kröte hier nicht sehr beliebt ist. Und ihr wißt, weshalb ich dem Alten trotzdem helfe. Rattenzähne sind scharf!

REICHSTEIN Dat is schon toll, ne? Die Dinger sin wie echt. Ich sag auch immer für ming Frau, sag ich, ich kauf dir mal son Reichstein, genau wie in echt; mit demm kannst do dann kalle un ich jon Skat spille. Die werden in Japan gemacht, ja. Also die Puppen jetzt. In Japan. So. Jetzt sind Sie aber doch wahrscheinlich von wegens der Wissenschaft hier. Das ist kein Problem, da schieben wir einfach die andere Diskette rein ...So. Dann darf ich mich empfehlen. Wenn wat nit klappt mit den Dingern, dann rufen Sie einfach, ich komm dann gucken. Also, das deutsche Museum für

Mythologie zu Düsseldorf wünscht Ihnen eine lehrreiche Stunde mit unserer *Museumsführung in 14 Schritten.* Tschö! *(Ab.)*

IGEL Einen wunderschönen guten Tag, meine sehr verehrten Damen und Herren, herzlich willkommen zum Interaktiven Mythos-Einführungs-Programm.

KRÖTE Wir kommen gleich zu den grundlegenden Fragen: Was sind eigentlich *Mythen*? Was verstehen wir unter dem *mythischen Bewußtsein*? Und was unter *Mythologie*?

RATTE Mythen sind Geschichten, Erzählungen. In den Kasten mit der Aufschrift *Mythen* gehören z.B. Geschichten über Götter, Dämonen und Heroen. Mythen erzählen unter anderem von der Geburt und Entstehung der Götter, von der Entstehung der Welt, von der Schöpfung der Menschen.

RÄTTIN *Mythisches Bewußtsein* oder *mythisches Denken* – darunter verstehen wir eine bestimmte Form religiöser Weltauffassung. Wir nehmen an, daß die Grundstrukturen dieser Weltauffassung das Denken in schriftlosen Gesellschaften bestimmen oder mitbestimmen.

KRÖTE Richtig. Nebenbei bemerkt: die Mythen schriftloser Gesellschaften dürfen mit den Mythen schriftkundiger Gesellschaften nicht ohne weiteres in einen Topf geworfen werden. Und die Mythologie?

IGEL Unter *Mythologie* verstehen wir nicht primär, wie weithin üblich, die Gesamtheit der Mythen eines Volkes (Griechische Mythologie usw.), sondern das Nachdenken über Mythen und mythisches Bewußtsein, wobei wir auch die künstlerische Arbeit an und mit Mythen einbeziehen. Die so verstandene Mythologie setzt das Verlassen des mythischen Denkens voraus.

KRÖTE Im zweiten Schritt ging es uns darum, einen groben Überblick über die Vielfalt der Mythos-Theorien zu vermitteln. Die unterschiedlichen Ansätze wurden dabei folgenden Leitfragen zugeordnet: a) Wie werden Mythen und mythisches Bewußtsein kritisiert?

RATTE b) Worauf wird die Entstehung der Mythen und des mythischen Bewußtseins zurückgeführt?

RÄTTIN c) Welcher Ort wird dem mythischen Bewußtsein im Geschichtsprozeß zugewiesen?

IGEL d) Was kann man, wenn es mit dem mythischen Denken vorbei ist, mit Mythen anfangen?
KRÖTE e) Welche Funktionen werden den Mythen und dem mythischen Bewußtsein zugeschrieben?
RATTE f) Wie wird die Struktur des mythischen Denkens bestimmt?
IGEL Im dritten Schritt legte die Kröte ihr Programm vor: Fernziel ist es, durch Einbeziehung diverser mythostheoretischer Ansätze eine übergreifende Mythostheorie zu erarbeiten, die auf alle Leitfragen – z.B. nach der Struktur des mythischen Bewußtseins, nach der Funktion mythischer Vorstellungen usw. – überzeugende Antworten zu geben vermag.
KRÖTE Wir verfolgen also das Projekt einer *integralen Theorie des Mythos*. Entscheidend ist, daß diese Theorie vom Standpunkt des *vollständig profanen Bewußtseins* aus, also jenseits des mythisch-religiösen Bewußtseits stehend, aufgebaut werden soll. Und: Es wird eine bestimmte Form des Umgangs mit dem Mythos empfohlen, die sich auf die Formel 'Gegen den *geglaubten*, für den *fiktionalen* Mythos' bringen läßt. Aufgrund dieser normativen Anteile ist es berechtigt, das Gesamtprojekt auch als das einer *Philosophie des Mythos* zu bezeichnen.
RÄTTIN Im vierten Schritt arbeiteten wir Einsichten über die *Struktur des mythischen Bewußtseins* in unser Konzept ein. Diese Strukturen, so nehmen wir an, liegen den unterschiedlichen Ausformungen des mythischen Denkens in den diversen Kulturen zugrunde, wobei vor allem an schriftlose Kulturen zu denken ist. Leitkröte Kurt, an der wir uns in diesem Punkt orientieren, lehrt, daß für das mythische Denken eigentlich alles Schauplatz numinosen Einflusses ist: die Natur, die Psyche, das soziale Leben. Für das mythische Denken gibt es z.B. keine rein materiellen Naturgegenstände; für es sind das Numinose und Materielle eins. Und im Mythos ist alles zweckbestimmt: Die Nacht, die den Tag gebiert, hat die *Aufgabe,* der Welt das Licht zu bringen.
RATTE Für das mythische Denken existiert auch keine scharfe Grenze zwischen Innen und Außen. So wird geglaubt, daß derjenige, der die Rüstung des Feindes gewinnt, eben damit die numinose Substanz des Gegners an sich zieht. Der Traum wird mythisch nicht etwa als Phantasieprodukt des Träumenden aufgefaßt, son-

dern als eine wirkliche Eingebung der Gottheit. Verhaltensregeln werden nicht als Schöpfungen von uns Menschen, sondern als Wirkung numinoser Wesen aufgefaßt, die der Gemeinschaft ihre Ordnung geben. Tätigkeiten des Gemeinwesens werden auf Gottheiten zurückgeführt, die sie hervorgebracht haben und ohne deren Anwesenheit sie nicht gelingen können; Gebet und Opfer spielen eine zentrale Rolle.

IGEL Die Grundauffassung, ein numinoses Wesen habe zum ersten Mal eine bestimmte Handlung vollzogen, und seitdem wiederhole sich dieses Ereignis *identisch* immer wieder, wird im mythischen Denken gleichermaßen auf die Natur, die Psyche und das soziale Leben bezogen. So ist es immer derselbe Frühling, der jedes Jahr wiederkehrt. Die Abläufe in der Natur, im Verhalten von uns Tieren wie auch das gesamte Leben werden als Vollzug numinoser Urbilder gesehen. Diese Urbilder oder Prototypen werden nicht als bloße Vorbilder gedacht, die man nachahmt, sondern es wird angenommen, daß sie sich buchstäblich in jeder auf sie gegründeten Handlung identisch wiederholen.

KRÖTE Was die Zeitauffassung betrifft, so lebt der mythisch denkende Mensch in zwei Dimensionen: zum einen in der profanen Zeit, die unumkehrbar ist, zum anderen in der heiligen Zeit, die zyklisch ist, denn das gleiche heilige Urgeschehen ereignet sich überall von neuem.

IGEL Ferner gibt es für das mythische Bewußtsein heilige Orte, nämlich solche, an denen Gottheiten gegenwärtig sind bzw. an denen sich eine Ursprungshandlung abgespielt hat. Da numinose Substanzen an vielen Orten zugleich sein können, kann es für das mythische Bewußtsein viele Orte geben, an denen eine Gottheit geboren wurde.

RATTE Das Fest ist für das mythische Bewußtsein eine Begegnung mit der Gottheit. Diese wird mit ihrem Namen gerufen und zum Opfermahl geladen. Durch die heiligen Handlungen gerät alles in die sinnlich fühlbare Nähe der Gottheit.

RÄTTIN Für das mythische Bewußtsein ist die Zukunft als Ausdruck ewiger numinoser Substanz immer schon gegenwärtig. Daher gehört zu dieser Weltauffassung das Orakel, welches den göttlichen Willen verkündet.

An dieser Stelle bleiben die vier 'Puppen' reglos stehen. Das Programm ist anscheinend durchgelaufen. Einige Verlegenheits-Sekunden verstreichen.

YOSHI Herr Reichstein!
REICHSTEIN Wat is los? Ach, tun se et nit? Ja, ja. Die werden ja in Japan gemacht. In Japan. Loss mer ens kucke ... *(Er fuhrwerkt mit einem Schraubenzieher herum, klappt vielleicht einen Deckel im Rücken einer der Puppen auf und bemüht sich um eine Reparatur.)* Hier muß doch irgendwo ein Hauptschalter sein ... *(Das Licht geht aus.)* Ja jlööfs de et dann! Wat es dann jetz ad widder!
(Kerzen werden angezündet, ein geheimnisvolles "Omm" ertönt. Die Puppen machen sich selbständig.)
RÄTTIN Dreifuß, leite meine Seele
Durch die heil'gen Kräuterdüfte
Und dann sprich durch meine Kehle
Sende Weisheit durch die Lüfte.
IGEL Was soll das Theater? Wieso ist es auf einmal so dunkel, Ratten?
REICHSTEIN Das frag ich mich auch. Wo ist die verdammte Sicherung?
RATTE Seid still. Ihr werdet es früh genug erfahren.
IGEL Meine Güte, schon wieder irgendein mythisches Brimborium. Ich kann dieses "Omm" nicht mehr hören, Kröte. Kröte! Bist du da?
KRÖTE *(kleinlaut)* Ja ...
IGEL Was ist mit dir? Wieso sagst du nichts?
KRÖTE Ich hab Angst im Dunkeln.
REICHSTEIN Jaja. Die werden in Japan gemacht, die Dinger. In Japan.
RÄTTIN Gib ihnen von den zehn heiligen Kräutern.
IGEL Nichts da! Ich hab langsam die Nase voll von euren Kräu ...
REICHSTEIN Och, so'n Kümmerling tät ich nehmen ...

Eine Abbildung des blutdürstigen, grausamen Zehnkopf wird an die Wand geworfen.

RÄTTIN Nun dürft ihr ihn sehen.

Igel, Kröte und Reichstein stehen wie hypnotisiert da und starren das Bild von Zehnkopf an.

RATTE Sehet, zehn Jungfrauen schwängerte Zehnkopf. Aus ihren Leibesfrüchten entsprang unser Geschlecht. Doch was geschah dann mit den Müttern?
RÄTTIN Neun von ihnen starben voll Scham und voll Abscheu. Nur eine, die schönste, sie liebte das Scheusal. So gab sie der Welt ihre Jungen und blieb dann bei ihm.
RATTE Doch das Glück währt nicht ewig. Das Monstrum liebte sein Weib wie sich selbst, doch stärker noch war seine Gier. Die Gier ... nach Rattenfleisch. Und so ward auf dem lüsternen, nachtschwarzen Lager aus der zartesten Liebe das köstlichste Mahl.
RÄTTIN Und Zehnkopf, als er seinen Hunger gestillt, verzehrt' sich vor Gram – Kopf für Kopf fraß er sich selber auf. Doch die Seele der Schönen weint stets noch um ihn ...
BEIDE Schauet ihr strahlendes Licht! Höret ihr schreckliches Klagen!

Die Ratte schlägt den Gong. Als der Lärm verklungen ist, öffnet sich die obere Hörsaaltür.
Ein blendender Lichtstrahl dringt durch die Türöffnung, eine ganz in weiß gekleidete Gestalt
steht in der Tür und beginnt zu singen, während sie die Treppe hinabschreitet. Es ist ein Klagelied, voller Bitterkeit.

GESPENST Der Weg war weit
Die Zeit ist lang
Schwestern, was singt ihr meinen Gesang?
Sehet, seht mein Leiden, das seinesgleichen suchet.
Hört, hört meine Klage, die ich die neunte
War im unglückseligen Reigen.
Bin eines Königs Tochter, und mich freite
Ein großer König.
Ich ward gefreit von Zehnkopf
Und als die Zeit sich wandte, wuchs
Das Leben in meinem Schoß.

> Und ich gebar ihm Söhne
> Und waren Söhne, wie kein Weib auf Erden
> Noch Söhne trug, und könnte jemals tragen.
> Zum Danke seine Zähne er mir schlug
> Ins weiße Fleisch.
> Liebster, Liebster!
> Ich grolle nicht.
> Ich harre Deiner!
> Nennt keinen glücklich, der da lebt auf Erden!

Durch den Gesang hypnotisiert, drehen sich Igel, Kröte und Reichstein um. Die Gestalt bleibt vor ihnen stehen. Sie hebt langsam die Arme und berührt die drei an der Stirn. Sie fallen um und bleiben leblos auf dem Boden liegen, während die Gestalt nach hinten abgeht.
Es wird heller, das Zehnkopfbild ist verschwunden. Die Puppen stehen wieder völlig starr, Reichstein rappelt sich auf und kratzt sich ratlos am Kopf.

REICHSTEIN Dat glaubt mir doch wieder kein Schwein. Küttt da so ne Mythos und packt mich an der Kopp. Nä, dat glaubste nit ... Ach! Da ist die Sicherung! – So!
KRÖTE Fünfter Schritt: Kritik an Leitkröte Kurt.
REICHSTEIN Na wunderbar! *(Ab)*
KRÖTE Wir können von Kurt viel über die Eigenart des mythischen Bewußtseins lernen, aber sie begeht den Fehler, die mythische Weltauffassung für ein völlig in sich geschlossenes System zu halten. Das Denken der Menschen in schriftlosen Gesellschaften hat zwar stets einen mythischen *Hintergrund,* aber es ist nur in besonderen Situationen explizit mythisch. Diese Menschen verfügen über ein gewisses Maß an positivem oder profanem Wissen, das es ihnen erlaubt, verläßlich zu handeln. Erst wenn die Routine stockt, gehen sie von 'natürlichen' zu mythischen Erklärungen über.
RATTE Ein Beispiel: Daß ein hölzerner Getreidespeicher zusammenbricht, wird normalerweise 'natürlich' erklärt: man weiß z.B., daß auch das härteste Holz nach längerer Beanspruchung irgendwann morsch wird. Bricht er jedoch gerade dann zusammen, als XY

daruntersteht, so wird gefragt 'Warum mußte der Speicher gerade jetzt einstürzen?'. Und das uns zufällig Erscheinende wird mythisch stets auf numinose Einwirkungen zurückgeführt. Wir haben es demnach bei schriftlosen Völkern nicht mit einem 'rein' mythischen Denken zu tun, sondern mit einem – durchaus konflikthaften – Zusammenspiel zwischen profanem Wissen und mythischen Denkstrukturen. Ein ausschließlich mythisch denkender Mensch wäre auch gar nicht überlebensfähig.

IGEL Im sechsten Arbeitsgang skizzierte die Kröte erste Antworten auf weitere Leitfragen.

RÄTTIN *Wie unterscheidet sich das mythische Bewußtsein vom vollständig profanen?*

KRÖTE Für das vollständig profane Bewußtsein ist all das, was mythisch auf numinose Einflüsse zurückgeführt wird, 'natürlich' zu erklären. Zu den 'natürlichen' Erklärungen gehört auch die Zurückführung von etwas auf soziokulturelle Einflüsse, auf menschliche Erfindung usw. Für das vollständig profane Bewußtsein gibt es, um die Raumauffassung als Beispiel herauszugreifen, zwar keine heiligen Orte im strikten Sinn, wohl aber herausgehobene Orte, die für die Gruppe oder den Einzelnen lebensbedeutsam sind. Wie jede andere, so ist jedoch auch die Grundstellung des vollständig profanen Bewußtseins keiner absoluten Begründung fähig. Wenn wir versuchen, dieses 'Spiel' möglichst konsequent durchzuspielen, so dürfen wir nicht übersehen, daß die Gegenseite ein vergleichbares 'Spiel' aufzuziehen vermag.

RATTE *Wie kommt das, was man aus profaner Sicht die Illusionen des mythischen Bewußtseins nennen könnte, zustande?*

KRÖTE In das mythische Denk- und Erfahrungssystem ist ein *Mechanismus religiöser Überhöhung* eingebaut, der das für die jeweilige Gemeinschaft und ihre Mitglieder *Lebensbedeutsame* in etwas *Numinoses* umformt. So erscheint z.B. der aus irgendwelchen Gründen lebensbedeutsame Gegenstand als ein von numinoser Substanz durchwirkter Gegenstand.

IGEL *Welche sozialen und psychischen Funktionen erfüllt das mythische Bewußtsein?*

KRÖTE Durch die religiöse Überhöhung des in sozialer Hinsicht Lebensbedeutsamen werden z.B. die Regeln des Zusammenlebens mit höheren Weihen ausgestattet und jeglicher Kritik entzogen. Das faktisch Geltende wird mir Ewigkeitswert ausgestattet.

RÄTTIN *Welchen Ort weist das vollständig profane Bewußtsein dem mythischen Denken im Geschichtsprozeß zu?*

KRÖTE Wir benutzen 'Entwicklung' als beschreibenden Begriff, 'Fortschritt' hingegen als wertenden Begriff. Es sollte immer dargelegt werden, von wo aus, d.h. im Lichte welches Wertsystems eine Entwicklung als Fort- oder Rückschritt erscheint. Für uns gilt: Die historisch festzustellende Zurückdrängung des mythischen Bewußtseins ist in kognitiver Hinsicht ein Fortschritt, da gewisse Verkennungen, die für das mythische Denken charakteristisch sind, überwunden werden. Daß dieser Fortschritt seinerseits gravierende Probleme mit sich bringt, steht auf einem anderen Blatt.

RATTE *Was kann man jenseits des mythischen Bewußtseins mit dem Mythos anfangen?*

KRÖTE Jenseits des mythischen Denkens können wir an dem dort buchstäblich Verstandenen festhalten, wenn wir es *symbolisch* deuten. *Fiktionale* Mythen sind – anders als *geglaubte* – mit dem vollständig profanen Bewußtsein vereinbar. Darüber hinaus gilt: Wir *brauchen* fiktionale Mythen oder Wert-Symbole, denn sie haben die Funktion, die entscheidenden Wertüberzeugungen wachzuhalten, und sie wirken als eine Art Verstärker der jeweiligen Wertorientierung.

IGEL Jenseits des mythischen Bewußtseins sind hinsichtlich des Mythos drei Rettungsstrategien sinnvoll:
- die Verwandlung geglaubter Mythen in fiktionale.
- der Nachweis, daß die dem Mythos zugrunde liegenden Wertsysteme für die betroffenen Gesellschaften vernünftig sind oder zumindest sein können,
- die Freilegung der Wahrheitsmomente der vorliegenden Mythostheorien und deren Einfügung in unsere integrale Theorie.

RÄTTIN *Gibt es in der modernen Welt ein Denken, das ähnlich wie das mythische funktioniert, gibt es ein quasi-mythisches Denken?*

KRÖTE In der modernen Welt treten an die Stelle der *religiösen* Überhöhung des Lebensbedeutsamen vielfach *profane* Überhöhungen, vor allem solche geschichtsphilosophischer Art. In dieser Hinsicht sind die Ideologien der Neuzeit, Moderne und Postmoderne die Nachfolgerinnen des mythischen Bewußtseins. Daher bezeichnen wir Ideologien auch als *Quasi-Mythen*. Das ideologische Bewußtsein glaubt an seine Quasi-Mythen.

RATTE Im siebten Schritt machten wir Einsichten über die Evolution unseres 'Weltbildapparates' für die integrale Mythostheorie nutzbar. Die Menschen sind in die Entwicklung des Lebendigen hineingestellt und nur aus dieser voll verständlich. Grundlegend für den gesamten Evolutionsprozeß ist das Prinzip der unbewußten Selektion des Lebenswichtigen. Bereits bei den höheren Anthros liegt ein Orientierungssystem vor, das eine dreifache Funktion ausübt: es informiert über das Vorliegen lebensbedeutsamer Gegebenheiten, es bewirkt ein dazu passendes Verhalten und ruft eine damit verbundene emotionale Erregung hervor. Der Erwerb individueller Erfahrung, das Lernen, gewinnt im Zuge der Evolution immer mehr an Bedeutung. Durch die Sprache und dann durch die Schrift wird die soziale Gewinnung, Weitergabe und Speicherung des Wissens intensiviert.

RÄTTIN Vor diesem Hintergrund läßt sich das Zusammenspiel zwischen profaner Informationsgewinnung und mythischem Bewußtsein genauer fassen. Die mythische Überzeugung, daß Verletzungen sozialer Normen durch die Naturgewalten bestraft werden, kann sich im Lichte profaner Informationsgewinnung als falsch erweisen.

IGEL Nichtsdestotrotz sollte man hier ein Beispiel für eine solche Verletzung einer sozialen Norm anführen, die eine recht drastische Bestrafung durch eine Naturgewalt erfährt: Eine alte Geschichte der australischen Beuteligel. Sie heißt *Im Bauch der Regenbogenschlange*.

(Sabine, Peter und Ingo stellen sich ohne Masken in einer Gruppe auf. Sie schlüpfen in die verschiedenen Rollen und sprechen die Dialogteile, während der Igel die Geschichte vorliest. Peter ist das Waisenkind, er steht schluchzend in der Mitte und wird von den beiden flankiert.)

Vor langer Zeit pflegten die Alten die Geschichte eines Waisenjungen zu erzählen, der immer weinte und von der Regenbogenschlange aufgegessen wurde. Man hatte ihm keine Lilienknollen

mehr gegeben – er hatte diese einmal gegessen, und sie hatten ihm sehr geschmeckt – und deshalb mußte er nun immer weinen. Als der Junge einmal umherging, fragte ihn eine alte Frau:*"Warum weinst du?"* Das Waisenkind sagte: *"Sie geben mir keine Lilienknollen mehr."* – *"Tatsächlich?"* antwortete die alte Frau. Da ging die alte Frau hin und holte ihm wilden Honig. Der Waisenknabe aber stand da und sagte: *"Ich will keinen Honig, ich mag ihn nicht!"* Und er weinte weiter, und wie er weinend umherging, stand ein Mann auf und brachte ihm eine fette Schnecke. *"Komm und iß die Schnecke."* sagte der Mann. Das Waisenkind aber stand da und sagte: *"Ich will diese Schnecke nicht, ich mag sie nicht!"* – *"Tatsächlich?"* antwortete der Mann. *"Gut, dann weine nur weiter und laß meine Schnecke."* Und so weinte der Junge immer weiter. Ein Mädchen stand auf und sagte: *"Ich will eine Eidechse für ihn fangen, sonst wird er ewig weinen."* Sie brachte ihm die Eidechse. Er aber sagte: *"Ich will doch keine Eidechse."* – *"Tatsächlich?"* meinte das Mädchen. Die Leute aber sagten zu ihm: *"Warum hörst du nicht auf zu weinen? Bald wird die Regenbogenschlange kommen und uns alle aufessen!"* So sprachen sie zu dem Jungen, aber er hörte nicht auf zu weinen.
Nun gab es im Norden damals eine Regenbogenschlange. Sie hob den Kopf, schaute umher, lauschte ganz genau und hörte den Jungen weit im Süden weinen. Die Regenbogenschlange sagte sich: *"Ich werde in den Süden gehen und sie alle aufessen."* Also machte sich die Regenbogenschlange auf den Weg. Sie kroch unter den Boden und immer weiter und kam im Süden wieder aus der Erde. Die Igel hatten Richtung Norden Ausschau gehalten und plötzlich etwas wie Feuer oder ein Licht erblickt, das auf sie schien, und sie schrien vor Angst laut auf. Eine Weile versuchten sie, die Regenbogenschlange mit ihren Stacheln zu töten, aber diese störte sich nicht an den Stacheln, und so meinten die Igel:*"So ist es nun mal, Pech gehabt. Es hat keinen Zweck; die Regenbogenschlange wird uns wohl einfach alle aufessen müssen."* Die Regenbogenschlange legte ihren Leib um sie und auch um das Waisenkind. Als erstes verspeiste die Regenbogenschlange das Waisenkind; sie biß ihm den Kopf ab und verschluckte ihn. Dann aß sie die anderen ebenfalls auf. Danach ging die Regenbogen-

schlange wieder zurück in die Erde, dort liegt sie nun mit all den Igeln in ihrem Bauch. *(Sie ziehen ihre Masken wieder auf)*
KRÖTE Nun, mit der Ausweitung der empirischen Weltkenntnis ist die Zurückdrängung mythischer Welterklärungen verbunden, bis schließlich den mythisch-metaphysischen Traditionen unter dem Druck der empirisch-rationalen Wissenschaften die Funktion der Welterklärung nahezu vollständig verlorengeht. Aus der Sicht des vollständig profanen Bewußtseins sind die Probleme, mit denen sich das mythisch-religiöse Denken in kognitiver Hinsicht herumschlägt, *Schein-Probleme*, also Probleme, die im Kern falsch gestellt sind.
REICHSTEIN *(tritt auf)* So, meine Damen und Herren, für diese Zeit ist im IME™-Programm eine Pause von zehn Minuten vorgesehen. Sie können sich oben in der institutseigenen Cafeteria einen Kaffee ziehen, in der Zeit muß ich hier die Punkte 8 bis 14 programmieren. Ich hoffe, es hat Ihnen bisher Freude bereitet. Wir sehen uns dann in zehn Minuten wieder!

Blackout. Pause.

Es wird dunkel. Die vier Tiere nehmen ihre Plätze auf den Podesten ein. Das Telefon klingelt. Es wird heller, Reichstein tritt auf.

REICHSTEIN Deutsches Museum für My ... Herr Direktor. Ja, läuft sehr gut. Ein paar kleine Ausfälle hin und wann. Jaja ... Die werden ja in Japan gemacht. In Japan. Äh, Herr Direktor ... Sie hatten nicht zufällig eine fünfte Figur bestellt, so in weißem Bettlaken, singend, die Leute an der Kopp packend? – Oh nein, Herr Direktor, nur Kaffee. Und so'n kleine Kümmerling. Selbstverständlich, Herr Direktor. Es gibt keine numinosen Wesen im strikten Sinne. Jawohl. Wir fahren jetzt fort. Ja. Wiederhörn! – Tuppes. Sie haben das Bettlaken doch uch jesinn, nä? Ach, wat sullet. *(Er schaltet das Programm wieder an, die vier Puppen nehmen ihre Sitzplätze ein.)* Sie sind ja von wegens der Wissenschaft hier. *(Ab.)*
KRÖTE Der achte Arbeitsgang beschäftigte sich mit der Frage, mit welchen Modellen das mythische Denken arbeitet. Die Verzerrungen des mythischen Denkens hängen mit dem Sozio-,

Techno-, Bio- und Psychomorphismus zusammen: unbewußt werden soziale Beziehungen, Herstellungsverfahren, biologische Vorgänge und seelische Zustände z.B. in die Natur projiziert, um sich diese verständlich zu machen. Das mythische Denken überträgt die Merkmale des Naheliegenden und Bekannten unreflektiert und einschränkungslos auf das Fernerliegende und Unbekannte. Der erfahrungswissenschaftliche Umgang mit Modellen ist hiervon grundsätzlich zu unterscheiden.
IGEL In diesem Schritt ging es um die *Entlastung vom Realitätsdruck*. Die Menschen sind von der Umwelt abhängig, bedürftig, leidunterworfen, todgeweiht usw., also verschiedenen Formen des Realitätsdruck unterworfen, deren wir uns bewußt sind. Bei jeder Form des Realitätsdrucks gibt es die Alternative zwischen Standhalten und Ausweichen, zwischen dem realistischen und dem illusionistischen Weg. Das Grundbedürfnis nach Entlastung vom Realitätsdruck kann also unterschiedliche Gestalt annehmen.
RATTE Und so kann sich jeder Tyrann als König von Gottes Gnaden ausgeben, wenn er nur die Krone hat. So ist es auch in der alten schottischen Geschichte von dem Rattenedelmann, der die Herrschaft durch einen Königsmord an sich gerissen hat.
IGEL Das hab ich doch irgendwo schon mal gehört ...
RÄTTIN Klar, es ist als Schauspiel später sehr berühmt geworden. Der große Ratspeare hat es bearbeitet. Es heißt ...
ALLE Macrat!

Shakespeare-Musik. Am Bühnenrand, vor den Zuschauern, wird ein Stuhl plaziert, auf dem die Kröte mit Manuskript Platz nimmt. Es wird souffliert – ruhig auch für die Zuschauer deutlich zu hören – und daher ohne Textheft, dafür in völlig überzogener, schmierenkomödienhafter Weise deklamiert. Ratte, Rättin und Igel staffieren sich eilig mit einigen einfachen Requisiten und Kleidungsstücken aus: Ein Hexenmantel, ein Messer, ein Wams, eine Pappkrone, zwei Holzschwerter. Die Ratte ist natürlich Macrat, die Rättin spielt die drei Hexen und Lady Macrat, der Igel den Erzähler, der mit seinem dicken Buch zwischen den Akteuren hin und her schreitet, und Macigel, den Rächer.

ERZÄHLER Schottland vor ungefähr tausend Jahren. Der edle Macrat – und ich möchte betonen, daß es sich hier *nicht* um eine Portion saftiges Rattenhack auf knusprigem Sesambrötchen handelt – Macrat also schlendert über die nebelverhangene Heide und hört die Prophezeiung dreier numinoser Wesen.
MACRAT So wüst und schön sah ich noch keinen Tag.
HEXE Heil dir, Macrat! Heil dir, Than von Glamis!
Heil dir, Than von Cawdor!
Heil dir, Macrat! Heil dir, künftgem König!
ERZÄHLER Wir machen einen Sprung von zehn Seiten. Der König hat Macrat tatsächlich zum Than von Glamis und Than von Cawdor gemacht. Jetzt will Macrat auch den letzten Teil der Prophezeiung erfüllt sehen. Es folgt ein häusliches Geplauder zwischen ihm und Lady Macrat über das Für und Wider eines Königsmordes.
MACRAT Wär's abgetan, so wie's getan, wärs gut,
's wär schnell getan. Wenn nur der Meuchelmord
Aussperren könnt aus seinem Netz die Folgen
Und bloß Gelingen aus der Tiefe zöge ...
LADY Ha! Bist du zu feige,
Derselbe Mann zu sein in Tat und Mut,
Der du in Wünschen bist! Da, nimm!
MACRAT Ist das ein Dolch, was ich vor mir erblicke?
LADY Was sonst? Nu mach schon.
ERZÄHLER Wir überspringen weitere 26 Seiten. Macrat hat, mit Hilfe seines Weibes, den König ermordet, ist selber zum König gekrönt worden und fängt nun an, seine Macht durch ein paar weitere Metzeleien auszubauen.
KRÖTE *(mit erhobenem Zeigefinger)* Es ist deutlich zu sehen, daß der Mord an König Duncan ein Versuch Macrats war, dem Realitätsdruck der Abhängigkeit und Bedürftigkeit zu entfliehen. Er hatte das starke Bedürfnis, König zu werden, und konnte es nur durch diese etwas unorthodoxe Maßnahme stillen. Allerdings ist dieser Realitätsdruck nur vorübergehend verringert worden. Statt ihm *standzuhalten*, ist Macrat aufs Morden *ausgewichen*, und das beschert ihm nun den Druck des schlechten Gewissens und die Angst um seinen Thron.

ERZÄHLER Um sein schlechtes Gewissen zu beruhigen, geht er erneut zu den Hexen auf die Heide. Der König will in die Zukunft sehen ...

MACRAT Nun, ihr geheimen, schwarzen Nachtunholde!
Wen muß ich fürchten auf der Welt?

HEXE Macrat! Sei blutig, kühn und fest, lach aller Toren:
Dir schadet keiner, den ein Weib geboren;
Kein solcher kränkt Macrat.

KRÖTE Hier wird der Realitätsdruck, unter dem Macrat leidet, durch die Suggerierung von Unverwundbarkeit bzw. Unsterblichkeit scheinbar aufgehoben.

ERZÄHLER Wir werden sehen, daß es ein großer Fehler war, sich darauf zu verlassen. Denn weitere 23 Seiten später, Macrat ist vom Heer des rechtmäßigen Königs umzingelt und steht kurz vor dem einsamen Ende, taucht Macigel auf. Der Rächer! *(er klappt das Buch zu und geht mit gezücktem Schwert auf Macrat zu)*

MACIGEL Zu mir, du Höllenhund, zu mir!

MACRAT Von allen Tieren mied ich dich allein!

MACIGEL Ich habe keine Worte, meine Stimme
Ist nur in meinem Schwert!
Sie fechten)

MACRAT Verlorne Müh! Mein Leben ist gefeiht,
Kann nicht erliegen einem vom Weib Gebornen!

MACIGEL So verzweifle an deiner Kunst, denn vor der Zeit
Macigel ward geschnitten aus dem Mutterleib!

MACRAT Verflucht die Zunge, die mir dies verkündet
Denn meine beste Mannheit schlägt sie nieder!
(Sie fechten, Macigel erschlägt Macrat.)

MACRAT *(sterbend)* Verdammt! Der Realitätsdruck hat mich eingeholt!

MACIGEL Tja, Standhalten, nicht Ausweichen!

KRÖTE Vielen Dank für diese lebendige Demonstration. Für das vollständig profane Bewußtsein gilt: Wir sollten versuchen, so 'stark' zu werden, daß wir es nicht mehr nötig haben, uns die unvermeidlichen Versagungen durch Illusionen erträglich zu machen, die uns suggerieren, wir seien von ihnen nicht wahrhaft betroffen.

RÄTTIN Das mythische Denken ist in hohem Maße durch die illusionistische Tendenz, durch das Ausweichen vor dem Realitätsdruck geprägt:
- So erhält die Natur Züge des Vertrauten, Wohlbekannten und Sinnvollen.
- Die geltenden Normen und die bestehenden Ordnungen werden in den Makrokosmos hineingelegt.
- Durch Projektion von psychischen Ausnahmezuständen entstehen Illusionen, die eine scheinhafte Befreiung von diesem oder jenem Realitätsdruck bieten.
- Durch die Vorstellung höherer Wesen, die können, was wir nicht können, aber können möchten, kompensieren wir unsere Beschränktheit.

RATTE Hier ist auch zu beachten, daß das Übergewicht der Verhaltenssteuerung und des emotionalen Gehalts in der frühen Sprache zu einer Sprachstruktur führt, die eine sozio- und psychomorphe Weltauffassung suggeriert, also das Entstehen von Illusionen begünstigt. Ferner gilt: Weite Teile des philosophischen Denkens bleiben den Illusionsbildungen des Mythos, freilich in rationalisierter Gestalt, verhaftet – die Metaphysik ist die Fortsetzung des Mythos mit anderen Mitteln.

KRÖTE Im zehnten Schritt wurde Kritik an Leitkröte Ernst geübt. Durch die Verselbständigung der profanen Informationsgewinnung, die in der modernen Wissenschaft ein gewisses Endstadium erreicht, werden die mythisch-metaphysischen Gedankengebilde in kognitiver Hinsicht überholt. Da die Wissenschaft jedoch die Probleme der Verhaltenssteuerung und der emotionalen Orientierung nicht aus eigener Kraft lösen kann, reicht die Strategie der Ersetzung der mythischen durch die profane und insbesondere durch die wissenschaftliche Welterklärung nicht aus. Nimmt man diesen Gesichtspunkt ernst, so erscheint der Mythos nicht mehr bloß als ein kognitiv mangelhaftes Gedankengebilde, sondern auch als Wertsystem und Wertprojektion. Der normative und emotionale Ertrag des Mythos könnte größer sein als der kognitive. Das Projekt einer *Transformation des Mythos* zeichnet sich ab:

IGEL Wir können Wertsysteme kritisch prüfen und geeignete Elemente in unser eigenes Wertsystem einfügen.

RATTE Wir können Wert-Projektionen in 'einfache' Wert-Symbole verwandeln und gegebenenfalls in unser Wertsystem einügen.
KRÖTE Der Mythos erscheint jetzt als umfassende Lebensorientierung, die aufgrund eines fundamentalen Selbstmißverständnisses in den Bereich der Informationsgewinnung hineinragt und unhaltbare Erkenntnisansprüche erhebt.
IGEL Elfter Schritt. Für die integrale Mythostheorie machten wir auch Einsichten der philosophischen Kulturanthropologie nutzbar. Die menschliche Lebensform ruht auf den beiden Säulen der Traditionsübernahme und der schöpferischen Neugestaltung, der Kulturalität und der Kreativität. Unsere Lebensweise ist uns nicht durch ein Instinktprogramm gleichsam vorgeschrieben. Wir sind auf tradierbare Muster angewiesen. Unsere Organe sind, anders als die der Tiere, unspezialisiert, und wir sind instinktarm. Unser Wachstumsrhythmus ist mit der Aufgabe verklammert, im Sozialraum in die kulturelle Überlieferung hineinzuwachsen. Und das Geprägtwerden durch die Kultur betrifft keineswegs nur die Oberfläche, es erstreckt sich bis ins Innerste.
RÄTTIN Jede Kultur beruht auf einem Wertsystem, welches das Verhalten, die Gefühle und die Erkenntnisprozesse steuert. Wirtschaft, Technik, Recht, Sitte, Staat, Religion, Kunst usw. sind immer auch als Ausdruck des zugrundeliegenden Wert-Programms zu sehen. Wert-Programme werden im mythischen Denken (wie auch in anderen Denkformen) projiziert oder hypostasiert. Mythen und mythisches Bewußtsein lassen sich somit auf kulturspezifische Wertorientierungen beziehen. Ein Beispiel für eine Wert-Projektion: Werden Wünsche oder Ideale in die *Vergangenheit* projiziert, so kann daraus der Glaube an ein Goldenes Zeitalter entstehen, in dem alles noch in Ordnung war und das durch einen Sündenfall verspielt worden ist.
RATTE Die Projektionsmaschine arbeitet so: Eine *Wertorientierung* – man könnte auch sagen: ein Wollen oder ein Wünschen – wird hineingegeben und eine *Annahme über die Wirklichkeit* kommt heraus, z.B. die, daß es tatsächlich einmal ein Goldenes Zeitalter gegeben hat. Diese 'Arbeit' läuft vielfach darauf hinaus, das jeweilige Wertsystem mit höheren Weihen zu versehen. Diese Vergoldung verleiht zusätzlichen Halt und gibt Impulse zur Verwirklichung von Zielen, sie schützt vor Zweifeln, die Aktionen

stören könnten. Der *gesetzte* Sinn wird in einen *objektiven* Sinn verkehrt, den man bloß zu entdecken und nachzuahmen hat.
KRÖTE Wert-Projektionen führen zu Fehlinvestitionen der Erkenntniskräfte, z.B. zu dem Versuch, mit allen Mitteln zu beweisen, daß es tatsächlich einmal ein Goldenes Zeitalter gegeben hat. In normativer Hinsicht lassen sich Wert-Projektionen hingegen als sich selbst mißverstehende Wert-Symbole auffassen und in einzelnen Fällen 'retten' , denn Wert-Symbole brauchen wir immer.
Zwölfter Schritt: Krötische Wertüberzeugungen. Dem Projekt einer integralen Philosophie des Mythos aus vollständig profaner Sicht liegen folgende Wertüberzeugungen zugrunde: erstens wird durchgängig für das Standhalten und gegen das Ausweichen, für den realistischen und gegen den illusionistischen Weg plädiert, zweitens wird das Prinzip des Standhaltens durch das der Selbst-Steigerung ergänzt. Es kommt darauf an, innerhalb des vollständig profanen Bewußtseins und im Lichte des Prinzips des Standhaltens den je eigenen Weg zu finden – denn den *einen* Individuationsweg gibt es nicht. Das bedeutet auch, daß der Geltungsbereich der *Gruppen-Moral* einzuschränken ist. Und: Es kommt darauf an, solche Wert-Symbole zu finden, welche die so verstandenen Individuationsprozesse fördern.
REICHSTEIN *(aus dem Off über Mikro)* Deutsches Museum für ... Herr Direktor. Bestens, ja. Die Tannhäusernummer? Nein, tut mir leid. Ja, da war die Demo-Diskette dabei, richtig. Nä, ich kann doch nichts dran ändern ... das Tannhäuserprogramm ist für *fünf* Puppen jedacht ...Aber wenn mer doch nur vier haben ... *(Die Vier drehen sich interessiert zum Off und lauschen)* Ausgeschlossen. Ich kann hier doch nicht den Tünnes machen ...*(Die Vier nicken sich zu, stellen die Cassette mit der Tannhäuser-Ouvertüre an, ziehen sich um und nehmen ihre Plätze ein.)* Nein, nein und nochmals nein. Da können Sie mich noch so sehr bitten ...
YOSHI &SUSANNE: Reichstein, Reichstein, Reichstein!
REICHSTEIN *(Off)* Wie bitte? Ja, ich höre es, Herr Direktor. Also jut, in Gottes Namen ...*(Er tritt mit seiner blonden Lockenperücke auf, blitzt das Publikum unwirsch an und legt sich auf den Tisch, der das Lotterbett darstellt. Es kann losgehen.)*
PAPST   Ich bin der Papst – und der Prolog
              Und wenn mein Auge mich nicht trog

Ist dies Tannhäuser, einst ein Christ
Bald seine Seel' verloren ist.
Er buhlt und macht sich einen Lenz
Mit der antiken Konkurrenz.
Ihr guten Christen laßt euch nicht
Von Satans List umgarnen!
Ich sing euch das ...
(Alle drehen sich entsetzt zu ihm um)
Ich *sprech* euch das Tannhäuserlied
Um eure Seelen zu warnen.

TANNHÄUSER *(seufzt)*
Frau Venus, meine schöne Frau,
Leb wohl, mein holdes Leben!
Ich will nicht länger bleiben bei dir
Du sollst mir Urlaub geben!

ENGELCHEN Puh! Das wurde aber auch Zeit. *(Läuft zu ihm)* Weiter so, Junge. Bleib hart!

TEUFELCHEN Apropos hartbleiben. Du hast hier Möglichkeiten, von denen andere Männer nur träumen. Ihr habt doch so viel Spaß gehabt.

TANNHÄUSER Wir haben zuviel gescherzt und gelacht,
Ich sehne mich nach Tränen,
Und statt mit Rosen möcht ich mein Haupt
Mit spitzigen Dornen krönen.

ENGELCHEN *(zum Teufelchen)* Na, hörst du das? Er gehört mir! Den mache ich zum Vorzeigechristen! Der Mann wird Bischof!

TEUFELCHEN Ach, halt die Klappe. Du hast ihre Schmollmündchennummer noch nicht gesehen. Paß auf!

REICHSTEIN *(mit honigsüßer Stimme)*
Tannhäuser, edler Ritter mein,
Du willst dich mit mir zanken;
Du hast geschworen viel tausendmal,
Niemals von mir zu wanken.
Komm laß uns in die Kammer gehn,
Zu spielen der heimlichen Minne;
Mein schöner liljenweißer Leib
Erheitert deine Sinne.

Venus lockt ihn mit dem Finger, hin- und hergerissen steht er da.

TEUFELCHEN Na geh schon! Du wirst es nicht bereuen!
REICHSTEIN Das tät ich nicht so laut sagen.
ENGELCHEN Halte ein! Gedenke deiner unsterblichen Seele!
TEUFELCHEN Jetzt laß ihn doch. Herr Reichstein möchte auch ein bißchen Spaß haben. Stimmt´s, Herr Reichstein?
REICHSTEIN Wenn dat ming Frau wüßt ...
TANNHÄUSER Dein schöner liljenweißer Leib
　　　　　　Erfüllt mich fast mit Entsetzen
　　　　　　Gedenk ich, wie viele werden sich
　　　　　　Noch späterhin dran ergetzen!
REICHSTEIN Das muß ich mir aber nicht sagen lassen!
　　　　　　Weil ich dich geliebet gar zu sehr
　　　　　　Nun hör ich solche Worte -
　　　　　　Leb wohl, ich gebe Urlaub dir,
　　　　　　Ich öffne dir selber die Pforte.
TEUFELCHEN Verdammt! Und wo geht er jetzt hin, dein künftiger Bischof?
ENGELCHEN Zum Papst natürlich. Hallo! *(Winkt zu Peter hinüber, der winkt huldvoll zurück.)*
TEUFELCHEN Ach, zu dem? Dann brauch ich mir ja keine Sorgen zu machen!
TANNHÄUSER Oh heilger Vater, Papst Urban,
　　　　　　Du kannst ja binden und lösen!
　　　　　　Errette mich von der Höllenqual
　　　　　　Und von der Macht des Bösen.
PAPST　　　Der Teufel, den man Venus nennt,
　　　　　　Er ist der schlimmste von allen,
　　　　　　Erretten kann ich dich nimmermehr
　　　　　　Aus seinen schönen Krallen.
　　　　　　Mit deiner Seele mußt du jetzt
　　　　　　Des Fleisches Lust bezahlen,
　　　　　　Du bist verworfen, du bist verdammt
　　　　　　Zu ewigen Höllenqualen.
TEUFELCHEN Was hab ich gesagt! Da bitte. Jetzt haben wir den Salat.
ENGELCHEN Aber ... ich dachte wirklich ...
TEUFELCHEN Jaja. Wo soll er denn jetzt bitte hin?
ENGELCHEN Als guter Christ ... in die Hölle.

TEUFELCHEN Du tickst nicht mehr richtig. – Geh zurück zu ihr, mein Junge!
ENGELCHEN Tu das nicht!
TEUFELCHEN Geh schon!
ENGELCHEN Geh nicht! *(Sie zerren ihn hin und her, bis das Licht ausgeblendet worden ist. Es wird wieder hell, die Fünf verbeugen sich, Reichstein geht dankend ab.)*
RÄTTIN Vielen Dank. Nun zum dreizehnten Schritt. Hier ging es um die Frage, ob das uns geläufige – und insbesondere das wissenschaftliche – Denken rationaler als das mythische ist. Einige – und zu ihnen gehört Leitkröte Kurt – behaupten, daß das mythische Denken über eine dem wissenschaftlichen Denken *gleichwertige* Rationalität verfügt. Wir sind zu folgenden Ergebnissen gekommen:
RATTE a) Jede Weltauffassung beruht auf besonderen Grundüberzeugungen.
IGEL b) Grundüberzeugungen lassen sich nicht als vernunftevidente und damit endgültige Wahrheiten erweisen – aber es gibt Grundüberzeugungen, die nicht nur für eine bestimmte Epoche gültig sind: diejenigen, auf denen das profane Wissen beruht, das zur Sicherung des Lebens 'unbedingt' erforderlich ist.
KRÖTE c) Das mythische Denken kann genauso rational sein wie z.B. das wissenschaftliche, wenn man unter 'Rationalität' die in sich stimmige Entfaltung der jeweiligen Grundüberzeugungen versteht. Diesem Rationalitätsbegriff zufolge kommt dem wissenschaftlichen Zugang zur Wirklichkeit kein Monopol auf Rationalität zu. Die uns irritierenden Eigentümlichkeiten des mythischen Denkens erklären sich daraus, daß es *anders* als das uns geläufige ist, d.h. auf anderen Grundüberzeugungen beruht. Die geläufige Ansicht, der Übergang zur wissenschaftlichen Weltbetrachtung sei schlicht gleichbedeutend mit dem Sieg der Vernunft über die Finsternis des Irrationalen, ist unzureichend.
RÄTTIN d) Der systemimmanente Begriff von Rationalität hat vor allem dort seine Berechtigung, wo Letztbegründungsansprüche erhoben werden, wie beim extremen Rationalismus. Hier ist es immer richtig zu sagen: 'Auch du arbeitest mit Grundüberzeugungen, die nicht weiter begründet werden können, und im Lichte

dieser Überzeugungen siehst du die Wirklichkeit', 'Du hast keinen Sonderstatus in puncto Begründung fundamentaler Art'.

RATTE e) Der systemimmanente ist jedoch durch einen systemübergreifenden Rationalitätsbegriff zu ergänzen. Da das mythische Denken nicht völlig in sich geschlossen, sondern stets mit dem profanen Denken verzahnt ist, hat die Rationalität des profanen Denkens einen systemübergreifenden Stellenwert.

IGEL f) Wir können jede beliebige Weltauffassung daraufhin untersuchen, ob und in welchem Maße sie mit dem vorhandenen profanen Wissen im Einklang steht. Versteht man unter 'Rationalität' die besondere Stimmigkeit des *profanen* Denkens, so können wir Aussagen vom Typ 'A ist weniger rational als B' machen, d.h. wir können Rationalitätsdefizite feststellen.

KRÖTE Im vierzehnten Schritt ging es schließlich um die Verwandlung von *geglaubten* Mythen in *fiktionale* Mythen oder Als-ob-Mythen. Die Vorstellung einer tatsächlich sinn- und zweckerfüllten Natur lehnen wir ab. Wir können hingegen sehr wohl propagieren: Verhalte dich gegenüber der Natur, *als ob* sie sinn- und zweckerfüllt wäre, obwohl du davon überzeugt bist, das das nicht zutrifft. Eine solche Fiktion, ein solches Symbol könnte eine positive Funktion haben, etwa dazu beitragen, daß wir mit der Natur vorsichtiger umspringen. Grundsätzlich gilt: Jeder mythisch-religiöse Satz kann in einen Als-ob-Satz verwandelt und so 'gerettet' werden; in jedem Einzelfall ist zu entscheiden, ob eine solche Rettung sinnvoll ist, und es ist klar, daß die Entscheidung vom jeweiligen Wertsystem abhängt. Bei jeder mythisch-religiösen Vorstellung sollte versucht werden, sie erstens in einen Als-ob-Mythos zu verwandeln und zweitens darüber nachzudenken, welche positiven oder negativen Folgen eine solche Fiktion haben könnte.

IGEL Meine Damen und Herren, das Interaktive Mythos-Einführungsprogramm ist hiermit beendet. Klicken Sie 'Neustart' für eine Wiederholung. Klicken Sie 'Neustart' für eine Wiederholung.

REICHSTEIN *(tritt auf)* Jaja, ich komme. *(Er schaltet das Programm ab)* So. ... Feierabend!

2. Mythen des Alltags: Chez Pierre

Es ist dunkel. Ein Chanson von Edith Piaf wird gespielt. Langsam wird es hell. Auf der Bühne stehen zwei kleine Tische mit jeweils zwei Stühlen. Ingo tritt als Ober auf und zieht sich gähnend die Schürze an. Er schaltet den riesigen Fernseher ein. Yoshi erscheint auf dem Bildschirm und spricht den folgenden Text, während Ingo beginnt, ein kleines, gemütliches Lokal herzurichten. Karierte Tischdecken, Teller, Besteck, Gläser, Kerzen, Blümchen. Zum Schluß wird ein Schild aufgehängt: "Chez Pierre. Mythos, Musik & Menus"

VIDEO-YOSHI Meine sehr verehrten Damen und Herren, willkommen bei MTV, ihrem Mythoskanal. Wie Sie wissen, beschäftigt sich unsere Sendereihe *Mythisches, Allzumythisches* mit dem Entwurf einer *synthetischen Theorie des Mythos aus vollständig profaner Sicht*. Diese Theorie soll durch Integration mehrerer mythostheoretischer Ansätze aufgebaut werden. Herr Professor Tepe, Sie sollten für unsere neu Hinzugekommenen vielleicht kurz zusammenfassen, wie man sich das vorzustellen hat.
VIDEO-PETER *(im Büro)* Nun, wir arbeiten – zumindest vorläufig – mit acht Leitfragen, z.B. 'Welche sozialen und psychischen Funktionen erfüllt das mythische Bewußtsein?' oder 'Was kann man jenseits des mythischen Bewußtseins mit dem Mythos anfangen?' und ordnen die vorhandenen Theorien den Leitfragen zu, auf die sie zu antworten versuchen. Dann schälen wir im Lichte des vollständig profanen Bewußtseins diejenigen Elemente heraus, die uns als *Wahrheitsmomente* erscheinen und fügen sie in unsere Theorie ein. Zugleich sind wir bestrebt, ungedeckte Alleinvertrungsansprüche und folgenreiche Fehleinschätzungen der jeweiligen Theorie offenzulegen und zu kritisieren. Im grundlegenden Teil, dessen Hauptschritte beim letzten Mal zusammengefaßt wurden, sind wir auf diese Weise z.B. mit den Konzeptionen von Kurt Hübner und Ernst Topitsch umgesprungen. Hübners Theorie, im Buch *Die Wahrheit des Mythos* entfaltet *(er zeigt das Buch)*, läßt sich vor allem auf die Leitfrage *Wie ist das mythische Bewußtsein beschaffen, welche Struktur hat es?* beziehen. Mit Hilfe dieser

Theorie können wir die Eigenart des mythischen Denkens besser verstehen. Auf der anderen Seite kritisieren wir jedoch die Annahme, der Mythos sei ein in sich geschlossenes System der Weltauffassung. Demgegenüber lassen sich die Überlegungen von Topitsch, zusammengefaßt im Buch *Erkenntnis und Illusion*, *(auch das wird in die Kamera gehalten)* primär auf *andere* Leitfragen beziehen, etwas auf die Frage *Wie kommt das, was man aus profaner Sicht die Illusionen des mythischen Bewußtseins nennen könnte, zustande?*. Hier kritisieren wir, daß der Mythos nahezu ausschließlich als kognitiv mangelhaftes Gedankengebilde erscheint und so die Möglichkeit einer Transformation des Mythos nicht in den Blick gerät.

In vergleichbarer Weise haben wir uns dann später mit Heinrich Heine und mit Friedrich Nietzsche auseinandergesetzt, ehe wir zum Abschluß unserer ersten Vorlesungsreihe frei zum Thema *Starkult* improvisierten.Heute möchte ich mit der Aufarbeitung relevanter Mythostheorien unter den Gesichtspunkten *Integration von Wahrheitsmomenten und Kritik von Fehleinschätzungen* fortfahren.

OBER *(sieht, daß sich die Tür öffnet und ruft in Richtung Küche)* Kundschaft!

Er schaltet den Fernseher aus, eilt geflissentlich zur Tür und bringt die beiden Pärchen – Yoshi und Peter als die oben schon eingeführten Intellektuellen sowie Susanne und Helge als verschüchtertes, ältliches gutbürgerliches Paar – zu ihren Tischen. Jeder bekommt eine Speisekarte, in der die Lesetexte stehen. Der Ober behält natürlich auch ein Exemplar.

YOSHI Nett hier. So ... einfach.
PETER Warten Sie's ab, Herr Nakamura. Die haben einen sagenhaften theoretischen Unterbau. Sehr erquicklich, Sie werden sehen. – Ober!
OBER Mein Herr?
PETER Können Sie heute irgendwelche Spezialitäten empfehlen?
OBER Oh ja, im Moment ist Roland-Barthes-Woche. Die *Mythen des Alltags* sollten Sie versuchen.
PETER Hmm ... was meinen Sie?

YOSHI Warum nicht? Das ließe sich recht gut an das Thema *Starkult* anschließen.
OBER Oh, eine gute Wahl. Sie würden sich weiterhin im Feld der modernen Quasi-Mythen bewegen.
PETER Also gut. Zweimal Barthes.
OBER Sehr wohl. Einen Aperitif?
YOSHI Bringen Sie bitte zwei trockene Martini.
OBER Sehr wohl. *(Zum nächsten Tisch.)*
MUTTI Das ist aber ein feines Restaurant, Vati.
VATI Es ist ja auch ein besonderer Tag, Mutti.
OBER Haben die Herrschaften schon gewählt?
VATI Also, ich weiß nicht ... Sag du was, Mutti.
MUTTI Ich kenne das alles gar nicht ...
VATI Und alles auf französisch ... Haben Sie denn gar nichts Gutbürgerliches?
OBER Bedaure. Es ist Roland-Barthes-Woche.
VATI Aha.
MUTTI Was ist denn das genau?
OBER Nun, im ersten Teil des Buches *Mythen des Alltags* sind diverse, in den 50er Jahren aus jeweils aktuellem Anlaß geschriebene Artikel über *Mythen des französischen Alltagslebens* abgedruckt. Einige Titel: *Beefsteak und Pommes Frites, Strip-Tease, Das Gesicht der Garbo, Der neue Citroën*. Im zweiten Teil entwickelt Barthes dann eine Theorie des *Mythos als semiologisches System*.
MUTTI Ah ja. Ich würde dann Beefsteak mit Pommes Frites nehmen.
VATI Und hinterher vielleicht den ... *(senkt die Stimme)*
OBER *(laut und deutlich)* ... und zweimal Striptease, sehr wohl. Einen Aperitif?
VATI Ein Bier würd ich trinken. Und du, Mutti?
MUTTI Eine Cola, bitte.
OBER *(pikiert)* Sehr wohl. *(Ab.)*
YOSHI Ich begreife das nicht recht. So etwas Vulgäres wie Pommes Frites mit *Mythos* in Verbindung zu bringen! Was versteht dieser Mensch nur unter einem Alltagsmythos?
VIDEO- PETER *(steht vor einer Tafel und zeigt mit dem Stock auf die Beispielsätze)*

Das ist gar nicht so leicht zu sagen. Vielleicht machen wir einen kleinen Umweg und erinnern uns an das, was wir im vergangenen Semester über die Verwendung des Ausdrucks 'Mythos' im alltäglichen Sprachgebrauch erarbeiteten. Wir fragten: Was bedeutet *Mythos* in Sätzen wie *Bogart ist ein Kinomythos, Kennedy wurde zum Mythos*? Und wir gelangten dazu, zwei Hauptbedeutungen zu unterscheiden: eine eher positive und eine kritische. Die positive Bedeutung könnte man etwas so fassen: *Bogart ist als Verkörperung oder Symbol eines bestimmten Männertyps berühmt geworden und ins allgemeine Bewußtsein eingegangen*. Und die kritische Bedeutung so: *Kennedy hat eine Überhöhung, eine Verklärung erfahren, die sachlich nicht berechtigt ist – er wurde zum Helden ohne Fehl und Tadel glorifiziert*. Im Lichte der bisherigen mythostheoretischen Überlegungen wurde hinzugefügt, daß es bei Bedeutung Nr. 1 eigentlich unnötig ist, den Ausdruck *Mythos* zu benutzen, während die überhöhende Verklärung einzelner Menschen tatsächlich in den Einzugsbereich der Mythostheorie fällt.

OBER Eine ... *Cola* für die Dame, ein *Bier* für den Herrn. Und zweimal *Mythen des Alltags*. Bitte sehr.

VATI Äh ... ein Buch?

OBER Ganz recht. Ich habe die Kapitel *Beefsteak und Pommes Frites* sowie *Strip-Tease* wie gewünscht markiert. *(Zum nächsten Tisch.)* Zwei Martini. Eine Spezialität unseres Hauses. Die Herrschaften haben Geschmack. Noch einen Wunsch ...?

YOSHI Ich denke, ich nehme das Hirn ...

OBER Eine gute Wahl. Dazu paßt recht gut, was Barthes über *Einstein* schreibt. Er spricht von *Einsteinmythos* bzw. *Einsteinmythologie*, von dem *in die Legende eingetretenen* Einstein. Die Legendenbildung bezieht sich nicht zuletzt auf *Einsteins Gehirn*, das er interessanterweise selbst *der Forschung vermachte*. Einstein ist zu einer Art wissenschaftlichem *Übermenschen* hochstilisiert worden, und diese Stilisierung oder Mythisierung bezieht auch sein Gehirn ein.

PETER Oder doch eher etwas mit Gemüse ...

OBER Etwa so: Wer an den Quasi-Mythos Einstein glaubt, wird vielleicht geneigt sein, diesen Übermenschenstatus an seinem Gehirn festzumachen. Ein Bild zeigt Einstein *ausgestreckt, den*

Kopf von einer Vielzahl elektrischer Drähte umgeben. Man registriert die Wellen seines Gehirns, während man ihn bittet, 'an die Relativitätstheorie zu denken'. Bilder wie dieses und Konstellationen wie diese *verstärken* den Quasi-Mythos. Ferner ist die Mythisierung Einsteins mit der Auffrischung alter Mythen verbunden. Der Glaube an die Möglichkeit eines *totalen Wissens* wird reaktiviert. *Das Universum ist ein Stahltresor, zu dem die Menschheit die Chiffre sucht. Einstein hat sie fast gefunden. Darin besteht der Einsteinmythos.* Die Idee, daß das totale Wissen nur mit einem Schlag erobert werden kann, wie ein Schloß, das nach tausend tastenden Versuchen plötzlich *aufspringt*, wird ins Spiel gebracht. Einstein auf der Suche nach der *magischen Formel der Welt* ... Wichtig auch der Hinweis, daß dem quasi-mythischen Denken vielfach *Widersprüche gleichgültig sind, vorausgesetzt, daß es eine euphorische Sicherheit schafft.*

YOSHI Schön und gut, aber mein Problem ist: Was können wir sinnvollerweise unter einem *Alltagsmythos* verstehen?

PETER Die Verbindung ist leicht herzustellen, Herr Nakamura. Ich tue das zunächst jenseits der Konzeption von Barthes. Der Mechanismus der überhöhenden Verklärung ist, so meine ich, in vielen Bereichen des Alltagslebens wirksam. Die Arbeit der *Werbung* etwa besteht zu einem erheblichen Teil in der Verklärung von Gebrauchsdingen, um den Absatz zu fördern. Hier werden Mythisierungstechniken gezielt angewandt und weiterentwickelt.

YOSHI Und darum geht es auch bei Barthes?

PETER Zumindest lassen sich Verbindungslinien ziehen. Ich folge zunächst meiner eben erwähnten Idee und bringe 'Mythos' mit 'Verklärung', mit 'Überhöhung' in Verbindung. Wenn Barthes betont, alles könne Mythos werden, so läßt sich das – sehr frei – folgendermaßen übersetzen: Alles kann eine überhöhende Verklärung erfahren, alles kann mythisiert werden.

OBER Ich zitiere: *Der geschriebene Diskurs, der Sport, aber auch die Photographie, der Film, die Reportage, Schauspiele und Reklame, all das kann Träger der mythischen Aussage sein.* Vielleicht schauen Sie sich ein Beispiel an, und ich bringe Ihnen zweimal *Mythen des Alltags*?

YOSHI Das wäre ganz reizend. *(Ober ab.)*

VIDEO- PETER Ich möchte die Aspekte, auf die es mir ankommt, möglichst klar und mit möglichst wenig semiologischer Fachterminologie herausarbeiten, was natürlich zu einigen Vereinfachungen führt. Bleiben wir bei der Werbung. Bei einem Gebrauchsgegenstand (z.B. einem Schokoriegel, einer Zigarette, einer Flasche Rum) können wir unterscheiden zwischen seinem 'Gebrauchswert' und der *Versprechung,* die durch – bewußte oder unbewußte – Mythisierung mit dem Kauf und der Benutzung dieses Gegenstandes verbunden wird. 'Wenn du mich kaufst, wirst du Freiheit und Abenteuer erleben, am *easy living* teilnehmen, erfolgreich und beliebt sein' usw. usw. Der Schokoriegel als solcher ist kein Alltagsmythos, aber er ist eine *Materie,* die *mit Bedeutung ausgestattet*, die mit Versprechungen aufgeladen, kurz: die mythisiert werden kann.

Werbespot:
Ein Marsriegel in Großaufnahme
MARS Hey. Hey, Verbraucher!
VERBRAUCHER *(Off)* Wer? Ich?
MARS Klar, Mann. Komm mal'n Stück näher. *(Die Kamera geht noch dichter dran.)* Im Vertrauen. Du willst doch jetzt nicht dieses Scheiß-Wurstbrot essen, oder?
VERBRAUCHER *(Off)* Äh ... eigentlich schon, warum?
MARS Na guck dir das Ding doch mal an! *(Kamera schwenkt zu einem Wurstbrot)*
WURSTBROT Grüß Gott, junger Mann! Beißen's ruhig nei! Sie wissen ja: Fleisch ist ein Stück Lebenskraft! *(Schwenk zurück aufs Mars)*
MARS Hör dir dieses volkstümelnde Geschwätz an. Junge, denk an dein Image! Traubenzucker, lockere Candycreme, herzhaftes Karamel! Hau rein, Mann! Ich kann dir Frauen besorgen! Golf GTI's! Hochsprungrekorde!
VERBRAUCHER Wow! *(Die Kamera zeigt ihn: einen verklemmten, schmalschultrigen Wicht mit dicker Hornbrille)* Endlich gehöre ich dazu. Ich verfüge nun über Selbstvertrauen, erotische Ausstrahlung und erfrischende Agilität.
(Er lächelt mit schokoladeverschmiertem Mund und hält den Riegel hoch.)

V-PETER Zu den mythisierbaren *Materialien* gehören unter anderem: *Sprache, Photographie, Gemälde, Plakat, Ritus, Objekt.* Die quasi-mythische Bedeutung oder *Botschaft* des Schokoriegels, der Zigarette, der Flasche Rum usw. können wir mit Barthes als *sekundäres System* fassen, das auf einem primären System (hier: den Objekten selbst mit ihrem Gebrauchswert) aufsitzt. *Was* mythisiert wird und *wie* es mythisiert wird, hängt von den konkreten gesellschaftlichen Verhältnissen und dem sie prägenden Wertsystem ab. Die Zigarette bekommt auf Ebene 2 die neue Bedeutung 'Wer mich kauft, wird Freiheit und Abenteuer erleben'. Die Botschaft kann aber auch lauten 'Wer mich *nicht* kauft, ist out.' 'Wer mich kauft, beweist damit, daß er oder sie Geschmack hat'. 'Wer mich kauft, zeigt Verantwortung für die Umwelt' usw.
Der Ober bringt Yoshi und Peter je eine Ausgabe von 'Mythen des Alltags'.
VATI Mutti?
MUTTI Ja, Vati?
VATI Ich habe Hunger.
MUTTI Ich auch. Das ist ein merkwürdiges Lokal.
VATI Und all das Gerede über Schokoladenriegel. Du hast nicht zufällig was in der Tasche ...
MUTTI Aber natürlich habe ich. *(Sie öffnet ihre Handtasche)* Hier. Für Notzeiten.
(Die beiden teilen sich ein Mars, als der Kellner an ihren Tisch tritt. Unter seinen vorwurfsvollen Blicken versuchen sie, das belastende Material schnell herunterzuschlucken.)
OBER Wenn Sie jetzt bitte lesen würden, meine Herrschaften ...
VATI Oh. Ja natürlich. *(Er blättert hektisch in seinem Buch herum)*
PETER Barthes bringt ein weiteres Beispiel. *Ich sitze beim Frisör, und man reicht mir eine Nummer von Paris-Match. Auf dem Titelbild erweist ein junger Neger in französischer Uniform den militärischen Gruß, den Blick erhoben und auf eine Falte der Trikolore gerichtet. Das ist der Sinn des Bildes*, also Ebene 1. Auf Ebene 2 bedeutet es hingegen, *daß Frankreich ein großes Imperium ist, daß alle seine Söhne, ohne Unterschied der Hautfarbe, treu unter seiner Farbe dienen und daß es kein besseres Argument gegen die Widersacher eines angeblichen Kolonialismus gibt als*

den Eifer dieses jungen Negers, seinen angeblichen Unterdrückern zu dienen.

YOSHI Na also. *Das* ist eine Mythisierung, wie wir sie verstehen. Auf Ebene 2 kommt übrigens eine – bewußte oder unbewußte – Tendenz zur *verklärenden Harmonisierung von gesellschaftlichen Konflikten* ins Spiel. In einem System des Kolonialismus hat ein Bild, das suggeriert 'Wir sind alle eine große Familie' eine stabilisierende Wirkung. 'Du kannst *sehen,* wie unsinnig es ist, von kolonialistischer Unterdrückung zu sprechen – auch und gerade die angeblich Unterdrückten dienen treu dem großen Ganzen'. Die quasi-mythische Botschaft dient als *Argument gegen die Widersacher eines angeblichen Kolonialismus.* Der grüßende Neger ist ein *unbestreitbares Bild* der gesellschaftlichen Harmonie, ein *fortwährendes Alibi.*

PETER Ich kann Barthes auch in einem weiteren Punkt folgen. Während Ebene 1 auf eine Vielzahl von Informationen verweist, z.B. auf die ganze *Biographie des Negers,* drängt Ebene 2 diesen Reichtum zurück, um Platz für die quasi-mythische Botschaft zu schaffen. Der Neger wird seiner Geschichte beraubt und in eine *Geste* verwandelt. Der Sinn der Ebene 1 wird aber nicht völlig aufgehoben, sondern nur entfernt und *zur Verfügung* gehalten, etwa um den Eindruck gesellschaftlicher Harmonie bei einer bestimmten Bezugsgruppe zu verstärken. *Die französische Imperialität soll eine bestimmte Gruppe von Lesern berühren und keine andere.* Eine quasi-mythische Botschaft kann auf vielfältige Weise transportiert werden: *ich kann tausend Bilder finden, die mir die französische Imperialität bedeuten,* um von anderen *Materialien* gar nicht zu reden. Der *Erzeuger von Mythen,* d.h. der Produzent von Alltagsmythen sucht bewußt oder eher unbewußt nach Beispielen für die quasi-mythischen Botschaften oder Begriffe, die er vermitteln möchte.

MUTTI Guck mal, Vati. All die schwarzen Menschen. Sie sehen so fröhlich aus, nicht?

VATI Ja, und alles ist so sauber. Ach, putzig! Guck mal hier!

MUTTI Wie süß! Ein kleines Negerbaby!

PETER Der *Leser von Mythen* mehr oder weniger naiver Art fällt auf die Mythisierungsstrategie herein: das Bild trägt z.B. dazu bei, Zweifel am kolonialistischen System abzuwehren bzw. gar nicht erst aufkommen zu lassen. Der *Mythologe*, d.h. hier: der Analytiker und Kritiker von Alltagsmythen – und damit auch von Formen *ideologischen Mißbrauchs* im Alltag – unterscheidet die Ebenen 1 und 2 und ordnet dabei der Ebene 2 eine quasi-mythische Botschaft zu. Er zerstört *die Bedeutung des Mythos* und nimmt ihn *als Betrug auf.*

YOSHI Das *eigentliche Prinzip des Mythos* formuliert Barthes so: *er verwandelt Geschichte in Natur.* Diese Formel ist zumindest interpretationsbedürftig. Mein Vorschlag lautet folgendermaßen: Die Mythisierung verbindet Ebene 1 mit Ebene 2, und zwar so, daß die quasi-mythische Botschaft von Ebene 2, die immer *geschichtlich* ist, als in Ebene 1, gewissermaßen in der *Natur der Sache* verankert erscheint. *Alles vollzieht sich, als ob das Bild auf natürliche Weise den Begriff hervorriefe,* d.h. durch Mythisierung geht z.B. *die französische Imperialität in den Zustand der Natur über.* Tatsächlich besteht eine solche Verbindung zwischen den Ebenen 1 und 2 jedoch nicht, sie wird bloß suggeriert.

VATI Herr Ober!

OBER Mein Herr?

VATI Wir hätten gerne eine Beilage zu unserem Buch.

MUTTI Vielleicht ein paar Erbsen?

OBER Bedaure, Erbsen sind aus.

VATI Och, wie schade. Dabei soll Gemüse ja viel billiger geworden sein. Heute kam es doch noch im Fernsehen, der Landwirtschaftsminister hat ...

OBER Gut, daß Sie das erwähnen. Durch Mythisierungstechniken werden, so können wir sagen, *Vorurteile* oder *Quasi-Mythen* vermittelt und zementiert. Z. B. das Vorurteil 'Die Regierung hat alles im Griff' durch die Schlagzeile *Gemüse: Die Preissenkung eingeleitet.* Dabei bleibt der Quasi-Mythos von der Regierung als *Essenz der Wirksamkeit* auch dann wirksam, wenn einige Zeilen später hinzugefügt wird *Die Senkung wird durch das saisonbedingte reiche Angebot erleichtert.* Die Wirkung eines Quasi-Mythos ist oft stärker *als die rationalen Erklärungen, die ihn etwas später dementieren könnten.* Haften bleibt: 'Die Regierung hat wieder mal gehandelt'.

MUTTI Oder Möhren?

OBER Möhren sind auch aus. Entschuldigen Sie mich. *(Ab.)*

VATI Ich glaube, hier gibt es gar nichts zu essen, Mutti.
MUTTI Vielleicht fragst du mal die Herrschaften da drüben?
VATI Ach, ich weiß nicht. Das sind so gebildete Leute ... ich fühl mich gar nicht wohl hier, Mutti.
MUTTI Unsinn. Der gesunde Menschenverstand zählt, Vati.
PETER Das hier ist interessant, hören Sie: Im Text *Racine ist Racine* kommt Barthes auf den Krieg des *gesunden Menschenverstandes* gegen die *Intelligenz*, auf den *Anti-Intellektualismus* zu sprechen. Der Anti-Intellektualismus hat eine große Neigung, an den Quasi-Mythos der *Unschuld* zu glauben. *Mit einer göttlichen Einfachheit ausgestattet, kann man, wie sie behaupten, den wahren Racine am besten erkennen.* Und dieser Quasi-Mythos ist wiederum die Reaktivierung eines alten Mythos, eines *alten esoterischen Themas: die Jungfrau, das Kind, die schlichten und reinen Gemüter besitzen eine überlegene Klarsicht.* Der Quasi-Mythos der Unschuld verleiht dem Ausweichen vor der *intellektuellen Exegese* ein gutes Gewissen, das sich in der aggressiven Verwendung von *Tautologien* wie *Racine ist Racine* artikuliert. Der *Hauptvorzug der tautologischen Methode* besteht darin, keine positiven Aussagen z.B. über Racine machen zu müssen.

Vati hat sich, von Mutti ermuntert, langsam an den Tisch der Intellektuellen herangetraut. Er steht verlegen davor und räuspert sich.

PETER Ja, bitte?
VATI Entschuldigen Sie bitte, aber ich hätte da eine Frage ...
YOSHI Dann sprechen Sie, guter Mann!
VATI Wir dachten eigentlich, das wär ein Restaurant. Wir haben nämlich heute unsere silberne Hochzeit, wissen Sie ... *(Mutti beugt sich hinüber:)*
MUTTI ... und da wollten wir mal nicht aufs Geld schauen!
PETER Ach.
VATI Ja, und dann bringt uns der Kellner nur so ein Buch, wo man kein Wort versteht, und Sie können alle so klug reden ... und es gibt nichts zu essen.
MUTTI Nicht mal ein paar Erbsen!
YOSHI Faszinierend. Laut Roland Barthes besteht eine andere Artikulation dieses guten Gewissens darin, *sich als zu dumm, als zu beschränkt auszugeben, um ein als philosophisch verrufenes Werk*

zu begreifen. Man kann jemanden dadurch diskreditieren, daß man ihn der Lächerlichkeit des rein Zerebralen aussetzt. 'Ich bin intelligent, und ich verstehe X nicht, also ist X dumm'. Hinter der Strategie, durch das *Eingeständnis des Nichtverstehens die Klarheit des Autors in Frage* zu stellen, steckt der Quasi-Mythos, der Gedanke sei schädlich, *wenn er nicht durch den 'gesunden Menschenverstand' oder das 'Gefühl' kontrolliert wird.* Und dieser ist wiederum die Reaktivierung des alten Mythos *Das Wissen ist das Böse.*

PETER Nun, was sagen Sie dazu, guter Mann? Sie halten das Wissen für das Böse, nicht wahr?
VATI Es tut mir leid, aber ich versteh das nicht so recht, wissen Sie ...
YOSHI Prächtig. Möchten Sie und ihre Gattin sich nicht zu uns setzen, Herr ...?
VATI Wurst. Gottfried Wurst. Also, ich weiß nicht ...
PETER Wir bestehen darauf.
VATI Also dann ... *(Er holt Mutti ab.)*
PETER Eine hervorragende Gelegenheit für anthropologische Studien.
YOSHI Richtig. Ganz reizende Exemplare. – Ober!
OBER Mein Herr?
YOSHI Eine Flasche Champagner. Die Hausmarke.
OBER Einmal Schaumwein, sehr wohl.
Mutti und Vati setzen sich mit an den Tisch. Sie werden mit spöttischer Neugier betrachtet.
MUTTI Tja. Kommen Sie öfter hier her?
PETER Doch, doch.
VATI Ah ja. Und dann sitzen Sie so und unterhalten sich quasi über Mythen.
YOSHI Über Quasi-Mythen.
MUTTI Ah ja. Und gegessen wird hier nicht?
VATI Wir hatten nämlich Beefsteak bestellt. Beefsteak mit Pommes Frites.
YOSHI Beefsteak und Pommes Frites gehören zu den *Nahrungszeichen des 'Franzosentums'* – sie nehmen im kulinarischen Wertsystem einen hohen Rang ein. Wenn ein General nach dem Waffenstillstand in Indochina für seine erste Mahlzeit um Pommes

Frites bittet, so ist dies *auch* eine quasi-rituelle Handlung, in der das *französische Brauchtum* herbeibeschworen wird.
MUTTI Ach so.
OBER *(bringt den Sekt)* Bitte sehr, die Herrschaften ...
PETER Darüber hinaus sind mit dem Beefsteak selbst Quasi-Mythen und indirekt auch alte Mythen verbunden. Das *Prestige des Beefsteaks*, so Barthes, beruht *auf seinem fast rohen Zustand: das Blut ist sichtbar, natürlich, dicht, kompakt und zugleich schneidbar.* Die Liebhaber des fast rohen Beefsteaks sind wohl nicht selten überzeugt, daß derjenige, das das *Fleisch im Reinzustand* zu sich nimmt, damit *die Kräfte des Rindes assimiliert.* [1] Und dieser Quasi-Mythos wiederum verweist auf alte Mythen des Blutes und auf die Struktur des mythischen Bewußtseins.
YOSHI Die Vorliebe der Intellektuellen für das *Beefsteak saignant* interpretiert Barthes als (unbewußte) Strategie der Verteidigung gegen Vorwürfe aus der antiintellektualistischen Ecke. *Durch das Blut und das weiche Fleisch* bannen sie *die sterile Trockenheit, deren man sie unablässig beschuldigt.* Die Vorliebe für das *Beefsteak Tatar* ist demnach eine *gegen die romantische Assoziierung von Sensibilität und Krankhaftigkeit gerichtete Handlung. Der blutige Brei, das Schleimige des Eies, der ganze Zusammenklang weicher, lebender* ...
VATI Mir ist schlecht, Mutti.
OBER *(mit über dem Kopf balanciertem Tablett)* So, viermal Beefsteak saignant!
Vati und Mutti drehen sich mit einem Ruck zum Ober um.

Blackout. Pause.

---

[1] Barthes schrieb dies lange vor dem Bekanntwerden der ersten BSE-Fälle. Möglicherweise aber lassen sich in diesem Zusammenhang ja tatsächlich Parallelen zwischen den Eßgewohnheiten der Intellektuellen und dem Mythos *Genie und Wahnsinn liegen dicht beieinander* ziehen. Wir halten es da mit Mutti und Vati: Lieber ein paar Erbsen - wenn sie nicht gerade aus sind.

Es ist dunkel. Nochmal ein paar Takte Piaf. Die vier Gäste nehmen am Tisch Platz, auf dem mehrere leere Weinflaschen stehen. Es wird hell. Vati und Mutti sind von ihren Stühlen gerutscht und liegen halb auf dem Boden, während sich Peter und Yoshi im angeregten Diskurs befinden.

MUTTI Ich bin ein bißchen beschwipst, Vati. Laß uns nach Haus gehen.
VATI Nur noch ein halbes Fläschchen, Mutti. Es ist so nett mit den Herren.
PETER Vielen Dank. Wo waren wir stehengeblieben, Herr Nakamura?
YOSHI Bei Barthes' Begriff des *Vorurteils*. Geht man von den Vorurteilen aus, so stellt sich die Frage, wie sie vermittelt oder transportiert werden. Antwort: Durch Aufmachung eines zum jeweiligen Vorurteil passenden Satzes als Schlagzeile, durch Plazierung eines passenden Fotos auf dem Titelblatt usw.
VATI Und wie soll man sich das vorstellen?
PETER Nun, stets wird eine Ebene 1 (ein Gebrauchsgegenstand, ein Satz, ein Foto usw.) dergestalt mit der quasi-mythischen Botschaft der Ebene 2 verbunden, daß das Vorurteil als 'evidente' Wahrheit erscheint. Bei Barthes heißt es: *Der Verbraucher des Mythos faßt die Bedeutung als ein System von Fakten auf. Der Mythos wird als ein Faktensystem gelesen.* Ein Alltagsmythos, so können wir nun sagen, liegt dort vor, wo in einer Gegebenheit des Alltags eine derartige Verkehrung geschieht. Quasi-mythische Vorstellungen geistern überall herum und wir sind von den sinnlichen Verdichtungen dieser Quasi-Mythen geradezu umzingelt. Vor allem die Massenmedien sind das Gelände, auf dem Quasi-Mythen und deren 'Versinnlichungen' munter sprießen. Der Starkult ist nur *ein* Beispiel dafür.
YOSHI Wer ist denn Ihr Lieblingsstar, Frau Wurst?
MUTTI Sagen Sie doch Herta zu mir.
YOSHI Also Herta. Wer ist Ihr Quasi-Gott?
MUTTI Naja ... *(sie rappelt sich auf und schaut mit glasigem Blick in die Ferne).*
Das ist der Rex Gildo.
PETER Sie meinen Roy Black.

MUTTI Ja ja, den auch. Aber Herr Gildo ist ja doch noch hübscher. Herr Black ist ja auch tot, wissen Sie.
YOSHI Ah ja.
VATI Meine Frau hat ja immer alles ausgeschnitten über Herrn Dildo. Goldenes Blatt, Frau im Spiegel, Neue Revue, Bild der Frau, Journal für die Frau ...
MUTTI Und dann hab ich all die schönen Bilder ins Schlafzimmer geklebt. Wenn ich dann einschlaf, seh ich Herrn Gildo, und wenn ich aufwach, seh ich Herrn Black.
YOSHI Und tagsüber sehen Sie Herrn Wurst.
MUTTI Nö. Tagsüber seh ich viel fern. Herrn Strack, Herrn Hehn, Herrn Tappert, Frau Pohl...
PETER (*während er redet, sacken Vati und Mutti langsam wieder unter den Tisch.*)
Es liegt auf der Hand, daß sich an dieser Stelle leicht unser Zentralthema 'Entlastung vom Realitätsdruck' integrieren läßt. Das mythische Bewußtsein baut, wie wir wissen, z.B. gegenüber der Natur eine Vertrautheitsillusion auf, konstruiert eine Welt der numinosen Mächte, mit denen man kommunizieren kann. Müssen wir dem Fernsehabhängigen nicht ein quasi-mythisches Bewußtsein zuschreiben, das einen neuen Typ von Vertrautheitsillusion hervorbringt? Lebt er nicht in einer Welt, die von Quasi-Göttern 'beherrscht' wird? Ist es in dieser Welt nicht unendlich viel wichtiger, etwas über das Leben und Schicksal der Quasi-Götter zu wissen, als sich um die 'profane' Wirklichkeit zu kümmern? Nimmt die Grundposition der 'Schwäche' hier nicht nur eine neue Gestalt an? Bei Barthes gibt es, um einen anderen Punkt zu erwähnen, einige Stellen, die sich mit meiner Lieblingsunterscheidung zwischen geglaubten und fiktionalen Mythen in Zusammenhang bringen lassen. Barthes plädiert streckenweise für eine Form von Poesie, die *den Mythos* – ich übersetze: das ganze Feld der quasi-mythischen Vorstellungen – nicht einfach bloß *leidenschaftlich zurückweist* (und sich ihm dadurch vielleicht *wehrlos ausliefert*), sondern die einen *künstlichen Mythos* schafft. Er schreibt: *Die Macht des zweiten Mythos besteht darin, den ersten als angeschaute Naivität zu setzen.* Vielleicht meint Barthes mit diesen Formulierungen nicht genau das, was ich meine, wenn ich sie – im Lichte meines fiktionalistischen Mythenverständnisses – zitiere,

aber es gibt offenkundig eine Verwandtschaft zwischen beiden Positionen. Es ist mir stets, sei es nun in der Poesie oder anderswo, um einen *Mythos zweiten Grades*, um einen *experimentellen Mythos* zu tun – und damit auch um eine Gegenposition zu denen, die etwa die Kunst grundsätzlich vom Mythischen befreien wollen.
YOSHI Nebenbei bemerkt: auch angesichts der Quasi-Mythen der Werbung kommt es darauf an, die 'gläubige' Einstellung zu überwinden und zu einem 'fiktionalistischen' Umgang mit Mythisierungstendenzen in der Werbung vorzudringen. Und das ist gar nicht so schwer, wie man vielleicht meint.
OBER Möchten die Herrschaften vielleicht einen Kaffee zum Abschluß?
MUTTI *(unterm Tisch)* Oh ja.
PETER Viermal, bitte.
OBER Sehr wohl. *(Will abgehen.)*
YOSHI Ach, Herr Ober!
OBER Mein Herr?
YOSHI Was halten Sie denn eigentlich von Barthes, ganz persönlich? Ich meine, Sie servieren dieses Thema den ganzen Tag. Macht Ihnen das keine Probleme?
OBER Oh, nicht direkt Probleme. Man macht sich so seine Gedanken, wissen Sie. Im Text von Barthes werden, so scheint mir, zwei Problemfelder nicht hinlänglich voneinander geschieden; ich denke an das Feld 'Vermittlung von Vorurteilen oder Quasi-Mythen' einerseits und an das Feld 'Vermittlung von Wertüberzeugungen' andererseits. Im ersten Fall geht es primär um Aussagen über die Wirklichkeit, im zweiten um Normen und Werte. Normen können, wir wissen es bereits, dergestalt mythisiert werden, daß sie *als die offenbaren Gesetze einer natürlichen Ordnung erlebt* werden, doch davon ist die Versinnlichung eines Vorurteils wie 'In der kolonialistischen Gesellschaft X ist alles in Ordnung: wir sind eine große Familie' zu unterscheiden. Im ersten Fall entsteht ein Vorurteil durch Hypostasierung einer Norm, im zweiten Fall wird ein Vorurteil sinnlich greifbar gemacht. – Viermal Kaffee, sofort. *(Ab.)*
PETER Bleiben wir ein wenig bei der Mythisierung von Normen und Werten. Sie kann z.B. dazu führen, daß der *bürgerliche Mensch*, der in einer *bürgerlichen Gesellschaft* lebende Mensch als

der Mensch schlechthin erscheint: 'Es gibt nur noch eine einzige, ein und dieselbe menschliche Natur'. D*er Status der Bourgeoisie ist ein besonderer und historischer, der Mensch, den sie darstellt, ist universal und ewig – die bürgerliche Ideologie stellt eine unveränderliche Natur wieder her.* Der Quasi-Mythos der unveränderlichen Natur des Menschen wird *durch den Verlust der historischen Eigenschaft der Dinge bestimmt.* Insofern gilt: die quasi-mythische Botschaft ist eine *entpolitisierte Aussage,* die *die Welt unbeweglich* macht.

YOSHI Aber stimmt es denn nicht, daß z.B. Geburt und Tod universell auftreten?

PETER Das stimmt schon, aber Geburt und Tod treten eben stets innerhalb von *Daseinswesen* auf, *die ihrerseits vollkommen historisc*h sind. Das übersieht der Quasi-Mythos von der *großen Familie der Menschen* – er blendet das Geschichtlich-Gesellschaftliche zugunsten einer *universalen menschlichen Natur* aus: *der Mensch wird geboren, arbeitet, lacht und stirbt überall auf die gleiche Weise.* Dabei wird in die *identische 'Natur'* häufig eine bestimmte geschichtliche Daseinsweise hineinprojiziert. Auf einem anderen Blatt steht freilich die Frage, ob die Rede von einer *conditio humana* generell als *Mythos* einzuschätzen ist. Das glaube ich nicht.

YOSHI Also, ich plädiere dafür, den Begriff des Quasi-Mythos eindeutig als *kritischen* Begriff zu verwenden. Dort, wo es einfach um *Grundüberzeugungen* geht, die z.B. eine bestimmte Form des Theaters lenken, sollte nicht von 'Mythos' gesprochen werden. Die *Forderung,* der Schauspieler müsse sich in seiner Rolle verzehren und *durch eine regelrechte Feuersbrunst seiner Leidenschaft entflammt sein,* ist kein Mythos. Im Text *Zwei Mythen des Jungen Theaters* zeigt Barthes eigentlich nur, daß diese Grundüberzeugung des *alten* Theaters in bestimmten Formen des *neuen* Theaters weiterwirkt, etwa in einem Stück, in dem sich die Darsteller *in Flüssigkeiten jeder Art verströmt haben, in Tränen, Schweiß, Speichel.* Und er übt an dieser Regel der Schauspielerei insofern Kritik, als sie auf die Etablierung eines *Tauschsystems* hinausläuft: Wenn der Schauspieler *es versteht, seinen Körper vor meinen Augen, ohne zu schwindeln, ordentlich arbeiten zu lassen, wenn ich nicht an der Mühe zweifeln kann, die er sich gibt, dann erkläre*

ich ihn für *ausgezeichnet.* Diese Kritik ist jedoch keine *Mythen*kritik in unserem Sinne, sondern eine, die sich gegen die Übertragung *wirtschaftlicher* Wertmaßstäbe auf das Theater wehrt. Man applaudiert dem Schauspieler *wie einem Rekordler des Fastens oder des Gewichthebens.* Und die *Augenscheinlichkeit seiner Mühe* befreit das Publikum davon, *gründlich zu urteilen.*
OBER *(serviert den Kaffee, was Mutti und Vati wieder ins Gespräch zurückbringt)* Zum Beispiel dieser Robert de Niro. Viele halten ihn ja für einen der besten Schauspieler der Welt, und als Beispiel wird dann jedesmal angeführt, daß er sich für einen Film zwanzig Kilo angefressen hat, für einen anderen seine Muskeln trainiert, für wieder einen anderen verbissen Saxophonspielen übt.So etwas verlangt sofort nach Hochachtung und Bewunderung.
MUTTI Herr Gildo geht ja extra jeden Tag unter das Solarium.
VATI Und Herr Strack trinkt den ganzen Tag Aquavit.
MUTTI Wissen Sie, manchmal möcht ich auch so schön sein wie die Frau Schell.
VATI Oder wo klug wie der Herr Wussow.
MUTTI Der ist ja auch Arzt, Vati.
VATI Ja, ja, das sind so die Normen und Werte, die unser tägliches Leben prägen ...
PETER Wenn Barthes davon spricht, daß ganz Frankreich in einer *anonymen Ideologie* schwimme, so scheint er die Werte und Normen im Auge zu haben, die das *alltägliche Leben* prägen: Presse, Film Theater, Gebrauchsliteratur, Zeremonien, Rechtsprechung, Diplomatie, Konversation, Kleidung, Träume von Einrichtungen und Hochzeiten usw. Hier ist die Frage von Bedeutung, wie es den herrschenden Gruppierungen gelingt, die 'kleinen Leute' zur Identifikation mit ihren Normen, Werten, Glücksvorstellungen usw. zu bewegen. Dabei scheinen – und das ist die Verbindung zwischen beiden behandelten Formen – Vorurteile wie 'Wir sind eine große Gemeinschaft: es gibt keine Klassenunterschiede' eine wichtige Rolle zu spielen.
OBER Es tut mir leid, aber wir schließen jetzt. Wenn ich kassieren dürfte?
VATI Natürlich. Das war eine merkwürdige Silberhochzeit, was, Mutti?

MUTTI Naja, es war mal etwas anderes. Und wir haben nicht aufs Geld geschaut.
PETER Sie sind selbstverständlich eingeladen.
YOSHI Kommen Sie uns doch mal im Institut besuchen. Ich habe da eine neue Versuchsanordnung ...
PETER Eine Quittung, bitte ... *(Während die Gäste bezahlen, sich den Mantel anziehen und aufbrechen, werden auf MTV die Schlußworte gesprochen.)*
VIDEO-YOSHI Zum Abschluß: Gibt es bei Barthes Fehleinschätzungen, die Sie mit Ihrer Theorie nicht vereinen können?
VIDEO-PETER Die gibt es, doch ich möchte mich bei ihnen nicht lange aufhalten. Kurz gefaßt: ich halte alles für mehr oder weniger überholt, was bei Barthes mit der revolutionären Rhetorik der 50er Jahre zusammenhängt. Ein Beispielsatz: *Die Bourgeoisie verbirgt sich als Bourgeoisie und bringt gerade dadurch den Mythos hervor; die Revolution bekennt sich als Revolution und zerstört gerade dadurch den Mythos.* Ich glaube durchaus nicht, daß der *linke Mythos nicht essentiell* ist. Vielmehr sind alle Strömungen anfällig für quasi-mythische Vorstellungen und für Mythisierungen. Die Annahme: *Der linke Mythos erscheint genau in dem Augenblick, in dem die Revolution sich in die 'Linke' verwandelt, das heißt, bereit ist, sich zu maskieren, ihren Namen zu verschleiern* ist einseitig auf Phänome wie den *sakralisierten Stalin* zugeschnitten und übersieht die Quasi-Mythen, die in der Vorstellung der 'großen Revolution' selbst stecken. Darüber hinaus halte ich einige Statements von Barthes für überzogen. So heißt es: Der Mythologe schließt sich *von allen Verbrauchern von Mythen aus.* Das trifft nur insofern zu, als die Position des Alltagsmythologen mit dem *Glauben* an Quasi-Mythen unvereinbar ist. Es bedeutet jedoch nicht, daß der Mythologe *dazu verurteilt ist, eine rein theoretische Gemeinschaft zu leben,* wie Barthes behauptet. Hier rächt sich, daß Barthes den Ausdruck 'Mythos' auf vielfältige und letztlich diffuse Weise verwendet. Ein Beispiel: *Die Tour de France, den französischen Wein entziffern, heißt sich von jenen absondern, die sich daran erfreuen.* Tatsächlich richtet sich die Kritik bloß gegen die Mythisierung der *Tour* und nicht notwendig gegen diese selbst, d.h. es ist prinzipiell möglich, die mit der Tour verbundenen Quasi-Mythen zu *entziffern* und sich dennoch an der *Tour* zu *erfreuen.* Prost!

Mit dem folgenden Kapitel verlassen wir nun endgültig die Bretter der Hörsaalbühne und lassen somit die Sphären der Phantasie und die didaktische Krücke der Schauspielerei für immer hinter uns. Der folgende Forschungsbericht – erstmals in diesem Band zu lesen – wurde von meiner Wenigkeit, dem offiziellen Chronisten der Mythic Tours GmbH, unter größtem persönlichen Einsatz und in strikter Beschränkung auf die Darstellung tatsächlicher Geschehnisse verfaßt.
Ich versichere, daß sämtliche Ereignisse so und nicht anders stattgefunden haben.
Ehrlich.

3. Eliade I: Die Katastrophe

Alles begann im Sommer 1995, im spartanischen Passagierraum einer gecharterten russischen Propellermaschine aus der Chruschtschow-Ära, fünfzehntausend Fuß über dem Pazifik. Während tief unten, im schwerelosen Zauberreich des Ozeans, seit Jahrmillionen unverändert raublustige Knorpelfische über ihre ahnungslosen, buntkiemigen Opfer herfielen, versuchte der Vorsitzende der Mythic Tours GmbH, Prof. Dr. Peter Tepe, eine olivgrüne Dose mit Kaviar aus Armeebeständen zu öffnen. Sein persönlicher Assistent, Dr. Yoshiro Nakamura, saß meditierend in der Reihe vor ihm, während die übrigen vier Mitglieder der Gruppe – die Juniormythologen Ingo Toben und Sabine Jambon, sowie der Chronist dieser Zeilen und seine Gattin Susi – versuchten, ein wenig Schlaf zu finden, bevor sie ans Ziel ihrer langen und beschwerlichen Reise gelangen würden.

PETER Wir hätten doch mit Qantas fliegen sollen. Das gibt's doch nicht. Die Dinger müssen doch aufgehen ... Hnngrlgghhh ... So! Hups, pardon.
SABINE Kannst du nicht aufpassen? Die Flecken krieg ich nie mehr raus.
PETER Tschuldigung. Tücke des Objekts. So was macht mich wahnsinnig.

SABINE Wie kannst du das bloß essen? Fischeier ... Mindestens haltbar bis 1977.
PETER Mehr war im Budget nicht drin. Außerdem, wer weiß, wann wir wieder etwas zu essen bekommen. Was hat der Mensch von der Kongreßleitung gesagt, wann gibt's Dinner?
SABINE Mußt du Yoshi fragen. Ich schlafe gerade.
PETER He, Yoshi!
YOSHI Zwanzig Uhr Ortszeit. Neunzehn Uhr Ankunft im I.M.E.C.M.R.
PETER Ich kann mir diese Abkürzungen nie merken, das weißt du doch.
YOSHI International Mircea Eliade Centre For Mythic Research. Dir ist langweilig, was?
PETER Ich kann nun mal im Flugzeug nicht schlafen. Laß uns doch das Interview noch mal durchgehen. Die wollen doch bestimmt was über meine profane Mythosauffassung wissen.
YOSHI Auf Englisch?
PETER Wie, auf Englisch? Hast du mir gar nichts von gesagt! Dafür muß ich doch noch ...
YOSHI Keine Panik, die haben Simultanübersetzer. Also, was hast du für Quellen benutzt?
PETER Natürlich einige Bücher von Eliade: *Kosmos und Geschichte; Das Heilige und das Profane; Die Religionen und das Heilige; Mythen, Träume und Mysterien; Das Mysterium der Wiedergeburt.* Ganz zu schweigen von der Forschungsliteratur zu Eliade.
YOSHI Was hat Eliade den nun mit deiner integralen Theorie des Mythos aus profaner Sicht zu tun? Im Ernst, wieso fliegen wir dahin, ich meine abgesehen von den Spesen und so? Ein paar Leute, die mehr aus der religiösen oder numinosen Mythos-Ecke kommen, vertreten ja sogar die These, du würdest Eliades Theorie einfach ausweichen. Von denen gibt es in Sidney bestimmt jede Menge!
PETER Also, von Ausweichen kann überhaupt keine Rede sein. Es stimmt zwar, daß Eliade von seinen religiös-theologischen Hintergründen her, die auch seine Mythostheorie prägen, eher ein Theoretiker der Gegenseite ist. Aber das muß doch nicht heißen, daß unser Projekt nicht von ihm profitieren könnte.

YOSHI Die werden sich aber fragen, wie das gehen soll, wo du doch seine Prämissen nicht teilst.
PETER Langsam, langsam. Wir müssen uns zunächst mal die Theorie von Eliade in ihren Grundzügen in Erinnerung rufen, um dann diejenigen Punkte besser einkreisen zu können, die für mein Unternehmen von besonderem Interesse sind. Ingo, was steht denn bei Jamme darüber? – Ingo!
INGO (schreckt auf) Was? Jamme ... Wie meinst du jetzt Jamme ...
PETER Jammes *Einführung in die Philosophie des Mythos*. Du solltest Eliade nachschlagen. Kurzreferat, bitte.
INGO Mann Gottes, und dafür reißt du mich aus dem Schlaf? Gut, gut, in Gottes Namen ...
PETER Du redest schon wie ein homo religiosus. Vielversprechend.
INGO Also, Jamme schreibt, daß Eliades Überlegungen auf einer *Theorie des Heiligen* beruhen. *Er sieht im Heiligen etwas 'ganz Anderes' als die profane Welt, das in diese einbricht und hier eine Erscheinungsform (Hierophanie) annimmt. Im Zentrum von Eliades Überlegungen,* so heißt es weiter, steht der Hauptunterschied zwischen dem Menschen der *archaischen und traditionsbezogenen und dem Menschen der modernen Gesellschaften.* Der mit den kosmischen Rhythmen verbundene archaische Mensch erfährt den Mythos *als ewige rituelle Wiederholung eines Ur-Ereignisses und damit als Aufhebung der profanen Zeit.* Das Ur-Ereignis gilt dabei als *verbindliches Beispiel für alle Handlungen und 'Situationen',* die *dieses Ereignis wiederholen.*
PETER Danke, damit sind ja schon einige Hauptpunkte angesprochen. Von hier aus tritt dann die übliche Vorgehensweise in Aktion. Die Leitfragen.
YOSHI Wir starten am besten mit der Frage 'Wie ist das mythische Bewußtsein beschaffen, welche Struktur hat es?'.
PETER Genau, damit können wir anfangen. Später werde ich dann noch weitere Leitfragen ins Spiel bringen. Also, ich denke tatsächlich, daß Eliades Theorie, wie die bereits früher behandelte Theorie Hübners, dazu beiträgt, die mythische Weltsicht besser zu verstehen. Die Rekonstruktion der mythischen Weltauffassung und ihrer Grundlagen ist eines seiner Hauptziele.

INGO Das sehen die Anhänger Eliades genauso. Ich finde es ja auch toll, daß Eliade den ewigen Eurozentrismus aufbrechen will. Das funktioniert nun mal nur, wenn man sich in den religiösen Denkhorizont der außereuropäischen Kulturen hineinversetzt. Warte mal ... Er schreibt: *Wenn die abendländische Kultur nicht verprovinzialisieren will, wird sie das Gespräch mit den andern, außereuropäischen Kulturen eröffnen müssen, wobei es vornehmlich darauf ankommt, sich nicht allzusehr über den Sinn der Begriffe zu täuschen.*
PETER Keinerlei Einwände gegen diese Tendenz. Wir dürfen uns nicht auf unsere eigene Tradition beschränken – wir sollten bemüht sein, andere Denkformen, und nicht zuletzt eben die des archaischen Menschen, zu verstehen.
HELGE Leute, entschuldigt die Störung, aber ...
YOSHI Halt die Klappe, wir sind grade mittendrin. Wogegen richten sich deine Einwände?
HELGE Es ist aber wichtig!
INGO Ich hab gleich gesagt, wozu nehmen wir *den* mit. Den Forschungsbericht hätte ich auch alleine schreiben können.
PETER Er hat einen Vertrag als offizieller Chronist. Ich mußte ihn mitnehmen. Genau wie *Mutti*.
HELGE Eben. Und jetzt hört mal ...
PETER Halt die Klappe. Also, zurück zur Sache. Meine Einwände kommen später dran. Ich möchte lieber erst bei den Wahrheitsmomenten – und bei Frage 1, die auf die Struktur des mythischen Bewußtseins zielt – bleiben. Eliade konstruiert, so möchte ich sagen, unter dem Titel *homo religiosus* oder *religiöser Mensch* eine Art Idealtyp, der mit den tatsächlichen Denkstrukturen zumindest einiger archaischer Völker mehr oder weniger übereinstimmt und der es daher ermöglicht, dieses Denken besser zu verstehen. Ich bezweifle also nicht, daß es die von Eliade beschriebene Denkstruktur tatsächlich - in dieser oder jener Annäherungsform – gibt bzw. gegeben hat. Die weitergehende Frage, ob seine Strukturanalyse des mythisch-religiösen Bewußtseins insgesamt änderungs- und ergänzungsbedürftig ist, klammere ich im Augenblick aus.
SUSI Was gehört denn deiner Ansicht nach zu diesem Idealtyp mythischen Denkens?

INGO Mein Gott, jetzt wird die auch noch wach.
SUSI Was dagegen? Vati, sag doch auch mal was!
HELGE Die lassen mich ja nicht, Mutti. Guckt mal aus dem ...
PETER Jetzt nicht. Ihr beide könnt euch mal nützlich machen. Eine möglichst simple Formulierung von Eliades Thesen, bitte, und dann höre ich euch zu.
INGO Mutti und Vati. Wenn ich das schon höre ... Laien. Mit denen blamieren wir uns bis auf die Knochen.
HELGE Ich hab mir alles genau gemerkt, wirst schon sehen. Erstens: Das mythische Bewußtsein glaubt an Götter und damit an eine höhere, eine *andere* Welt.
SUSI Zweitens: Es glaubt, daß die Götter die Welt aus dem Chaos geschaffen haben; der Kosmos ist eine Schöpfung der Götter.
HELGE Drittens: Das mythische Bewußtsein ist bestrebt, das göttliche Schöpfungswerk nachzuahmen und so *mit der überirdischen Welt verbunden zu bleiben. Die Erschaffung der Welt wird zum Archetypus für jedes menschliche Schöpfungswerk.*
PETER Sehr schön. Hast du auch ein Beispiel parat?
HELGE Ja, natürlich. Aber vorher müßt ihr ...
PETER Später. Das Beispiel.
HELGE Wenn der mythische Mensch versucht, das göttliche Tun der Welterschaffung, die *Kosmogonie*, nachzuahmen, dann wird eine *tragische, blutige Kosmogonie* entsprechende menschliche Handlungsweisen nach sich ziehen. *Die Götter mußten ein Meerungeheuer, ein Urwesen erschlagen und zerstückeln, um daraus die Welt zu erschaffen – also muß der Mensch das gleiche tun, wenn er seine Welt, seine Stadt oder sein Haus baut.*
SUSI *Daraus erklären sich auch die blutigen oder symbolischen Opfer beim Bauen. Diese Formen des Bauopfers verstehen sich als Nachahmungen des urzeitlichen Opfers, dem die Welt ihre Entstehung verdankt.*
PETER Ein gutes Beispiel. Jetzt kannst du mir sagen, was du auf dem Herzen hast.
HELGE Ach, ist schon wieder vorbei. Eben hab ich aus dem Fenster gesehen, und der Motor hat so komisch gequalmt, aber das hat euch ja nicht interessiert. Die Propellerblätter sehen noch ganz in Ordnung aus.

INGO Die Propellerblätter kann man gar nicht sehen, du Idiot. Dafür drehen sie sich viel zu schnell.
SUSI Also, die hier drehen sich nicht.

In diesem Augenblick sprach eine blecherne, sehr erregt klingende Stimme auf russisch durch die Lautsprecheranlage zu uns. Der Chronist dieser Zeilen – also meine Wenigkeit – hatte zu diesem Zeitpunkt bereits seinen Frieden mit der Welt gemacht.

PETER Was hat er gesagt, Yoshi?
YOSHI Bin ich Russe? Woher soll ich das wissen.
SUSI Jetzt qualmt es wieder.
PETER Nicht drauf achten. Solange wir noch keine Gurte anlegen müssen, ist das alles harmlos.
INGO Hier gibt's gar keine Gurte.
PETER Jetzt hört doch endlich auf zu mosern. Also, halten wir fest: Das mythische Bewußtsein, wie Eliade es idealtypisch konstruiert, hat für menschliches Tun dieser oder jener Art stets ein *exemplarisches Modell* vor Augen – *die Schöpfung des Universums durch die Götter.* So können mythisch denkende Menschen die Inbesitznahme und Urbarmachung eines Landes als Wiederholung *der Umwandlung des Chaos in Kosmos durch den göttlichen Schöpfungsakt* auffassen. *Als sie das wüste Land bearbeiteten, wiederholten sie lediglich die Tat der Götter, die das Chaos geordnet und ihm Struktur, Formen und Normen gegeben hatten.* Sie kopierten den Urakt der Weltschöpfung. Die Opposition Chaos/ Kosmos läßt übrigens viele Anwendungen zu. So kann das eigene Gebiet mit dem Kosmos und das übrige mit dem Chaos gleichgesetzt werden, *in dem Gespenster, Dämonen und 'Fremde' hausen.* Ferner kann jeder Angriff von außen als Versuch erlebt werden, den Kosmos wieder in Chaos zu verwandeln. Die Feinde werden als *Widersacher der Götter* erfahren, an deren weltschöpferischen Taten sich ja die eigene Lebenswelt orientiert. Es bereitet dem mythischen Denken *keine Schwierigkeiten, den menschlichen Feind mit dem Dämon und dem Tod gleichzusetzen.*
SUSI Guck mal, Vati. Der Pilot.
HELGE Tatsächlich. Hoffentlich geht der Fallschirm auf.

PETER Der Angriff auf 'unsere Welt' ist die Rache des mythischen Drachen, der sich gegen das Werk der Götter, den Kosmos, auflehnt und es vernichten will. Jede Zerstörung einer Stadt kommt einem Rückfall ins Chaos gleich. Jeder Sieg über den Angreifer wiederholt den exemplarischen Sieg Gottes über den Drachen *(über das Chaos)*. Und: Die jeweils eigene Welt ist, da sie anders als die Welt der anderen die göttlichen Schöpfungstaten reproduziert, *dem Himmel am nächsten.* Insofern gilt: 'Wir leben im Mittelpunkt der Welt'.
INGO Aber nicht mehr lange. Wir stürzen ab, Peter.
SABINE Was ist los? Wieso wackeln wir so?
PETER Nichts von Bedeutung. Yoshi, gehst du mal ins Cockpit, bitte?
YOSHI Ich? Wieso ich?
INGO *Du* hast doch den Flugsimulator im Bürocomputer installiert. Das ist doch *dein* Joystick, der hinter der Kaffeemaschine versteckt ist, oder?
YOSHI Aber *du* hast dreimal *Top Gun* gesehen.
INGO Stimmt. Vielleicht gehen wir beide.
HELGE Mir ist ein bißchen mulmig, Mutti.
SUSI Wem sagst du das. Es ist ein bißchen wie im Film, nicht? Mein ganzes Leben zieht an mir vorbei. Wie ich damals das Dampfbügeleisen gekauft hab ... und die neue Mikrowelle. Ich weiß noch, wie du damals Eier drin kochen wolltest. Das war ja eine Ferkelei.
SABINE Sagt mir jetzt mal einer, was hier los ist?
HELGE Wir klopfen gerade bei Petrus an, glaube ich.
PETER Eine sehr schöne Metapher für die mythische Raumauffassung. Da der mythische Mensch an eine höhere Welt der Götter und der vorbildhaften göttlichen Taten glaubt, gilt: Es gibt für ihn Orte, die mit dieser höheren Dimension in Verbindung stehen – heilige Orte, Orte der *Offenbarung einer absoluten Wirklichkeit*. Die Götter können einen Ort heiligen, indem sie ihn nach oben 'offen' machen, ihn in Verbindung mit dem Himmel setzen. Für das mythische Bewußtsein ist, so könnte man sagen, der heilige Raum der *allein wirkliche Raum*. Er ist ein *fester Punkt*, der *Orientierung* gibt. Für das mythische Bewußtsein gibt es an bestimmten Orten die Möglichkeit, *mit den Göttern in Verbindung zu treten;* es

gibt gewissermaßen Türen nach oben, *durch welche die Götter auf die Erde herabsteigen und die Menschen symbolisch zum Himmel aufsteigen können.*
HELGE Nicht nur symbolisch. Guck mal, Mutti, ich kann schon die Flossen von den Fischen sehen.
SUSI Stimmt. Sind das Haie?
PETER Höchstens ein paar. Kein Grund zu Aufregung. – Wo war ich?
HELGE Symbolisch zum Himmel aufsteigen.
PETER Ah ja. Tempel können solche Öffnungen sein, welche *die Verbindung mit der Welt der Götter sichern.* Heilige Orte sind *Orte des Übergangs zwischen Himmel und Erde.* Die Verbindung mit dem Himmel kann durch verschiedene Bilder ausgedrückt werden: *Säule, Leiter, Berg, Baum, Liane usw.*
YOSHI (aus dem Cockpit) Äh ... wir versuchen jetzt eine Notwasserung. Könnt ihr mal gucken, ob ihr ein Schlauchboot oder sowas findet?
SABINE Ich weiß nicht ... die Schilder hier sind alle auf kyrillisch.
PETER Heilige Orte sind übrigens auch Orte der Verbindung zwischen Erde und Unterwelt.
ALLE Halt die Klappe!

Voller Angst kniff ich die Augen zu und griff nach Muttis Hand. Hinter mir kämpfte der Professor nun mit seinem Kaviar, während Sabine ihm kommentarlos eine Papiertüte herüberreichte und fasziniert auf die in schwindelerregendem Tempo näherkommende, bestimmt betonharte Wasseroberfläche starrte. Aus dem Cockpit war ein vernehmliches Knacken zu hören, die beiden Amateurpiloten schrien sich an, und mit lautem Scheppern setzte das Flugzeug auf, schoß über die spiegelglatte Fläche wie Jens Weißflog auf einem gefetteten Kuchenblech, die metallene Haut knirschte, vibrierte, schien zu zerreißen ... bis wir immer langsamer wurden und schließlich in leichter Schräglage zum Stillstand kamen. Schon kurze Zeit später stolzierten Yoshi und Ingo, unter allgemeinem, freundlichem Applaus, breitbeinig und breit grinsend aus dem Cockpit in den Passagierraum zurück.

PETER Na seht ihr. Kein Grund zur Panik. Wir setzen uns schön wieder hin, machen noch eine Büchse Kaviar auf und warten auf die Seenotrettungsschiffe. Es kann gar nichts passieren.
SUSI Da bin ich aber froh.
INGO Ich auch. Nachdem der Steuerknüppel abgebrochen war, hatte ich schon meinen Frieden mit den Göttern gemacht.
PETER Ich finde es sehr hilfreich, daß du die Position des homo religiosus so konsequent vertrittst. Laß mich meine Ausführungen kurz zuende bringen. Wir wissen ja, der mythische Mensch ist darum bemüht, die Verbindung mit der Welt der Götter, mit dem *Zentrum* zu sichern, im Einklang mit ihm zu leben. Er begreift sich auch nicht als jemanden, der z.B. den Ort, der für die Gründung eines Dorfes geeignet ist, frei wählt – er *verlangt ein Zeichen*, ein Zeichen von oben, das er zuweilen auch durch Beschwörung oder andere Aktivitäten herbeizuführen versucht. Halten wir also fest: Der mythische Mensch ist bestrebt, das, was er für das *exemplarische Werk der Götter* hält, nachzuahmen, um so im Einklang mit der höheren Welt zu leben. *Der Mensch der vormodernen Gesellschaften will so nahe wie möglich am Zentrum der Welt leben.* Diese Grundhaltung läßt eine Vielfalt ganz unterschiedlicher kultureller Ausgestaltungen zu.
YOSHI Richtig. So gibt es zum Beispiel bei einem Nomadenstamm einen *heiligen Pfahl*. Indem sie ihn auf ihren Wanderungen mitnehmen und um ihn herum ihren jeweiligen Kosmos errichten, bleiben die Nomaden *immer in Verbindung mit dem Himmel*.
PETER Genau. In den *großen orientalischen Zivilisationen* wird der Tempel *als irdische Nachbildung eines transzendenten Modells*, als *Kopie eines himmlischen Archetyps* aufgefaßt. *Die transzendenten Modelle der Tempel haben eine geistige, unverletzbare, himmlische Existenz,* die der Mensch, nachdem er sie geschaut hat, *auf Erden zu reproduzieren* versucht. So zeigt Jahwe Mose auf dem Berg Sinai die Gestalt des Heiligtums, das dieser bauen soll.
HELGE Mutti, meine Füße sind ganz feucht.
SUSI Ich habe dir gleich gesagt, du sollst reine Baumwolle kaufen. Gerade für die Tropen. Polyestersocken sind nicht atmungsaktiv.
INGO Ich hab auch nasse Füße. Wir sinken.

YOSHI Wo ist denn nun dieses Schlauchboot? Aha ...

Die Abenddämmerung fand uns, die tapfere, aber maßlos müde Mannschaft maritimer Mythologen, auf einem sanft dümpelnden olivgrünen Schlauchboot des ehemaligen Warschauer Paktes wieder, andächtig dem letzten Gluckern der versinkenden Militärmaschine lauschend. Während Vati – also meine Wenigkeit – und Mutti zum Rudern verpflichtet wurden und der über astronomische Grundkenntnisse verfügende Dr. Nakamura auf das Erscheinen des Abendsternes wartete, um sich zu orientieren, vertrieb uns der Vorsitzende die Zeit mit einer Erörterung derselben.

PETER Für das mythische Bewußtsein gibt es Zeiten, die mit der höheren Welt in Verbindung stehen – heilige Zeiten. In Festen wird die Urzeit der Weltschöpfung wieder gegenwärtig gemacht. *Jedes religiöse Fest, jede liturgische Zeit ist die Reaktualisierung eines sakralen Ereignisses, das in einer mythischen Vergangenheit, 'zu Anbeginn' stattgefunden hat. Die religiöse Teilnahme an einem Fest impliziert das Heraustreten aus der 'gewöhnlichen' Zeitdauer und die Wiedereinfügung in die mythische Zeit, die in diesem Fest reaktualisiert wird.* Diese Grundauffassung läßt wiederum diverse Ausgestaltungen zu. So kann der Kosmos etwa als lebendige Einheit vorgestellt werden, *die entsteht, sich entwickelt und mit dem letzten Tag des Jahres erlischt, um am Neujahrstag wiedergeboren zu werden.* Dieser Sichtweise zufolge *erneuert sich die Welt jedes Jahr*, und das heißt auch: *Mit jedem Neujahr entstand eine 'neue', 'reine' und 'heilige' – weil noch nicht abgenützte – Zeit.*

SABINE Das führte doch auch dazu, daß sich der mythische Mensch gewissermaßen wie neu geboren fühlte, oder?

PETER So ist es. Der mythische Mensch strebt mit allen Mitteln *zurück in die Zeit, als die Welt in statu nascendi war,* und das konnte zur Folge haben, daß er sich an jedem Neujahr freier und reiner fühlte, *weil er sich von der Last seiner Fehler und Sünden befreit hatte.*

Die jährliche *Reaktualisierung der Kosmogonie* ist zugleich die Wiederherstellung der 'reinen' Schöpfungszeit. *Aus diesem Grund schreitet man an Neujahr zu 'Reinigungen', zur Vertreibung der*

Sünden, der Dämonen oder des Sündenbocks. – Was war das denn?
INGO Sah aus wie eine Rückenflosse. Wahrscheinlich ein Delphin.
YOSHI Hoffen wir's. Wieso find ich diesen verdammten Abendstern nicht ...
HELGE Und was ist, wenn du ihn findest?
YOSHI Dann geb ich euch den richtigen Kurs an, ihr rudert ein paar Stunden und schon ist Land in Sicht. So läuft das.
INGO Aber vorher gehen doch normalerweise die Wasservorräte zur Neige, und ein oder zwei Leute gehen freiwillig über Bord, damit die anderen überleben können. Hab ich jedenfalls gelesen.
PETER Da sprichst du bereits die Opfer-Problematik an. Auf die wollte ich eigentlich erst später kommen. Äh ... hat jemand eine Cola oder sowas? Ich habe einen trockenen Mund.

Eine kurze, eingehende Besichtigung des porös wirkenden Gummibootes ergab, daß weder Wasser, noch Proviant oder Signalraketen an Bord waren. Der Abendstern war immer noch nicht zu sehen, und die Kräfte der Ruderer erlahmten. Der Delphin war zurückgekommen und hatte ein paar Freunde mitgebracht, und irgend etwas an ihren Gesichtern erinnerte eher an menschenfressende, blutrünstige Bestien als an verspielte, liebenswerte Meeressäuger.
Kurz, die Umstände schienen gegen unsere Teilnahme am Eliade-Kongreß zu sprechen.

PETER Liebe Freunde, die Umstände scheinen gegen unsere Teilnahme am Eliade-Kongreß zu sprechen. Das finde ich besonders schade, da wir alle soviel Arbeit in die Vorbereitungen gesteckt haben. Vielleicht sollten wir zumindest noch unsere wichtigsten Erkenntnisse austauschen, bevor ...
SUSI Ach, jetzt sei mal nicht so pessimistisch. *Immer, wenn du meinst, es geht nicht mehr, kommt von irgendwo ein Lichtlein her,* hat meine Oma immer gesagt.
INGO Tja, aber woher, frage ich dich. Als homo religiosus könnte ich mir ein Eingreifen von Neptun vorstellen.

PETER Sehr schön, Ingo. Das ist ein Punkt aus dem reichhaltigen Eliade-Material, den ich sowieso noch herausgreifen wollte: die Vorstellung, daß in der *heiligen Zeit des Ursprungs die Götter oder die Halbgötter auf Erden tätig waren.* Der Wunsch des mythischen Menschen, in der Nähe und im Einklang mit den Göttern zu leben, nimmt hier die Gestalt der *Sehnsucht nach der Vollkommenheit des Anfangs* an, die der *Sehnsucht nach einer Paradies-Situation entspricht.* Von hier aus kannst du doch sicher rasch den Mythosbegriff Eliades erläutern, Helge. Und hör auf mit der blöden Ruderei.
HELGE Wahrscheinlich hast du recht. Wie war das noch ... Mythen sind für Eliade Erzählungen von Ereignissen, die am *Anbeginn der Zeit* stattgefunden haben. Der Mythos ist *der Bericht über das,* was *die Götter oder die göttlichen Wesen am Anbeginn der Zeit getan haben.* Ein Mythos kann z.B. von der Offenbarung des Ackerbaus durch die Götter erzählen. Für den mythischen Menschen gibt es exemplarische Modelle für alle wesentlichen Betätigungen (wie Ernährung, Sexualität, Arbeit, Erziehung), und in Mythen werden diese über-menschlichen Modelle fixiert. Der Mythos vermittelt demnach ein beispielhaftes Vorbild. Dabei gilt: *Wir müssen tun, was die Götter am Anfang taten.* Was ich auch tue – es ist schon von einem höheren Wesen zu Beginn der Zeiten vorgetan worden. Durch die genaue Wiederholung der göttlichen Vorbilder glaubt der Mensch, im Einklang mit den Göttern, mit dem Heiligen zu leben, und er vollzieht eine Heiligung der Welt.
PETER Gar nicht mal schlecht.
SUSI Vati?
HELGE Ja, Mutti?
SUSI Was hat denn der Hai da im Maul? Ist das ein Kopf oder so was?
HELGE Ich weiß nicht. Laß uns lieber mal durchzählen.
SABINE Quatsch. Das ist eine Kokosnuß. Wahnsinn! Weißt du, was das bedeutet?
HELGE Er ist Vegetarier.
INGO Unsinn. Irgendwo muß ...
YOSHI Land in Sicht!
INGO ... sein. Tatsächlich! Los, rudern!

PETER Unter diesen Umständen spare ich mir meine Eliade-Kritik für später auf. Gib mir mal das Paddel ...

Glück muß man haben. Egal, ob man, aus der Sicht des mythischen Bewußtseins, an eine numinose Intervention glaubt oder, als Anhänger der vollständig profanen Weltsicht, an einen banalen Zufall, jedenfalls wurden wir gerade noch rechtzeitig an tropische Gestade verschlagen, bevor unsere Geschichte einen tragischen Einschlag bekommen konnte. Das kann Ihnen als Leser ja nur recht sein. Gut. Man stelle sich also einen Strand vor, blütenweiß schimmernd in der urplötzlich hereingebrochenen, von einem perfekten Vollmond verzauberten Tropennacht. Zikaden zirpen zaghaft zum Zausen dez Windez in einem reich beladenen Mango-baum, unter dem das fröhliche Plätschern einer Süßwasserquelle die Gesellschaft ins Landesinnere lockt.

YOSHI Wachsen Mangos eigentlich überhaupt auf Bäumen?
INGO Ich bin mir nicht sicher, ob es hier Zikaden gibt.
HELGE Ist doch egal. In der Chronik wird es sich gut machen.

Susi, meine Gattin, lag schon schlafend in meine Armbeuge gekuschelt, was mir gar nicht recht war, weil mir dann immer die Schulter einschläft. Aber das war ein zweitrangiges Problem, denn zunächst mußten wir bestimmen, wer die erste Wache übernehmen sollte. Man weiß ja nie, wer sich nachts auf so einer Insel herumtreibt.

PETER Muß das denn wirklich sein, so eine Wache? Ich glaube nicht, daß heute Nacht ein zweiter Freitag kommt und sich den Fleischgang zu den ewigen Mangos besorgt.
YOSHI Kann man nicht wissen. Gerade, wo wir die ganze Zeit über Eliade gesprochen haben, müßtest du von den Gefahren wissen, die sich aus dem Zusammenprall archaischer Gesellschaftsformen mit degenerierten postmodernen, wissenschaftsgläubigen und wohlgenährten Professoren ergeben können.
INGO Ich bin auch dafür. Helge soll das machen.
HELGE Wieso denn ich?

INGO Du bist kein Wissenschaftler, ergo nicht in Gefahr. Die Anziehungskraft auf potentiell gefährliche archaische Elemente sinkt umgekehrt proportional zum IQ.
HELGE Wohlgenährt bin ich aber auch.
YOSHI Eben. Voller Bauch studiert nicht gern.
HELGE Das ist ungerecht. Ihr seid immer aus dem Schneider. Klugscheißer.
SABINE Keine Angst, Peter ist bei dir.
PETER Was soll das heißen? Mein IQ liegt bei ...
INGO Zusammen liegt ihr knapp unterm Durchschnitt. Das ist immer das sicherste. Viel Glück.
YOSHI Gute Nacht!

Da stand ich nun, wieder einmal durch geschickte Sophistik untergebuttert, knetete meine eingeschlafene Schulter und schickte einen finstern Blick zu meinem Co-Nachtwächter, dem Professor, der sich davon überhaupt nicht verunsichern ließ. Ein wahrer Wissenschaftler freut sich über jede ungestörte Möglichkeit zum Diskurs, und so waren wir schon bald in der angeregtesten Unterhaltung begriffen, während wir im Kreis um das Lager stapften.

PETER Tja, mein Lieber, jetzt möchtest du doch sicher für deine Chronik wissen, wie meine Kritik an Eliade aussieht. Das freut mich.
HELGE Hm ...
PETER Nun, bezieht man Eliades Ausführungen auf unsere Leitfrage – 'Wie ist das mythische Bewußtsein beschaffen, welche Struktur hat es?' -, so ist zunächst positiv festzuhalten, daß sie dazu beitragen, das Denken, die grundlegenden Vorstellungen archaischer Gemeinschaften besser zu verstehen.
HELGE Ach? Du meinst also, daß Eliade sein Ziel erreicht hat? Ich meine, diesen homo religiosus und sein geistiges Universum zu begreifen und es anderen begreiflich zu machen?
PETER Zumindest hat er einen wichtigen Beitrag dazu geleistet. Ich fasse seine Überlegungen jedoch, wie schon angedeutet, als idealtypische Konstruktion des mythischen Bewußtseins auf, die ergänzungs- und änderungsbedürftig ist.

HELGE Was paßt dir denn nicht?
PETER Ich möchte es so formulieren: Eliade tritt mit dem Anspruch auf, die Grundstrukturen des mythischen Bewußtseins *überhaupt* zu erfassen, doch über weite Strecken analysiert er in Wahrheit eine bestimmte Ausformung des mythischen Denkens, die dann vorschnell universalisiert wird.
HELGE Und welche wäre das dann?
PETER Der Wunsch, im Einklang mit den göttlichen Mächten zu leben, scheint mir grundlegend für das mythische Bewußtsein überhaupt zu sein, aber die Tendenz, die Schöpfungszeit wachzurufen, das göttliche Schöpfungswerk nachzuahmen, ist wohl nur in einigen Formen mythischen Denkens am Werk. Kurzum, meine Kritik läuft darauf hinaus, daß der Geltungsanspruch von Eliades Theorie zwar nicht völlig negiert, wohl aber eingeschränkt werden muß.
HELGE Ging mir zu schnell. Kann ich das nicht irgendwo nachlesen?
PETER Ich stütze mich z.B. auf Kirks Buch *Griechische Mythen*. Kirk zufolge paßt Eliades Theorie ziemlich gut auf australische Mythen, *da es bei den Ureinwohnern eine weitverbreitete Vorstellung ist, daß die Wesen, die zu Beginn der Welt existierten, es auch heute noch tun* – sie leben in der *Traumzeit* weiter. Von diesen Mythen und Riten kann man deshalb sagen, daß sie *diese Wesen aktualisieren und die Traumzeit ins Jetzt verlegen*. Doch diese spezifische Vorstellung wird, so Kirk, *von Eliade generalisiert, ohne daß sie vorher einer stringenten Analyse unterzogen und auf eine Vielzahl von Mythen aus unterschiedlichen Kulturen appliziert wird*. Viele Mythen vieler Gesellschaften sperren sich jedoch *jedweder Deutung dieser Art*. Insbesondere wird *Eliades Universaltheorie* nicht von den griechischen Mythen gestützt. *Alle griechischen Heroenmythen spielen außerhalb einer Zeit, die wahrhaft 'schöpferisch' ist*. Das Nacherzählen der Mythen von Herakles und Kadmos ruft keine besonders schöpferische Vergan-genheit wach. Im großen und ganzen gilt dies auch für die Götter-mythen.
HELGE Was wäre dann dein Fazit?
PETER Laß es mich so formulieren: Wir können von Eliade viel über Strukturen mythischen Denkens lernen, doch wir sollten seine

Theorie nicht als gültige *Universaltheorie* interpretieren. Eliade ist auf eine bestimmte Ausformung mythischen Denkens fixiert. Das, was er für die spezifischen Merkmale der religiösen Erfahrung überhaupt hält, trifft vielleicht nur auf einen bestimmten Typ der religiösen Erfahrung zu. Im nächsten Arbeitsgang möchte ich eine weitere Leitfrage ins Spiel bringen: 'Wie unterscheidet sich das mythische vom vollständig profanen Bewußtsein?' Und was sind das für Trommeln?
HELGE Trommeln?
PETER Ja, dieses dumpfe, unheilverkündende Dröhnen, begleitet von einem Verderbnis bringenden Fäulnisgeruch,der mir das Blut in den Adern gefrieren läßt und mich in einen Zustand der entsetzlichsten, hilflosesten Paralyse versetzt!
HELGE Oh. Das muß Ingo sein, er hat wohl mit den Mangos zu kämpfen. Warte mal, ich hatte doch ein paar Kohletabletten bei ...

Und so ging ich zu meiner kleinen Sporttasche, um aus der Reiseapotheke das Nötige zu holen, fand jedoch zu meinem Erstaunen den vermeintlichen Patienten in durchaus friedlichem, wohlriechendem Schlummer vor. Sollte Peter doch recht gehabt haben? Waren die Instinkte von degenerierten postmodernen, wissenschaftsgläubigen und wohlgenährten Professoren wider Erwarten doch noch intakt? Voller böser Vorahnungen drehte ich mich zu meinem Arbeitgeber um ... und wo er eben gestanden hatte, war nur noch eine einsame, ausgelatschte Herrensandale zu sehen.

YOSHI (an der Sandale schnuppernd) Tatsächlich. Das ist seine.
SABINE Was machen wir denn jetzt?
INGO Einen neuen Vorsitzenden wählen.
SUSI Oh mein Gott, wie schrecklich! Wir müssen ihm doch helfen! Wir müssen ihn suchen! Womöglich ist ihm etwas zugestoßen!
INGO Sei still, Mutti. Und benutz nicht soviele Ausrufezeichen; denk an die Chronik.
HELGE Er hat recht, Liebes. Eine Suche hat keinen Sinn, solange es noch dunkel ist. Was meint ihr, war das ein Tier oder sowas? Ich habe keine Pfotenabdrücke gefunden.

SABINE Also, ich kann mir eigentlich nur eine Entführung und rituelle Opferung vorstellen. Wenn das hier wirklich eine archaische, von mythischer Weltsicht geprägte Insel ist ...
YOSHI Tja, möglich. Ich erinnere mich da an eine Stelle, an der Eliade sagt, daß auch die barbarischsten Handlungen und die abwegigsten Verhaltensweisen übermenschliche Modelle haben.
INGO Das hat ja durchaus zwei Seiten. Wir haben es mit einer Bewußtseinsform zu tun, die alle wesentlichen Regeln für die Arbeit, die Ernährung, die Sexualität usw. auf Offenbarung von oben bzw. auf ein ideales Urbild im Himmel zurückführt. Aus der Sicht unseres profanen Bewußtseins hat diese religiöse Überhöhung der in Wahrheit auf menschliche Setzung und Erfindung zurückgehenden Regeln den 'positiven' Effekt, daß die für das Leben und Überleben entscheidenden Regeln besonders nachhaltig eingehämmert und verstärkt werden.
YOSHI Gut, gut, aber eher 'negativ' ist der innovationsfeindliche Effekt: Wenn die Regeln z.B. für den Fischfang von den Göttern stammen, dann darf an ihnen eigentlich nicht gerüttelt werden. Neue Regeln lassen sich also nur sehr schwer durchsetzen. Im Grunde bedarf es einer neuen Offenbarung, welche die alte revidiert. Um z.B. einen technischen Fortschritt annehmen zu können, muß ihm übermenschliche Herkunft zugeschrieben werden. Eher 'negativ' bewerten wir schließlich auch den Aspekt, daß eigentlich jede beliebige Regel per Überhöhung in ein göttliches Modell verwandelt werden kann. Wird erst einmal geglaubt, es handle sich um ein übermenschliches Vorbild, so gibt es kaum eine Möglichkeit für immanente Kritik, etwa an extremen Opferpraktiken. 'Es muß so gemacht werden, weil die Götter es so vorgemacht haben'. Kurzum, das Bewußtsein 'Ich ahme ja nur die Götter nach' kann, da letztendlich jede beliebige Regel auf die angegebene Weise vergoldet werden kann, sehr leicht zu Handlungen führen, die uns – mit Eliade zu reden – als Wahnsinn, Schandtat und Verbrechen erscheinen müssen: Kopfjagd, Menschenopfer, Kannibalismus.
SABINE Ja, ich finde auch, daß das übertrieben ist. Peter hat mich zwar sehr oft genervt, aber sowas hat er wirklich nicht verdient. Das können diese Leute auch nicht mit einem göttlichen Vorbild entschuldigen.
SUSI Meinst du, sie haben ihn wirklich gegessen?

HELGE *Professeur rotis avec Mango?*
YOSHI Das ist ja noch gar nicht gesagt. Vielleicht hat er sich auch nur verlaufen oder so ...
Jedenfalls hat er sich höchst ungeschickt verhalten.
INGO Richtig. Wir sollten ihn auf jeden Fall abwählen. Ich schlage mich zum neuen Vorsitzenden vor.
YOSHI Unsinn. Wenn hier jemand qualifiziert ist, dann bin ich das.
HELGE Vielleicht sollten wir abstimmen?
INGO Quatsch. Mann gegen Mann. Der Stärkere gewinnt.
YOSHI Einverstanden. Ein Schlagabtausch. Du übernimmst die Position des homo religiosus?
INGO Klar, du profan denkende Flasche. Also, weiterhin zur sozialen und psychischen Funktion des Mythos. Ich komme zunächst auf die Ausführungen über die heilige Zeit zurück. Bei einigen Völkern stoßen wir auf die Vorstellung, daß der Kosmos jedes Jahr wiedergeboren wird, daß die Welt sich jedes Jahr erneuert, daß mit jedem Neujahr eine neue, noch nicht abgenützte Zeit entsteht. Zuweilen finden wir Rituale, die eine Art Weltende bedeuten. *Auslöschen der Feuer, Wiederkehr der Seelen der Toten, Vermischung der sozialen Klassen, erotische Freiheit, Orgien usw. – all das symbolisierte die Rückkehr des Kosmos ins Chaos. Am letzten Tag des Jahres löste sich das Universum in den Urwassern auf.*
YOSHI Dieser periodischen Rückkehr ins Chaos schreibt Eliade die Bedeutung zu, alle 'Sünden' des Jahres zu vernichten. Lächerliches Wunschdenken.
INGO Ich war noch nicht fertig. *Indem der Mensch auf symbolische Weise an der Vernichtung und Neuschöpfung der Welt teilnahm, wurde auch er neu geschaffen. An jedem Neujahr fühlte der Mensch sich freier und reiner, weil er sich von der Last seiner Fehler und Sünden befreit hatte.* Ideen dazu, Klugscheißer?
YOSHI Ein paar. Die Illusion, es gehe tatsächlich um die Vernichtung und Neuschöpfung von Welt und Mensch, kann dort, wo sie wirksam ist, sozusagen Lebenskräfte freisetzen. Man geht vielleicht frischer und mutiger an die Dinge heran, wenn man überzeugt ist, man fange wieder bei Null an, mit einem ungeschmälerten Vorrat an Lebenskraft, wie im Augenblick der Geburt. Das

ist vielleicht ein Lebens-Vorteil gegenüber anderen Bewußtseinsformen.

INGO Ha! Das ist ein klares Zugeständnis! Das bringt doch deine profane Position in riesige Schwierigkeiten, mein Lieber! Auch die archaischen Therapieformen wären übrigens in diesem Zusammenhang zu berücksichtigen. Bei Völkern, die die Welterschaffung als archetypisches Modell für alle 'Schöpfungen' betrachten, finden wir, zumindest hier und dort, Heilungsrituale, die offenbar bestrebt sind, die Rückkehr zur Zeit des Ursprungs therapeutisch zu nutzen. Nach Eliade liegt ihnen die Vorstellung zugrunde: 'Das Leben kann nicht repariert sondern nur neu erschaffen werden'. Um den Kranken zu heilen, so denkt man, muß man ihn noch einmal geboren werden lassen. Er muß in die kosmische Nacht des Chaos zurückkehren. Vielleicht klappt ja manchmal die Heilung besser als dort, wo eine Reparatur-Vorstellung wirksam ist. Ich halte das für sehr gut möglich.

YOSHI Über Umwege sind wir damit wieder bei der Frage, ob wir Illusionen brauchen, um zu leben. Die behandelten Vorstellungen sind nach meiner Einschätzung ganz klar Illusionsbildungen. Die können unter Umständen zu gewissen Lebens-Vorteilen führen. Dann aber muß man sich der Frage stellen: Bringt es nicht nur Nachteile, wenn man sich von Illusionen trennt?

INGO Schön formuliert. Und was hast du für eine Antwort?

YOSHI Einerseits, andererseits.

INGO Brillant. Damit habe ich ja wohl gewonnen.

YOSHI Moment, Moment. Einerseits kann das vollständig profane Bewußtsein nicht guten Gewissens an Vorstellungen festhalten, die es als Illusionen erkannt hat (oder erkannt zu haben glaubt). Denn für diese Position ist es ja wesentlich, daß sie bestrebt ist, stets im Einklang mit dem vorhandenen profanen und insbesondere auch wissenschaftlichen Wissen zu stehen. Annahmen wie die, es gehe tatsächlich um die Vernichtung und Neuschöpfung der Welt, sind aber mit diesem Wissen nicht vereinbar und müssen deshalb preisgegeben werden.

INGO Und andererseits?

YOSHI Andererseits gibt es für das vollständig profane Bewußtsein die Möglichkeit, diejenigen Illusionen, die aus unserer Sicht tatsächlich Lebens-Vorteile mit sich bringen, durch Äquivalente *ohne kognitiven Anspruch* zu ersetzen.

INGO Jetzt kommst du mir wieder mit Peters fiktionalen Mythen oder Als-ob-Mythen?

YOSHI Genau. So könnte man beispielsweise aus der soeben behandelten archaischen Vorstellung unschwer einen Als-ob-Mythos machen, der gewiß nicht auf dieselbe Weise wie der geglaubte Mythos zur Freisetzung von Lebensenergie führt, der aber ebenfalls eine stimulierende Wirkung haben kann. Ich denke, man geht auch dann frischer und mutiger an die Dinge heran, wenn man bewußt mit der Fiktion 'arbeitet', man fange bei Null an, obwohl man davon überzeugt ist, daß es keinen derartigen 'absoluten' Neuanfang gibt. Würde man den Umgang mit Fiktionen, mit 'guten' Fiktionen, rechtzeitig lernen, so würde man auf die Lebens-Vorteile, welche einige Illusionen des archaischen Denkens mit sich bringen, nicht einfach verzichten – ohne doch jemand zu sein, der Illusionen zum Leben braucht.

INGO Aber es gibt doch auch Leute, die Illusionen zum Leben brauchen!

YOSHI Richtig. Hierzu meine ich: Wenn absehbar ist, daß Menschen große Lebens-Nachteile hätten, wenn sie die ihnen Halt gebenden Illusionen aufgeben würden, so sollen sie meinetwegen daran festhalten. Du kannst dir soviel Illusionen machen, wie du willst. Daß *du* hier der neue Vorsitzende wirst, ist zum Beispiel so eine. Grundsätzlich befürworte ich jedoch den Versuch, die Leute dahin zu bringen, daß sie *weniger* Illusionen brauchen. Und ich denke, daß ein solcher Lernprozeß erleichtert wird, wenn es ein Angebot an Als-ob-Mythen gibt, welche die geglaubten Mythen ersetzen können. Das könnte übrigens auch Konsequenzen für die von dir angesprochenen Therapieformen haben. Ich bin hier kein Fachmann, aber ich schließe nicht aus, daß es einen Heilungseffekt haben könnte, wenn es gelänge, wirklich mit der Fiktion zu 'arbeiten', die Existenz beginne nochmals von neuem. Tatsächlich ist ja immer nur ein relativer, kein absoluter Neuanfang möglich, aber die Fiktion des absoluten Neuanfangs kann dazu beitragen, den real möglichen relativen Neuanfang zu finden und zu wagen. Um einen Neuanfang machen zu können, brauchen wir nicht den

Glauben daran, daß man das Leben mit einem Maximum an Chancen wirklich periodisch neu beginnen könne.
INGO Okay, Chef. Ich gebe auf.
HELGE Bravo, bravo, Yoshi. Ich habe immer an dich geglaubt. Eine Mango?
SABINE Schleimer.
SUSI Seht mal, die Sonne geht auf. Jetzt können wir den Chef suchen gehen!
YOSHI Der Chef bin *ich*.
SUSI Ach ja. Muß man sich erstmal dran gewöhnen.
YOSHI Trotzdem gehen wir den Alten jetzt suchen. Mich interessiert, wie so eine Opferung abläuft. Packt zusammen, wir gehen da lang – in den Dschungel!

Und so schlugen wir uns, nur noch zu fünft, unter der Führung unseres neuen Vorsitzenden durch den dampfenden Urwald, lediglich mit einem Schweizermesser und einer Schere aus meiner Reiseapotheke bewaffnet. Das Kreischen von droben in den Baumwipfeln verborgenen exotischen Vögeln vermischte sich mit dem Zirpen der Zikaden und dem dumpfen Aufprall matschiger Mangos, die von unsichtbaren Affen nach uns geworfen wurden. Von Moskitos zerstochen und von Reue darüber geplagt, daß wir diese Strapazen für einen wahrscheinlich längst verdauten Ex-Vorsitzenden auf uns nahmen, standen wir plötzlich vor einer ebenso grausigen wie ehrfurchtgebietenden Erscheinung. Unisono drang ein fünffacher Schreckensschrei durch den Dschungel.

INGO Oh Gott. Was ist das?
YOSHI Mit *Oh Gott* liegst du wahrscheinlich gar nicht mal falsch. Sieht aus wie ein Götzenbild.
HELGE Ein Götzenbild aus Schädeln?
SUSI Welcher ist denn von Peter?
SABINE Ich glaube, der ist noch nicht dabei. Die sehen alle schon sehr alt aus ...
INGO Sag mal, Yoshi, erinnerst du dich an das Nomadenvolk, das einen heiligen Pfahl auf seinen Wanderungen mitnimmt und um ihn herum die jeweilige Welt aufbaut, wodurch es in Verbindung mit dem Himmel, mit den Göttern bleibt?

YOSHI Klar, davon haben wir doch im Flugzeug schon gesprochen.
INGO Und wenn das hier sowas wäre? Glaubst du, du könntest die Eingeborenen dazu
bewegen, den Pfahl als bloßes Wert-Symbol zu betrachten? Sollen sie zu Als-ob-Mythen übergehen? Und vielleicht darauf verzichten, unseren Vorsitzenden zu opfern?
YOSHI Als-ob-Mythen können nur dort bedeutsam werden, wo – zumindest ansatzweise – eine Position jenseits des mythisch-religiösen Bewußtseins erreicht ist. Das aber dürfte bei den Erbauern dieses ... Kunstwerks ... wohl kaum der Fall sein.
SABINE Das sagst du nicht zufällig bloß, weil du Vorsitzender bleiben willst?
YOSHI Kein Kommentar.
INGO Warte mal, das interessiert mich. Was, meinst du denn, würde passieren, wenn der heilige Pfahl zerbräche?
YOSHI Unter Bedingungen mythischen Denkens kann es, wie Eliade selbst sagt, dazu kommen, daß der ganze Stamm von tödlicher Angst befallen wird, ja, daß die Stammesangehörigen umherirren und sich schließlich auf den Boden setzen, um zu sterben. Schließlich haben sie ja ihre Verbindung mit dem Himmel verloren. Das bringt mich auf den Gedanken, daß mythische Illusionen keineswegs nur Lebens-Vorteile, sondern auch Lebens-Nachteile mit sich bringen können.
SABINE Ich weiß, was du meinst. Nehmen wir an, der heilige Pfahl sei zufällig zerbrochen. Im Kontext mythischer Welterfahrung wird das Zerbrechen auf numinose Einwirkung zurückgeführt und vielleicht dahingehend interpretiert, daß die Götter sich abgewandt haben. Diese mythische Deutung, die nach unseren Prämissen eine Fehldeutung ist, führt zu erheblichen Lebens-Erschwernissen, denn es muß nun alles getan werden, um die Götter wieder günstig zu stimmen.
INGO Es muß *alles* getan werden? Ich verstehe ... Helge!
HELGE Was? Nein, auf keinen Fall. Ich faß das Ding nicht an. Oh nein, vergiß es. Guck nicht so! – Also gut.

Und so geschah es, daß der Chronist dieser Zeilen sich des größten Frevels schuldig machte, den das Volk der Maouissuto sich vorstellen kann: Ich zerrte am untersten der wohl an die zweihundert aufeinandergestapelten Schädel wie am statisch prekärsten Part einer Pyramide aus Erbsenkonserven im Supermarkt. Nach einem letzten, verzweifelten Rucken hielt ich den in böser Vorfreude grinsenden Totenkopf in den Händen, während das gesamte Gebilde ins Wanken geriet und mit einem ohrenbetäubenden, hohlen, fast kreischenden Klirren und Krachen in sich zusammenfiel. Und dann brach die Hölle los.

4. Eliade II: Der Schamane Kümmelkorn

Urplötzlich war die Luft erfüllt von gellendem Kriegsgeschrei, vom tiefen, grollenden Donner rhythmisch geschlagener Trommeln und dem insektengleichen Schwirren gefiederter Blasrohrpfeile, von denen mir bald einer im Nacken, ein anderer im Gesäß steckte. Ich sah mich noch hilfesuchend nach meinen Kollegen und vor allem meiner geliebten Mutti um, als mir schon die Augen zufielen. Ich stürzte spiralförmig durch sämtliche Bewußtseinsschichten in eine tiefe Ohnmacht, aus der ich nur kurz erwachte, um mich, wie ein erlegtes Stück Wildbret, an einer von zwei muskulösen Kriegern getragenen Bambusstange baumelnd wiederzufinden. Dann wurde es wieder dunkel.

SUSI Vati! Wach auf! Wach auf, Häselein! Es ist ja gut!
HELGE Wa ... Wo bin ich? Was ist mit mir? Ich kann meine Beine nicht bewegen!
SUSI Die sind dir wieder eingeschlafen, wie immer, wenn du sie auf den Couchtisch legst.
HELGE Mutti ... Gott sei Dank, ich dachte, du würdest am Spieß stecken.
SUSI Ach, Vati. Das war wieder eine Dose Bier zuviel, meinst du nicht? Komm jetzt ins Bett, es ist längst Sendeschluß. Du hast nur schlecht geträumt ...
HELGE Ach, Mutti.
SUSI Ach, Vati. Na komm, mach die Augen auf.

Der schöne Traum vom heimischen Wohnzimmer war im Bruchteil einer Sekunde vergessen, als ich die Augen aufschlug und in die erschöpften Gesichter meiner verängstigten Kollegen blickte. Wie ich selbst waren sie an Händen und Füßen gefesselt und saßen entlang der Wände einer aus Bambusstangen und Palmblättern gefertigten, großen Hütte, die nur von einigen flackernden Fackeln beleuchtet wurde. Kein Fernseher, kein Couchtisch, kein Dosenbier. Die nackte, unbarmherzige Realität. Wenigstens waren wir, bis auf unseren Ex-Vorsitzenden, noch vollzählig.

SUSI Vati! Geht es dir gut?
HELGE Es geht schon. Meine Beine sind eingeschlafen. Wie sind wir hierher gekommen?
YOSHI Wie am Spieß, sozusagen. Man hat uns betäubt. In den Pfeilen muß irgendein Sedativ gewesen sein, vielleicht eine Curare-Abart.
SABINE Was meinst du, was sie mit uns vorhaben?
INGO Dreimal darfst du raten. Das haben wir alles dir zu verdanken, dämlicher Stümper!
HELGE Moment mal. *Du* hast doch gesagt, ich soll den Schädel rausziehen.
INGO Kann ich mich gar nicht dran erinnern.
YOSHI Ist ja auch egal. Jedenfalls hat die Zerstörung nicht dazu geführt, daß die Leute hier unmotiviert und unentschlossen durch die Gegend irren. Ganz im Gegenteil.
SABINE Vielleicht war es gar kein so wichtiger mythischer Ort. Vielleicht war dieser Schädelhaufen eher ...
INGO ... eine Art Recycling-Sammelstelle? Mach dich nicht lächerlich.
YOSHI Warte, so dumm ist das gar nicht. Es kann durchaus sein, daß dieses Götzenbild vor langer Zeit mal dem höchsten Gott dieses Stammes geweiht war, aber dann an Bedeutung verloren hat. Es gibt da eine Stelle in Eliades *Das Heilige und das Profane*, wo es um das Phänomen der 'Entfernung' des höchsten Gottes geht, das nach Eliade schon auf archaischer Kulturebene bezeugt ist. Die höchsten Wesen haben die Tendenz, aus dem Kult zu verschwinden. Sie *'entfernen' sich von den Menschen, ziehen sich in den Himmel zurück und werden dei otiosi. Man könnte sagen, diese Götter verspüren nach der Erschaffung des Kosmos, des Lebens und des Menschen eine Art 'Müdigkeit', als habe die Riesenarbeit der Schöpfung ihre Kräfte erschöpft.* Nach und nach, so stellt Eliade heraus, nehmen andere göttliche Gestalten ihren Platz ein: die mythischen Ahnen, die Muttergottheiten, die Fruchtbarkeitsgötter.
SABINE Ich verstehe nicht, was diese Vorstellung des höchsten Gottes im Ruhestand mit einem mangelnden Interesse der Menschen an den heiligen Orten zu tun haben soll. Man könnte an dieser Stelle doch auch andere Götter anbeten, oder?

YOSHI Moment, dazu muß man ein bißchen weiter ausholen. Ich würde hier die Leitfrage 'Wie kommen die Illusionen des mythischen Bewußtseins zustande?' ins Spiel bringen, und zwar in einer spezifizierten Form: 'Wie kommt es zu dem Übergang von einem Illusionstyp zum anderen?' Eliade gibt selbst einen Hinweis, den ich ausschlachten möchte. *In der 'Entferntheit Gottes' drückt sich in Wirklichkeit das steigende Interesse des Menschen für seine eigenen religiösen, kulturellen und wirtschaftlichen Entdeckungen aus.* Ich möchte es so formulieren: Wenn die Interessenlage, wenn die Wertorientierung der Menschen sich ändert und wenn dies zu größeren Veränderungen der Lebensweise führt, so muß ein solcher Prozeß, findet er im Rahmen des mythischen Bewußtseins statt, zu Veränderungen in der Götterwelt, in der *Ordnung des Heiligen* führen. Auf diese Weise eröffnet sich die Möglichkeit, Wandlungen in der Ordnung des Heiligen 'natürlich' zu erklären. Eine solche Erklärung muß berücksichtigen, daß dem mythischen Bewußtsein selbst die 'Entfernung' des höchsten Gottes als primäres und entscheidendes Ereignis erscheint. Das mythische Bewußtsein sieht den Zusammenhang zwischen der Wandlung von Wertsystem und Lebensweise einerseits und der Neuordnung der Götterwelt andererseits nicht. Für uns hingegen ist klar, daß z.B. mit dem Übergang zum Ackerbau neue religiöse Mächte ins Spiel treten müssen.

INGO Aber Eliade stellt doch heraus, daß man sich des höchsten Wesens, wenn es seine religiöse Aktualität verloren hat, doch wieder erinnert, wenn alle Schritte bei den anderen Göttern und Göttinnen, den Ahnen und Dämonen vergebens waren. Dann wird es als letzte Instanz angerufen. Etwa so: *Wir haben alles versucht, aber wir haben noch Dich zu unserer Hilfe* Was ist damit? Dann würde der alte Schädelgott wieder ins Amt zurückgerufen.

YOSHI Jetzt wechselst du die Fragerichtung, mein Lieber. Hier geht es nicht mehr – wie eben – darum, den Wandel der religiösen Vorstellungen 'natürlich' zu erklären, sondern darum, eine bestimmte religiöse Praxis zu *verstehen*. Das ist aber im Prinzip, und nur um das Prinzipielle kann es jetzt gehen, nicht schwer. Wenn ich an einen höchsten Gott glaube, der sich von den Menschen zurückgezogen hat, so werde ich bei Problemen natürlich zunächst diejenigen höheren Wesen anrufen, die den Menschen näherstehen. Sind aber alle Bemühungen fruchtlos, so kann ich immer noch dem fernen Gott einen frischen Schädel opfern und ihn um Mitleid anflehen. Eliade sagt treffend: *In einer äußerst kritischen Situation, in der die Existenz der Gemeinschaft selbst auf dem Spiel steht, verläßt man die Gottheiten, die in normalen Zeiten das Leben sichern und erhöhen, und kehrt zurück zum höchsten Gott.*

SABINE Also, mir wäre es bedeutend lieber, wenn du dich mit dem Verstehen mythischen Denkens begnügen und auf das Erklären ganz verzichten würdest. Wir brauchen schließlich einen konkreten Tip, wie wir hier wieder rauskommen.

YOSHI Schon klar, aber wenn das 'Spiel' des vollständig profanen Bewußtseins gespielt wird, kann man darauf nicht verzichten: das Zustandekommen der mythischen Illusionsbildungen bedarf einer Erklärung. Ich räume jedoch ein, daß es in der Tradition 'naturalistischen' Denkens etliche Erklärungsversuche gegeben hat, die sich nicht zuvor bemüht haben, das mythische Denken adäquat zu verstehen. Hat man aber die hermeneutischen Hausaufgaben nicht gemacht, so kommen in der Regel auch mangelhafte Erklärungen heraus. So kann ich mir zum Beispiel auch nicht vorstellen, was dieser nackte Mann von uns will.

Und in der Tat, vor uns stand, wie aus dem Boden gewachsen, ein uralter Mann mit schlohweißem Haar, sonnenverbrannter Haut und einem beachtlichen Trommelbauch. Er war lediglich mit einem kunstvollen, aus Blüten und Federn gefertigten Kopfschmuck bekleidet und betrachtete uns interessiert, während er mit lässig hinter dem Rücken verschränkten Händen die Wände entlangschritt, ganz wie Volker Rühe bei einer Heeresinspektion. Schließlich griff er in seinen Kopfschmuck und zog etwas hervor, das wie ein primitives Messer aussah.

INGO Was macht er denn jetzt? Bleiben Sie mir ja vom Leib, Meister!

YOSHI Halt still! Ich glaube, er will uns die Fesseln durchschneiden.

HELGE Tatsächlich. Äh ...wir sehr dankbar. Wir Freund! Du Medizinmann?

INGO Halt die Klappe, er versteht dich nicht.

KAIUO Ich verstehe Sie sehr gut. Bitte, stehen Sie doch auf. Ich bedaure wirklich alle Unannehmlichkeiten, die sie bisher erleiden mußten, aber faktisch sind Sie immer noch Gefangene.
YOSHI Sie ... sprechen unsere Sprache, Herr ...
KAIUO Ja, ich spreche Ihre schöne Sprache. Sie ist mir allerdings viele Jahre nicht mehr von der Zunge gegangen und daher ein wenig eingerostet, fürchte ich ... Es ist seltsam, sie wieder zu benutzen. Gestatten: Kaiuo, Heinrich Kaiuo, sehr angenehm.
YOSHI Nakamura, sehr erfreut. Ich bin der Vorsitzende der Mythic Tours GmbH; Gesellschaft für Mythosforschung und integrale Theorieentwicklung.
KAIUO Mythologen! Sehr schön. Ich bin sicher, Sie werden Ihre letzten Stunden in sehr anregenden Studien verbringen können. Das Dorf der Maouissuto steht Ihnen – in begrenztem Maße natürlich – zur Besichtigung offen.
INGO Vielen Dank, das ist sehr ... Unsere letzten Stunden?
KAIUO Oh, das vergaß ich zu erwähnen. Sie werden heute Abend die Ehre haben, einer uralten Opferungszeremonie beiwohnen zu dürfen. Sie werden dabei eine ... wie soll ich sagen ... Schlüsselfunktion innehaben. Ich selbst bin der Schamane dieses Stammes und werde Sie noch genau instruieren. Wenn Sie mir jetzt bitte folgen wollen. Sie sind gewiß hungrig.

Als wir die Hütte verließen, schien sich der gesamte Stamm, wie Kaiuo entschieden unbekleidet, im Licht des Vollmonds um die Hütte herum versammelt zu haben. Kräftiger, ehrlich gemeinter Applaus und ein fröhlicher Gesang begleiteten unseren Auftritt, was besonders Mutti sehr freute , denn *Wo man singt, da laß dich ruhig nieder/böse Menschen kennen keine Lieder*. Feierlich wurden wir zu einem kleinen Weiher geführt, wo man uns die Kleider auszog und uns rituellen Waschungen unterzog. Nachdem wir mit dem hier üblichen Kopfschmuck ausgestattet worden waren, ging es nun unter freiem Himmel zu Tisch.

SUSI Ähem ... Im Grunde ist es ja auch nicht viel anders als beim FKK-Camping, nicht wahr, Vati?
HELGE Ja ja, nur daß ich mich doch etwas beobachtet fühle.
SABINE Mein Essen bewegt sich.

YOSHI Andere Länder, andere Sitten. Langt zu, wir dürfen nicht auffallen.

INGO Recht hast du. Wir sehen den Dorfbewohnern ja jetzt auch zum Verwechseln ähnlich. Ein wunderschöner Vollmond, nicht wahr?

HELGE Oh ja, herrlich. Sagen Sie, Herr Kaiuo, wie meinten Sie das mit der Schlüsselrolle eigentlich genau?

KAIUO Es ist im Grunde ganz simpel. In ungefähr drei Stunden, wenn der Mond genau senkrecht über dem heiligen Weiher steht, legen Sie sich nebeneinander auf diesen heiligen Steinblock dort, in der Mitte des Weihers, und ich schneide Ihnen die Kehlen durch. Dann wird die ganze Nacht gesungen, getanzt, gegessen und getrunken. Sie haben großes Glück, daß Sie das erleben dürfen. Das letzte Mal wurde dieses Fest vor neunundvierzig Jahren gefeiert!

YOSHI Ah ja. Das ist wirklich hochinteressant. Und diese ... Zeremonie bestätigt Ihren Stamm dann wohl im Glauben an ein Leben nach dem Tode?

KAIUO Ganz recht! Das erinnert mich an die Thesen eines jungen Kollegen, mit dem ich vor Jahrzehnten studierte ... Mischa hieß er, glaube ich.

SABINE Mircea. Mircea Eliade. Sie haben Ihn persönlich gekannt?

KAIUO Freilich. Wir sind sogar zusammen gereist und haben uns häufig die Köpfe heißgeredet. Damals hieß ich natürlich noch nicht Kaiuo, sondern Kümmelkorn.

YOSHI Was denn ... Heinrich Kümmelkorn? *Der* Kümmelkorn? Das ist ja fantastisch! In meiner Dissertation habe ich Ihnen mindestens vier Fußnoten gewidmet, besonders Ihre Gedanken über den Opfertod waren so ... so *anschaulich*.

INGO (leise) Wir werden es erleben. Offenbar ist der gute Heinrich ziemlich in die mythische Weltsicht hineingerutscht.

YOSHI Herr Kümmelko ... äh, Kaiuo, erinnern Sie sich an die Gedanken, die Eliade zum Phänomen der Mondanbetung entwickelt hat? Sabine, hast du das Zitat noch im Kopf?

SABINE Ich denke, ja: *Durch die Mondphasen – 'Geburt', 'Tod' und 'Auferstehung' des Mondes – wurden die Menschen sich ihrer*

eigenen Seinsweise im Kosmos und zugleich ihrer Aussichten auf Fortleben oder Wiedergeburt bewußt.
YOSHI Richtig. Mich, als profan denkenden Menschen, Herr Kaiuo, interessiert natürlich, wie es zu diesen religiösen Wertungen des Mondes kommt. Ich wüßte gern, was Sie von meinen Gedanken dazu halten. Also, gehen wir vom Wunsch aus, der Tod möge nicht endgültig sein. Innerhalb des mythischen Denksystems kann sich ein Wunsch – und nicht zuletzt ein solcher Grundwunsch wie der nach Entlastung vom Druck des 'endgültigen' Sterbenmüssens – in eine Annahme über die Wirklichkeit verwandeln, hier in die Annahme, der Tod sei tatsächlich nicht endgültig, ihm folge immer eine neue Geburt.
HELGE Im Moment wünschte ich auch, ich könnte an so was glauben.
YOSHI Tja, wärst du ein homo religiosus, könntest du die sinnlich wahrnehmbaren Mondphasen als perfekte Bestätigung der Annahme, der Tod sei nicht endgültig, empfinden, vor allem dann, wenn das Schema 'Himmlisches Muster – irdische Nachahmung' am Werk ist. Durch Projektion des Wunsches nach Fortleben und Wiedergeburt auf die Mondphasen erscheinen diese als Phasen der *Geburt,* des *Todes* und der *Auferstehung.* Der Mond *stirbt,* um drei Nächte später *wiedergeboren* zu werden. Und man glaubt: 'So wie auf den Tod des Mondes immer wieder eine neue Geburt folgt, so folgt auch auf den menschlichen Tod immer wieder eine neue Geburt'. Hat die Mythisierung des Mondes aber einmal stattgefunden, so können innerhalb dieser Denkform heterogene Dinge aufeinander bezogen und miteinander verbunden werden. Eliade nennt unter anderem: *Geburt, Werden, Tod, Auferstehung; oder Wasser, Pflanzen, Frau, Fruchtbarkeit, Unsterblichkeit; kosmische Finsternis, pränatales Leben, Existenz jenseits des Grabes und Wiedergeburt.* Der homo religiosus kann so ganz unterschiedliche Bereiche zusammenbringen und einem einzigen 'System' integrieren. Was halten Sie denn davon?
KAIUO Nun, der Tod ist natürlich niemals endgültig. Aber es kann sehr lange dauern, bis man wiederkehrt, wenn man einmal den Weg ans andere Ufer des heiligen Weihers gegangen ist. Schauen Sie, unser höchster Gott, Laiiuoke, der Mondgott, hat sich sieben mal sieben Jahre nicht mehr auf die Erde begeben. Gestern

nacht ist er uns erschienen, und heute kommen Sie als Opfergabe zu uns. Der heilige Stein wird schon bald mit Ihrem Blut getränkt sein, und Laiiuoke wird uns sieben mal sieben Jahre Fruchtbarkeit schenken. Dann, mit dem Monduntergang, wird auch er von uns gehen und erst in sieben mal sieben Jahren zurückkehren.

SUSI Aber lieber Herr Kümmelkorn, das ist doch barbarisch! Denken Sie bloß mal, wie lange Ihre Frauen hier nachher den Stein schrubben müssen! Wenn ich mir das in meiner Spüle vorstelle ...

INGO Sei still, Mutti. Ein bißchen mehr Respekt für andere Kulturen muß einfach drin sein.

SABINE Aber sie hat doch recht! Was soll der ganze Respekt, wenn wir hier auf die Katastrophe zusteuern? Ich halte das auch bald nicht mehr aus!

INGO Typisch profanes Denken. Eliade spricht genau diesen Aspekt an, nämlich daß der Mensch, der sich als geschichtliches Wesen erkennt und als solches will, den sich ständig verstärkenden Druck der Geschichte nicht zu ertragen vermag. Während der profane, der areligiöse Mensch den geschichtlichen Katastrophen schutzlos ausgeliefert ist, gelingt es dem religiösen Menschen, sie – durch mythische Rechtfertigungen dieser oder jener Art – zu ertragen. *Solche Rechtfertigungen der geschichtlichen Katastrophen ermöglichen auch heute noch die Existenz vieler Millionen von Menschen, die fortfahren, in dem ununterbrochenen Druck der Geschehnisse die Zeichen des göttlichen Willens oder einer astralen Bestimmung zu erblicken.*

YOSHI Damit wären wir wieder beim Aspekt Lebens-Vorteile des mythischen Denkens angelangt. Wer Stütze und Trost sucht, ist mit den vom homo religiosus hervorgebrachten Illusionen gut bedient, denn diese sind zu einem erheblichen Teil auf diese Bedürfnisse zugeschnitten. Die Lebens-Nachteile sollten freilich nicht unterschlagen werden. Aus unserer Sicht leisten die zur Debatte stehenden Vorstellungen zumeist bloß eine kompensatorische Entlastung vom jeweiligen Realitätsdruck – sie söhnen emotional mit einem Übel aus, ohne es zu verringern oder zu eliminieren. Sie tragen somit dazu bei, daß änderbare Übel unverändert bestehen bleiben. Für uns handelt es sich um Illusionsbildungen, die dazu befähigen, Leiden zu ertragen und die auch dort berechtigt sind, wo extreme Leidenssituationen ausgehalten werden müssen, ohne daß eine echte Handlungschance besteht. Dort, wo jedoch Handlungsmöglichkeiten existieren, werden sie indes leicht kontraproduktiv. Eliade hingegen ist offenbar von der Existenz einer *übergeschichtlichen Intention* überzeugt, und dann liegt es natürlich nahe zu behaupten, daß wir grundsätzlich und generell den Glauben an eine höhere Instanz brauchen, um nicht zu verzweifeln.

HELGE Das glaube ich auch. Ich will nun mal nicht geopfert werden. Und Mutti auch nicht.

SABINE Ich kann mich da nur anschließen.

KAIUO Bitte, meine Damen, meine Herren. Ihr Freund hat ganz recht, Sie sollten sich in ihr Schicksal ergeben. Ich versichere, daß alle meine Messer stets gut geschliffen sind. Es ist nicht meine Schuld, daß Sie nicht an die Götter glauben. Damit müssen Sie als moderner Mensch nun einmal leben.

YOSHI Ich halte das für eine vorschnelle Verallgemeinerung. Insbesondere denke ich nicht, daß der areligiöse Mensch zwangsläufig, wie Eliade behauptet, eine *tragische Existenz* auf sich genommen hat.

INGO Aber sprechen wir ruhig von Ihrem Opferstein. Eliade kommt nämlich auch auf die religiöse Bedeutung der Steine zu sprechen. Die Steine vermögen als Hierophanien den Menschen Macht, Härte, Dauer zu zeigen. *Vor allem andern ist der Stein, er bleibt immer er selbst, er verändert sich nicht, und er frappiert den Menschen durch das Unabänderliche und Absolute seines Wesens und offenbart ihm durch Analogie die Unabänderlichkeit und Absolutheit des Seins.* Was ist deine Erklärung dazu, Yoshi?

YOSHI Nun, ich kann hier an das eben Gesagte anknüpfen. Ich gehe wieder von einem Wunsch aus, und zwar vom Wunsch 'Ich möchte unverwundbar sein'. Aus diesem Wunsch kann durch Projektion eine Annahme über die Wirklichkeit werden, hier die, es gebe tatsächlich etwas absolut Unverwundbares. Und innerhalb der mythischen Denkform kann diese Überzeugung im sinnlich wahrnehmbaren Stein und seinen Eigenschaften eine Art Bestätigung finden. Der Stein kann als Offenbarung der Absolutheit des Göttlichen empfunden werden. Hinzufügen möchte ich noch, daß Naturgegenstände und Naturphänomene wie der Stein und die Mondphasen jenseits des mythischen-religiösen Denkens natürlich weiterhin als Wert- bzw. Wunschsymbole dienen können. Nehmen

wir an, ein profaner Mensch wünsche sich 'Ich möchte zwar nicht absolut unverwundbar sein (denn das ist unmöglich), aber ich wäre gern weniger verwundbar, als ich es jetzt bin'. Ein solcher Mensch könnte den Stein mit seinen spezifischen Eigenschaften als Wunsch-Symbol und als Verstärker seiner Wertorientierung erfahren.
HELGE Das haben Simon & Garfunkel schon vor fast dreißig Jahren gesungen! (singt) *Ei äm e rock, ei äm en ei-haheiländ ...*
PETER (singt) *...änd a rock fiels no päin. Änd en eiländ never kreis.*
INGO Ja, ich erinnere mich. Die Platte hatte Peter auch, neben den ganzen Bob Dylan-Scheiben ... Moment mal. Das war doch Peters Stimme!
SABINE Unverkennbar. Es gibt nur einen Menschen auf der Welt, der so falsch singen kann.
KAIUO Schweigt! Laiiuoke hat seine Stimme erhoben.

Und in der Tat! Aus der größten und prächtigsten Hütte des Dorfes, die uns eine primitive Form eines Tempels zu sein schien, strömte der unverkennbare, leicht jaulende Tenor unseres totgeglaubten Ex-Vorsitzenden über die in Ehrfurcht erstarrten, flach auf dem Boden liegenden Dorfbewohner hinweg. Niemand wagte uns aufzuhalten, als wir freudig auf die Hütte zustürmten, aus der mittlerweile Bruchstücke von Bob Dylans *Knocking on Heaven's Door* drangen, ebenfalls aus dem Munde unseres geliebten Freundes.
Doch was für eine Veränderung hatte er durchgemacht! Als wir die Tempelhütte betraten, sahen wir an Stelle eines degenerierten postmodernen wissenschaftsgläubigen und wohlgenährten Professors eine von einem inneren Feuer beseelte, splitternackte, in einem Blütenmeer thronende und von ebenso splitternackten, atemraubend schönen Frauen umringte Gestalt, deren – mit Verlaub – auf Hochglanz polierte Glatze den durch ein Oberlicht auf sie herabstrahlenden Vollmond reflektierte. Hätten wir die Erscheinung nicht gerade *It's only Rock & Roll, but I like it* grölen hören, wir hätten allesamt an eine Inkarnation des Mondgottes Laiiuoke geglaubt.

HELGE Peter! Großer Vorsitzender! Du lebst!

YOSHI Mal langsam. Wie es aussieht, ist er nicht ganz bei sich.
SABINE Quatsch, du hast bloß Angst um deine Pfründe.
INGO Genau. Na, Peter, altes Haus, du läßt es dir aber gut gehen, was?
PETER (sieht uns zweifelnd, mit schiefgelegtem Kopf an) *Hau menni rohtz maßt e mähn gohoo daun, bivor ju kän kool him e mähn ...*
YOSHI Hörst du das? Völlig gaga.
SUSI Aber Peter. Du mußt dich jetzt ein bißchen zusammenreißen. Herr Kümmelkorn will uns nämlich opfern, dir zu Ehren, weißt du, und ...
HELGE Und da mußt du wirklich mal ein Machtwort sprechen. Ich meine, du bist ja immerhin ein Gott, nicht wahr.
SABINE Der erste vollständig profan denkende Gott der Menschheitsgeschichte.
PETER *Jesterdäi ... oll mei trabbels siemt so fahre wäi ...*
INGO Wahrscheinlich ein Schock. Manchmal hilft ein Schlag auf den Kopf. Mal sehen, vielleicht ...

Mit kundigem Blick wählte Ingo eine mittelgroße Kokosnuß aus und warf sie unserem Ex-Vorsitzenden ohne Zögern an den milchweiß schimmernden Mondschädel. Der Gesang brach ab, entsetzt stoben die blumengeschmückten Vestalinnen auseinander und rannten kreischend aus der Hütte, ohne Zweifel, um dem Stamm von diesem Frevel zu berichten.
Es blieb also nicht viel Zeit, den Professor wieder zu Bewußtsein und uns in Sicherheit zu bringen.

PETER Was ist los ... wo bin ich? Oh Gott, Mutti! Du bist ja ganz nackt!
INGO Das erklären wir dir später. Schön, daß du wieder da bist. Jetzt aber los!
HELGE Zu spät. Guckt euch mal um.

Die Tempelhütte war urplötzlich vollbesetzt mit zähnefletschenden, aufgebrachten und schwerbewaffneten Kriegern, angeführt von Hohepriester Kümmelkorn, dessen zorngeschwellte Stirnader zu platzen drohte. Wir mußten uns sehr schnell etwas einfallen lassen.

PETER (flüsternd) Scheiße, was machen wir jetzt?
YOSHI (flüsternd) *Du* bist der Mondgott. Das ist *dein* Ding hier.
PETER *Was* bin ich?
INGO (flüsternd) Keine Zeit für Erklärungen. Mach uns den Gott, schnell! Du kannst deutsch sprechen, der da übersetzt.
PETER Äh ... liebe Menschenkinder! Ich bin zu euch herabgestiegen, um euch ...
SABINE (flüsternd) Sieben mal sieben!
PETER Um euch sieben mal sieben Jahre Fruchtbarkeit zu bringen. Und vielen Dank für all die schönen Opfer, das wär doch gar nicht nötig gewesen. Nun, die fünf fremden Weißen hier sind ... keine gewöhnlichen Opfer. Sie sind vielmehr ... öh ... Untergötter, wißt ihr. Gehören sozusagen zur Familie. Es soll ihnen kein Leid geschehen, verstanden? Wahrlich, ich sage euch, lasset uns lieber gleich mit Essen, Trinken und Tanzen anfangen, und ab morgen geht es dann los mit der Fruchtbarkeit. (Flüsternd:) Wie war das?
INGO Ganz prima. Kümmelkorn scheint es dir abzukaufen.
PETER Und nun gehet und bereitet die Festlichkeiten vor. Wir Götter ziehen uns zur Beratung zurück. Los, los!
YOSHI Klasse. Sie haben den Unterschied zwischen einem religiösen und einem profanen Menschen wohl nicht mitgekriegt.
SUSI Kein Wunder. Du bist sehr eindrucksvoll, Peter ...
PETER Du aber auch, Mutti ...
HELGE Zieh dir was über, ja?
YOSHI Keine Streitereien jetzt, bitte. Wir sollten prüfen, ob unser Freund völlig wiederhergestellt ist, wegen der Neuwahlen, ihr wißt schon. Also, Peter: Eliades Abgrenzung des religiösen vom profanen Menschen. Ich habe dieses interessante Thema gerade schon angerissen.
PETER Richtig. Es steht natürlich in engem Zusammenhang zu unserer Leitfrage 'Wie unterscheidet sich das mythische vom vollständig profanen Bewußtsein?'
YOSHI Wir profanen Menschen kommen bei Eliade ja nicht besonders gut weg. Daher wirst du, als Vertreter eines vollständig profanen Bewußtseins, an Eliades Gegenüberstellung wohl einiges auszusetzen haben, denke ich mal. Für den mythisch denkenden Menschen, wie Eliade ihn darstellt, geht ja nicht alles in profaner

Geschichte auf – es gibt für ihn eine archetypische Ordnung übernatürlicher und über-geschichtlicher Art. Auf diese ist das Leben ausgerichtet. Eliade spricht daher von *Feindschaft gegen jeden Versuch zur autonomen 'Geschichte'*.

PETER Für das vollständig profane Bewußtsein sind dagegen Natur und Geschichte gewissermaßen die letzten Instanzen. Die übergeschichtlichen Vorbilder, auf die sich das mythische Denken bezieht, sind für uns in Wahrheit geschichtliche Vorbilder, die mit über-geschichtlicher Farbe bemalt wurden. Um es mit Eliades Worten zu sagen: Der areligiöse Mensch verweigert sich dem Transzendenten.

YOSHI Und wo steht deiner Ansicht nach Eliade selbst?

PETER Ich habe ja schon erwähnt, daß ich ihm religiös-theologische Prämissen zuschreibe. Welche dies genau sind, ist schwer zu sagen. Ich vermute, daß es für ihn auf jeden Fall so etwas wie eine archetypische höhere Ordnung gibt, ich glaube jedoch nicht, daß er sich mit der *archaischen Ontologie*, wie er es nennt, einfach identifiziert. Eliade sagt explizit, bei ihm liege keine geheime Sehnsucht nach der vergangenen Seinsform des archaischen homo religiosus vor – ihm gehe es primär darum, diese Seinsform mit Verständnis und Sympathie darzustellen. Mit seiner religiösen Grundhaltung hängt es indes zusammen, daß er starke Neigung zeigt, die Rückkehr zu einer erneuerten Archetypenlehre – hier ist nicht an die Jungsche Archetypenlehre, die von Strukturen des kollektiven Unbewußten handelt, zu denken – als Heilmittel für die Moderne zu empfehlen.

YOSHI Und das paßt dir natürlich nicht.

PETER So ist es. Auch wenn es uns im Moment aus einer prekären Lage befreit – es ist und bleibt eine Position der Gegenseite. Und diese arbeitet auch mit einigen Tricks. So heißt es über den Menschen der modernen Gesellschaften, er bestehe darauf, nur mit der Geschichte verbunden zu sein, während der Mensch der archaischen Gesellschaften sich untrennbar mit dem Kosmos und den kosmischen Rhythmen verbunden fühle. Die erste Bestimmung trifft vielleicht auf bestimmte Formen des Existentialismus und einige andere Strömungen zu, aber selbstverständlich kann sich ein profaner Mensch auch mit dem Kosmos und seinen Rhythmen untrennbar verbunden fühlen – sofern eine 'natürliche' und keine

'über-natürliche' Verbindung gemeint ist. Anders formuliert: Zwar vollzieht der areligiöse Mensch eine radikale Entsakralisierung z.B. der Natur, aber in diesem Kontext können etwa die Rhythmen der Natur für ihn etwas Quasi-Sakrales sein.
HELGE Symbolisiert zum Beispiel durch die Rhythmen der Trommeln. Ich glaube, unsere Party hat angefangen. Nach dir, mein Gott.

Und so wurden die Trommeln geschlagen die ganze Nacht, und wir schlemmten und tanzten und lachten mit unseren neuen Freunden und unserem wiedergewonnenen alten Freund. Wir gewöhnten uns rasch an die Aussicht, der akademischen Welt für die nächsten neunundvierzig Jahre den Rücken zu kehren und statt dessen ein angenehmes, quasi-göttliches Leben im tropischen Paradies zu führen, ab und zu gewürzt durch ein paar anregende Gespräche.

SUSI Sag mal – du meckerst ja überhaupt nicht.
HELGE Tja. Ein herrlicher Ort, um mal richtig Urlaub zu machen. All inclusive, Animation ...
Es erinnert mich an unsere ersten Ferien auf den Malediven.
SUSI Richtig, die Sache mit dem Preisausschreiben. Ach, das war herrlich. Wir haben uns wie im Himmel gefühlt.
YOSHI Das ist interessant. Wir haben ja neulich mal darüber gesprochen, daß es für das mythische Bewußtsein Orte gibt, die mit der höheren Welt der Götter in Verbindung stehen – heilige Orte. Für den profanen Menschen dagegen, sagt Eliade, ist der Raum homogen und neutral. Er fügt aber hinzu, daß der nicht mythische bzw. nicht religiöse Mensch das religiöse Verhalten nicht ganz und gar abzulegen vermag. Auch für die profane Raumerfahrung gibt es z.B. Gegenden, die von den übrigen qualitativ verschieden sind: die Heimat, die Landschaft der ersten Liebe, eine bestimmte Straße. Alle diese Orte behalten auch für den völlig unreligiösen Menschen eine 'einzigartige' Bedeutung.
SUSI Oh, das meinte ich damit gar nicht. So ein besonderer Ort ist für mich eher das Autokino in Ratingen. Ich weiß es noch wie gestern, als Vati und ich in der Spätvorstellung ...
HELGE Das gehört jetzt wirklich nicht hierher.

INGO Laß sie doch ruhig erzählen. Ich wußte gar nicht, daß ihr so eine wilde Jugend hattet.
HELGE Nun ja ... du würdest staunen ... Aber als magischen Ort würde *ich* eher die Telefonzelle in Göttingen bezeichnen ...
YOSHI Wie dem auch sei, Eliade spricht hier vom *kryptoreligiösen Verhalten* des profanen Menschen, wie er überhaupt in allen möglichen Bereichen eine Abschwächung und Entsakralisierung religiöser Werte und Verhaltensweisen konstatiert. Es scheint doch auch einiges dranzusein, oder?
PETER Also, ich habe da meine Bedenken. Doch dazu muß ich etwas ausholen. Mythenkritisch gilt nach meiner Auffassung: Das mythische Denken verfehlt die Sachzusammenhänge naturhafter, psychischer und sozialer Art, weil es das 'natürlich' zu Erklärende mittels 'übernatürlicher' Entitäten deutet. Und illusionsgenealogisch gilt: In die mythische Weltauffassung ist ein Mechanismus religiöser Überhöhung eingebaut, der z.B. eine menschliche Erfindung 'automatisch' in eine von einem numinosen Wesen vollzogene Ursprungshandlung verwandelt. Vor diesem Hintergrund, den wir ja früher schon genauer ausgeleuchtet haben, erscheint die von Eliade behandelte Situation folgendermaßen: Für alle Grundstellungen des menschlichen Bewußtseins gibt es Orte, die von den übrigen qualitativ verschieden sind – nennen wir sie *lebensbedeutsame* Orte. Das mythisch-religiöse Bewußtsein unterscheidet sich dadurch vom profanen, daß es dem besagten Mechanismus religiöser Überhöhung aufsitzt und z.B. den für die jeweilige Gemeinschaft aus irgendwelchen Gründen lebensbedeutsamen Ort spontan als heiligen Ort, als Ort des Übergangs zwischen Himmel und Erde erlebt.
INGO Willst du damit sagen, daß es nicht als abgeschwächte Form religiösen Verhaltens aufzufassen ist, wenn es für den unreligiösen Menschen Orte mit 'einzigartiger' Bedeutung gibt?
PETER Genau. Für jede Art des Menschseins gibt es lebensbedeutsame Orte. Ein Autokino, eine Telefonzelle, einen Ferienclub. Das ist so etwas wie eine anthropologische Konstante formaler Art. Die profane Ausformung dieser Konstante folgt sozusagen einer anderen Onto-Logik als die religiöse, aber sie ist nicht einfach ein Überrest der religiösen Raumerfahrung. Generell sehe ich bei Eliade die Tendenz am Werk, das Gefühlsleben des areligiösen

Menschen in seiner Eigengesetzlichkeit zu überspringen und als Relikt des religiösen Gefühls in Anschlag zu bringen. Das verschafft zudem den 'ideologischen' Vorteil, die offenkundige Untilgbarkeit des Gefühlslebens nun als Argument gegen die Möglichkeit einer vollständig profanen Existenzform verwenden zu können.
So! Aber jetzt laß uns mal ein paar Austern essen! Ich habe wieder richtig Hunger gekriegt. – Autsch!
SUSI Was ist denn passiert?
PETER Ich hab mich an der Scheiß-Austernschale geschnitten. Blutet ganz schön.
SUSI Ach, das kriegen wir schon wieder hin. Zeig mal her.
HELGE Äh ... wieso haben die Trommeln denn aufgehört?
INGO Wieso starren die uns alle so an?
KAIUO Du ... blutest!
SUSI Klar blutet er. Aber es ist gar nicht so schlimm. Wenn Sie vielleicht ein Pflaster hätten, Herr Kümmelkorn? Sie sind doch Medizinmann ...
KAIUO (in feierlichem Ton) Einst, vor der Erschaffung des Menschen, gab es zwei Sonnen am Himmel. Sie neideten einander die Herrschaft über den Tag und bekämpften sich bis aufs Blut. Einer der Sonnengötter empfing im Kampfe eine klaffende Wunde. Er verlor jeden Tropfen Blut im Leibe und wurde weiß wie ein ausgeblichener Totenschädel. So ward er zum Mondgott, der sich vom Tageshimmel zurückziehen mußte und nun den Nachthimmel beherrscht. Die Sonne aber wird jeden Morgen und jeden Abend blutrot, um dem blutleeren Mond ihre Überlegenheit zu zeigen. Dennoch ist der Mond, der immer wieder stirbt und immer aufs Neue aufersteht, unser höchster Gott. Ein Gott, der nicht bluten kann.
PETER Äh ... im Grunde blutet es auch fast nicht mehr ...
KAIUO Du bist ein Betrüger! (zu seinem Volk:) Kaiiuega noiiu gesooiiunei!

Jetzt schien tatsächlich unser letztes Stündlein geschlagen zu haben. Ein falscher Gott, ein Hochstapler, ein degenerierter postmoderner, wissenschaftsgläubiger und wohlgenährter Professor statt eines anämischen Vollmondes! In Sekundenschnelle wurden wir allesamt gepackt und durch den von zahllosen Füßen in einen wutkochenden Whirlpool verwandelten heiligen Weiher auf den Opferstein gezerrt. Die Klinge des Schamanen Heinrich Kümmelkorn, Ex-Kommilitone unseres Forschungsobjektes Mircea Eliade, schwebte schon über unseren entblößten Kehlen, die Horde der aufgewühlten, hysterisch kreischenden Eingeborenen führte ein absurdes Wasserballett auf und schrie nach unserem Blut, als ein infernalischer Lärm vom Himmel auf uns herabdröhnte und ein kreisrunder Lichtstrahl den Stein aufleuchten ließ. In wilder Flucht jagten die Maouissuto samt ihrem Hohepriester davon, um im Dschungel Schutz vor der übernatürlichen Macht zu suchen, die auch uns, als sie sich wieder entfernte, an unserer strikt profanen Einstellung zweifeln ließ.

SUSI Gott sei Dank! Das kam ja in letzter Sekunde.
PETER Sei vorsichtig mit dem Begriff *Gott*. Ich kann mir zwar auch nicht erklären, wer oder was uns da gerade gerettet hat, aber es wäre verfehlt, sofort einen numinosen Eingriff zu vermuten, ohne es zunächst mit natürlichen Erklärungen zu versuchen.
HELGE Vielleicht sollten wir erstmal von diesem Stein runter? Wir liegen hier wie auf dem Präsentierteller.
INGO Gute Idee. Aber eins muß ich dir doch mal sagen, Peter. Bei Eliade steht: *Die Erfahrung einer radikal entsakralisierten Natur ist eine neue Entdeckung und überhaupt nur einer Minorität der modernen Gesellschaft zugänglich, an erster Stelle den Wissenschaftlern. Für die übrige Menschheit hat die Natur immer noch 'Zauber', 'Geheimnis' und 'Majestät', und daraus lassen sich Spuren der alten religiösen Werte herauslesen. Es gibt keinen modernen Menschen, der – wie irreligiös er auch sein mag – für den 'Zauber' der Natur nicht empfänglich wäre.* Also selbst wenn wir unsere Rettung irgendeinem Wetterleuchten oder so etwas zu verdanken haben, war das für mich ganz klar mehr als ein Zufall.
PETER Hilf mir mal hier runter, bitte. Danke. Also, Ingo, ich bin dir dankbar für dieses Zitat. Eliade spricht hier ausdrücklich von einem *Gefühl*, das als Erinnerung an eine abgesunkene religiöse Erfahrung zu erkennen sei. Ich will überhaupt nicht bestreiten, daß es Formen profaner Naturerfahrung gibt, die Relikte religiöser Erfahrung enthalten, aber ich wehre mich dagegen, daß die

Möglichkeit eines eigenständigen profanen Naturgefühls überhaupt nicht in Erwägung gezogen wird.
SABINE Aber die mythisch-religiöse Raumerfahrung war doch früher da als die profane, und die religiöse Naturerfahrung war früher da als die profane.
PETER Das ist richtig. Ich unterscheide freilich zwei Ebenen. In historischer Hinsicht gilt: A war früher da als B, B hat sich aus A entwickelt. In struktureller Hinsicht gilt jedoch: B ist eine eigenständige Ausformung der formalen anthropologischen Konstante X – oder kann es zumindest sein. B hat überdies aus unserer Sicht den Vorteil, den Mechanismus religiöser Überhöhung ausgeklinkt zu haben, der A bestimmt.
INGO Aha. Du leugnest also nicht, daß es überhaupt abgeschwächte Formen religiösen Verhaltens gibt!
PETER Durchaus nicht. Ich interpretiere diese Phänomene aber etwas anders als Eliade.
YOSHI Und wie sieht diese Interpretation aus?
PETER Nun, im Unterschied zu Eliade spreche ich nicht einfach von abgeschwächten Formen religiösen Verhaltens, von abgesunkener religiöser Erfahrung usw., da diese Redeweise ein Verfallsmodell suggeriert: 'Von der echten zur unechten religiösen Erfahrung, von der Vollform zur abgeschwächten Form'. Und weil dieses Modell perfekt zu der Überzeugung paßt, es gelte, von der modernen Areligiosität und Pseudo-Religiosität zur wahren und echten Religiosität – eventuell in erneuerter Gestalt – zurückzukommen.
HELGE Vorsicht, das Ufer ist ein bißchen glitschig. Gib mir deine Hand, Mutti.
SABINE Und was setzt du Eliade entgegen?
PETER Ich spreche von *Illusionsbildungen*, die im religiösen Denken und Verhalten wirksam sind. Und ich nehme an, daß diese Illusionen in der modernen, durch das profane Bewußtsein bestimmten Welt weiterwirken können. Erstens in transformierter Form: religiöse werden durch ähnlich aufgebaute profane Illusionsbildungen abgelöst. Zweitens in sozusagen halbierter Form: religiöse Illusionen gehen Koalitionen mit profanen Bewußtseinsformen ein. Hier könnte man durchaus im Sinne von Eliade von abgeschwächten, abgesunkenen Formen sprechen, ohne indes

insgesamt ein Verfallsmodell zu favorisieren. Und meine Grundtendenz ist nicht 'Zurück zur wahren Religiosität', sondern 'Vorwärts zu einer solchen Gestalt des profanen Bewußtseins, die sich von Illusionsbildungen, seien diese nun religiöser Art oder nicht, weitestgehend befreit hat'. Huch!
HELGE Was denn?
PETER Ich meine, ich hätte hinter dem Baum da einen Mann im Anzug gesehen. Er hatte einen Tropenhelm auf. Sah ein bißchen aus wie Albert Schweitzer ...
INGO (nickt vielsagend) Natürlich. *Von Illusionsbildungen weitgehend befreit.*
YOSHI Mensch, Peter, wir können hier nicht auf die Kavallerie warten, wir müssen uns selbst durchschlagen. Das habe ich doch schließlich von dir gelernt: Illusionen sind kontraproduktiv, sobald echte Handlungsmöglichkeiten existieren.
SUSI Also, ich seh ihn auch, Yoshi. Den Albert Schweitzer.

Wie versteinert blieben wir alle sechs am Ufer des Weihers stehen und sahen eine vierköpfige Gruppe von Weißen vorsichtig auf uns zukommen. Schlagartig trafen uns drei Erkenntnisse:
a) Die, selbst von uns vollständig profan denkenden Ex-Göttern, für eine Naturerscheinung gehaltene Kombination von Lärm und Licht mußte ein Hubschrauber mit Suchscheinwerfer gewesen sein.
b) Demzufolge mußten die vier Männer zur Besatzung dieses Hubschraubers gehören und waren gekommen, um uns zu retten.
c) Im Kontrast zu ihren frisch gebügelten Khakianzügen waren wir allesamt im Geburtstagskostüm, lediglich durch ein wenig heiligen Weiherschlamm vor allzu aufdringlichen Blicken geschützt.
Als Resultat dieser dritten Feststellung bemühten wir uns, vor Scham im Boden zu versinken, als der Leiter der Gruppe das Wort an uns richtete. Nicht einmal Mutti wagte, etwas zu sagen.

BLÅSENGRØN Haiuootu sealluionte gaetouiio. Fetoiiu heoiinu?
SØRENSEN Ich glåbe, sie verstæhn åns nøcht, pråfessør blåsengrøn.
BLÅSENGRØN Øh, wie schåde. Ich wår mir sø sicher, dåß es søch øm dæn ståmm dær maouissuto håndelt. Nå jå.
SØRENSEN Søllen wir sie trøtzdem mitnæhmen?

BLÅSENGRØN Natørlich. Wir møssen førschungsergæbnisse vørwiesen, wenn wir schån zu spæt zøm eliåde-køngress kømen. Hølen se dæ betæubungspistøle heråus.

Bevor wir uns besinnen konnten, wurden wir zum zweiten Male von kleinen gefiederten Pfeilen getroffen und kamen erst Stunden später zu uns. Wir befanden uns wieder einmal in der Luft; dieses mal jedoch nicht auf durchgesessenen, olivgrünen Schaumstoffsitzen, sondern in einem großen Käfig, der im Frachtraum eines Transporthubschraubers stand. Der getrocknete Schlamm war mittlerweile von uns abgebröckelt, so daß wir keine Möglichkeit mehr hatten, unsere – vor allem auf so engem Raum – nun als deplaziert empfundene Nacktheit zu bedecken.

PETER Wie weit ist es mit mir gekommen. Was für eine Karriere! Wissenschaftliche Hilfskraft, Magister, Doktor, Professor, Leiter einer mythologischen Gesellschaft, Gottheit ... und jetzt? Wir sehen aus wie Versuchstiere!
INGO Ich nehme an, daß wir sowas in der Art auch sind. Zumindest für diese Schweden oder Dänen da draußen, mit ihren Å's und Ø's.
SUSI Norweger. Jetzt seid mal froh, daß wir überhaupt noch leben.
SABINE Na ja, wenn wir da mal nicht vom Regen in die Traufe gekommen sind.
INGO ch bin ausnahmsweise der Meinung von Mutti. Wir sollten optimistisch sein.
YOSHI Richtig. Aus dem größten Chaos wird schließlich – aus mythischer Sicht – der neue Kosmos geformt. Von dieser Sichtweise könnten wir uns eine Scheibe abschneiden, finde ich.
PETER Sehr schön formuliert, Yoshi. Hast du ein Zitat parat?
YOSHI Im Kontext Chaos/Kosmos sagt Eliade: Heute noch spricht man *von 'Chaos', von 'Auflösung', von der 'Finsternis', in der 'unsere Welt' untergehen wird. Alle diese Ausdrücke bezeichnen die Vernichtung einer Ordnung, eines Kosmos, einer organischen Struktur und das Zurücktauchen in einen flüssigen, amorphen, chaotischen Zustand. Das beweist, daß die exemplarischen Bilder in der Sprache und den Klischees des modernen Menschen noch*

weiterleben. Etwas von der traditionellen Weltauffassung dauert in seinem Verhalten fort, mag er sich auch dieser Erbschaft nicht immer bewußt sein.

PETER Das ist eine hochinteressante Stelle. Ich würde allerdings auch hier zwei Ebenen unterscheiden: auf Ebene 1 können wir – mit Eliade – sagen, daß in modernen Ängsten vor dem kulturellen Chaos mythisch-religiöse Bilder auf häufig unerkannte Weise weiterleben. Auf Ebene 2 allerdings betone ich, daß solche Bilder mit Illusionsbildungen zusammenhängen.

YOSHI Das mußt du näher erläutern.

PETER Vor allem beruht die Vorstellung einer Umwandlung des Chaos in Kosmos durch göttliche Aktivität selbst auf der unbewußten Projektion eines 'irdischen' Modells.

INGO Und welches Modell soll das sein?

PETER Das Modell der Formung eines Gegenstandes aus einem diffusen Material. Die Weltentstehung wird mit Hilfe dieses technomorphen Modells erklärt.

YOSHI Ja, ich erinnere mich – die Lehre von den sozio-, techno-, bio- und psychomorphen Modellvorstellungen, die das mythische Denken unbewußt prägen. Doch ich würde jetzt lieber auf deine Ausführungen zu den lebensbedeutsamen Orten zurückkommen. Ich erinnere mich an eine Stelle, die vom vedischen Landnahmeritual handelt. *Die Landnahme wird erst rechtskräftig durch die Errichtung eines Feueraltars, der Agni geweiht ist. 'Man sagt, daß man sich niedergelassen hat, sobald man einen Feueraltar hat, und alle, die den Feueraltar errichtet haben, haben sich rechtskräftig niedergelassen'. Durch die Errichtung eines Feueraltars ist Agni gegenwärtig geworden und die Verbindung mit der Welt der Götter gesichert.* Wie würdest du an solche Stellen herangehen?

PETER Wenn ich improvisieren darf: Eine Landnahme ist für ein Volk stets ein lebensbedeutsamer Akt. Im Kontext mythischen Denkens müssen lebensbedeutsame Aktivitäten stets irgendwie mit der Welt der Götter in Verbindung gebracht werden, damit sie als im höheren Sinne berechtigt angesehen werden können – was hier durch Errichtung eines Feueraltars geschieht. Das profane Bewußtsein, wie ich es verstehe, ist übrigens nicht grundsätzlich ritualfeindlich, plädiert wird für einen neuen Typ des Rituals, der nicht mehr die Verbindung mit einer höheren Welt, sondern einfach die Bekräftigung und Verstärkung der jeweiligen Wertüberzeugung intendiert.

INGO Du hast doch vorhin von anthropologischen Konstanten formaler Art gesprochen. Kannst du dieses Konzept ein bißchen erläutern?

PETER Durchaus, doch ich möchte mich mit einigen groben Hinweisen unter dem Gesichtspunkt der Lebensbedeutsamkeit begnügen. Ich nehme an, daß es für jede Form des Menschseins und des menschlichen Zusammenlebens lebensbedeutsame Orte, Zeiten, Aktivitäten, Entscheidungen usw. gibt. Welche Orte jeweils bedeutsam sind, hängt – vereinfacht gesagt – vom besonderen kulturellen Rahmen ab. Und ob das Lebensbedeutsame als heilig gilt oder nicht, hängt davon ab, ob ein mythisch-religiöses oder ein profanes Erfahrungssystem zugrunde liegt.

INGO Von lebenswichtigen Entscheidungen spricht doch auch Eliade. Er schreibt etwa: *Für die seßhaften Völker bedeutet jedes Sich-Niederlassen eine lebenswichtige Entscheidung, an die die Existenz der ganzen Gemeinschaft gebunden ist.* Worin besteht eigentlich der Unterschied?

PETER Den sieht man rasch, wenn man weiterliest. Das Universum, das man schaffen will, ist – so heißt es kurz darauf – *immer die Nachbildung des exemplarischen Universums, das die Götter geschaffen haben und bewohnen.* Kurzum, Eliade biegt die Sache stets so zurecht, daß die formale anthropologische Konstante (hier: die Tatsache, daß es lebensbedeutsame Entscheidungen gibt) ganz dem mythisch-religiösen Bewußtsein zugeschlagen wird.

YOSHI An anderer Stelle sagt Eliade, *daß die Menschen den heiligen Ort, der für die Gründung des Heiligtums oder des Dorfes geeignet ist, nicht frei wählen, sondern ihn nur suchen und mit Hilfe geheimnisvoller Zeichen finden.* An solche Phänomene würde ich folgendermaßen herangehen: Jenseits des mythischen Bewußtseins liegt es nahe, die Praktiken (z.B. Jagd eines wilden Tiers und Errichtung des Heiligtums – und dann auch des Dorfes – an dem Ort, wo es erlegt wird) folgendermaßen zu deuten: Entweder wird die Sache tatsächlich dem Zufall überlassen, der dann als Wink von oben angesehen wird, oder aber es findet eine Wahl statt, die jedoch innerhalb dieser Denkform als Nicht-Wahl erlebt wird. Von hier aus läßt sich dann das profane Bewußtsein dahingehend einschätzen, daß es die eigenen Entscheidungen, Erfindungen usw. nicht systematisch verleugnet. Das mythisch-religiöse Bewußtsein erscheint als eines, das für das, was es tut, höhere Weihen *nötig* hat.

PETER Da kann ich nur zustimmen.

HELGE Ich will mich ja nicht einmischen, aber wollen wir auch irgendwann mal was anderes machen als quatschen? Ihr sitzt hier nackt im Käfig und diskutiert über anthropologische Konstanten, während wir wahrscheinlich auf dem Weg in irgendein Versuchslabor sind.

SUSI Erstmal werden sie uns ja auf dem Eliade-Kongreß vorstellen. Das hat Professor Blåsengrøn jedenfalls gesagt.

INGO *Du* kannst schwedisch, Mutti?

SUSI Das war norwegisch. Meine Großmutter väterlicherseits stammt aus St. Olav, das ist ein kleines Dorf in Nordnorwegen.

YOSHI Ach. Und die wollen uns tatsächlich als Beispiele für Mitglieder einer mythischen, archaischen Gesellschaft präsentieren?

SUSI So hab ich das jedenfalls verstanden. Er sagte, er müsse schließlich Ergebnisse vorweisen, wenn er schon zu spät zum Kongreß komme.

PETER Professor Blåsengrøn, sagst du? Das ist unglaublich. Seit Jahren kämpft dieser Eliadist gegen meine Theorie des Als-ob-Mythos. Seit Jahren versucht er, durch den Fund des perfekten mythischen Menschen den Beweis für seine abstrusen Thesen zu erbringen. Und jetzt, wo er ihn präsentieren will ... Moment. Da kommt mir eine Idee ...

Vier Stunden später befanden wir uns, immer noch bar jeglicher Kleidung, auf der Bühne des großen Auditoriums des I.M.E.C.M.R., des International Mircea Eliade-Center For Mythic Research also. Vor uns, im sanft ansteigenden Rund des nagelneuen eschenholzverkleideten Auditoriums, saß die Crème der Mythologen aus aller Welt und lauschte seit einer Stunde gebannt den Ausführungen des Gastredners Sven Øle Blåsengrøn, deren Schluß ich der Einfachheit halber hier in deutscher Sprache wiedergebe.

BLÅSENGRØN ...und nun möchte ich mich den Übergangsriten zuwenden, die, wie bereits Eliade betont hat, im Leben des religiösen Menschen eine große Rolle spielen. Bei der Geburt, beim Übergang von der Kindheit zur Jugend, bei der Hochzeit und beim Tod gibt es Übergangsriten. Und bei den eigentlichen Initiationsritualen ist wiederum zwischen zwei Hauptformen zu unterscheiden: Während z.B. *alle* Knaben sich der Altersklasseninitiation zu unterziehen haben, sind die Geheimbünde nur einer bestimmten Zahl von Erwachsenen vorbehalten. Nach Eliade geht es dabei darum, daß man, um wahrhaft Mensch zu werden, dem ersten, dem natürlichen Leben absterben und zu einem höheren Leben wiedergeboren werden muß. Die Initiation selbst besteht in einer paradoxen Erfahrung des Todes, der Auferstehung oder der Wiedergeburt, und von den Initiationsriten selbst glaubt man, daß sie übermenschlichen Ursprungs sind. Betrachten wir dazu die sechs Exemplare einer vor längerer Zeit von mir entdeckten und vollständig erforschten archaischen Spezies, der ich, im Rahmen dieses Kongresses, den Namen *Homo Eliadus* geben möchte, zu Ehren meines verehrten Meisters und Vorbilds. Wenn diese Wesen, der mythischen Weltsicht vollständig ausgeliefert, unsere Sprache sprechen könnten, würden sie Ihnen von einem Ritual in einem dem Mond geweihten heiligen Weiher berichten können, das ...
PETER ...wenn ich mich hier einschalten dürfte? Was Sie da referieren, werter Kollege, ist für mich eigentlich unproblematisch. Eliade bemüht sich, die Übergangsriten im allgemeinen und die Initiationsriten im besonderen von ihren mythisch-religiösen Hintergründen her zu *verstehen*. In dieser Dimension können wir immer viel von ihm lernen. Ich würde nur gern etwas stärker hervorheben, daß es für jede Form des Menschseins lebensbedeutsame Übergänge gibt ...
BLÅSENGRØN Ich ... äh ... wær sønd sie?
PETER Der schlagende Beweis gegen Ihr – vollkommen unbewiesenes – Konzept mythischen Denkens. Die lebensbedeutsamen Übergänge sind doch lediglich wieder eine anthropologische Konstante formaler Art. Und es kann nicht weiter erstaunen, daß das mythische Denken diese Übergänge im Sinne seiner Prämissen deutet und ausgestaltet, also z.B. als Überschreiten der Seinsweise des 'natürlichen Menschen', der vom Heiligen nichts weiß, zum

Wissen um das Heilige. Um Zugang zum Heiligen zu erlangen, muß man der profanen Seinsweise absterben und neu geboren werden. Diese Grundvorstellung hat eine Vielfalt von Ausgestaltungen erfahren, auf die ich hier nicht näher eingehen möchte. Zumindest nicht, bevor mir die Kongreßleitung etwas frische Kleidung zur Verfügung gestellt hat. Für profane Existenzweisen, soviel möchte ich noch hinzufügen, sieht die Sache so aus: Im Kern geht es bei religiösen Initiationen darum, daß die Heranwachsenden das Wertsystem, das der jeweiligen Lebensordnung zugrunde liegt, übernehmen; das Wertsystem aber wird vom mythisch-religiösen Denken als Ordnung des Heiligen erlebt. Daher faßt es das Problem auch als Problem des Zugangs zum Höheren, zur geistigen Welt auf – und nicht als Problem der Wert-Vergewisserung. Und die Ontologisierung des Wertsystems wird konsequent entfaltet. Im Rahmen einer areligiösen Existenzform hingegen kann diese Ontologisierung wegfallen. Hier gilt: Bei den lebensbedeutsamen Übergängen kommt es darauf an, sie im Einklang mit dem jeweiligen Wertsystem zu gestalten, und speziell beim Übergang zum Erwachsenendasein kommt es darauf an, zum verantwortlichen Mitträger des Wertsystems zu werden.

Nun, meine Damen und Herren, nachdem sich mein werter Kollege Blåsengrøn leider so vollständig diskreditiert hat, möchte ich mich doch kurz vorstellen. Ich bin Professor Dr. Tepe, der Vorsitzende der Mythic Tours GmbH, Gesellschaft für Mythosforschung und integrale Theorieentwicklung, deren Mitglieder Sie hier vor sich sehen. Ich bin weit davon entfernt, die völlig verfehlte Weltsicht des Kollegen Blåsengrøn zu geißeln, muß aber darauf hinweisen, daß er – durch seine Eliade-Fixierung – offensichtlich ein Problem mit dem Bereich *Menschliche Vorbilder* hat. Ich möchte meinen Mitarbeiter Dr. Nakamura bitten, das kurz zu erläutern.

YOSHI Für den religiösen Menschen hat das Menschsein nach Eliade ein übermenschliches, transzendentes Vorbild. *Er erkennt sich als wirklichen Menschen nur in dem Maß, als er die Götter, die Kulturheroen oder die mythischen Ahnen nachahmt;* der religiöse Mensch *macht sich selbst, indem er sich den göttlichen Modellen nähert.* Sie werden sich nun wohl fragen, ob das vollständig profane Bewußtsein denn keine Vorbilder braucht. Gewiß, auch der profane Mensch benötigt Vorbilder, doch aus seiner Sicht stellt sich die Sachlage anders dar: Er weiß, daß es sich um *menschliche* Vorbilder und Modelle handelt, während der mythisch denkende Mensch sie ins Übermenschlich-Göttliche erhebt. Darüber hinaus plädiere ich für einen flexiblen Umgang mit Vorbildern und Modellen. Das *wirkliche Menschsein*, um diesen Begriff Eliades – nicht ohne Vorbehalt – aufzunehmen, besteht nicht in der 'sklavischen' Nachahmung eines Vorbildes, sondern in dessen 'freier' Nachahmung, die auch vor Änderungen des Modells nicht zurückschreckt. Nicht durch Nachahmung der Götter gelangen wir auf unseren eigenen Weg und steigern uns selbst, sondern durch 'freie' Nachahmung menschlicher Vorbilder und durch das Leben mit geeigneten Als-ob-Mythen. Dies – und damit möchte ich schließen – ist eine weitere anthropologische Konstante formaler Art. Die Angewiesenheit auf Vorbilder und Leitmodelle gehört zur menschlichen Existenzform. Unter mythisch-religiösen Vorzeichen erscheint diese Angewiesenheit als eine auf übermenschliche Vorbilder, unter profanen Vorzeichen wird das Vorbild auf die menschliche Ebene versetzt. Wie alle anderen formalen anthropologischen Konstanten wird auch diese dem jeweiligen Bezugssystem angepaßt.

PETER Vielen Dank. Sie werden sich nun fragen, wie meine Kollegen und ich in den beklagenswerten Zustand gekommen sind, in dem wir Ihnen heute gegenüberstehen. Was das betrifft, bieten wir Ihnen für Morgen einen vollständigen, von unserem Chronisten ausgearbeiteten Bericht über unsere eigenen Studien im Bereich archaischer Kulturen an, der einige Überraschungen bereithalten dürfte. Ich danke Ihnen.

Unter rauschendem Beifall eilten wir zum Ausgang, wo uns helfende Hände Wolldecken anboten, um die schlimmste Blöße zu bedecken. Man teilte uns sämtliche Luxussuiten zu und tat alles, um die Strapazen der vergangenen achtundvierzig Stunden vergessen zu machen. Was folgte, waren die aufsehenerregendsten Tage, die ein Mythologie-Kongreß je erlebt hat. Innerhalb kürzester Zeit waren unsere nächsten drei Forschungsreisen von begeisterten Sponsorenkonsortien komplett finanziert, diverse Buchverträge wurden abgeschlossen, Werbevereinbarungen getroffen, und Mutti

von Paramount verpflichtet, als Jane in der neuen Tarzan-Verfilmung an der Seite von Robert de Niro zu spielen.
Nun, was soll ich dazu sagen? Manchmal zahlt sich streng wissenschaftliches Arbeiten eben doch aus – auch wenn es sich zunächst vielleicht etwas trocken anhört.

Soweit also unser Bericht über eine der bemerkenswertesten Reisen der Mythic Tours GmbH. Wir werden dieser Gruppe von unerschrockenen Gelehrten sicherlich an anderer Stelle erneut begegnen. Folgen Sie mir nun jedoch auf ganz anderen Pfaden, weniger exotisch, doch nicht weniger geheimnisvoll; auf Pfaden, die uns fünfzig Jahre in die Zukunft führen ...

5. Utopien I: Die Deponie

Das Rheinland am 24. Dezember 2046. Die Welt, wie wir sie kennen, ist längst einer sterilen Ansammlung in sich geschlossener Cyberspace-Universen gewichen. Niemand führt mehr körperliche Expeditionen durch – alles, was außerhalb des Netzes geschieht, ist für den Großteil unserer Nachfahren irreal. *Draußen*, das ist nur etwas für Müll-Entsorger und einige Verrückte. Zwei von ihnen werden wir in Kürze kennenlernen.
Nähern wir uns ihnen aus der Hubschrauberperspektive: Auf halber Strecke zwischen dem eindrucksvollen, wenn auch neben all den Wohntürmen winzig wirkenden Kölner Dom, der unter seiner schützenden Kunstoffkuppel rührend zerbrechlich wie ein Schneekugelbriefbeschwerer aussieht, und dem luxuriösen, komplett überdachten Shopping-Areal der Kölner, das vor langer Zeit einmal Düsseldorf hieß, liegt unter uns, im ehemaligen Bett des längst ausgedörrten Rheines, eine gigantische Mülldeponie. Wir überfliegen eindrucksvolle Gipfel und Canyons aus verrosteten Automobilen, verrottungsfreien Umverpackungen und mit lebenslanger Garantie ausgestatteten Tupper-Ware-Boxen, die niemand mehr braucht, da auch die Nahrungsaufnahme mittlerweile größtenteils virtuell vonstatten geht. Hier nun, zwischen alten Gefrierschränken und Ferrero-Küßchen-Kistchen, sind zwei einsame, gebeugte Gestalten auszumachen, die mit ihren Spazierstöcken im Müll der letzten fünfzig Jahre herumstochern.

KLUGMANN Blumenthal! Das müssen Sie sich ansehen!
BLUMENTHAL Was denn? Oh! So eines habe ich seit Jahren nicht gesehen.

KLUGMANN Nicht wahr, ein außerordentlich schönes Stück. Mein letztes Kruzifix habe ich ... lassen Sie mich nachdenken ... Anno 2020 gefunden.
BLUMENTHAL Stecken Sie es schnell ein, bevor es Ihnen jemand abnimmt, Klugmann. Ich weiß ja, wie sehr Sie an diesen Symbolen des homo religiosus hängen.
KLUGMANN Sie haben recht, Blumenthal. Und das am Heiligabend. Als hätte ich es geahnt! Erst heute morgen bin ich noch durch meinen alten Eliade gesurft ...
BLUMENTHAL Oh, interessant! Was haben Sie sich denn vorspielen lassen, *Das Heilige und das Profane in der modernen Welt?*
KLUGMANN Ganz recht. Darin geht er wieder von seiner Grundunterscheidung zwischen dem religiösen und dem areligiösen Menschen aus. Der erstere glaubt an die Existenz des *Heiligen*, das diese unsere Welt transzendiert, sich aber in dieser Welt offenbart; der areligiöse oder profane Mensch glaubt nicht daran – er lehnt die Transzendenz ab. In den modernen westlichen Gesellschaften, sagt Eliade, hat der areligiöse Menschentyp sich voll entfaltet. Über ihn heißt es etwa: *Er kann nicht wirklich frei sein, ehe er den letzten Gott getötet hat.*
BLUMENTHAL Nun, das hat er ja seit längerem geschafft. Das ging ja schon vor dreißig Jahren los, als sie im Kölner Dom diese Rollschuh-Disco eröffnet haben.
KLUGMANN Richtig, aber vergessen Sie nicht, daß der areligiöse Mensch aus dem homo religiosus in einem langwierigen Entsakralisierungsprozeß hervorgegangen ist. Er ist dessen Abkömmling, der sich aus der Opposition zu seinem Vorfahren gebildet hat. Er ist nach Eliade Produkt und Erbe der religiösen Vergangenheit, die er nicht endgültig auszulöschen vermag.
BLUMENTHAL Sie wollen eine Diskussion, was, Klugmann? Gut, setzen wir uns. Wie wäre es mit dieser ... was ist das überhaupt? Eine archaische Duschkabine?
KLUGMANN Das ist ein Beichtstuhl, Blumenthal. Sehr passend für unser Thema. Er dürfte auch ein bißchen Schatten spenden. Mein Gott, es müssen mindestens dreißig Grad sein. Was meinen Sie, wie lange dürfen wir ohne Atemschutz hier sitzen?
BLUMENTHAL Eigentlich höchstens zehn Minuten. Aber was soll's, was kann uns schon noch passieren? Wir sind beide über

achtzig, mein lieber Klugmann. *Et het noch immer jutjejange.* Wer hat das noch gleich gesagt? Ich meine, es war der Museumswärter dieses Mythosmuseums, das ich als junger Mann oft besuchte ...
KLUGMANN Sie haben ja recht, wir sollten uns nicht mehr sorgen. Ein schönes Beispiel übrigens für eine Restmenge Gottvertrauen in ihren areligiösen alten Knochen, Blumenthal. *Der profane Mensch bewahrt, ob er es will oder nicht, immer noch Spuren vom Verhalten des religiösen Menschen, nur sind diese Spuren ihrer religiösen Bedeutung entkleidet.* Er wird immer noch verfolgt von den Realitäten, denen er abgeschworen hat.
BLUMENTHAL Langsam, langsam. Eliades Sicht war ja nun in der Diskussion nie unumstritten. Sie wissen, daß ich mein Leben lang – besonders als Kurator der Tepe-Stiftung – immer ein Vertreter der strikt profanen Weltsicht gewesen bin. Unsere Gegenposition unterscheidet zwischen der historischen und der strukturellen Ebene und rechnet mit formalen anthropologischen Konstanten – es gibt *immer* lebensbedeutsame Orte, Zeiten, Entscheidungen usw. Wir betonen, daß die formalen Konstanten im Sinne des religiösen wie auch des areligiösen Menschen ausgestaltet werden können. Das aber heißt: wenn eine areligiöse Ausgestaltung vorliegt, so darf sie nicht ohne weiteres als Überrest der religiösen Ausgestaltung angesehen werden – mag der areligiöse auch aus dem religiösen Menschentyp hervorgegangen sein. Es kann sich nämlich um eine eigengesetzliche Ausformung der jeweiligen anthropologischen Konstante handeln.
KLUGMANN Soweit Ihre Ansicht, Blumenthal. Wie Sie wissen, war ich in meiner Jugend ein Anhänger der Schule Blåsengrøns, und er behauptet bekanntlich mit Eliade: *Die meisten 'religionslosen' Menschen verhalten sich immer noch religiös, auch wenn sie sich dessen nicht bewußt sind.*
BLUMENTHAL Nun, die Gegentheorie sieht die Sache so: 'Die Illusionsbildungen des religiösen Denkens können im Denken des areligiösen Menschen fortwirken, und zwar entweder in abgesunkener, sozusagen halbierter Form (Rest-Religiosität im Alltag) oder in transformierter Form (Umwandlung in profane Illusionsbildungen)'.
KLUGMANN Ein kleiner Schlagabtausch? Fein. Warten Sie, ich lasse mir nur rasch die entsprechenden Stellen übers Modem ein-

spielen ... so. Eliade spricht z.B. von *getarnten Mythologien* in Schauspielen, Büchern, Filmen, von der Nutzung zahlloser mythischer Motive: dem Kampf zwischen Held und Ungeheuer, Initiationsprüfungen usw.

BLUMENTHAL Es hat schon seinen nostalgischen Reiz, über Bücher zu sprechen, nicht wahr? Also, ich muß hier auf weiteren Differenzierungen bestehen. Natürlich gibt es die Verwendung mythischer Motive in Romanen, Filmen usw., aber hier ist entscheidend, *von wo aus* mit ihnen umgegangen wird. Liegt z.b. ein völlig profanes 'Spiel' mit diesen Motiven vor, so wäre dies nicht als Überrest religiösen Verhaltens einzuordnen. Berücksichtigt man ferner, daß es für jede Form des Menschsein z.b. lebensbedeutsame Übergänge gibt, so darf man nicht jedes Übergangsmotiv als abgesunkenes religiöses Initiationsmotiv betrachten. Wenn in einer areligiösen Lebensform z.B. *Prüfungen* und *Schwierigkeiten* auftauchen, die eine Berufung oder Karriere behindern, so handelt es sich nicht notwendig um eine Rückkehr religiöser Initiationsprüfungen.

KLUGMANN Sie meinen also, daß das Ausmaß an *getarnten Mythologien*, wie Eliade sie versteht, in den Schauspielen, Büchern, Filmen usw. weitaus geringer ist, als er annimmt?

BLUMENTHAL Stimmt.

KLUGMANN Eliade behauptet aber auch, die Lektüre selbst – wie wohl auch das Anschauen eines Films usw. – habe eine *mythologische Funktion*. Aus zwei Gründen. Erstens ersetzt die Lektüre die Mythenerzählung in der archaischen Gesellschaft und die mündliche überlieferte Dichtung.

BLUMENTHAL Das ist doch eine absurde Argumentation. Natürlich kann man sagen, daß das Lesen an die Stelle der mündlichen Überlieferung tritt, aber daraus folgt in puncto 'unbewußtes religiöses Verhalten des areligiösen Menschen' zunächst einmal gar nichts. Wäre Eliades Behauptung einer mythologischen Funktion der Lektüre legitim, so würde man z.B. auch folgendermaßen argumentieren können: 'Die industrielle Produktion ersetzt in vielen Bereichen das Handwerk; also ist die Industrie eine abgesunkene Form des Handwerks'.

KLUGMANN Na, nun lenken Sie mal nicht ab. Was ist denn mit unseren virtuellen Dateneinspielungen, die an die Stelle des Lesens getreten sind? Würden Sie das etwa nicht als abgesunkene Form

der Lektüre bezeichnen? Außerdem bringt Eliade noch ein zweites Argument. Die Lektüre hat eine mythologische Funktion, weil sie dem modernen Menschen die Möglichkeit bietet, 'aus der Zeit herauszutreten', ähnlich wie die Mythen es früher taten.
BLUMENTHAL Das ist auch nicht viel besser. Denn hier wird der schon mehrfach behandelte Fehler reproduziert. Zweifellos findet im Akt der Lektüre ein Heraustreten aus der 'normalen' Zeit statt, aber das hängt mit einer anthropologischen Konstante zusammen und kann daher nicht ohne weiteres und in allen Fällen mit dem mythisch-religiösen Heraustreten aus der Zeit in Verbindung gebracht werden.
KLUGMANN Sie lehnen es also ab, generell von einer mythologischen Funktion der Lektüre sprechen?
BLUMENTHAL Genau.
KLUGMANN Interessant. Ich habe mit eigenen Augen gesehen, wie Sie Ihre alten, zerfledderten Klassiker voller Inbrunst an sich drücken. Sie haben selbst gesagt, daß Sie sich ein Leben ohne Ihre *Garp und wie er die Welt sah* – Ausgabe nicht vorstellen können. Sie haben wörtlich gesagt, daß Sie Irving *anbeten*.
BLUMENTHAL Ich will ja gar nicht leugnen, daß es so etwas wie Rest-Religiosität im Alltag gibt, oder, wie Ihr Eliade es nennt, hybride Formen niedriger Magie. Es gab ja auch bis zur Jahrtausendwende noch neue Formen der Religiosität; Ihr Eliade hätte sie pseudo-okkulte, neo-spiritualistische oder quasi-hermetische Kirchen, Sekten und Schulen genannt.
KLUGMANN Ich erinnere mich! Anno 2030 gab es doch die Satanisten-Show bei Sat 1, nicht wahr?
BLUMENTHAL Richtig! Dieser uralte, zahnlose Harald Schmidt erzählte Papst-Meissner-Witze und kicherte vor sich hin, während all die weißgeschminkten jungen Leute in ihren schwarzen Kutten herumtanzten und Hühner schlachteten. Peinlich, peinlich.
KLUGMANN Ach. Gab es damals wirklich noch Hühner?
BLUMENTHAL Doch, doch! Die wurden feierlich von diesen splitternackten Assistentinnen hereingetragen, wissen Sie das nicht mehr?
KLUGMANN Stimmt, jetzt, wo Sie es sagen ... Übrigens ein Beispiel für verkappte oder degenerierte religiöse Verhaltensweisen in weltlichen, ja antireligiösen Bewegungen, das Eliade irgendwie

schon vorausgesehen hatte: In der Nacktkultur oder in dem Streben nach absoluter sexueller Freiheit sieht er die Sehnsucht nach dem paradiesischen Zustand vor dem Sündenfall am Werk.
BLUMENTHAL Entschuldigen Sie, aber das ist nun grober Unfug. Diesen Schmidt mit der Vorstellung von paradiesischer Unschuld in Verbindung zu bringen, also wissen Sie ... Es ist ja nun auch so, daß die Sehnsucht nach dem Paradies auf einer Illusion beruht, nicht wahr, und dieser Illusionstyp kann auch im areligiösen Kontext auftreten.
KLUGMANN Gut, aber was war mit Gottschalks Lack & Leder-Show, wo damals Helmut Ko ...

Stop! Ich bin's, Ihr Chronist. An dieser Stelle muß ich den beiden wackeren Alten nun doch Einhalt gebieten, bevor ihre Erinnerungen noch abstruser zu wuchern beginnen. Ich möchte die Gelegenheit nutzen, um darauf hinzuweisen, daß sämtliche Personen in der vorliegenden Geschichte ausschließlich fiktive, mit willkürlich ausgewählten Allerweltsnamen ausgestattete Kunstfiguren sind. Jegliche Ähnlichkeit mit lebenden oder verstorbenen Persönlichkeiten des öffentlichen Lebens ist unbeabsichtigt und wäre reiner Zufall.
Echt.

KLUGMANN Es ist ein bißchen kühler geworden, Blumenthal. Spüren Sie das linde Lüftchen?
BLUMENTHAL Es ist nicht zu überriechen. Lassen Sie uns ein paar Schritte gehen. Vielleicht steigen wir mal in diese Schlucht da hinunter?
KLUGMANN Warum nicht. Aber ziehen Sie Ihre Stiefel wieder an. Die Ratten, wissen Sie. – Halt! Haben Sie das gesehen?
BLUMENTHAL Was denn? Den Mann mit dem roten Mantel?
KLUGMANN Ja, der ungeheuer fette Mensch mit dem weißen Bart und der roten Zipfelmütze. Sagen Sie mal, das kann doch nicht ...
BLUMENTHAL Jetzt machen Sie mal einen Punkt, Klugmann. Ich weiß, es ist Heiligabend, und ich weiß, wir haben uns sehr in die Vergangenheit vertieft, aber selbst sie, als Eliade-Anhänger ...

KLUGMANN Weg ist er. Verdammt, Blumenthal, jetzt haben Sie ihn verscheucht. Ich hätte mich so gern mit ihm unterhalten.
BLUMENTHAL Sie glauben tatsächlich an den Weihnachtsmann? Sind Sie *so* senil?
KLUGMANN Ach, Unfug! Es wäre eine hervorragende Gelegenheit gewesen, mit dem Herrn über den speziellen Mythos der Personalunion Weihnachtsmann/Herrgott zu sprechen. Ihnen ist doch sicher bekannt, daß es vor fünfzig Jahren eine aufsehenerregende Studie über die alljährliche Mutation des geglaubten Gottes zum real existierenden Weihnachtsmann gab?[2]
BLUMENTHAL Interessante These, aber bis heute unbewiesen, wenn ich nicht irre.
KLUGMANN Eben. Bis heute. Also kommen Sie schon – hinterher!

So jagen unsere betagten, abenteuerlustigen Helden einem rotgewandeten Phantom hinterher, stärker durch Neugier als durch seriösen Forscherdrang angetrieben. Sie kraxeln Berge hinauf, Schluchten hinunter, immer wieder auf gefährlich schwankenden Mülltürmen sich orientierend, immer näher an die ungeschlacht watschelnde, aber verblüffend ortskundige Gestalt herankommend. Vom Jagdfieber mitgerissen, rufen unsere Freunde dem gehetzten Pykniker Grußworte zu und winken mit ihren Spazierstöcken, doch es hilft nichts – das Objekt ihrer Begierde huscht mit unvermuteter Behendigkeit in eine sich plötzlich auftuende Erdspalte und ist verschwunden.

BLUMENTHAL Gnade! Ich ... ich kann nicht mehr, Klugmann. Ich krieg keine Luft mehr.
KLUGMANN Da, nehmen sie meinen Inhalator. – Mist, beinahe hätten wir ihn gehabt. Das ist Ihre Schuld, Blumenthal. Sie sind ein richtiger alter Knacker.
BLUMENTHAL Ha! Mit Ihren Knochen schmeiße ich noch die Nüsse von den Bäumen, Klugmann! Das heißt, wenn ich das hier überlebe.

---

[2] Vgl. Tepe/May, Mythisches, Allzumythisches Bd. 1, S. 142 ff.

KLUGMANN Wollte Gott, es gäbe noch Bäume, Blumenthal. Geht's denn wieder?
BLUMENTHAL Danke. Was machen wir jetzt? Wollen Sie allen Ernstes in die Höhle da runter?
KLUGMANN Natürlich! Trauen Sie sich etwa nicht?
BLUMENTHAL In unserem Alter ... Soll das so eine Art Mutprobe werden, oder was?
KLUGMANN Wieso nicht? Nach Eliade leben in den Handlungen und Gesten des areligiösen Menschen viele Initiationselemente fort. Genau so eine Höhle muß er im übertragenen Sinne gemeint haben, als er eines seiner wichtigsten Beispiele nannte: die Psychoanalyse. *Der Patient wird aufgefordert, tief in sich selbst hinabzusteigen, seine Vergangenheit wieder aufleben zu lassen, seinen Traumata von neuem entgegenzutreten. Formal gleicht dieses gefährliche Vorgehen dem Hinabsteigen in die 'Hölle' zu den Gespenstern und den Kämpfen mit den Ungeheuern, die bei der Initiation eine Rolle spielen. Wie der Initiierte siegreich aus diesen Prüfungen hervorgehen, 'sterben' und 'auferstehen' muß, um in eine voll verantwortliche, den geistigen Werten offene Existenz eintreten zu können, so muß der analysierte Mensch unserer Tage seinem eigenen 'Unbewußten' die Stirn bieten, in dem Gespenster und Ungeheuer umgehen, um psychische Gesundheit und Integrität und damit die Welt der kulturellen Werte zu finden.*
BLUMENTHAL Jetzt hören Sie aber auf! Genau dieses Zitat zeigt doch die Hauptschwächen Eliades sehr deutlich.
KLUGMANN Hat er denn nicht recht, was die Psychoanalyse anbelangt?
BLUMENTHAL Ein *bißchen* recht hat er immer. Richtig ist natürlich, daß das Hinabsteigen ins Innere dem Hinabsteigen in die 'Hölle' formal gleicht; die Deutung dieses Befundes ist jedoch wieder mal fragwürdig. Für Eliade ist der psychoanalytische Abstieg ein Rest, ja sogar ein verkümmerter Rest des 'wahren', nämlich des religiösen Abstiegs. Für die Gegenposition, die der Tiefenpsychologie *grundsätzlich* positiv gegenübersteht, verhält es sich eher umgekehrt. Der mythisch-religiöse Abstieg ist, wenn man die Dimension des Verstehens verläßt und zum Erklären übergeht, tatsächlich ebenfalls ein Abstieg ins Unbewußte, und zwar entweder ins individuelle Unbewußte oder aber ins kulturspezifische Unbe-

wußte. Das kulturspezifische Unbewußte ist für uns letztlich das die jeweilige Kultur prägende Wertsystem. Pointiert gefaßt: Während das mythische Denken einem Selbstmißverständnis aufsitzt, wird dieses von der Tiefenpsychologie prinzipiell überwunden.

KLUGMANN Aber Eliade wehrt sich doch ausdrücklich gegen die Behauptung, daß die Mythologien das 'Produkt' des Unbewußten seien! *Die Seinsweise des Mythos ist es gerade, daß er sich als Mythos offenbart, also verkündet, daß etwas sich auf exemplarische Weise offenbart hat.*

BLUMENTHAL Das ist der alte Fehler, den wir bei vielen religiös orientierten Mythosforschern finden, egal ob sie Eliade, Kümmelkorn oder Blåsengrøn heißen. Wird das Bemühen um Verständnis des mythisch-religiösen Denkens getragen von einer Identifikation mit den Grundlagen dieses Denkens, so muß jeder Versuch einer 'natürlichen' Erklärung (hier: durch Zurückführung auf das Unbewußte) als grundsätzlich verfehlt erscheinen. Etwa so: Wenn das mythische Denken nicht nur *glaubt*, daß sich etwas auf exemplarische Weise offenbart hat, sondern wenn dies *wirklich wahr* ist, dann können die mythischen Vorstellungen selbstredend nicht auf bloße 'Produkte' des Unbewußten reduziert werden. Und genau das ist Ihr Problem, Klugmann: Ist man selbst ein religiöser Mensch, so gilt der areligiöse Mensch der modernen Gesellschaften als einer, der die eigentlich religiöse Welt nicht mehr zu sehen und zu erleben vermag. Deshalb behandeln Sie mich wie einen ignoranten Deppen, nur weil ich nicht an Ihre Dreifaltigkeit Weihnachtsmann/Knecht Ruprecht/Christkind glaube.

KLUGMANN Da mögen Sie recht haben. Der areligiöse Mensch ist für Eliade einfach derjenige Menschentyp, der den Zugang zur 'höheren Wahrheit' *verloren* hat. Aber selbst wenn Sie den roten Dicken für einen realen Menschen oder meinetwegen für eine kulturell motivierte Projektion unseres Unterbewußtseins an diesem bestimmten Datum halten, könnten wir doch runtergehen und nachgucken, oder?

BLUMENTHAL Na ja ...

KLUGMANN Sie haben *doch* Schiß.

BLUMENTHAL Unsinn. Der ewige Eliade-Unfug geht mir nur langsam auf die Nerven. Lassen Sie uns damit aufhören, dann komme ich auch mit da hinunter.

KLUGMANN Unfug?
BLUMENTHAL Beruhigen Sie sich, manches ist ja durchaus zu gebrauchen. Wir sollten uns einmal ausführlich über moderne Quasi-Mythen unterhalten – dafür ist Eliade eine ganz gute Grundlage. Er legt durchaus den Finger auf viele Phänomene, denen sich eine Theorie der modernen Quasi-Mythen stellen muß, aber seine Leitthese, daß auch der offenkundig areligiöse Mensch im Grunde seines Wesens ein religiös orientiertes Verhalten bewahre, ist nun mal als Universalschlüssel ungeeignet. Das schließt natürlich nicht aus, daß *einzelne* Phänomene sich mit Hilfe dieses Schlüssels öffnen lassen.
KLUGMANN Akzeptiert, in Gottes Namen. Aber eine Frage hätte ich noch: Sie können natürlich Leute kritisieren, bei denen das Bemühen um das Verständnis mythisch-religiösen Denkens von naiver Identifikation mit diesem Denken geprägt ist. Aber die Gegenposition zu Eliade ist doch nicht einfach das vollständig profane Bewußtsein. Wer Mythos und Logos vergleichen will, braucht doch wohl eine Position jenseits von beiden Positionen. Wer in der Alternative 'Heiliges-Profanes' das Profane verabsolutiert, hat letztlich keinen echten Vergleichsmaßstab für beides.
BLUMENTHAL Ich sehe das anders. Nach meiner Auffassung lassen sich alle Stellungen des Bewußtseins letztlich auf zwei *Grundstellungen* zurückführen, nämlich auf die mythisch-religiöse und die vollständig profane. Wenn das aber zutrifft, dann kann es keine Position jenseits von beiden Grundpositionen geben, d.h. die Suche nach einem übergeordneten Standpunkt und einem 'echten Vergleichsmaßstab' halte ich für prinzipiell aussichtslos und verfehlt.
KLUGMANN Und was kann man in einer solchen Situation sinnvollerweise tun?
BLUMENTHAL Man sollte anerkennen, daß beide Grund-'Spiele' 'gespielt' werden können. Man sollte einsehen, daß beide Grundstellungen zu entgegengesetzten und miteinander unvereinbaren Ergebnissen führen. Und man sollte sich entscheiden, ein 'Spiel' konsequent 'durchzuspielen'.
KLUGMANN Also gut. Ab jetzt spielen wir abwechselnd Ihres und meines. Heute ist Weihnachten, ich bin dran. Kommen Sie schon!

Vorsichtig klettern die Wanderer zwischen den Welten des mythischen und des profanen Spieles zum Eingang der Höhle (oder Hölle, je nachdem, wer gerade das Spiel kommentiert) hinunter. Kein schmutzigbrauner Fluß muß überwunden werden, kein zähnefletschender Zerberus bewacht den Eingang, es gibt nicht einmal ein *Eintritt verboten* – Schild. Dennoch schrecken unsere Helden instinktiv zurück, bevor Sie alle Bedenken überwinden und sich durch den klaffenden Spalt ins Innere des Müllberges wagen. Eine nie gesehene, faszinierende Welt bizarrer Schönheit erwartet sie ...

BLUMENTHAL Was sagt man dazu. Schauen Sie sich diese Wandfarben an, Klugmann!
KLUGMANN Wunderschön. Was man alles aus Plastiktüten machen kann. Und sehen Sie nur, die Teppiche!
BLUMENTHAL Tatsächlich, das alte Schwarz-Rot-Gold. Wo sie die Dinger noch aufgetrieben haben ... Psst! Ich habe etwas gehört!
UDO (singt) ... *und dann is ma wieder alles klahahar ... auf der Andrea Doria, badapndabada, badapndubadibada ...*
JOSCHKA (stimmt ein) ... *auf der Andrea Doria, dudupidapida, badudadapndubida ...*
KLUGMANN Äh ... ich bitte um Entschuldigung ... dürfen wir kurz stören?
UDO Scheiße, die Bullen!
THOMMY (sehr laut) Was hast du gesagt?
JOSCHKA Das ist immer noch ein Rechtstaat, meine Herren! Ihr Durchsuchungsbefehl, bitte!
BLUMENTHAL Wir sind nicht von der Polizei ... wir wollten bloß mal ... na ja ...
KLUGMANN Es handelt sich um einen ... gutnachbarlichen Besuch. Gestatten, Klugmann, Mythologe. Dies ist mein Freund und Kollege, Herr Blumenthal.
JOSCHKA Sie sind mir doch eben schon hinterhergerannt! Erst zu Tode erschrecken, und dann ganz harmlos tun, was? Mit Verlaub, Herr Klugmann, Sie sind ein Arschloch.
BLUMENTHAL Herr Fischer? Sind Sie's wirklich? Mein Gott, Sie müssen mindestens hundert Jahre alt sein!

JOSCHKA Achtundneunzig, bitte sehr. Und ich habe die Kraft der zwei Herzen, mein Bester! ... Sie kennen mich noch?
BLUMENTHAL Natürlich! Ich habe bis zur Abschaffung der Parlamentswahlen stets Grün gewählt! Sie sind mein Held, Herr Fischer! Das Fanal politischer Integrität! Das ökologische Gewissen in einer gewissenlosen Gesellschaft! Der beste Kanzler, den wir je hatten! Herr Fischer!
JOSCHKA Joschka, bitte. Hören sie doch auf mit diesen programmatischen Seifenblasen, mein Lieber, das ist doch Schnee von gestern.
UDO Genau, Typ, ey, das geht mir voll tierisch aufn Sack, ja, da komm ich scheiße drauf, ja. Für uns hier unten is die Bonzenregierung mega-out, okay, Mann. Hörma, wieso setzt ihr euch nich einfach easy hin, ey? Thommy schmeißt ne Runde. Ey, Thommy! Stocktaub, der Typ, ey.
KLUGMANN (mißtrauisch flüsternd) Blumenthal! Wer ist der Mensch?
BLUMENTHAL (flüstert zurück) Was denn, Sie kennen den alten Lindenberg nicht mehr? Der war doch von 2004 bis 2008 Kultusminister unter Fischer!
THOMMY (sehr laut) Was flüstern die da? Das sind bestimmt Bullen. Wetten, daß?
BLUMENTHAL (sehr laut) Nein, nein, Herr Gottschalk. Wir sind My-tho-lo-gen!
THOMMY Ah. So ein Zufall, was? Ich war mal Deutschlehrer. Nimm dir doch ein Gummibärchen, hab ich jede Menge davon, wetten, daß die schmecken?

Bald schon feiern unsere Freunde und die drei fidelen Greise eine improvisierte Party mit allem, was eine reichsortierte Müllhalde Zunge und Gaumen zu bieten hat. Nach Anbruch der zweiten Palette abgelaufenen Dosenbiers wird aus Smalltalk schnell ein lebhaftes Gespräch über die Bedeutung dieser drei unvergessenen, großen Männer, die zu ihrer Zeit Geschichte geschrieben haben.

UDO ...na ja, und dann hamwer gedacht, scheiß auf das Altersheim, wir machen die Fliege, ey. Die haben nix gecheckt, Mann, bis

sie die Fahndungsliste vom BKA gekriegt haben. Seit dem Ding bei Haribo werden wir gesucht. Echt geil.
JOSCHKA Unter ökologischen Gesichtspunkten ist das auch in Ordnung hier. Wir leben wie die Made im Speck und tragen trotzdem aktiv zur Müllbeseitigung bei. Das ist schon das dritte Weihnachten, das wir hier feiern. Daher meine Aufmachung ...
BLUMENTHAL Ah ja. Und ich dachte, es sei eine Art Tarnung.
UDO Stimmt ja auch irgendwo, Mann. (singt) *Wir sind die Panther ... Die Panik-Panther ...*
THOMMY (sehr laut) Wollt ihr nicht bei uns mitmachen, Jungs? Der A.K.F.F.E.B.W.E. kann Leute wie euch gebrauchen!
KLUGMANN Der was?
JOSCHKA *Alte Knacker Fighten Für Eine Bessere Welt Ey.* Wir sind Guerillas, sozusagen.
THOMMY (sehr laut) Saubere Luft, Bäume, Freiheit und Weingummi für alle!
UDO (singt) *Hinterm Horizont geht's weiter ... ein neuer Tag ... hinterm Horizont immer weiter ... zusammen sind wir stark ...*
JOSCHKA (singt) *... das mit uns geht so tief rein, das darf nie zuende sein ...*
ALLE (singen) *... drei wie wir, die dürfen sich nie verliern! Hinterm Horizont ...* (da capo ad lib.)
BLUMENTHAL Also, ich muß schon sagen, ich hätte nie gedacht, daß ich auf meine alten Tage noch einmal mit drei modernen Quasi-Mythen zusammensitze. Ich bin hochgeehrt, meine Herren.
JOSCHKA In diesem Sinne, Prost, mein Bester.
THOMMY (sehr laut) Was hat er gesagt?
BLUMENTHAL Qua-si-My-then!
UDO Das versteh ich voll nich, Alter, ey. Meinsten damit?
KLUGMANN Nun, in Ihrem Fall hängt das stark mit dem Begriff des Starkults zusammen.[3] Blumenthal, das ist was für Sie. Ganz klar das profane Spiel.
BLUMENTHAL Sie können ja mitspielen, Klugmann. Also: Moderne Quasi-Mythen. Eine Warnung vorweg: Da ich entscheidende Differenzierungen am Beispiel der marxistischen

---

[3] Vgl. Tepe/May, Mythisches, Allzumythisches Bd. 1, S. 264 ff.

Geschichtsauffassung einführe, müssen Sie sich schon ein Stück weit darauf einlassen.

JOSCHKA Du lieber Himmel! Halten Sie das für fair, mein Bester, auf einen Gegner einzutreten, der schon seit Jahrzehnten am Boden liegt? Nach dem Zusammenbruch des Realsozialismus ist Marx doch völlig out! Wollen Sie uns eine weitere Spielart der Marxismuskritik von rechts verkaufen? Anti-Marxismus, was?

BLUMENTHAL Moment mal. Ich beziehe mich auf die Marxismusstudien, die Prof. Tepe in den 70er und 80er Jahren des letzten Jahrhunderts betrieben hat, als Marx noch keineswegs am Boden lag. Außerdem steht meine Position dem Marxismus, bei aller Kritik, in einigen Punkten durchaus nahe: so handelt es sich in beiden Fällen um vollständig profane Konzeptionen mit stark ideologiekritischer Ausrichtung. Und schließlich wird eine doppelte Zielsetzung verfolgt: einerseits sollen die Wahrheitsmomente der marxistischen Ideologiekritik und Geschichstauffassung herausgestellt und in die Gesamttheorie integriert werden, andererseits wird untersucht, in welchem Maße der Marxismus seinerseits von Illusionsbildungen oder Quasi-Mythen heimgesucht wird.

KLUGMANN Man könnte also sagen: Es wird versucht, die große Linie des vollständig profanen, des naturalistischen Denkens von den in ihr auftretenden Quasi-Mythen zu befreien, um sie in verbesserter Form weiterführen zu können?

BLUMENTHAL Völlig korrekt. Die Analyse der im Marxismus wirkenden Quasi-Mythen soll darüber hinaus ein Instrumentarium bereitstellen, das zur Aufdeckung auch solcher Quasi-Mythen geeignet ist, die in ganz anderen sozialen Bewegungen beheimatet sind. Im ersten Schritt werde ich den Begriff der Utopie einführen und das Verhältnis von Utopie und Illusion, von Utopie und Quasi-Mythos zu klären versuchen.

KLUGMANN Utopien sind doch nun wirklich aus der Mode. Dafür ist Herr Fischer das beste Beispiel.

BLUMENTHAL Moment! Joschka war ein ausgesprochener Realpolitiker. Er stand immer für die Umsetzung der vernünftigen, machbaren grünen Utopie.

JOSCHKA Vielen Dank, mein Bester.

KLUGMANN Aber sehen Sie sich doch jetzt mal da draußen um. Nein, nein, Blumenthal, Utopien sind tot.

BLUMENTHAL Das sehe ich etwas anders. Und daß ich es anders sehe, hängt mit meinem Utopiebegriff zusammen.
UDO Was isn für dich ne Udopie, ey?
BLUMENTHAL Ich knüpfe an den Befund an, daß menschliches Leben stets in Werthaltungen, in Wertsysteme eingebettet ist.
KLUGMANN Eine formale anthropologische Konstante?
BLUMENTHAL Genau. Wertsysteme aber stehen – zumindest der Möglichkeit nach – mit Zukunftsentwürfen in Verbindung. Dort, wo wir es mit einem Zukunftsentwurf zu tun haben, ist stets, auch wenn man sich dessen nicht klar bewußt ist, die restlose Verwirklichung des jeweiligen Wertsystems als *letztes* Ziel, eben als Utopie antizipiert.
KLUGMANN Nehmen wir an, Sie haben recht. Das hieße doch dann, daß wir uns vom utopischen Denken nicht so einfach trennen können, wie man zuweilen meint. Das In-einem-Wertsystem-Leben ist, wenigstens in vielen Fällen, ein In-einer-Utopie-Leben?
BLUMENTHAL Genau so ist es. Und daher sollte man nicht so sehr eine grundsätzliche Alternative zum utopischen Denken zu gewinnen versuchen, als sich vielmehr um einen vernünftigen Umgang mit Utopien bemühen.
JOSCHKA Vernünftiger Umgang?
BLUMENTHAL Darunter verstehe ich erst einmal einen solchen Umgang, der die *endlichen* Möglichkeiten menschlichen Daseins im Auge hat. Im Kontext von Zukunftsentwürfen kommt es sehr leicht zu gewissen Überschwenglichkeiten, die, wie wir noch sehen werden, recht gefährlich sein können. Diesen Umgang mit Utopien, den wir unvernünftig nennen, gilt es zu vermeiden.
JOSCHKA Moment, Moment. Da drängen sich ein paar Fragen auf. Erstens: Was ist denn mit denen, die ihren angeblichen Realismus jeglicher Utopie entgegensetzen? Nehmen wir zum Beispiel ... die Christdemokraten vor fünfzig Jahren.
BLUMENTHAL Sie sind zumeist in der glücklichen Lage, daß ihr Wertsystem (und damit auch ihre Utopie) in nennenswertem Maße verwirklicht ist. Daher *wollen* sie keine grundsätzlichen Veränderungen mehr. Nach dem Motto 'Wir leben doch schon in der besten aller möglichen Welten'. Alles, was den Rahmen der bestehenden Ordnung sprengen würde, wird als Utopie im schlechten Sinne des Wortes diffamiert. Weitere Fragen?

KLUGMANN Nun, mich als Eliade-Anhänger interessiert natürlich in erster Linie, in welchem Verhältnis das mythische Denken zur Utopie steht.

BLUMENTHAL Eine hochinteressante Frage. Ich vermute in der Tat, daß auch im mythischen Denken utopische Gehalte stecken. Orientieren wir uns der Einfachheit halber an Eliades idealtypischer Rekonstruktion. Das mythische Denken glaubt an übermenschliche exemplarische Modelle für alle wesentlichen Betätigungen und ist überzeugt 'Wir müssen tun, was die Götter am Anfang taten'. Für das vollständig profane Bewußtsein liegt hier der folgende Zusammenhang vor: Das Wertsystem und die sich aus dem Wertsystem ergebenden konkreten Lebensregelungen werden unbewußt und spontan zu übermenschlichen Vorbildern erhoben. 'Die Regeln, nach denen wir leben, sind die wahren – von ihnen darf nicht abgewichen werden'. Man kann daher sagen, daß im mythischen Denken eine frühe Form der gerade eben behandelten Position vorliegt, die grundsätzliche Veränderungen von vornherein ablehnt. Es läßt sich also von mythisch denkenden Menschen behaupten, daß sie ihr (relativ 'enges') Wertsystem in nennenswertem Maße verwirklicht haben, daß sie strikt nach diesem System leben und keine grundsätzlicheren Veränderungen wollen.

KLUGMANN Und was ist mit der Sehnsucht nach der Vollkommenheit des Anfangs, von der Eliade spricht? Hat sie nicht utopische Züge?

BLUMENTHAL Durchaus. Wo man sich nach der Vollkommenheit des Anfangs zurücksehnt, in dem die Götter auf Erden tätig waren, werden die ungesättigten Wünsche nach Entlastung von diesem oder jenem Realitätsdruck in die Vergangenheit projiziert. Es handelt sich also um ein utopisches Denken, das nicht *als* utopisches auftritt, sondern als Rückbezug auf einen perfekten Anfang erscheint.

UDO Mann, dann sind wir 'n voll mythischer Verein. Der A.K.F.F.E.B.W.E.. will ja, daß alles so wird wie früher! Umweltmäßig, mein ich, ey.

KLUGMANN Da kann ich mich nur voll und ganz anschließen, Herr Lindenberg. Aber wir müssen es vernünftig angehen, eben damit eine Utopie nicht lächerlich wird. Grenzen wir also zunächst einmal den vernünftigen vom unvernünftigen Umgang mit utopischen Vorstellungen ab, Blumenthal.

BLUMENTHAL Dazu müssen wir ein bißchen Vorarbeit leisten. Zunächst ist zwischen *abstrakter* und *konkreter* Utopie zu unterscheiden. Klugmann?

KLUGMANN Beschränken wir uns der Einfachheit halber (und um den Übergang zum Marxismus zu erleichtern) auf Gesellschaftsutopien. Die Antwort auf die Frage 'Welcher Gesellschaftszustand wäre schlechthin wünschenswert?' bezeichne ich als abstrakte Gesellschaftsutopie. Abstrakte Utopien ergeben sich direkt aus den jeweiligen Wertsystemen. Man nehme ein beliebiges Wertsystem und überlege, wie die Gesellschaft aussähe, wäre dieses System vollkommen in die Wirklichkeit umgesetzt – dann hat man die zu diesem Wertsystem gehörige abstrakte Utopie.

BLUMENTHAL Zur konkreten Utopie gelangen wir durch einen weiteren Schritt, nämlich dadurch, daß wir die *Realisierbarkeitsfrage* aufwerfen. Hier kommt das profane und insbesondere auch das wissenschaftliche Wissen ins Spiel. Es mag abstrakte Utopien geben, die tatsächlich voll umsetzbar sind, aber es gibt gewiß auch solche, die aus empirischen Gründen nicht, zumindest nicht uneingeschränkt, umsetzbar sind. Was ist denn zum Beispiel mit Ihrer Idee, wieder eine Welt mit sauberer Luft und reinem Wasser zu erschaffen? Wie wollen Sie das anstellen, außerhalb von Plastikkuppeln?

JOSCHKA Na ja, ein paar vage Pläne haben wir, aber ...

THOMMY (sehr laut) Wir jagen erstmal alles in die Luft! Ich hab jede Menge Gelatinekapseln, wetten, daß?

UDO Quatsch. (singt) *Meistens bleim die Fäuste kalt, denn Panther stehn nich auf Gewalt ...*

BLUMENTHAL Ich sehe, Sie sind da noch uneins. Ihre Pläne scheinen einer abstrakten Utopie zu entspringen.

KLUGMANN Und in solchen Fällen, also dort, wo die abstrakte Utopie ein undurchführbares Ideal ist, sollten wir zur konkreten Utopie übergehen?

BLUMENTHAL Genau. Wir sollten hier versuchen, aus der abstrakten Utopie eine *realisierbare Alternative zum gegebenen Zustand* herauszudestillieren – eben eine konkrete Utopie (oder auch mehrere konkrete Utopien).

JOSCHKA Und was passiert, wenn wir das nicht tun?
BLUMENTHAL Das ist der entscheidende Punkt. Meine These lautet: Wenn man ein undurchführbares Ideal mit einer konkreten Alternative verwechselt, so kann dies höchst unerfreuliche Folgen haben.
KLUGMANN Es entsteht ein Quasi-Mythos.
BLUMENTHAL Völlig korrekt. Die Verwechslung einer abstrakten mit einer konkreten Utopie ist eine Illusionsbildung. Die davon befallene quasi-mythische Denkform bezeichne ich als die des *übertriebenen* Utopismus. Diejenige Denkform, die zwischen abstrakter und konkreter Utopie zu unterscheiden versteht, das Realisierbarkeitsproblem also nicht überspringt, bezeichne ich demgegenüber als *gemäßigten* Utopismus. Damit ist der Ausgangsgegensatz zwischen dem vernünftigen und dem unvernünftigen Umgang mit Utopien schon etwas genauer gefaßt.
KLUGMANN Daher sagen wir: 'Verwende einen Teil deiner Energie darauf, dir einen vollkommenen Zustand auszumalen, aber benutze den größeren Teil dafür, auf der Grundlage der abstrakten eine konkrete Utopie zu entwerfen und durchzusetzen'.
UDO Aber das machen wir doch. Wir malen aus und dann sehen wir weiter, ey. Nichts ist unmöglich für den A.K.F.F.E.B.W.E.!
BLUMENTHAL Das wäre sozusagen die positive Seite. Die negative sieht so aus: 'Vermeide die quasi-mythische Verwechslung eines undurchführbaren Ideals mit einer konkreten Alternative'. Der Hyper-Utopist denkt gewissermaßen, entschuldigen Sie, immer nach dem Motto 'Nichts ist unmöglich', und das heißt immer auch: er ignoriert die Tatsachen und Gesetzmäßigkeiten, die seinem Willen entgegenstehen.
JOSCHKA Tatsachen! Gesetzmäßigkeiten! Man kann nicht immer nur Realo sein, man muß auch mal kühne Entwürfe auf den Tisch legen, sondern ändert sich nie was. Geben Sie zu, das moralische Recht ist auf unserer Seite.
BLUMENTHAL Ich wollte gerade auf eine weitere Illusionsbildung hinweisen, die mit dem übertriebenen Utopismus nicht selten verkoppelt auftritt – die Projektion der eigenen Wertorientierung in ein 'Wesen des Menschen'. Den Grundmechanismus kennen wir bereits: dem eigenen Wollen werden höhere Weihen verliehen: 'Was ich will, steht im Einklang mit dem Wesen des Menschen, es

entspricht den grundlegenden Erfordernissen der menschlichen Natur – und ist daher ein höheres, ein ausgezeichnetes Wollen'. Und das heißt auch: 'Ich bin im Recht, du bist im Unrecht' – man glaubt an die Monopolstellung der eigenen Werte.

KLUGMANN Und wie wirkt diese Projektion der eigenen Wertorientierung in das 'Wesen des Menschen', wenn sie mit dem übertriebenen Utopismus verbunden wird?

BLUMENTHAL Sie wirkt als Verstärker dieses Quasi-Mythos. Wenn das tatsächlich unerreichbare Ideal, hier: die Wiederherstellung einer für den Menschen angeblich notwendigen, halbwegs intakten Umwelt, mit dem Nimbus des 'wahrhaft menschlichen', der 'menschlichen Natur' gemäßen Zustands auftritt, wie kann man dann noch an seiner Durchführbarkeit zweifeln?

JOSCHKA Also gut, es ist ja nachvollziehbar, daß die Verwechslung von abstrakter und konkreter Utopie sowie die Projektion des Wertsystems in ein 'Wesen des Menschen' Fehler sind, die möglicherweise nachteilige Folgen haben. Dann werden wir eben eine konkrete Utopie entwickeln, was, Thommy?

THOMMY (sehr laut) Wir jagen erstmal alles in die Luft!

KLUGMANN Ich würde vorher noch gerne die Frage stellen, ob diese Fehler tatsächlich das Denken von Marx und Engels geprägt haben. Wir könnten aus deren Scheitern für die Sache der A.K.F.F.E.B.W.E. – Bewegung nützliche Lehren ziehen.

BLUMENTHAL Mit dieser Frage wollte ich gerade weitermachen, und zwar auf der Grundlage einiger Frühschriften von Marx und Engels. Es ist klar, daß wir uns aus Zeitgründen mit wenigen Beispielen begnügen müssen. Eine ausführliche Analyse liegt ja auch in gedruckter Form vor. Nun, der frühe Marx stellt der *politischen* die *menschliche* Emanzipation entgegen, die als volle Verwirklichung des menschlichen Wesens begriffen wird – genau das soeben beschriebene Muster.

KLUGMANN Marx deklariert also die von ihm bevorzugte Ordnung als die den tiefsten Bedürfnissen der menschlichen Natur angemessene?

BLUMENTHAL So ist es.

JOSCHKA Und wie sieht sein Wertsystem aus?

BLUMENTHAL Dem frühen Marx zufolge entspricht es dem 'Wesen des Menschen', wenn die *Absonderung des Menschen vom*

Menschen überwunden ist, d.h. wenn ein Zustand des Miteinander den des Gegeneinander abgelöst hat. Leitend ist letztlich die Vision eines 'großen Miteinander', in dem alle Spaltungen und Konflikte überwunden sind und die Individuen sich ungehindert entfalten können. In diesem Zustand, der das Glück des Einzelnen mit dem der Gesellschaft zusammenfallen läßt, lebt der Mensch im Einklang mit seinem Wesen. Er ist dazu bestimmt, in Harmonie mit den anderen Menschen seine persönlichen Talente in ihrer ganzen Mannigfaltigkeit zu entwickeln.
UDO Aber das ist doch ne tierisch geile Vision. Die habens voll gecheckt, ey.
BLUMENTHAL Das denke ich auch ... wenn man sie als abstrakte Utopie betrachtet. Beim frühen Marx wird sie freilich als konkrete Alternative behandelt, womit wir beim zweiten Quasi-Mythos angelangt wären. Er glaubt nämlich, daß die schöne harmonische Welt, in der der Konflikt zwischen persönlichen und gesellschaftlichen Interessen überwunden ist, in der Solidarität freiwillig und spontan geübt wird, Zwang daher überflüssig ist, sich in Kürze verwirklichen läßt.
KLUGMANN Das stimmt. Marx meint, alle 'entfremdeten' Gebilde würden in Kürze absterben: der Staat werde ebenso verschwinden wie die Religion, das Privateigentum ebenso wie das Geld. Die Gesellschaft wird bald vollkommen geeint, die 'wahre' Gerechtigkeit durchgesetzt sein. Das heißt z.B. auch, daß der Kommunismus, so nennt Marx diese Gesellschaftsform, die Motive zum Stehlen beseitigt, so daß das Gebot 'Du sollst nicht stehlen' überflüssig wird.
BLUMENTHAL Halten wir fest: Angesichts der Marxschen Vision des Kommunismus sind mehrere Fragelinien zu verfolgen. Die erste Linie ist die der empirisch-rationalen Kritik auf der Grundlage des verfügbaren Wissens, das dabei als prinzipiell fehlbar betrachtet wird. Im gegenwärtigen Zusammenhang setze ich als erwiesen voraus, daß der Kommunismus, wie Marx ihn begreift, als ein aus empirischen Gründen undurchführbares Ideal eingeschätzt werden muß.
KLUGMANN Warten Sie mal, dazu lasse ich mir eine Passage von Kolakowski einspielen. Augenblick ... hier: *Das Wichtigste, was wir im Leben lernen, ist das Wissen darüber, welche Werte miteinander vereinbar sind und welche einander ausschließen. Die meisten*

Utopisten sind einfach unfähig zu lernen, daß es unvereinbare Werte gibt. Üblicherweise ist diese Unvereinbarkeit empirisch und nicht logisch, und dies ist der Grund, weshalb ihre Utopien nicht notwendigerweise widersprüchlich im logischen Sinne sind, sondern nur unpraktikabel wegen des Stoffs, aus dem die Welt gemacht ist.
BLUMENTHAL Das paßt sehr gut. Überhaupt stimmt die von mir vertretene Position mit der von Kolakowski in vielen Punkten überein.
JOSCHKA Und was ist mit der zweiten Linie?
BLUMENTHAL Die zweite Linie ist die illusionskritische, in der es darum geht, Illusionen oder Quasi-Mythen aufzudecken und ihr Zustandekommen zu erklären.
KLUGMANN Im Blick auf den frühen Marx wäre also festzuhalten: seine *radikale Kritik* behandelt eine abstrakte Utopie als konkrete, und er projiziert das Ziel des spaltungsfreien Miteinander in das menschliche 'Wesen'. Gibt es noch eine dritte Linie?
BLUMENTHAL Die gibt es. Die Zurückführung 'höherer' Legitimationen auf die Projektion von Werthaltungen ist eine Sache, sie gehört zu Linie 2. Die kritische Prüfung der Werthaltung selbst und gegebenenfalls ihre 'Rettung' ist aber eine andere Sache: eben Linie 3.
KLUGMANN Und zu welchem Ergebnis gelangen Sie hier?
BLUMENTHAL Es gibt unterschiedliche Wertsysteme, aber das von mir vertretene stimmt mit dem des frühen Marx in wesentlichen Grundzügen überein: ungehinderte Entfaltung des Individuums *und* gesellschaftliche Solidarität sind für beide Positionen sozusagen Höchstwerte. Wenn ich mir einen vollkommenen Gesellschaftszustand ausmalen würde, so wüßte ich keine echte Alternative zu demjenigen Zustand, der es dem Menschen erlauben würde, in Harmonie mit den anderen Menschen seine persönlichen Talente in ihrer ganzen Mannigfaltigkeit zu entwickeln.
JOSCHKA Ach, Sie sind also Kommunist im Sinne des frühen Marx?
BLUMENTHAL Das ist eine verfängliche Redeweise. Ich möchte es so formulieren: Die abstrakte Utopie von Marx ist eigentlich auch meine; bezeichnet man sie als kommunistische Utopie, so könnte man sagen, auf der Ebene der abstrakten Utopie sei ich

Anhänger des Kommunismus. Nicht aber, das muß sofort hinzugefügt werden, auf der Ebene der konkreten Utopie. Denn der kommunistischen Bewegung werfe ich ja gerade vor, einem Quasi-Mythos verfallen zu sein, nämlich die für den Hyper-Utopismus charakteristische Verwechslung eines undurchführbaren Ideals mit einer konkreten Alternative vorzunehmen. Auf dieser Ebene also, die wohl letztlich die maßgebliche ist, bin ich Gegner des Kommunismus. Alles klar?
UDO Ich versteh aber nich, wieso der übertriebene Utopismus so gefährlich sein soll. Dann hauts halt nich hin, ey, aber es bleibt ne geile Idee, oder?
BLUMENTHAL Das ist doch klar, Udo. Glaubt man erstens, daß die 'große Harmonie' zum Greifen nah ist und daß sie zweitens mit dem 'Wesen des Menschen' in Einklang steht, so kann man nicht umhin anzunehmen, man habe eine Position erreicht, die allen konkurrierenden Positionen total überlegen ist. Alles, was irgendwie nach Spaltung und Gegeneinander riecht, was also mit dem abstrakten oder reinen Ideal nicht übereinstimmt, wird als 'unmenschlich', 'unwahr', 'entfremdet' erlebt. *Wenn* das spaltungsfreie Miteinander in Kürze erreichbar ist, dann *muß* 'Alles oder nichts' gespielt werden. Gerade auch das durch mühevolle Reformanstrengungen Errungene erscheint im Vergleich mit dem Ideal als lächerlich und 'unwesentlich'. Man glaubt, über ein 'höheres Wissen', über eine 'große Wahrheit' zu verfügen. All diese Momente können sehr leicht zu Strukturen führen, die 'totalitär' zu nennen man sich angewöhnt hat. Nebenbei bemerkt: ein taktisches Erheben von Maximalforderungen fällt nicht unter den Begriff des übertriebenen Utopismus. Hier stellt man nämlich Maximalforderungen, um den Spielraum des Möglichen so weit es geht ausschöpfen zu können.
JOSCHKA Maximalforderungen. Genau das ist der Schlüssel. Los, Jungs, zieht eure Klamotten an! Wir ziehen das Ding jetzt durch!
UDO Genau, gehn wir Spielraum ausschöpfen, ey!
THOMMY (sehr laut) Geht's jetzt los? Geht's jetzt los?
ALLE A.K.F.F.E.B.W.E. vor! Noch ein Tor! Olé, olé olé olé ...

Ausgelassen grölend und mit liebenswert greisenhafter Unbeholfenheit helfen sich die drei Veteranen der *Alte Knacker Fighten Für Eine Bessere Welt, Ey* -Bewegung gegenseitig in ihre Kostüme. Joschka vervollständigt seinen Weihnachtsmannaufzug, während Thommy seine spärliche Lockenpracht aufbürstet und sich durch Überstreifen eines knöchellangen Rüschennachthemdes mit angeklebten Flügeln aus Alufolie in das Christkind verwandelt. Udo schließlich als schwarzgekleideter Knecht Ruprecht muß sich lediglich etwas Asche ins Gesicht schmieren, was ihm das Aussehen eines hundertjährigen Fremdenlegionärs verleiht. Sprachlos beobachten die beiden Theoretiker diesen unerwartet energischen Aktivitätsschub des quasimythischen Urgesteins und fragen sich, wie Sie, lieber Leser, was das weihnachtliche Dreigestirn jetzt wohl vorhat.

JOSCHKA Jetzt fragen Sie sich, was wir wohl vorhaben, was?
UDO Tja, tut uns echt tierisch leid, Mann, aber das is geheime Kommandosache. Ihr könnt morgen im Netz drüber lesen, wenn alles klappt, ey.
THOMMY (sehr laut) Wir sprengen erstmal alles in die Luft!
UDO Halt die Klappe. Hast du die Knarren, Joschka? Und die Farbbeutel, ey?
JOSCHKA Und Pfeffernuß und Mandelkern. Alles in meinem Sack. – Blumenthal, Klugmann, war nett, Sie kennenzulernen. Wir müssen jetzt leider gehen.
BLUMENTHAL Machen Sie bloß keinen Fehler! Sie müssen so eine Aktion doch genau ...
UDO Alles easy, Mann! Wir wollen doch bloß, daß alles wie früher wird.
KLUGMANN Aber ... das ist unmöglich!
THOMMY (sehr laut) Wetten, daß?

Und mit einem letzten fröhlichen Augenzwinkern stürmen die zusammen fast dreihundert Jahre alten Radikalutopisten durch einen hinter uralten Wahlplakaten verborgenen Tunnel in Richtung eines uns unbekannt bleibenden Angriffszieles. Kopfschüttelnd bleiben zwei ratlose Akademiker zurück, überzeugt, die Verkörperung eines übertriebenen Utopismus erlebt zu haben, und dennoch mit einem Gefühl leiser Wehmut.

KLUGMANN Ach, Blumenthal. Ein wenig beneide ich die drei. Es scheint alles so einfach zu sein, wenn diese quasi-mythische Verankerung eines unerreichbaren Ideals im 'Wesen des Menschen' einmal stattgefunden hat. Durch diese Projektion erscheint das Unerreichbare als erreichbar, denn wie könnte das der menschlichen Bestimmung korrespondierende Leben unmöglich sein?
BLUMENTHAL Genau. Wer eine Lebensform als 'wesensgemäß' ausgibt, unterstellt damit ihre reale Möglichkeit. Wesensbegriffe können so die Funktion haben, die sich aufdrängenden Zweifel an der Durchführbarkeit des Ideals abzuwehren. 'Wir streben doch bloß die Herstellung des naturgemäßen Zustands an!' Die Realitätskontrolle wird so übersprungen.
KLUGMANN Ob wir wohl je wieder von ihnen hören werden?
BLUMENTHAL Ich weiß nicht. Kommen Sie, verschwinden wir hier. Diese Höhle fängt an, mich zu deprimieren. – Was mir gerade durch den Kopf geht: Hängt mit dieser Projektion einer wesensgemäßen Lebensform nicht die anthropologische Annahme zusammen, der Mensch sei von Natur aus 'gut'?
BLUMENTHAL Davon bin ich überzeugt. Wird die abstrakte Utopie des 'großen Miteinander' zu der dem Menschen eigentlich gemäßen Lebensform hochstilisiert, so hat man damit – auch wenn man sich dessen nicht klar bewußt ist – einen grundsätzlich auf das 'große Miteinander' angelegten und in diesem Sinne von Natur aus 'guten' Menschen postuliert, der nur durch bestimmte gesellschaftliche Verhältnisse daran gehindert wird, seiner 'gutartigen' Natur gemäß zu leben.
KLUGMANN Und man denkt: Durch eine Umwälzung dieser Verhältnisse, die den Menschen dazu provozieren, das in ihm latente 'Böse' zu realisieren, kann der Mensch zu seiner 'guten' Natur zurückgeführt werden. Das 'Böse' hat dann keinen Ansatzpunkt mehr und stirbt gewissermaßen ab. Ich nehme stark an, daß die A.K.F.F.E.B.W. etwas in der Art provozieren will.
BLUMENTHAL Da sind wir uns einig, wie ich sehe. Ich setze einmal als erwiesen voraus, daß diese Anthropologie empirisch-rationaler Kritik nicht standhält, d.h. daß sie mit dem verfügbaren

Wissen nicht in Einklang zu bringen ist. Nehmen wir die Einsicht in den Projektionsmechanismus hinzu, so können wir von einem anthropologischen Quasi-Mythos oder von einer quasi-mythischen Anthropologie sprechen. Reichen Sie mir mal die Hand? Ich schaffe das letzte Stück nicht alleine.
KLUGMANN Kommen Sie ... so, da wären wir! Oh, es ist viel kühler geworden. Müssen Sie zurück nach Hans-Meiser-Stadt?
BLUMENTHAL Ja, ich muß noch einen Vortrag über Mythen in der Soap Opera vorbereiten. Ich nehm die Magnetbahn.
KLUGMANN Da bringe ich Sie noch zur Haltestelle. Hier entlang! Sagen Sie mal, diese spezielle Anthropologie wird doch sicherlich Konsequenzen für den Begriff der Entfremdung haben.
BLUMENTHAL In der Tat. Der quasi-mythischen und sozusagen übertrieben optimistischen Anthropologie entspricht ein quasi-mythischer und überzogener Entfremdungsbegriff: Es wird ja mit einem von Natur aus 'guten' (z.B. solidarischen) Menschen gerechnet, der dieser Natur 'entfremdet' worden ist, aber die Entfremdung wieder aufheben kann.
KLUGMANN Ein Marx-Interpret schreibt: *Marx nahm an, daß der Mensch sich von seiner guten und edlen Natur losgelöst hat und nun, auf der Suche nach sich selbst, in der Weltgeschichte umherirrt. Die gezielte Dialektik der materiellen Verhältnisse wird es ihm ermöglichen, sich selbst in seiner humanistisch gesehenen Idealform wiederzufinden.*
BLUMENTHAL Treffend formuliert. Vielleicht sollten wir die Gelegenheit nutzen, kurz die Konsequenzen des anthropologischen Quasi-Mythos für die Sicht der Geschichte anzudeuten.
KLUGMANN Aber in aller Kürze, Blumenthal. Ich bin recht müde von all dem Bier.
BLUMENTHAL Da vorn ist ja schon unsere Haltestelle. Also, ganz kurz: Der Glaube an den ursprünglich 'guten' Menschen *kann* so interpretiert werden, daß der Mensch bereits einmal, nämlich am Anfang, seiner 'Natur' gemäß gelebt habe, dann aber in einen Zustand der Entzweiung mit dem 'Wesen', d.h. in die Entfremdung, geraten sei, die er indes wieder aufheben könne. Die abstrakte Utopie wird hier zusätzlich in die Vergangenheit projiziert, und damit werden Zweifel an der Durchführbarkeit nach einer weiteren Seite hin abgewehrt. Denn *wenn* die 'große Einheit' bereits einmal

existiert hat, kann auch die 'Wiederherstellung der Einheit' grundsätzlich als möglich gelten. Der anthropologische Quasi-Mythos geht auf diese Weise in einen geschichtsphilosophischen Quasi-Mythos über.

KLUGMANN Es kann ja gut sein, daß das Schema von ursprünglicher Einheit, Entzweiung und Wiederherstellung der Einheit die Funktion gewinnen *kann,* ein unerreichbares Ziel als konkrete Alternative erscheinen zu lassen. Aber *muß* das so sein?

BLUMENTHAL Nein, das Dreistadienschema kann auch auf eine Weise verwendet werden, die ziemlich harmlos ist. So ist es z.B. unproblematisch, in individualgeschichtlicher Hinsicht Sätze wie den folgenden zu gebrauchen: 'In meiner Kindheit war ich soundso, aber in der Folgezeit ist diese Seite meiner selbst völlig in Vergessenheit geraten, nun möchte ich – auf der Stufe des Erwachsenen – wieder zu ihr zurückfinden'. Entsprechendes gilt wohl auch in kollektivgeschichtlicher Hinsicht. Sind jedoch bei der Bestimmung der Phasen 1 und 3 Vorstellungen des Paradieses oder vergleichbare Vorstellungen im Spiel, so kann man fast sicher sein, daß eine Variante des übertriebenen Utopismus vorliegt.

KLUGMANN Das Postulat einer 'natürlichen Ordnung' ist doch wohl auch ein perfektes Mittel, um den eigenen Willen, z.B. den politischen Willen, zu legitimieren!

BLUMENTHAL In der Tat. Man steht nicht schlecht da, wenn man die angestrebte Gesellschaftsform als bloße 'Wiederherstellung der natürlichen Ordnung' – auf 'höherer Ebene' – ausgeben kann. Hinzu kommt, daß die quasi-mythische Geschichtsphilosophie – und hier besteht wieder eine strukturelle Ähnlichkeit mit dem mythischen Denken selbst – genötigt ist, die Auflösung der ersten 'Einheit' auf eine Art von 'Sündenfall' zurückzuführen, von dessen Aufhebung man sich dann eine neue Identität von Wesen und Existenz verspricht.

KLUGMANN Damit hängt doch auch die quasi-mythische wie originär mythische Idee eines *Allheilmittels* zusammen.

BLUMENTHAL Ja, sicher. Wenn man genau weiß, woran es liegt, daß es zur 'Entzweiung' gekommen ist, kann man alle Dinge wieder in Ordnung bringen. Nach dem Motto 'Schaffen wir uns den Sündenbock vom Hals und das Goldene Zeitalter kehrt wieder'.

Man glaubt, daß alle Übel letztlich aus einer Quelle entspringen und daß sie somit durch deren Austrocknen eliminierbar sind.
KLUGMANN Nun, wir wollen hoffen, daß unsere drei Freunde das nicht mit allzu brachialer Gewalt durchzusetzen versuchen.
BLUMENTHAL Richtig, hoffen wir, daß Herr Gottschalk nicht *erstmal alles in die Luft sprengt*. Schon Marx sah übrigens in der Technik die Kraft, die gleichsam aus sich selbst heraus und durch alle ihre negativen Seiten hindurch die Rückgewinnung des von ihr Zerstörten ermöglicht.
KLUGMANN Das reicht für heute, Blumenthal. Da kommt auch schon Ihre Bahn.
BLUMENTHAL Was halten Sie von einer Art Fazit, Klugmann? Mal schaun ...
Vermeide die folgenden Quasi-Mythen:
- die Vermengung von undurchführbarem Ideal und konkreter Alternative,
- die Projektion der eigenen Wertorientierung in ein 'Wesen des Menschen',
- die Annahme, der Mensch sei von Natur aus 'gut',
- die dazu passende Annahme, der Mensch habe am Anfang der Geschichte dieser Natur gemäß gelebt. – Was war das für eine Explosion?
KLUGMANN Keine Ahnung. Kam aus Richtung Düsseldorf ... Alsdann, frohes Fest!
BLUMENTHAL Frohes Fest, Klugmann! Und passen Sie auf ... – Weg ist er.

Soviel zu dieser im Ganzen doch unerfreulichen Utopie eines Heiligabends im Jahre 2046. Wollen Sie das verhindern? Wollen Sie helfen, eine konkrete Utopie zu entwerfen? Dann schreiben Sie an:
A.K.F.F.E.B.W. e.V.
c/o Herrn Udo Lindenberg
Lüttenredder 27
22457 Hamburg.

Sie haben, lieber Leser, sicherlich schnell gemerkt (spätestens beim Versuch, unter der angegebenen Adresse mit Herrn Lindenberg Kontakt aufzunehmen), daß es sich bei der A.K.F.F.E.B.W.E. *um eine rein fiktive Organisation handelt. In Wirklichkeit ist Herr Lindenberg natürlich niemals Mitglied der oben genannten Vereinigung gewesen. Falls Sie jedoch Interesse haben, der neu gegründeten* A.K.R.I.N.U.A.W.I.W.G.E. *(Alte Knacker Rocken Immer Noch Und Alles Wird Irgendwie Wieder Gut Ey) unterstützend beizutreten, mögen Sie sich vertrauensvoll an ihn wenden.*
Nun aber zu einem harten Tatsachenbericht.

6. Utopien II: Ganz oben

Wie Sie sich erinnern, fand im Sommer des Jahres 1995 eine Begegnung zwischen der Mythic Tours GmbH, jener verwegenen Truppe unkonventioneller Mythosforscher, und dem berühmt-berüchtigten Eliadisten Sven Øle Blåsengrøn statt. Dessen Karriere als ernstzunehmender Mythologe archaisch-religiöser Ausrichtung hatte im Anschluß an seine unsterbliche Blamage anläßlich der Präsentation des angeblichen Homo Eliadus ein jähes Ende gefunden. Es betrübt den Chronisten dieser Zeilen, Ihnen, lieber Leser, berichten zu müssen, daß Herr Blåsengrøn sich bald darauf in die Obhut der geschlossenen Abteilung der Nervenheilanstalt zu Oslo begeben mußte, wo ich ihm im Auftrag von Prof. Dr. Tepe vor kurzem einen Besuch abstattete. Es folgt ein Gedächtnisprotokoll dieser denkwürdigen Tage.

EMPFANGSDAME Hei! Hva heter du?
HELGE Hei! Äh, Moment ... Jeg heter Helge May. Øh ... taler de tysk?[4]
EMPFANGSDAME Nei.
HELGE Ah ja. Hm ... Det blir pent vær.[5]
EMPFANGSDAME Ja, sola skinner, det blåser ...[6]

---

[4] Mein Name ist Helge May. Öh... sprechen Sie deutsch?
[5] Ah ja. Hm... Es gibt schönes Wetter.
[6] Ja, die Sonne scheint, es ist windig ...

HELGE Hm. Verdammt, ich hätte Mutti mitnehmen sollen.
EMPFANGSDAME Jeg forstår ikke.[7]

Mutti, meine des Norwegischen mächtige Gattin, befand sich zum Zeitpunkt dieses Gespräches gerade im zentralafrikanischen Busch, wo sie an Robert de Niros Seite mit den Dreharbeiten zu *Tarzans Braut* begonnen hatte, und konnte mir daher aus meinem linguistischen Dilemma nicht heraushelfen. Ich war vollkommen auf meinen alten, durch ein (nicht weiter erwähnenswertes) Malheur mit einem Teller Blaubeeren in Rentiermilch teilweise unleserlich gewordenen Polyglott-Sprachführer angewiesen. Wie konnte ich mich nur verständlich machen?

HELGE Äh ... Når går neste rutebil til Blåsengrøn?[8]
EMPFANGSDAME Ah ... Jeg forstår. Vær så snill![9]
HELGE Na also! – Äh ... mange takk! En enkeltbillett annen klasse til svinekjøtt.[10]

Irgendetwas an meiner letzten Bemerkung mußte die Dame veranlaßt haben, mich eher als Heilungsbedürftigen denn als Besucher einzustufen; jedenfalls fand ich mich kurze Zeit später im Patiententrakt wieder – gleich nachdem die Spritze zu wirken aufgehört hatte.
Das Angenehme an den Insassen der Osloer *Geschlossenen* ist, daß sie, als Künstler und Wissenschaftler, allesamt Deutsch oder zumindest Englisch beherrschen. Das Unangenehme ist, daß sie, als Schizophrene, allesamt schwierig im Umgang sind, um es vorsichtig auszudrücken. Sie halten sich für alles Mögliche.

TEUFEL Utopie, Utopie! Laß mich damit zufrieden, Marx! Ich kann's nicht mehr hören!

---

[7] Ich verstehe nicht.
[8] Äh ... Wann geht der nächste Bus nach Blåsengrøn?
[9] Ah ... Ich verstehe. Bitte!
[10] Vielen Dank! Einmal zweiter Klasse nach Schweinefleisch.

HONECKER Er hat recht, mein Gütster. Üdobien und Spinnereien höben in einem deutschen soschalischeschen Stoot nischts ze süchen.
MARX Du hältst das Maul, Erich.
ROCKEFELLER And why the fuck do you speak German? You're fucking Norwegians!
GOTT Jetzt reicht es aber. Wir haben unser Gesprächsthema für diese Woche festgesetzt, und daran wird sich gehalten! Erstens werden wir zwei grundsätzlich verschiedene Weisen des Umgangs mit Utopie voneinander abgrenzen – den übertriebenen und den gemäßigten Utopismus. Und zweitens werden wir – wiederum am Beispiel des Marxismus – die quasi-mythische Sicht der Geschichte genauer untersuchen.
MARX Recht so, mein Gott.
GOTT Und weil Karl Deutscher ist, machen wir das natürlich auf Deutsch. Forstår du?
HELGE Herr Blåsengrøn? Sind Sie das?
GOTT Ich habe viele Namen. Jahwe, Jehova, König der Könige ... Sie dürfen Allmächtiger zu mir sagen, mein Freund.
HELGE Ah ja ... natürlich. Und Sie, als der Herrgott, beschäftigen sich mit Utopien? Auf *profaner* Basis? Haben Sie die mythisch-religiöse Weltsicht aufgegeben?
GOTT Wer denn sonst, wenn nicht ich? Junger Mann, stellen Sie sich vor, was passieren würde, wenn Gott selber religiös wäre. Wie kleinkariert. *Irgendjemand* muß ja wohl auch ein bißchen reflektieren und den Überblick behalten. Also los. Beginnen wir gleich mit dem ersten Punkt: übertriebener versus gemäßigter Utopismus. Die Ausgangsdefinitionen kennen wir bereits vom letzten Mal, meine Herren. 'Übertriebener Utopismus' – so nennen wir diejenige Haltung, die eine abstrakte fälschlich für eine konkrete Utopie hält. 'Gemäßigter Utopismus' – so nennen wir diejenige Haltung, die beides auseinanderhält. Das schauen wir uns mal – in idealtypischer Vereinfachung – genauer an. Nelson?
MANDELA Der erste Typ hält das 'Ideal' (das, von außen betrachtet, als aus empirischen Gründen undurchführbar erscheint) für realisierbar, und zwar zumeist für kurz- oder mittelfristig realisierbar. Folglich beginnt man gleich mit der Durchführung des Projekts. Der Hyper-Utopist – wie wir ihn auch nennen können –

meint ja, Mittel und Wege angeben zu können, die tatsächlich zur 'Vollendung' führen. Motto: 'Es gibt eine verläßliche Methode, zu einer harmonischen, konfliktfreien Gesellschaft zu gelangen'.
GOTT Sehr schön, Nelson. Gute Arbeit übrigens da unten, weiter so. Wie läßt sich demgegenüber der zweite Typ bestimmen? Erich! Und auf Hochdeutsch, bitte.
HONECKER Jö, jö. Der gemäßigte Utopist ist sich dessen bewußt, daß der Inbegriff des gesellschaftlich Guten und Schönen 'nur ein Ideal' ist. Er identifiziert das Wünschenswerte nicht mit dem Erreichbaren und strebt daher bloß an, sich an das 'Ideal' so weit anzunähern, wie es unter den gegebenen Umständen möglich ist. Die realen Möglichkeiten für eine Annäherung an das Ideal sollen genutzt werden. So hat nach zwanzig Jahren jeder seinen Trabbi bekommen, ne wahr.
MARX Also, jetzt tu bloß nicht so, als wärst ausgerechnet *du* ein gemäßigter Utopist gewesen!
HONECKER Immerhin höb *ich* de Macht in enem soschalischeschen Örbeider- und Bauernstööt gehöbt, ne wahr. Und wenns nach mir gegongen wör, wörs genau sö gebliem!
GOTT Wir können somit schematisch drei Positionen markieren: Am einen Ende steht das Verlangen, das Bestehende um jeden Preis zu erhalten, nicht wahr, Erich, am anderen Ende steht Karls Hyper-Utopismus, der die direkte und volle Umsetzung der abstrakten Utopie anstrebt, wobei das real Mögliche oft geringgeschätzt wird. Und gewissermaßen in der Mitte steht der gemäßigte Utopismus, der versucht, das Veränderungs- und Verbesserungsstreben in 'realistische' Bahnen zu lenken. Dabei benutzt er die jeweilige abstrakte Utopie als 'Leitstern'.
MANDELA Bewegungen wie die meine, die dem Hyperutopismus *nicht* verfallen sind, tragen häufig mehr zur Verwirklichung 'menschenwürdiger' Zustände bei als diejenigen, welche die 'höchsten Menschheitszwecke' für sich gepachtet zu haben glauben. Wenn man den gemäßigten Utopismus rühmen wollte, könnte man sagen: er besitzt die Stärke zu akzeptieren, was unabänderlich ist, den Mut zu ändern, was geändert werden sollte, und die Weisheit, zwischen beiden zu unterscheiden.
GOTT Schlagen wir nun die Brücke zum Denken des frühen Marx. Der Kommunismus, wie der junge Karl ihn denkt, ist aus

unserer Sicht eben eine abstrakte Utopie, in der ein bestimmtes Wertsystem 'rein' zum Ausdruck kommt.
HELGE Wenn ich mich da einmischen darf? Genau darüber hat Prof. Tepe vor einigen Jahren gearbeitet: In diesem Wertsystem nimmt die Idee der positiv auf den Mitmenschen bezogenen Persönlichkeitsentfaltung eine zentrale Stelle ein – und damit können wir, also Mythic Tours, uns identifizieren. Der gemäßigte Utopismus, wie wir ihn vertreten, ist bemüht, die Tradition der 'Utopien der Autonomie', in der auch Marx steht, fortzusetzen, und zwar dergestalt, daß aus der abstrakten Utopie umsetzbare Projekte herausgefiltert werden, auch wenn diese nur langfristig realisierbar sein sollten.
MANDELA Ich hätte da eine kleine Liste solcher Projekte. Real möglich ist die zunehmende Befreiung der Menschheit von der materiellen Not. Die Schaffung einer solchen Organisation der Arbeit, die es mehr Menschen gestattet, sich hier in wachsendem Maße schöpferisch zu betätigen. Möglich ist es, die Arbeitsteilung zwischen geistigen und manuellen, zwischen leitenden und ausführenden Tätigkeiten abzuschwächen. Möglich ist es auch, den Abstand zwischen Regierenden und Regierten durch Elemente der Selbstverwaltung zu verringern usw. Kurzum, die abstrakte Utopie als 'Leitstern' nutzen, das heißt: auf eine Kultur der zunehmenden Selbstbestimmung und Mitwirkung hinarbeiten.
HELGE Wir sollten jedoch nicht vergessen, die Gegenrechnung aufzumachen. Welche Elemente der Marxschen Vision sind aus unserer Sicht un-möglich? Unmöglich ist ein Zustand der vollen Befriedigung der Bedürfnisse eines jeden.
HONECKER Natürlich. Wo wären wir denn hingekommen, wenn wir jedem hergelaufenen Genossen ein Datscha gegeben hätten?
HELGE Unmöglich ist es, eine konflikt- und gegensatzlose solidarische Gemeinschaft zu schaffen, in der Staat, Recht, Moral usw. überflüssig sind.
HONECKER Die Stöötssischerheit ist wichtig! Was meinen Sie, wie dick de Akte vom Genossen Marx ist ...
ROCKEFELLER Wait a moment, man. What about fucking democracy? What about human rights? What about making money?

GOTT Nun, die abstrakte Utopie ist nur dann produktiv, wenn wir sie als Leitfaden für 'Humanisierungsbestrebungen' betrachten und die Grenzen, die diesen gesetzt sind, zur Kenntnis nehmen – siehe Kollege Mandela. Versucht man hingegen, die Vision einer vollkommen geeinten Gesellschaft direkt zu verwirklichen, so kommt man in Teufels Küche. Ich darf dich dann auch gleich um einen Kurzvortrag über dieses Thema bitten, mein Lieber.
TEUFEL Gut, reden wir über Gefahren. Die Frage lautet: Wieso ist der übertriebene Utopismus so gefährlich? Um die Gefährlichkeit dieser Denkhaltung zu zeigen, werden wir den Typ eines 'reinen' Hyper-Utopisten konstruieren (dem Marx übrigens nicht in allen Punkten voll entspricht). Der 'reine' Hyper-Utopist will Wesen und Existenz des Menschen wieder in Übereinstimmung bringen, die 'wahrhaft menschliche' Gesellschaft herbeiführen, und zwar durch eine 'große Revolution'. Ausgangspunkt ist die feste Überzeugung, daß das 'große Miteinander' machbar ist, und zwar nicht erst in einer fernen Zukunft. Jede Spaltung wird nun als 'Entfremdung' des Menschen von seinem 'Wesen' erfahren und 'radikal' kritisiert, denn warum sollten wir uns mit Halbheiten zufrieden geben, wenn doch die Einheit von Wesen und Existenz erlangt werden kann! Nahezu alles gilt als nichtig angesichts der bevorstehenden 'Vollkommenheit', auch dasjenige, was aus realistischer Sicht geradezu optimal ist.
Wenn man den sozialen 'Himmel auf Erden' zum Greifen nah glaubt, denkt man leicht, daß jedes Mittel recht ist, wenn es nur zum 'Endziel' führt. Wie könnte man es verantworten, z.B. auf die Ausübung von Terror zu verzichten, wenn man zu der Überzeugung gelangt ist, Terror könne zum sozialen 'Paradies' führen? Außerdem ist es ja das letzte Mal, daß derartige Mittel angewandt werden müssen; danach wird alles 'in Ordnung' sein. Wenn die 'wahrhaft menschliche' Gesellschaft sich verwirklichen läßt, dann muß man um jeden Preis für sie kämpfen. Im Endkampf ist alles erlaubt. Und letzten Endes profitiere ich davon, hähä.
Wenn sich Teile der Bevölkerung gegen dieses Programm sperren, dann sind sie eben zu ihrem Glück zu zwingen, zur Not baut man halt ein Mäuerchen, was, Erich? Die Bereitschaft zur Erziehungsdiktatur ist vorhanden. Irgendwann werden auch die Widerspenstigen einsehen, daß der Zwang richtig und heilsam war, da er schließ-

lich zum wahren Menschsein, das für sich selbst spricht, geführt hat.

GOTT Das 'große Miteinander', so wird gedacht, ist durch eine 'große Revolution' erreichbar. 'Gut' ist daher, was den revolutionären Prozeß fördert, 'schlecht', was ihn hemmt. Dieser Wille zur 'totalen' Revolution gerät schnell mit der Neigung, bestehende Rechte und Freiheiten zu erhalten, in Konflikt. Im Vergleich mit der 'großen Freiheit', die angeblich bevorsteht, sind die 'kleinen' Freiheiten sowieso eine zu vernachlässigende Größe. Es ist z.B. nebensächlich, ob ein Staat ein relativ hohes Maß an rechtsstaatlich gesicherter Freiheit gewährt – im 'richtigen' Zustand wird ja zur Aufrechterhaltung des Zusammenlebens gar keine staatliche Zwangsordnung mehr erforderlich sein. Dem Hyper-Utopismus sozialistischer Prägung (doch nicht jeder Sozialismus ist von dieser Art) ist die Gefahr immanent, die 'bürgerliche' Demokratie preiszugeben und eine verschärfte Herrschaft über das Volk zu installieren. Der übertriebene Utopismus der Autonomie begünstigt das Entstehen eines neuen Systems der Heteronomie. Kommt er zum Zuge, so ist es nahezu unvermeidlich, daß die individuelle Entfaltung der Idee der Konfliktlosigkeit geopfert wird. Und das führt zu einer Praxis der Unterdrückung von Konflikten und der Niederhaltung von Individuen. Kurzum, der unbedingte Wille zur wahrhaft menschlichen Gesellschaft produziert keine humanere Gesellschaft, nicht zuletzt, weil für ihn das Problem der institutionellen Sicherung der Freiheit inexistent ist.

MANDELA Der 'reine' Hyper-Utopismus behindert auch den Erkenntnisfortschritt. Er ist blind für alles, was sich nicht in sein Wunsch-Schema fügt, was seinen Willen nicht zu bestärken vermag. Was als wissenschaftliche Untersuchung ausgegeben wird, ist von vornherein als Bestätigung des Quasi-Mythos angelegt.

Es geht nicht darum, den 'guten Willen', die 'humane Intention' von Marx und anderen zu bestreiten, es gilt vielmehr, auf quasi-mythische Strukturen der Weltauffassung hinzuweisen, die es verhindern oder erschweren, daß eine solche Intention sich auch 'praktisch' durchzusetzen vermag. Der Hinweis, es sei doch anders gemeint gewesen, bleibt angesichts einer solchen Analyse kraftlos. Fazit: Wenn wir den Typ des 'reinen' Hyper-Utopisten konstruieren, wird die Gefährlichkeit dieser Haltung voll sichtbar. Totalitäre

Tendenzen können sich jedoch auch bei 'unreinen' Spielarten durchsetzen.

Der geneigte Leser kann sich vorstellen, wie verwirrt ich mittlerweile war. Was als kurzer Höflichkeitsbesuch bei einem leicht verwirrten Anhänger der mythischen Weltsicht geplant gewesen war, hatte zur Konfrontation mit einem bunten Panoptikum offensichtlich wahnsinniger Gestalten geführt, die entgegen aller Wahrscheinlichkeit die vernünftigsten Überlegungen der profan-mythologisch-wissenschaftlichen Art anstellten. Ich wandte mich hilfesuchend an einen stillen, entspannt auf einem Sessel sitzenden älteren Herrn von angenehmem Äußeren, um etwas über das Wesen dieses merkwürdigen Debattierclubs herauszufinden.

HELGE (leise) Entschuldigen Sie ...
MM Ja, bitte?
HELGE Ich weiß nicht, wie ich es ausdrücken soll, aber ... die Herren erscheinen mir alle ein wenig ... sonderbar.
MM Nicht sonderbar. Schizophren, mein Lieber. Bedauernswerte Geschöpfe.
HELGE Ah ja. Ich hatte schon bemerkt, daß Herr Blåsengrøn sich für Gott hält. Aber was ist mit den anderen?
MM Honecker hier vorne heißt eigentlich Olov Snygge. Berühmter Bildhauer, war in seiner Jugend mal Maurer. Jetzt hat er die fixe Idee, ganz Norwegen einzumauern. Sie sollten seine Lego-Entwürfe sehen ...
HELGE Hm ... Und der da hinten?
MM Der Teufel? Das ist Erzbischof Glåbentrø aus Stockholm, ein ganz süßer Kerl. Mandela dahinten kommt eigentlich aus Helsingborg, ein Mythologe wie Ihr Herr Blåsengrøn. Sprechen Sie ihn nicht auf seine Hautfarbe an, er ist fest davon überzeugt, daß ihn die Anstaltsleitung jeden Morgen zum Weißen schminkt. Ja, und dann gibt es noch unseren Rockefeller, ein Müllmann aus Tromsø, soweit ich weiß, und natürlich Karl Marx. Eigentlich Kalle Johansson.
HELGE Was denn ... der mit den Lachsfarmen?

MM Ganz richtig, Herzchen, der reichste Unternehmer Norwegens. Jetzt natürlich entmündigt, die Erben warten ungeduldig auf den Tag, an dem er die Sauna mit den Füßen nach vorne verläßt.
HELGE Sehr interessant. Ich danke Ihnen. Wie schön, mit einem normalen Menschen sprechen zu können, Herr ...
MM Frau! Monroe, Marilyn Monroe. Sagen Sie bloß, Sie haben mich nicht erkannt, Sweetheart?
HELGE Oh ... doch, natürlich. Sicher.

Alle meine auf dieses Gespräch folgenden Versuche, die Aufmerksamkeit des Wachpersonals auf mich zu lenken, um das Mißverständnis, das mich hier festhielt, auszuräumen, waren von vornherein zum Scheitern verurteilt. Es blieb mir nichts übrig, als möglichst unauffällig die Zeit bis zum Abendessen herumzubringen. Unauffälligkeit bedeutete in diesem Fall Teilnahme an der allgemeinen Diskussion.

GOTT Kommen wir nun zum Abschluß des ersten Programmpunktes *Übertriebener versus gemäßigter Utopismus*. Wir sollten kurz auf die Bedeutung der vorgetragenen Kritik des Hyper-Utopismus für eine Theorie der modernen Quasi-Mythen eingehen. Wir haben die Unterscheidung zwischen abstrakter und konkreter Utopie – wie auch die Kritik an der Vermengung beider Ebenen – im Rahmen einer Diskussion von Gesellschaftsidealen eingeführt.
MANDELA Sie gilt aber nicht nur in diesem Bereich, sondern z.B. auch für Ideale individuellen Lebens. Es gibt nicht nur einen sozialen, sondern auch einen individuellen Hyper-Utopismus. Das Verlangen nach individueller 'Erlösung' kann etwa eine totale Ablehnung der *Welt,* also nicht bloß der bestehenden Gesellschaft, hervorbringen, die von dem Glauben gespeist wird, das 'wahre Selbst' könne ihr auf dem 'Heilsweg' entrinnen.
GOTT Ganz recht. Der vernünftige Umgang mit utopischen Vorstellungen besteht bei allen Utopieformen darin, daß man zwischen der abstrakten und der konkreten Ebene zu differenzieren vermag und die Kräfte hauptsächlich dafür verwendet, auf der Grundlage des abstrakten Ideals eine konkrete Alternative zu entwerfen und durchzusetzen. Das gilt im übrigen – ein sehr aktuelles

Thema – auch für Utopien, die sich auf unser Verhältnis zur Natur beziehen. Der gemäßigte Utopismus plädiert nicht für einen völligen Verzicht auf Naturbeherrschung – ohne die wir gar nicht überleben, geschweige denn 'gut' leben könnten -, sondern für eine solche Form von Naturbeherrschung, die um die Grenzen des Machbaren weiß und entsprechend schonend, bewahrend und wiederherstellend verfährt.
TEUFEL Apropos, vergiß nicht, daß wir ...
GOTT Einen Moment noch, mein Lieber. Wo war ich? Ach ja. Nicht nur im Verhältnis zu anderen Menschen und im Verhältnis des Menschen zu sich selbst, auch im Verhältnis zur äußeren Natur war lange Zeit ein Hyper-Utopismus vorherrschend, den es in allen Bereichen zu überwinden gilt. Deshalb ist die grundsätzliche Analyse und Kritik des Hyper-Utopismus von großer Bedeutung. Was war denn?
TEUFEL Naturbeherrschung. Schonend, bewahrend, wiederherstellend.
GOTT Ja. Und?
TEUFEL Mein Gott, hast du den Plan vergessen? – Marylin!
MM Aktion Hammerfest, Darling.
GOTT Gott, ja! Hatte ich fast vergessen. Wir müssen ...
ROCKEFELLER Shhh! We ain't alone. There's that fucking German tourist listening!
TEUFEL Richtig. Du solltest ihm nicht trauen. Schließlich kennen wir ihn ja gar nicht.
GOTT Natürlich kenne ich ihn ...
HELGE Entschuldigen Sie, ich möchte Sie wirklich nicht stören, bei was auch immer, aber Ihr Vortrag über den Hyper-Utopismus hat mich doch sehr fasziniert. Wollten Sie nicht auch über die quasimythische Sicht der Geschichte reden?
GOTT Ich wollte gerade darauf zu sprechen kommen, mein lieber Heinrich.
HELGE Oh, da ... da müssen Sie mich verwechseln. Ich bin nicht Heinrich Kümmelkorn ...
MARX Kümmelkorn, Kümmelkorn! Natürlich sind Sie nicht Kümmelkorn. Mensch, Heine, alter Junge, jetzt erkenne ich Sie erst!

TEUFEL Was denn, du bist Harry Heine? Hol's der Teufel, ist das schön, dich zu sehen! Das muß ja ... Moment ... 140 Jahre her sein, daß wir uns zuletzt gesehen haben![11]
HELGE Also wirklich, meine Herren, ich bin nicht ...
MARX Was denn, mein Lieber, haben Sie ganz vergessen, wie Sie mir '44 *Die schlesischen Weber* vorgelesen hast? Es ist doch dann im *Vorwärts* abgedruckt worden, wissen Sie noch?
Ein Fluch dem Gotte, zu dem wir gebetet
In Winterskälte und Hungersnöten
Wir haben vergebens gehofft und geharrt,
Er hat uns geäfft und gefoppt und genarrt –
Wir weben, wir weben!
GOTT Na, na! Ich muß schon bitten.
HELGE *Ein Fluch dem König, dem König der Reichen*
Den unser Elend nicht konnte erweichen,
Der den letzten Groschen von uns erpreßt
Und uns wie Hunde erschießen läßt –
Wir weben, wir weben! Ich weiß, ich weiß. Aber wissen Sie auch noch, was ich gesagt habe, als Sie das *Wintermärchen* so gelobt haben?
MARX Sie sind es also? Wußte ich es doch!
HELGE In Gottes Namen. Irgendwer muß man hier ja wohl sein. Sie haben mich Ihren *politischen Kampfgefährten* genannt, und ich habe geantwortet: *Welche Strophen sind es denn, die Sie für kommunistisch halten, ich will sie rechtzeitig streichen, um Verlegern und Zensoren keinen Schrecken einzujagen.*
MARX Ich weiß es noch, als wär es gestern gewesen. Ich habe gesagt: *Doch dies sind 'andre Zeiten, andre Lieder' und wer, wenn nicht Sie, sollte die geschichtlichen Kräfte begreifen, die auch Ihre Poesie inspirieren ...*
HELGE *All das weiß ich, lieber Doktor. Ich sehe unausweichliche Siege zukünftiger, gewaltiger Revolutionen voraus: Das hungernde Proletariat wird sie erringen, angeführt von den Kommunisten. Und sie werden alle Feinde der Menschheit vernichten, also auch meine Feinde. All dies ist unausweichlich und gerecht. Doch ebenso unausweichlich werde ich dabei untergehen, denn auch die*

---

[11] Vgl. auch Mythisches, Allzumythisches Bd. 1, Kapitel 11.

geistigen Schätze, die mir von den Musen verliehenen Privilegien werden vernichtet werden. Das ziellose, nutzlose Schöne, Kunst und Poesie, all die ziellosen, nutzlosen Spiele des Geistes werden nicht überleben.[12]

GOTT Wunderbar, wundberbar, lieber Heine, das führt uns mitten in unser Thema hinein: *Quasi-mythische Sicht der Geschichte im Marxismus und anderswo.* Also, eine quasi-mythische oder illusionäre Geschichtsauffassung kann auf unterschiedliche Weise entstehen. Wir konzentrieren uns auf einen besonderen Fall, der von grundsätzlichem Interesse ist, nämlich auf das Umkippen der bisher behandelten Quasi-Mythen (Vermengung von abstrakter und konkreter Utopie, Projektion eines Wertsystems in das 'Wesen des Menschen') in eine quasi-mythische Sicht der Geschichte.

MANDELA Und das geht so. Während der sozusagen 'einfache' Hyper-Utopismus das 'reine' Ideal für tatsächlich umsetzbar hält, glaubt der 'verschärfte', weil mit einer zusätzlichen Projektion arbeitende, Hyper-Utopismus, die Verwirklichung des 'reinen' Ideals sei das *notwendige* Resultat des Geschichtsprozesses. Und diese historische Notwendigkeit zu demonstrieren, ist dann die Hauptaufgabe der 'wahren Geschichtstheorie'. Durch Projektion des eigenen Wollens (hier: des revolutionären Wollens) in die Geschichte entsteht der Irrglaube, sicher vorhersagen zu können, was da kommen wird.

GOTT Illusionstheoretisches Stichwort: Scheinhafte Entlastung vom Druck der Zukunftsungewißheit.

MANDELA In dem uns interessierenden Fall wird also der Hyper-Utopismus durch eine zusätzliche Projektion mit Verwirklichungsgarantien ausgestattet. Die Geschichte erscheint nun als 'gesetzmäßig' auf den 'wahren menschlichen' Zustand hindrängender Prozeß, wie Sie schon sagten, Heine: *Ich sehe unausweichliche*

---

[12] Das *könnte* ich 1844 gesagt haben - jedenfalls wird es von meinem literarischen Biographen so geschildert: Lew Kopelew, Ein Dichter kam vom Rhein, Heinrich Heines Leben und Leiden, Berlin 1981, S. 358 f.f. Auch alle folgenden Marx-Zitate entstammen dieser Quelle. Bei der Wiedergabe der Gespräche zwischen Heine und Marx stützte sich Kopelew laut eigener Angaben "auf zeitgenössische Quellen, denen mitunter bis in den Wortlaut der Dialoge hinein gefolgt" wurde.

Siege zukünftiger, gewaltiger Revolutionen voraus. Was hast du damals dazu gesagt, Karl?

MARX *Wir sind davon überzeugt, daß die proletarische soziale Revolution der größte Segen für die Menschheit sein wird. Der Sieg der Revolution wird jeder Art von Fanatismus und Philistertum ein Ende setzen. Indem zügelloser Luxus und finsterste Armut verschwinden, verschwinden sowohl Bourgeoisie als auch Proletariat, es wird in Zukunft weder Arbeitssklaven noch Willkür geben, und folglich werden Knechtgeist und Verrat ausgelöscht.*

GOTT Schauen wir uns nun die 'Logik' dieses quasi-mythischen Geschichtsdenkens genauer an. Innerhalb dieser Denkform erscheint das jeweilige Ideal nie *als* bloßes Ideal, dem man vielleicht ein anderes Ideal entgegensetzen könnte, sondern als der Wirklichkeit selbst innewohnende Tendenz. Das einem bestimmten Wertsystem entspringende Ideal wird der Geschichte als Endzweck unterlegt, der sich mit Notwendigkeit verwirklicht. Wer diesem Quasi-Mythos verfällt, wird sich all denen 'unendlich' überlegen wähnen, die mit ethischen Forderungen, Idealen usw. an die Geschichte herangehen.

MANDELA Für diese Denkhaltung besteht kein Anlaß, die Feststellung dessen, was ist, von der Bewertung zu trennen – hat man das 'Gute' zum unausbleiblichen Resultat der geschichtlichen Bewegung hochstilisiert, so folgt aus der Feststellung dessen, was ist, bereits das, was er tun soll. Und wenn die Geschichte darauf angelegt ist, die 'richtige' Gesellschaft hervorzubringen, dann ist alles Tun moralisch, was diese notwendige Entwicklung fördert; wer sich ihr entgegenstellt, handelt unmoralisch.

GOTT Das heißt: Die opportunistische Maxime 'Passe dich der vorhersehbaren Entwicklung an' wird zur grundlegenden sittlichen Norm aufgewertet. Das Vertrauen in ein sinnvolles Programm, nach dem der geschichtliche Prozeß abläuft, der Glaube also an die Sinnhaftigkeit des Geschichtsganges ist ein Produkt der passiv-kompensatorischen Haltung, das mit einer aktivistischen Ausrichtung nie voll in Einklang zu bringen ist. Die gemäßigte Spielart kann auf jede scheinhafte Erlösungsgewißheit verzichten – sie weiß und kann ertragen, daß es keine Garantien für einen 'guten' geschichtlichen Ausgang gibt.

HELGE Ich möchte noch einmal zurück auf meine damalige Diskussion mit Herrn Marx ...
MARX Sollen wir uns nicht endlich duzen? Ich bin der Karl.
HELGE Gut, ich bin Hel ... äh, Heinrich. In der Tat war da eine Menge zum Thema *gefährliche Geschichtsteleologie* zu hören. Ich würde deine Äußerungen gerne von Herrn Blåsengr ... äh, vom Allmächtigen kommentieren lassen.
GOTT Sehr schön. Also: Wenn ein 'reiner' Hyper-Utopist sich in Richtung auf eine quasi-mythische Geschichtsauffassung optimistischer Art entwickelt, so bleibt dessen Gefährlichkeit erhalten oder vergrößert sich sogar noch. Angenommen, das historische 'Happy End' sei gesichert: Verzögert dann nicht derjenige, der im Konfliktfall an den bestehenden Rechten, Freiheiten und Institutionen festhält, 'künstlich' die Ankunft des Reichs der wahren Freiheit? Ist es nicht geboten, bei Bedarf auch die brutalsten Mittel gegen die Gegner – die ja offenbar den Übergang zur 'wahrhaft menschlichen' Gesellschaft verhindern wollen – einzusetzen?
MARX *In der Tat, die sozialen Revolutionen, die Europa befreien, die es reinigen sollen von den Überresten des Feudalismus und der neuen kapitalistischen Sklaverei, werden sicher blutig und grausam sein; wenn die Elemente heranfluten, die die Fundamente aller Bastillen unterspülen, werden möglicherweise auch die Tempel der Kunst in Mitleidenschaft gezogen. Revolutionen lassen sich nicht verhindern.*
GOTT Wenn diese quasi-mythische Denkform die antreibende Kraft einer sozialen Bewegung ist, dann mündet der Versuch, die vollkommene Gesellschaft zu verwirklichen, mit großer Wahrscheinlichkeit ein in die 'totalitäre' Aufhebung der Freiheit. Dabei läßt sich jeder emanzipatorische Rückschritt leicht als riesiger Fortschritt drapieren.
MARX Moment, ich war noch nicht fertig! *Revolutionen lassen sich nicht verhindern, wohl aber kann man unnötige Verwüstungen vermeiden, ebenso sinnlose Grausamkeiten und nutzlose Opfer.*
MANDELA Ein wirklich frommer Wunsch, der von deinen Nachfolgern nicht geteilt wurde, lieber Karl. Es ist nun mal so: Die Gewißheit, daß der wahrhaft menschliche Zustand in Kürze kommen müsse, begünstigt das Entstehen eines unmenschlichen Zustands. Und in diesem werden diejenigen, die aufrichtig das

Reich der Freiheit wollen, rasch von denen abgelöst, die von vornherein nur die Macht wollen. Grundsätzlich gilt: Man kann jedem, der an das nahende Paradies glaubt, die Hölle dadurch erträglicher machen, daß man sie geschickt als notwendiges Durchgangsstadium zum Paradies darstellt.
HELGE Aber die Betonung liegt auf *Durchgangsstadium*, nicht wahr, Karl?
MARX *Revolutionen sind nur momentane Erschütterungen, unumgängliche, doch vorübergehende Perioden in der historischen Entwicklung, weswegen die Utopisten auch annehmen, man könne ohne sie auskommen. Genauso unsinnig wäre es aber, in der Revolution das Ziel der Entwicklung zu sehen – ist sie doch bloß eines der Mittel – aber der Guillotinenkult, die gläubige Verehrung der Bajonette ist revolutionäres Philistertum – typisch für kleinbourgeoise Raufbolde.*
TEUFEL Damit sind Leute wie du gemeint, Erich. Wie war das mit eurem Schießbefehl?
GOTT Eine interessante Parallele. Wenn die vollkommene Gesellschaft kommen muß, ist es dann nicht legitim, die Andersdenkenden zu ihrem Glück zu zwingen, notfalls, wie Erich & Co, eine Erziehungsdiktatur über sie auszuüben? Aber um zu Karls Äußerungen über die Revolution zurückzukommen: Es entsteht hier sehr leicht ein Fanatismus, der für seinen Glauben jede Greueltat begeht, andererseits aber auch bereit ist, alles für ihn zu erleiden. Wer von der eigenen 'historischen Sendung' überzeugt ist, läßt sich durch nichts mehr erschüttern. Was er auch tut, er tut es in meinem Auftrag, im Auftrag der Geschichte, des Proletariats usw. Den Willen der Betroffenen kann das 'wahre Bewußtsein' ignorieren. Selbstverständlich behaupten wir nicht, daß das Denken von Karl *ausschließlich* quasi-mythisch sei, daß er zu keinerlei Einsichten von bleibendem wissenschaftlichem Wert gelangt sei. Wir behaupten nur, daß bei Marx eine Kompromißbildung zwischen quasi-mythischen und wissenschaftlichen Elementen vorliegt. Wer an Marx' Einsichten anknüpfen will, sollte sich daher auch die Mühe machen, die quasi-mythischen Anteile seines Denkens zu identifizieren, um sie auch wirklich ausschalten zu können.
HELGE Und was ist mit meinem Engagement für Karls Sache? *Zuckererbsen für jedermann,* erinnert ihr euch?

GOTT Richtig, es darf nicht übersehen werden, daß der Glaube an das historisch notwendige 'Happy End' sich auch vom Willen zur totalen Revolution abkoppeln und z.B. mit einer reformistischen Einstellung verbinden kann – wie bei dir, lieber Heinrich. In so einem Fall nimmt die Geschichtsteleologie eher harmlose Züge an. Hier wird zwar nicht daran gezweifelt, daß es zum Endkampf und Endsieg kommen werde, *Ich sehe unausweichliche Siege voraus*, hast du gesagt, aber man rechnet eben damit, daß die 'große Revolution' erst in sehr ferner Zukunft stattfinden wird. Es ist sogar denkbar, daß die realen Möglichkeiten zeitweilig besser ausgeschöpft werden, wenn die reformistische Haltung durch ein verbales Engagement für extreme Ziele verbrämt wird. Die hyper-utopistische Spielart bleibt hingegen notwendig hinter dem objektiv Erreichbaren zurück, da sie 'Alles oder Nichts' spielt und an der Ausnutzung der realen Möglichkeiten gar nicht wirklich interessiert ist.

MANDELA Die quasi-mythische Geschichtsauffassung führt ferner zur Mißachtung der Wirklichkeit, wo sie den revolutionären Wünschen widerspricht. Was nicht in das Glaubensschema paßt, wird ignoriert. Um die erwünschte Entwicklung als notwendig darstellen zu können, ist diese Denkform gezwungen, alle Entwicklungs*möglichkeiten*, die nicht in ihr Konzept passen, zu verdrängen. Tatbestände, die nicht direkt gegen die eigene Theorie sprechen, werden gern in 'Beweise' umgewandelt. Sobald z.B. in einem zuvor unbeachteten Land revolutionäre Strömungen eine Rolle spielen, wird die dort mögliche oder stattfindende Umwälzung mit der ersehnten 'totalen Revolution' in Verbindung gebracht. In jeder Krise wird ein sicheres Anzeichen für die hereinbrechende große Katastrophe gesehen.

GOTT Wie wäre es mit einem Fazit, Nelson?

MANDELA Man könnte folgendes sagen: Hyper-Utopismus und Wesens-Projektion können in eine quasi-mythische Geschichtsauffassung umschlagen, wenn man an Verwirklichungsgarantien glaubt. Dieser 'verschärfte', die eigenen Ideale verschleiernde Hyper-Utopismus ist noch gefährlicher als die Ausgangsform.

TEUFEL Sehr schön gesagt. Wenn ich jetzt noch mal an Aktion Hammerfest erinnern dürfte? Die Zeit wird knapp. Der zwanzigste Mai ist schon in drei Tagen.

GOTT Du hast recht, mein Lieber. Marylin, Süße, du bist dran.

Vor meinen Augen begann nun eine offenbar generalstabsmäßig geplante Aktion abzulaufen, hinter deren Professionalität und Effizienz selbst die absolut legendären Unternehmungen der A.K.F.F.E.B.W.E. fünfzig Jahre später zurückbleiben sollten. Marylin, der ältere Herr von angenehmem Äußeren, setzte seinen Charme beim Oberpfleger ein, der auf seine säuselnde Bitte bereitwillig zu uns geeilt war. Eine Reihe geschickt getimter Ablenkungsmanöver brachte den Mann in kürzester Zeit um seinen Schlüssel sowie seine Arm- und Beinfreiheit. Ein fachmännisch von Rockefeller geknüpfter Knebel hinderte ihn am Schreien, ein Blick auf die Uhr zeigte den werdenden Ausbrechern, daß der routinemäßige Toilettengang des Schließers kurz bevorstand, und drei Minuten später gingen wir – vom routinemäßig kaffeetrinkenden Pflegepersonal ungehindert – ruhigen Schrittes zur Pforte. Dort galt es, dem Hausmeister mit sanfter Gewalt den Schlüssel zum Tor und zum Anstaltsbus zu entwinden, und im Schutz der Dunkelheit bogen wir auf die Ausfallstraße in Richtung Norden ein.

HELGE Ich glaube das einfach nicht. So leicht geht das?
TEUFEL Mein lieber Freund, in der Anstalt gibt es eine große Videothek. Wir haben ungefähr hundertmal *Einer flog übers Kuckucksnest* gesehen.
HELGE Ja, dann ... Und wo fahren wir jetzt hin, wenn ich fragen darf?
GOTT Nach ganz oben, mein Junge, nach ganz oben.
HELGE In ... den Himmel?
MM Nicht doch, kleines Dummchen. Nach Hammerfest! Das ist die nördlichste Stadt der Welt.
MARX 70° 30' 48" nördlicher Breite, Heinrich. Ein schönes Fleckchen Erde.
HELGE Und was ist *Aktion Hammerfest*?
GOTT Alles zu seiner Zeit. Es wird noch zwei Tage dauern, bis wir dort sind. In der Zwischenzeit könnten wir ein kleines Ergänzungsprogramm zum eben behandelten Thema anbieten. Nelson?

MANDELA Wir wollen am Beispiel des Marxismus verfolgen, wie es im Zuge der bislang behandelten Illusionen oder Quasi-Mythen bei Marx und Engels zu einem quasi-mythischen Determinismus und Ökonomismus kommt. Und damit schließen wir dann die grundlegenden Ausführungen zu den Quasi-Mythen der Moderne ab. Die Sache mit dem Determinismus ist nicht schwer zu begreifen. Der Glaube 'Der ideale Zustand *muß* kommen' impliziert den Glauben an gesellschaftliche Entwicklungsgesetze, also einen deterministischen Standpunkt.
GOTT Und zwar einen *strengen* Determinismus. Denn würde man nicht mit sogenannten unerbittlichen Gesetzen der gesellschaftlichen Entwicklung rechnen, so könnte man ja nur Aussagen über *mögliche* Entwicklungen machen.
MANDELA Und wer an einen gesetzmäßigen Geschichtsverlauf und insbesondere an ein gesichertes 'Happy End' glaubt, hat eben damit schon postuliert, daß es nur eine 'wahre' Sozialwissenschaft gibt, nämlich diejenige, welche die glücksgarantierenden Entwicklungsgesetze, die in Wahrheit Wunschprojektionen sind, aufdeckt.
HELGE Könnte man hier nicht von Fortschrittsgläubigkeit sprechen?
MANDELA In der Tat. Ein Interpret und Kritiker schreibt: *Alles verlief im neunzehnten Jahrhundert nach wissenschaftlichen Gesetzen, und zwar verlief es in der Richtung des Fortschritts. Aus einem Wunsch, einem anzustrebenden Ziel, wurde der Fortschritt zu einer immanenten Tendenz der Wirklichkeit, einer sich mit naturgesetzlicher Notwendigkeit vollziehenden Entwicklung. Der Mensch hatte nichts zu tun, als mitzumachen.*
MARX Ganz recht. Es war ein goldenes Zeitalter für uns Wissenschaftler!
GOTT Unsere Gegenposition leugnet selbstverständlich nicht, daß es überhaupt gesetzmäßige Zusammenhänge gibt. Wir behaupten nur, daß die spezielle Annahme eines vorgefertigten Drehbuchs der Geschichte mit dem verfügbaren Wissen über geschichtliche Prozesse nicht vereinbar ist. Wir meinen etwa: *Der Gang der Geschichte hängt im wesentlichen von den Entscheidungen aller Beteiligten und damit auch von ihrer Phantasie ab, von den Problemlösungen, die sie sich einfallen lassen.*

TEUFEL Genau deswegen fahren wir ja auch nach Hammerfest.
HELGE Was *ist* denn nun in Hammerfest?
GOTT Später, Heinrich. Wir räumen durchaus ein, daß es gesellschaftliche Entwicklungstendenzen gibt. Wir lehnen nur die Annahme solcher Tendenzen ab, die sich mit 'eherner Notwendigkeit' durchsetzen. Tatsächlich kann man Trends stets durch Änderung der jeweiligen Rahmenbedingungen entgegenwirken. Die Geschichte ist grundsätzlich 'offen'.
TEUFEL Und genau deswegen fahren wir auch nach Hammerfest.
GOTT Ja doch! Wenn ich jetzt um Ruhe bitten dürfte!
ROCKEFELLER Hey, man, stop that yelling in the back, okay? I gotta fucking bus to ride! Jesus, these guys are crazy ...
MM Schau auf die Straße, Schatz. Jetzt hättest du fast den Elch überfahren.
ROCKEFELLER Okay, okay ...
MANDELA Ferner entsteht oft im Rückblick der *Schein* eines 'unerbittlichen Determinismus', und dieser hat die Funktion, die getroffene Entscheidung als die einzig mögliche (und somit auch als moralisch untadelig) aufleuchten zu lassen. Man kann oft voraussagen, welche Probleme in Zukunft auftreten werden; man kann jedoch nicht auf begründete Weise voraussagen, ob und, wenn ja, wie dieses oder jenes Problem gelöst werden wird.
MARX Wo ein Wille, da ein Weg.
GOTT Du sagst es: Der Glaube, Lösungen prognostizieren zu können, stellt zumeist die Rationalisierung eines Wollens dar. Und diese Rationalisierung verschafft eine scheinhafte Entlastung vom Druck der Unsicherheit.
MANDELA Eine wichtige Variante dieses Fehlers: Das mit den *bisherigen* Mitteln des Kapitalismus unlösbare Problem erscheint als ein nur noch mit sozialistischen Mitteln lösbares Problem. Und da das Problem irgendwie gelöst werden muß, kann man glauben, den Zusammenbruch des Kapitalismus und den Sieg des Sozialismus vorhersagen zu können.
HONECKER Das hätten mir ooch fast geschöfft, wenn der dööfe Genösse Gorbadschoff domöls nischn Schwanz eingezögen hädde.
TEUFEL Verdammt, Erich! Wo kommst du denn her?

ROCKEFELLER Fuck, couldn't you leave *that* guy behind? He's such a stupid jerk ...
HELGE Er ist gerade aus der Hutablage geplumpst, glaube ich.
GOTT Beruhigt euch. Was ihr dem Geringsten unter euch tut, das habt ihr mir getan. Um das Thema nun abzuschließen: Engels bezeichnet den Kommunismus in diesem Sinne einmal als *notwendige Folgerung, die aus den Voraussetzungen, wie sie in den allgemeinen Bedingungen der modernen Zivilisation gegeben sind, unvermeidlich gezogen werden muß*. So viel also zum quasi-mythischen Determinismus.
HELGE Herrgott?
GOTT Lieber Heinrich?
HELGE Ich müßte mal ... Können wir nicht eine kleine Pause machen.
GOTT Du hast recht. Es wird sowieso Zeit für die *frokost*.
HELGE Die was?
GOTT Frühstück. Da vorn ist eine *snackbar*. Halt an, Rockefeller!

Während wir an der nach amerikanischem Vorbild mit roten Lederhockern bestückten Theke saßen und *Blåbærpankøken* aßen, schenkte uns ein nettes, blondes *frøken* heißen *kaffe* nach. Während ich mich im Stillen fragte, wie wir die ins Astronomische anwachsende Rechnung (Norwegen ist ein teures Land) würden bezahlen können, behandelten die unermüdlichen Mythologen Mandela und Herrgott die theoretische Seite meiner ökonomisch-praktischen Überlegungen.

GOTT Fahren wir fort mit einer Analyse des quasi-mythischen Ökonomismus. Wir behaupten nicht, daß die ökonomische oder materialistische Geschichtsauffassung *als solche* illusionär und daher grundsätzlich zu verwerfen sei.
MANDELA Wir halten sie vielmehr für höchst fruchtbar. Apropos – noch einen *blåbærpankøken* ?
GOTT Danke, mein Lieber. In der Tat, höchst fruchtbar. Wir behaupten jedoch, daß dieser an sich produktive Typ von Gesellschaftsanalyse bei Marx und Engels in einer durch mehrere Quasi-Mythen verzerrten Form auftritt. Diese Quasi-Mythen müssen

erkannt und eliminiert werden – dann kann man an den historischen Materialismus anknüpfen.

MANDELA Die materialistische Geschichtsauffassung nimmt an, daß die ökonomischen Lebensbedingungen in der Geschichte die letztlich – nicht die einzig – bestimmte Rolle spielen.

MARX *Wir wollen eine Gesellschaft des allgemeinen Reichtums. Erst wenn allen Menschen alle irdischen Güter zugänglich sind, werden sie wirklich frei sein!*

MANDELA Nur, dabei ist vorausgesetzt, daß die Frage 'Welches ist die letztlich bestimmte und damit *wesentliche* Instanz in der Geschichte?' überhaupt eine sinnvoll gestellte Frage ist. Kritisch gewendet: Wir bezweifeln, daß die Annahme, es gebe einen wesentlichen, essentiellen Sektor, der den gesamten Geschichtsprozeß präge, empirisch-rationaler Kritik standhält, d.h. mit dem verfügbaren Wissen vereinbar ist.

GOTT Und wir sehen hier einen Quasi-Mythos am Werk: den quasi-mythischen Essentialismus. Wir vermuten, daß zwischen der Kernillusion des übertriebenen Utopismus und dem Glauben an eine letztlich bestimmte Instanz in der Geschichte ein untergründiger Zusammenhang besteht. Gesetzt den Fall, man denke den Menschen als ein von 'Natur' aus 'gutes' Wesen, das nur durch bestimmte gesellschaftliche Verhältnisse daran gehindert wird, seiner gutartigen Natur – die am Anfang der Geschichte bereits einmal zum Zuge gekommen war – gemäß zu leben.

MANDELA Führt man nun den Zerfall der 'ursprünglichen Einheit' und damit auch die durch den Zerfall geprägte Gegenwart auf einen 'Sündenfall' zurück, dessen Aufhebung eine neue Identität von Wesen und Erscheinung ermögliche, so unterstellt man offenbar – und damit gerät man auf die 'essentialistische' Linie – daß es eine 'letzte Instanz' gibt, auf die alle 'Übel' zurückzuführen sind.

TEUFEL Damit meinst du mich, richtig? – Hei, frøken, en kaffe, vær så snill!

GOTT Unsinn. Es geht um eine konkrete, zu beseitigende letzte Ursache alles 'Bösen', wenn dies geschafft ist, wird alles wieder 'gut'. Vom Hyper-Utopismus führt somit ein direkter Weg zum Glauben an einen letztlich bestimmenden Sektor in der Geschichte, wenn man unter 'Geschichte' die lange Periode zwischen dem ersten und

dem zweiten 'Paradies' versteht, und wenn man den Ausdruck 'letztlich bestimmende Instanz' auf denjenigen Sektor bezieht, aus dem alles Unheil entspringt. Eine solche Letztursache allen Übels aber gibt es ebensowenig wie ein Allheilmittel.
TEUFEL Dann gibt es also uns beide nicht?[13]
GOTT Es gibt uns als Quasi-Mythos. Und als Wissenschaftler. *Und* als Initiatoren der Aktion Hammerfest.
TEUFEL Dreifaltigkeit?
GOTT Schizophrenie, mein Lieber.
HELGE Was ist denn nun Aktion Hammerfest?
MANDELA Alles zu seiner Zeit. Herrgott, verbirgt sich hinter dem Marxschen Glauben an eine letztlich bestimmende Instanz, aus der die Staatseinrichtungen, die Rechtsanschauungen usw. zu erklären sind, nicht der Glaube an eine eliminierbare letzte Ursache alles 'Bösen'? Die 'letzte Instanz' ist doch diejenige, auf die man einwirken muß, wenn man die Dinge zum 'Guten' wenden will.
GOTT Ganz richtig. Ferner paßt der essentialistische Ansatz sehr gut zur quasi-mythischen Geschichtsauffassung, die wir in den Grundzügen bereits behandelt haben. Wenn es einen 'wesentlichen' Sektor in der Geschichte gibt, dann läßt sich der Quasi-Mythos vom durch 'eherne Gesetze' gesicherten 'Happy End' einigermaßen plausibel machen. Und zwar so: Wer einige Entwicklungstendenzen des angeblich 'wesentlichen' Bereichs überzeugend darlegt und als 'strenge Gesetze' verpackt, kann leicht meinen, das große Bewegungsgesetz der Gesamtgesellschaft erkannt zu haben. Kurzum: die quasi-mythische Geschichtsauffassung hat eine 'natürliche' Neigung zum Essentialismus, da dieser die Beweisführung beträchtlich erleichtert. Jenseits des Hyper-Utopismus ist man nicht genötigt, einen letztlich bestimmenden Sektor anzunehmen, und bei genauerer Betrachtung spricht eigentlich auch nichts für die essentialistische Annahme. Soviel also zum quasi-mythischen Essentialismus im allgemeinen. Jetzt laßt uns aufbrechen, Kinder, wir haben noch einen weiten Weg vor uns.

---

[13] Zum Thema *Existenzängste des Teufels* vgl. auch *Mythisches, Allzumythisches* Bd. 1, S. 225 f.

Meine Befürchtungen, unsere Zahlungsfähigkeit betreffend, stellten sich als unbegründet heraus, da Marx (der ehemalige Lachszüchter Kalle Johansson) seine Kreditkarte bei sich trug. Diese verhalf uns, nach eines langen Tages Fahrt, auch zu einer erstklassigen Übernachtung in einem *Best Western* – Luxushotel in Narvik, nach der wir frisch und ausgeruht zur letzten Etappe der Reise nach Hammerfest aufbrachen.

MARX Ich denke, wir sollten unserem jungen Freund Heinrich jetzt die Aktion Hammerfest erklären.
HELGE Na endlich.
TEUFEL Wir haben heute den 19. Mai. Am 20. Mai, 00.00 Uhr, beginnt die Walfangsaison in Norwegen.
HELGE Moment, es gibt doch ein Fangverbot, oder?
MARX Nicht für Norweger. Die Regierung hat die Fangquote gerade von 232 auf 425 Exemplare erhöht. Ökonomische Gründe.
GOTT Ich wollte gerade zur ökonomischen Variante des quasi-mythischen Essentialismus kommen, d.h. zur These, daß die ökonomischen Lebensbedingungen die letztlich bestimmende Instanz bilden. Der ökonomische Essentialismus paßt perfekt zu einem Hyper-Utopismus, der sich in der Mitte des 19.Jahrhunderts am Wissensideal der Naturwissenschaften orientiert. Wird die ökonomische Variante des Essentialismus nicht eingeführt, um die ersehnte Gesellschaft auf eine für 'moderne' Menschen akzeptable Weise als geschichtsnotwendig zu erweisen? Eine ökonomische Begründung des Übergangs zum Sozialismus/Kommunismus ist ja nur dann zwingend, wenn die Ökonomie definitiv die letztlich entscheidende Instanz darstellt.
MANDELA Wir sprechen daher von einem quasi-mythischen Ökonomismus, und wir betrachten ihn als geeignetes Hilfsmittel zur Durchsetzung des Hyper-Utopismus einerseits und der quasi-mythischen Geschichtsphilosophie andererseits.
HELGE Moment, noch mal zurück zur Aktion Hammerfest. Ich hab da noch ein paar Fragen ...
MANDELA Geduld, Geduld. Ich wollte gerade einige Fragen stellen. Erste Frage: Was ist eigentlich richtig an der materialistischen Geschichtsauffassung? Bislang haben wir doch nur illusionäre Anteile kritisiert.

GOTT Nun, richtig ist, wie Engels einmal sagt, daß die Menschen zuerst essen, trinken, wohnen und sich kleiden müssen, ehe sie Politik, Wissenschaft, Kunst, Religion usw. treiben können.

MANDELA Richtig ist also, daß die jedesmalige ökonomische Entwicklungsstufe eines Volkes die *Grundlage* für die Staatseinrichtungen, die Rechtsanschauungen usw. bildet?

GOTT Jawohl, und zwar genau in dem Sinn, daß der – das Überleben sichernde – ökonomische Produktionsprozeß eine notwendige Voraussetzung z.B. der Staatseinrichtungen darstellt.

MANDELA Genau das ist die Einstellung der Norweger zum Walfang. Alle anderen Aspekte – langfristige Arterhaltung, ökologisches Gleichgewicht usw. – sind von untergeordneter Relevanz.

TEUFEL Und deswegen hat unser Freund Marx mit seinen Lachsfarm-Erträgen die Mehrheitspakete sämtlicher Reedereien aufgekauft, die Fabrikschiffe zum Walfang unterhalten.

MARX Und weil die Flotte jetzt mir gehört, kann ich damit machen, was ich will.

HELGE Und wo liegen die Schiffe? In Hammerfest?

TEUFEL Genau.

HELGE Gegen die zu schaffenden Lebensgrundlagen seid ihr aber doch auch nicht?

GOTT Natürlich nicht. Es ist aber auch denkbar, diese in vernünftiger, ressourcenschonender Weise zu sichern. Aber zurück zu Karls Denken: Richtig ist, wie gesagt, daß der ökonomische Produktionsprozeß eine notwendige Voraussetzung eines funktionierenden Staates darstellt.Der Fehler besteht jedoch darin, daß die Einsicht 'A ist die notwendige Voraussetzung von B oder B ist von A abhängig' hochstilisiert wird zu 'A ist die *letztlich bestimmende*, die *wesentliche* Instanz'. Als Wahrheitsmoment des historischen Materialismus ist also festzuhalten: Alle menschlichen Lebensäußerungen (nicht zuletzt die geistigen) sind mit dem wirtschaftlichen Produktionsprozeß untrennbar verbunden, und diese Verbundenheit läßt sich mit wissenschaftlichen Mitteln erforschen.

MANDELA Dazu paßt ein Satz von Kolakowski: *Es besteht ein wesentlicher Unterschied zwischen der Aussage, daß wir die Geschichte der Ideen nicht begreifen, wenn wir sie nicht als Erscheinungsformen des gemeinschaftlichen Lebens betrachten, unter dem sie entstanden sind, und der Aussage, daß alle aus der*

Geschichte bekannten Ideen Werkzeuge des Klassenkampfes im Marxschen Verständnis des Begriffs 'Klasse' gewesen seien. –
Teufel, wo sind wir eigentlich?
TEUFEL *Reppafjorddal.* Wir sind bald am *Kvalsund,* dann über die Brücke, und wir sind auf *Kvaløya.* Wunderbarer Name.
HELGE Was heißt das denn?
TEUFEL *Insel der Qual.* Hätte von mir sein können. Genau wie Hammerfest, das kommt von *hamar festr,* an den Berggipfel gefesselt. Klingt nach Prometheus, was, Karl?
MANDELA Er schläft. Wie lange brauchen wir noch, Rockefeller?
ROCKEFELLER Twenty minutes, something like that.
MANDELA Fein, wir sollten ausnutzen, daß Karl schläft. Ich habe noch eine etwas delikate letzte Frage, und ich möchte doch nicht, daß er sich auf den Schlips getreten fühlt.
GOTT Dann schieß mal los, lieber Nelson.
MANDELA Da muß ich etwas ausholen. Die Marx-Interpreten streiten sich seit langer Zeit um die Frage, ob, um es wieder mit Kolakowski zu formulieren, *das sogenannte reife Denken Marxens, das besonders im 'Kapital' zum Ausdruck kam, inhaltlich eine Fortsetzung seiner jugendlichen philosophischen Exkurse oder ob es Ergebnis eines radikalen geistigen Umschwungs war.* Also, ich habe eigentlich zwei Fragen: a) Ist das Problem 'Kontinuität oder Bruch?' für eine Theorie der Quasi-Mythen überhaupt von Bedeutung? Und b) Wenn ja, welche Lösung schlägst du vor?
GOTT Das Problem 'Kontinuität oder Bruch?' ist für unsere mythologische Arbeit sogar sehr wichtig, denn es hängt eng mit der Frage zusammen: 'Ist es Marx gelungen, sich später von den Quasi-Mythen zu lösen, die in seinem Frühwerk wirksam sind?'.
MANDELA Und deine Antwort lautet?
GOTT Ich schlage vor, innerhalb des Marxschen Denkens zwischen einer Oberflächen- und einer Tiefenstruktur zu unterscheiden, und ich stelle folgende These auf: In der Entwicklung des Marxschen Denkens gibt es eine Kontinuität in der Tiefenstruktur, die durch einen Bruch in der Oberflächenstruktur verdeckt wird.
MANDELA Du sprichst in Rätseln. Das mußt du erläutern.

GOTT Aber gern. Beginnen wir mit der Projektion der eigenen Wertüberzeugungen in ein 'Wesen des Menschen' und der daraus hervorgehenden normativen Anthropologie.

MANDELA Ist es nicht so, daß Marx um 1845 herum mit diesem anthropologischen Denken bricht?

GOTT In der Tat. Er scheint sich nun primär als Wissenschaftler im Sinne der Erfahrungswissenschaften zu verstehen und bestrebt zu sein, den Kommunismus mit streng wissenschaftlichen Mitteln als notwendiges Geschichtsresultat zu erweisen.

MANDELA Und du meinst, dieser Bruch sei kein totaler Bruch?

GOTT Ja. Denn es liegt doch auf der Hand, daß der Kommunismus dabei nie bloß als notwendiges, sondern immer auch als wünschenswertes Geschichtsergebnis angesehen wird.

HONECKER Nadürlisch, der Kommunismus war des soschalischesche Baradies uff Erden.

TEUFEL Maul halten, Erich.

MANDELA Wer aber einen Zustand für erstrebenswert hält, setzt, ob er sich dessen bewußt ist oder nicht, eine Norm voraus.

GOTT Der Kommunismus wird eben stillschweigend immer noch als *das* wünschenswerte Ziel schlechthin betrachtet, und das ist letztlich mit der Vorstellung identisch, er sei die Verwirklichung des 'menschlichen Wesens'.

MANDELA Das, was im Frühwerk offen zutage lag, wird demnach in den späteren Arbeiten zwar verbal verworfen, bleibt aber de facto erhalten.

GOTT Es wird in die Tiefenstruktur abgedrängt.

MANDELA Das hieße also: Der übertriebene Utopismus, die Wesens-Projektion, die quasi-mythische Anthropologie werden nur scheinbar, aber nicht wirklich überwunden.

GOTT Jawohl. Auf der Tiefenebene wird weiterhin mit den zuvor offen artikulierten Vorstellungen gearbeitet.

MANDELA Wenn du so argumentierst, mußt du aber erklären, wieso Marx nun jede Lehre vom 'Wesen des Menschen' verwirft.

GOTT Meine Erklärung lautet: Marx verwirft die normative Anthropologie, weil sie mit einem erfahrungswissenschaftlichen Selbstverständnis in Konflikt gerät. Er ist bestrebt, sich als unvoreingenommen, an keinerlei normative Voraussetzungen gebundenen Wissenschaftler darzustellen. Er möchte seine Theorie so

formulieren, daß sie nicht mehr unter die Bemühungen um 'Ideale' gezählt werden kann. Und dieses Bestreben ist letztlich wieder auf die schon das Frühwerk prägende quasi-mythische Geschichtsphilosophie zurückzuführen, welche die eigenen Ideale – per Projektion in die Geschichte selbst – zum Verschwinden bringt.
MANDELA Die Wende von 1845 wäre also nur auf der Oberfläche eine Wende zur Erfahrungswissenschaft?
GOTT Genau. In der Tiefenstruktur handelt es sich um einen konsequenten Ausbau der quasi-mythischen Geschichtsphilosophie dergestalt, daß diese nun diejenigen Aufgaben mitübernimmt, für die zuvor die Wesenstheorie zuständig war.
MANDELA Wenn Engels hervorhebt, daß Marx seine kommunistischen Forderungen nie auf das sittliche Gefühl begründet habe, sondern auf den notwendigen, sich vor unseren Augen täglich mehr und mehr vollziehenden Zusammenbruch der kapitalistischen Gesellschaft, so stellt er zwar Marx' Selbstverständnis korrekt dar, verfehlt aber die Tiefenstruktur des Marxschen – wie auch seines eigenen – Denkens.
GOTT Grundsätzlich gilt, daß bei Marx eine unauflösliche Spannung besteht zwischen dem ehrlich um wissenschaftliche Forschung bemühten Wissenschaftler und dem mit Quasi-Mythen arbeitenden Philosophen. Dabei ist der erstere dem letzteren grundsätzlich untergeordnet. Dessen Oberaufsicht ist zuweilen recht locker, so daß sich der Wissenschaftler ziemlich frei entfalten kann. Er nähert sich dann Einsichten, die mit dem übertriebenen Utopismus und anderen Illusionen nicht vereinbar sind.
MANDELA Und sobald der herrschende Philosoph das bemerkt, verschärft er die Zensur, so daß aus denjenigen Einsichten, die für das quasi-mythische Gesamtkonzept bedrohlich sein könnten, keine Konsequenzen gezogen werden?
GOTT So ist es.
TEUFEL Mein Gott, das ist wirklich schizophren. – Da, seht nur! Hammerfest!

Und wirklich: Vor uns lag die – baulich nicht gerade charmante – nördlichste Stadt der Welt. Wir waren ganz oben angekommen, und wer kann das schon von sich behaupten? Nachdem wir allesamt aus dem Bus gestiegen waren, vertraten wir uns die Beine auf dem berühmten Hammerfest-Panoramaweg mit Blick auf das Hafenbecken, um uns Marxens Walfangflotte anzusehen.

MM Ach, sieh nur, Darling, so viele schöne Schiffe.
HELGE Du klingst wie meine Frau.
MM War das ein Antrag?
HELGE Äh ...
MM Tut mir leid, Darling, aber daraus wird nichts. Hier trennen sich unsere Wege. Wir müssen los, Utopia wartet.
HELGE Utopia?
GOTT Richtig, lieber Heinrich. Es liegt weit, weit weg von hier, am Ende der Welt. Und wenn wir diese häßlichen Schiffe erst einmal versenkt haben ...
HELGE Ihr wollt sie versenken?
GOTT Natürlich. Alle bis auf eines. Und mit dem werden wir Utopia entdecken. Willst du nicht mit uns kommen?

Der geneigte Leser wird nachvollziehen können, daß ich meinen Lebensabend nicht mit persönlichkeitsgestörten Eismeerpiraten verbringen wollte, so vernünftig ihre Ansichten zum Umgang mit Utopien im Grunde auch waren. Denn verrückt ist verrückt, auch wenn mir der Anblick der gluckernd im Hafenbecken versinkenden ehemaligen Walfangflotte Norwegens irgendwie gefiel. Ich begnügte mich also mich mit einem letzten Winken, dem Kurs auf Utopia nehmenden Kutter nachblickend, der von sieben schlitzohrigen Schizophrenen in eine ungewisse Zukunft gesteuert wurde.
Ich sollte ihnen nicht zum letzten Mal begegnet sein.

7. Feminismus I: Mutti in Hollywood

Der geneigte Leser wird sich erinnern, daß meiner Gattin Susi infolge des Medienspektakels um den sensationellen Erfolg unserer Expedition zum Kümmelkorn-Archipel eine Rolle in einer Filmproduktion angeboten worden war. Auch wenn *Tarzans Braut* kein Blockbuster (oder, wie wir Deutschen etwas hausbacken sagen, 'Straßenfeger') wurde, kann ich doch mit Stolz berichten, daß Muttis naturalistische Darstellung einige Furore machte. Einflußreiche Persönlichkeiten in Hollywood wurden auf *The New German Fräuleinwunder*, wie *Variety* schrieb, aufmerksam, so daß ihr schließlich die Titelrolle in der Produktion *Indiana Jane und die Rache der Weißen Göttin* zufiel. Zugegeben, es handelte sich um ein plumpes Plagiat der erfolgreichen *Indiana Jones*-Trilogie und war somit kein Projekt von allererstem künstlerischem Rang, aber die Aussicht, als erste Actionheldin eines feministisch geprägten Trivial-Abenteuer-Epos in die Filmgeschichte einzugehen, war zu verlockend für meine aufstrebende Gattin.

Während wir, die Mythic Tours GmbH, uns auf einer Expedition zur Erforschung altmexikanischer Mythen befanden, waren die Dreharbeiten bereits abgeschlossen, als auf Wunsch der Produzentin einige Szenen nachgedreht werden mußten. Kurz und gut, ausnahmsweise wurde uns gestattet, sozusagen auf dem Heimweg vorbeizukommen, bei diesem letzten Drehtag dabeizusein und uns – unter dem Siegel der Verschwiegenheit – die fertigen Muster anzusehen. Wir waren fasziniert. Der Mythos Hollywood!

Es folgt ein wie immer streng auf Fakten reduzierter Bericht über dieses interessante Erlebnis.[14]

PRIESTERIN Geben Sie mir den Stein, Dr. Jane. Geben Sie ihn mir einfach, und ich verspreche, ihr hübscher kleiner Freund wird einen kurzen, schmerzlosen Tod haben.
HUGH Tu's nicht, Indy! Das ist ein Trick!

---

[14] Sämtliche Filmdialoge sowie die Unterhaltungen zwischen Mutti und der Filmcrew wurden natürlich auf amerikanisch geführt. Um weitere Fußnoten zu vermeiden, werden sie hier in deutscher Übersetzung wiedergegeben.

SUSI Ich habe keine Wahl, oder? Lassen Sie das Seil runter, und ich komme rauf.
PRIESTERIN Zuerst den Stein!
HUGH *(kreischt)* Paß auf, sie hat ein Messer!
REGISSEURIN Und cut! Okay, als nächstes der Gegenschuß, Krokodile im Hintergrund, und dann haben wir's fast. Danke, Susi, du warst großartig.
SUSI Danke, Darling. – Hallo, Vati! Ich hab jetzt eine kurze Pause. Kommt doch alle in meinen Wohnwagen.
HELGE Also Mutti, ich bin wirklich stolz auf dich. Du und Hugh Grant! Da wird man ja direkt eifersüchtig ...
INGO Naja, Sharon Stone als Oberpriesterin kommt aber auch nicht schlecht.
SABINE Ist es eigentlich wahr, daß sie sich die Haare schwarz färben mußte, damit es nicht zwei Blondinen in dem Film gibt?
SUSI Psst! Sharon ist ein bißchen empfindlich, was weibliche Konkurrenz angeht. Kommt rein! So, hier stört uns erst mal keiner.

Hinter der Tür des zwar großen, aber ansonsten von außen unscheinbar wirkenden Wohnwagens erwartete uns ein in zarten Rosatönen gehaltenes, in verschwenderischem Luxus schwelgendes Wohnzimmer voller Plüsch, Plissee und Polyacryl, in dem die Bewohnerin, meine Gattin Susi also, mit ihrem staubigen Abenteuerdreß (zerrissenes Safari-Hemd, Wonderbra, Reithose, Stiefel, breitkrempiger Hut und Nilpferdpeitsche) nun merkwürdig deplaziert wirkte. Der einigermaßen bizarre Eindruck, den die Szenerie auf uns machte, wurde vertieft durch das lautlose Auftauchen eines knabenhaften, dunkelhäutigen Bediensteten, der seine Rüschenschürze mit der größten karibischen Unbefangenheit trug und unter strahlendstem Lächeln auf Muttis Anweisungen wartete.

SUSI Na, wie gefällt's euch? Original 50er Jahre. Der Wagen hat mal Liz Taylor gehört, müßt ihr wissen. Ich hab mich sofort in ihn verliebt. Oh, das ist Jorge. Er bringt euch gerne was zu trinken, nicht wahr, Jorge?
JORGE Si, Donna Susanna.
YOSHI Ein reizendes ... Röckchen hat er an. Die Rollenverteilung ist ja wirklich konsequent hier, Mutti.

SUSI Nicht wahr? Unsere Produzentin sagt, wenn wir den ersten Film über eine intakte matriarchale Gesellschaft machen, dann müssen auch die Rahmenbedingungen stimmen.

PETER In der Tat, wer hätte gedacht, daß das Abenteuergenre mal einen Beitrag zum Thema Mythos und Feminismus liefern würde. Kannst du mich deiner Regisseurin nicht mal vorstellen, Mutti? Ich würde gern wissen, was sie zu diesem waghalsigen Projekt getrieben hat.

SABINE Aha, da spricht Peter Tepe, der Mythos-Chauvi.

SUSI Streitet euch doch nicht! Möchte jemand einen Drink?

PETER Gern. Eine Bloody Mary, bitte.

SABINE Na, was hab ich gesagt?

PETER Moment mal, ihr wißt ja wohl, daß ich dem Feminismus keineswegs ablehnend gegenüberstehe. Aber es gibt so viele feministische Richtungen – einige davon gefallen mir ziemlich gut, andere mißfallen mir außerordentlich.

SABINE Bringen Sie mir'n Cuba Libre, Jorge? Danke. Und mit welchen zentralen feministischen Überzeugungen kannst du dich identifizieren, Peter?

PETER Du weißt ja, daß ich zu denen gehöre, die die Linie der Utopien der Autonomie im Sinne des gemäßigten Utopismus fortsetzen wollen. Doch die Folgerungen sind noch längst nicht alle gezogen. Aus meiner Position ergibt sich, daß wir versuchen sollten, alle Verhältnisse zu ändern, in denen Menschen – um es in Anlehnung an den frühen Marx zu formulieren – erniedrigte, geknechtete, entwürdigte Wesen sind.

INGO Auch dann, wenn sich nachhaltige Verbesserungen vielleicht nur auf lange Sicht herbeiführen lassen?

PETER Auch dann ... Gerade dann.

SUSI Ein Martini, gerührt, nicht geschüttelt, richtig, Yosh?

YOSHI Super, danke. Also, wenn ich das richtig sehe, willst du sagen, dein normativer, eine Wertüberzeugung ausdrückender Grundsatz sei vielfältig anwendbar: auf ökonomische Strukturen, auf das Verhältnis zwischen Kulturen ...

PETER ...und eben auch auf das Geschlechterverhältnis.

SABINE Womit wir beim Thema wären. Erläuterung, bitte.

PETER Nun, Frauen machen bekanntlich rund die Hälfte der Menschheit aus. In der Geschichte haben sich, und dieser Prozeß

läßt sich ziemlich genau rekonstruieren, solche Strukturen der Geschlechterverhältnisse herausgebildet, die sich unter dem Schlagwort 'Patriarchat' zusammenfassen lassen. Es hat sich ein System entwickelt, in dem der einen Hälfte der Menschheit, nämlich den Frauen, sozusagen 'systematisch' die untergeordnete Position zugewiesen wird. Innerhalb dieses Geschlechtersystems sind Frauen also in gewisser Hinsicht erniedrigte Wesen.
INGO Und welche Zielvorstellung verbindest du mit dieser Diagnose?
PETER Ganz einfach. Langfristig geht es um die völlige Überwindung dieses Geschlechtersystems. Kurz- und mittelfristig geht es darum, dieses System aufzuweichen, zurückzudrängen usw.
SUSI Ach. Dann bist du also Feminist?
PETER Das hört sich etwas merkwürdig an.
SABINE In der Tat.
PETER Ich würde lieber sagen: Ich bin Anhänger der Utopie 'Überwindung des patriarchalen Geschlechtersystems', und zwar aus einer übergreifenden Wertüberzeugung heraus, die ich vorhin erläutert habe. Versteht man unter 'Feministinnen' allgemein diejenigen Frauen, die letztlich die Überwindung des Patriarchats anstreben und die Diskriminierung der Frau in allen Lebensbereichen bekämpfen, dann stehe ich prinzipiell auf ihrer Seite.
INGO Utopie, sagst du. Ist das denn nun eine abstrakte oder eine konkrete Utopie?
PETER Wir sollten beide Ebenen im Auge behalten. Unsere abstrakte Utopie haben wir folgendermaßen bestimmt: ungehinderte Entfaltung des Individuums unter Bedingungen völliger gesellschaftlicher Harmonie. Hinsichtlich des Geschlechterverhältnisses muß hier präzisiert werden:
SABINE Ungehinderte Entfaltung von Männern und Frauen.
YOSHI Genau, das ist die Ebene der abstrakten Utopie. Wir sollten uns allerdings davor hüten, die Vision der uneingeschränkten Entfaltung der persönlichen 'Produktivkräfte' aller Menschen unter Bedingungen der Herrschaftsfreiheit im allgemeinen und der Herrschaftsfreiheit unter den Geschlechtern im besonderen für ein tatsächlich erreichbares Ziel zu halten.
SUSI Stimmt, mit Herrschaftsfreiheit ist es in Hollywood nicht weit her. Die Aufnahmeleiterin ist ja ziemlich ausgeflippt, als Peter

sich ausgerechnet während der Liebesszene die Nase geputzt hat. Mann, die hätte dich fast ...
HELGE Das gehört jetzt nicht hierher, Mutti. Was ist denn mit der Ebene der konkreten Utopie, Peter?
PETER Nun *(putzt sich die Nase)*, die Überwindung des patriarchalen Geschlechtersystems halte ich demgegenüber für ein, sei es auch nur in einem sehr langwierigen Prozeß, tatsächlich erreichbares Ziel, d.h. für eine konkrete Utopie. Eine Gesellschaft ohne Diskriminierung der Frau ist, davon bin ich fest überzeugt, real möglich.

An dieser Stelle wurden wir durch das Erscheinen der Aufnahmeleiterin unterbrochen, die Peter, dem es nicht gelungen war, sein Taschentuch rasch genug verschwinden zu lassen, böse anfunkelte und Mutti zur Vorbereitung für die nächsten Szene bat.
Während sie in der Maske saß, streunten wir fünf Mythic Tours-Touristen über das Studiogelände. Was es da alles zu sehen gab! Staunend beobachteten wir, wie ein Heer von Bühnenarbeitern, die man hier *Grip* nannte, unter dem Kommando des *Key Grip* (endlich wissen Sie, was dieser Begriff aus dem Filmabspann zu bedeuten hat) eine gigantische weibliche Brust von der Ladefläche eines Pickups wuchteten. Wir erfuhren, daß es sich hierbei um den Altar der Amazonenpriesterin handelte, auf dem Hugh Grant in der Schlußszene geopfert werden sollte. Schaudernd wandten wir uns ab; zu frisch war die Erinnerung an unsere eigene Opferung durch den Schamanen Heinrich Kümmelkorn, der wir nur mit Mühe entgangen waren.[15] Wir flüchteten uns in die geschäftige Normalität der Kantine, wo wir (mit unverhohlener Neugier von den ausschließlich weiblichen Gästen angestarrt) bei ein paar Colas und Hot Dogs auf andere Gedanken zu kommen versuchten. Wie nicht anders zu erwarten, waren diese Gedanken mythologischer Natur.

INGO Was für eine Brust. Also, wenn das kein Beispiel für die Mythisierung der Frau ist ...
HELGE Du hast recht. Eine absolute Naturgewalt.
YOSHI Beängstigend. Ich frage mich nur, warum es bloß *eine* ...

---

[15] Vgl. Kapitel 4; Der Eliade-Kongreß, Teil 2.

SABINE Ich wußte doch, daß ihr jetzt mit sowas kommt. Da kommen die uralten Denkmuster zum Vorschein ...
PETER Es scheint so, Sabine. Die Vorstellung vom Naturwesen Frau ist immer schon als ein Mittel eingesetzt worden, um die Hierarchie 'Männer oben, Frauen unten' zu rechtfertigen.
SABINE Von dir hätte ich etwas weniger Schlüpfriges erwartet, Peter!
PETER Ich sprach lediglich von dem historischen Befund, daß sich in einem langwierigen Prozeß ein Geschlechtersystem herausgebildet und verfestigt hat, das – grob gesagt – auf dem prinzipiellen Vorrang des Mannes vor der Frau beruht. Und die eindeutige Zuordnung der Frau zur Natur und des Mannes zur Kultur gestattet es, die Vorrangstellung des Mannes zu rechtfertigen.
YOSHI Stimmt, in menschlichen Gesellschaften ist ein gewisser Vorrang der Kultur vor der Natur allein schon durch die Notwendigkeit der Naturbeherrschung gegeben. Durch die Zuordnung *Mann : Kultur* und *Frau : Natur* überträgt sich dieser Vorrang auf den Mann, so daß dessen Herrschaft über die Frau als natürlichste Sache von der Welt erscheint.
PETER Dieses Schema ist selbstverständlich ausbaufähig, z.B. so: *Mann : Kultur: produktive Tätigkeit* und *Frau: Natur: reproduktive Tätigkeit.*
YOSHI Der Ausschluß der Frau aus diversen Sphären produktiver Tätigkeit erscheint dann als die natürlichste Sache von der Welt.
PETER Wenn Frauen sich mit dieser oder jener Form des Ausschlusses aus kulturellen Prozessen nicht zufrieden geben, so können sie durch Hinweis auf die 'Wesenswidrigkeit' ihres Tuns zurechtgewiesen werden.
SABINE Sehr raffiniert. Das heißt doch dann auch konsequenterweise 'So wie die *Natur* vom *Menschen* geformt und beherrscht werden muß, so muß die *Frau* vom *Mann* geformt und beherrscht werden'.
PETER Genau. Und darin ist die Dämonisierung der nicht vom Mann beherrschten Frau bereits angelegt.Das hört sich dann vielleicht so an: 'Wie die Natur, wenn sie nicht vom Menschen beherrscht wird, für diesen gefährlich und sogar tödlich sein kann, so kann die Frau, wenn sie nicht vom Mann beherrscht wird, für diesen gefährlich und sogar tödlich sein'.

SABINE Hervorragend gemacht. Dann können sich die Männer sämtliche Frauen auch ganz bequem in zwei Gruppen aufteilen: in die guten und die bösen Frauen, die vom Mann beherrschten und die nicht von ihm beherrschten Frauen.

HELGE Interessant, daß ihr gerade hier im Studio auf sowas kommt. Genau das ist doch das klassische Rollenmuster, das in Hollywood immer noch hochgehalten wird. Wißt ihr noch, was für einen Erfolg *Fatal Attraction* hatte?

PETER Nö, nie gesehen.

HELGE Also, Glenn Close, die *böse Frau,* bricht in das idyllische Eheleben von Michael Douglas und Anne Archer ein. Und als er nicht bereit ist, seine Ehe mit der *guten Frau* aufzugeben, stürmt die nicht beherrschbare, ungezähmte, wilde, verrückte Frau mit einem Fleischermesser auf die glückliche Familie los und wird in Notwehr von den Eheleuten gemeinschaftlich hingemetzelt.

INGO Und der Zuschauer verschluckt sich vor Aufregung an seinem Popcorn und denkt *recht so*. Schwenk aufs Familienporträt, Abspann.

YOSHI Archaisches Verhaltensmuster: Abwehr der Naturgewalt durch die Hüter der Kultur.

PETER Übrigens: wir setzen auch hier als erwiesen voraus, daß die These vom Naturwesen Frau empirisch-rationaler Kritik nicht standhält. Ich wollte jetzt eigentlich zum Mechanismus der Mythenbildung kommen.

YOSHI Das ist hier ja wohl die Übertragung der in gewisser Hinsicht unvermeidlichen Hierarchie Kultur/Natur auf das Geschlechtsverhältnis.

PETER Richtig. Diese Übertragung geschieht in der Regel unbewußt, und der Quasi-Mythos vom Verhältnis der Geschlechter wird lange Zeit von Männern und Frauen geglaubt. Die Vorstellung vom Naturwesen Frau läßt natürlich eine Reihe von Ausgestaltungen zu, auf die wir nicht im einzelnen eingehen können.

INGO Moment mal, du hast vorhin 'Wesensbegriffe' angesprochen, also Vorstellungen vom 'Wesen' des Mannes und der Frau. Was ist denn da in diesem Fall dran?

PETER Also, auf Wesensbegriffe sind wir ja schon anläßlich des Marxismus zu sprechen gekommen. Damals ging es um die Projektion der eigenen Wertorientierung und der eigenen Ideale in ein

'Wesen des Menschen'. Nach unserer Auffassung gibt es zwar so etwas wie eine menschliche *Struktur*, insbesondere haben wir den Finger auf diverse formale anthropologische Konstanten gelegt – ein inhaltlich bestimmtes *Wesen* jedoch, das nur zu erkennen und 'nachzuahmen' wäre, gibt es für uns indes nicht. Daher die Strategie, alle Wesensaussagen als Projektion jeweils bestimmter soziokultureller Wertsysteme zu erweisen. Diese Strategie läßt sich natürlich auch auf Vorstellungen vom 'Wesen' des Mannes und der Frau anwenden.

INGO Dann tu das mal.

PETER Ich gehe davon aus, daß Männer und Frauen biologisch verschieden sind. Das ist die Ebene der 'ersten Natur'. Diese biologischen Vorgaben sind jedoch stets durch spezifische Männlichkeits- und Weiblichkeitsmuster, die im Prinzip variabel sind, überformt. Das ist die Ebene der 'zweiten Natur'. Der Ort von Frauen und Männern im Geschlechtersystem hängt maßgeblich von solchen Mustern ab. Und das bedeutet: Aus der biologischen Unterschiedlichkeit der Geschlechter folgt nicht automatisch und zwangsläufig eine über- bzw. untergeordnete Position im Geschlechtersystem. Diese Positionen gehören vielmehr zur prinzipiell änderbaren zweiten Natur. Beide Ebenen werden vermengt, wenn mit biologischer Begründung die Notwendigkeit und Ewigkeit des Patriarchats behauptet wird. Diese Vorstellung ist ein Quasi-Mythos.

HELGE Warte, noch mal zurück zu den Mustern. Was ist denn mit dem *typisch Weiblichen* der Frauen? Wenn Mutti ein dreckiges Waschbecken sieht, *muß* sie einfach zum Putzlappen greifen. Obwohl, in letzter Zeit, seit sie Filmstar ist ...

PETER Das hat mit Sicherheit mit ihrer Erziehung zu tun – oder mit deiner Faulheit. Konkrete Frauen sind stets Frauen, denen bestimmte Weiblichkeitsmuster *antrainiert* wurden. Weiblichkeit ist stets *produzierte* Weiblichkeit, entsprechendes gilt für die Männlichkeit. *Das* Wesen *der* Frau gibt es nicht. Daher versuchen wir, jede Aussage über das 'Wesen' der Frau als Ontologisierung eines bestimmten Weiblichkeitsmusters sowie des ihm zugrunde liegenden Wertsystems zu dechiffrieren. Kurzum: Wesensaussagen sind Wert-*Setzungen,* die sich als bloße *Erkenntnisse* drapieren. Grundsätzlich darf ich an die beiden Hauptlinien unseres Interesses

am Feminismus erinnern. Auf der 'positiven' Linie geht es darum, die feministische Kritik von Ideologien, Illusionen, Quasi-Mythen, die sich auf Geschlechter beziehen, aufzuarbeiten und die 'Wahrheitsmomente' in unsere integrale Theorie einzubauen. Auf der 'negativen' Linie hingegen ist es darum zu tun, die im Kontext des Feminismus selbst auftretenden Quasi-Mythen zu analysieren, um sie ausschalten zu können. Haben wir noch Zeit? Ich könnte noch ein paar Blaubeerpfannkuchen vertragen ...
HELGE Du meine Güte, die Zeit hab ich ganz vergessen! Jetzt wird doch die letzte Szene gedreht! Losloslos!

Als wir zurück am Drehort (oder, wie man hier sagt, am *Set*) waren, hatte man die Riesenbrust bereits im unterirdischen Tempel positioniert und eindrucksvoll ausgeleuchtet. Während der *Dolly Grip* den auf Schienen laufenden Kamerawagen, den *Dolly* eben (und wieder haben Sie was gelernt), nebst dem darauf kauernden Kameramann auf den apathisch daliegenden Grant zuschob, stimmte die Priesterin Sharon Stone einen kehligen Gesang an, der von zweihundert Statistinnenkehlen aufgegriffen wurde und langsam rhythmisch in ein kreischendes Crescendo mündete. Wie sich die Bilder gleichen, dachte ich einmal mehr – nur daß die Maouissuto eindeutig keine matriarchale Gesellschaft sind, im Gegensatz zu dieser von der Drehbuchautorin geschaffenen Amazonenkultur.

PETER Eindrucksvoll. Der Gesang gefällt mir.
YOSHI Du hast ja noch nie viel von Musik verstanden.
HELGE Das wird später sowieso nachsynchronisiert.
SABINE Jedenfalls hat die Autorin ihre G.-A. ausgiebig studiert.
PETER G.-A.?
SABINE Heide Göttner-Abendroth. *Die Göttin und der Heros* – das ist *das* moderne Werk zum Thema Matriarchat! Ich hab's extra mitgebracht. Hast du es nie gelesen?
PETER Doch, flüchtig. Ich kann mir keine Abkürzungen merken, das weißt du doch.
HELGE Wo Mutti nur bleibt? Die schminken aber lange ...
INGO Es geht eh noch nicht los. Die singen sich nur warm, glaube ich.

PETER Was schreibt denn nun deine G.-A. zum Matriarchat, Sabine?

SABINE Warte mal ... hier, sie kommt gleich im ersten Satz der Einleitung zur Sache:
Unumwunden bezeichne ich die frühsten Religionen der Menschheit als 'matriarchal'. Ich mache keinen Umweg über den blassen Terminus 'prä-patriarchal', von dem unklar ist, was er eigentlich heißen soll. Ich setze damit die Existenz von Matriarchaten voraus, und ich kritisiere die verkürzende Perspektive der Geschichtswissenschaft, welche diese Perspektive aus ihrem Bewußtsein verdrängt hat.

PETER Das sollten wir Satz für Satz kommentieren.

HELGE Aber leise, die Aufnahmeleiterin guckt schon wieder.

PETER Ja, ja. Also, im ersten Satz ist von matriarchalen Religionen die Rede. Hier würde ich keine größeren Einwände erheben. Denn es ist wohl unbestritten, daß es mythisch-religiöse Systeme gibt bzw. gab, in denen Göttinnen sozusagen die bestimmende Rolle spielen und über männliche Bezugsfiguren dominieren. Aufgrund dieser Dominanz weiblicher Göttinnen können wir durchaus, wenn wir dies wollen, von *matriarchalen* Religionen sprechen. Aber einen kleineren Einwand hab ich schon. Göttner-Abendroth bezeichnet sie als die *frühsten Religionen der Menschheit*.

HELGE Stimmt das denn nicht?

SABINE Naja, Peter hat schon Recht; etwas später sagt sie über die zugehörige Gesellschaftsform: *Sie war im ökonomischen Bereich gekennzeichnet vom Ackerbau, der vom einfachen Gartenbau bis zu technisch hochentwickelter Bodenkultivierung durch Bewässerungsanlagen reichte.*

HELGE Ja und? Was folgt daraus?

YOSHI Ganz einfach. Wenn die matriarchalen Religionen den Ackerbau treibenden Gesellschaften zuzuordnen sind, dann können sie nicht die *frühsten Religionen der Menschheit* gewesen sein. Der Ackerbau wird ja erst in einer relativ späten Phase der Gattungsgeschichte 'erfunden'.

PETER Genau. Die Gesellschaften der Jäger und Sammler und folglich auch die ihnen zugeordneten mythisch-religiösen Systeme gehen den Ackerbau-Gesellschaften voraus.

SABINE Im nächsten Satz lehnt Göttner-Abendroth den Terminus 'prä-patriarchal' als zu blaß ab.
PETER Und da hat sie, was die Religionen anbelangt, recht. Würden wir diese Religionen bloß als prä-patriarchal oder auch als nicht-patriarchal bezeichnen, so würden wir damit zwar ausdrücken, daß in diesen Systemen männliche Götterfiguren keinen eindeutigen Vorrang haben, etwa im Unterschied zum christlichen Monotheismus, aber wir würden die andere Seite der Medaille verschwiegen und unterdrücken, nämlich daß eben weibliche Göttinnen den Vorrang haben. Deshalb ist der Terminus 'matriarchale Religion' vielleicht vertretbar.
YOSHI Aber mit dem dritten Satz fangen die eigentlichen Probleme an. Da setzt Göttner-Abendroth die *Existenz von Matriarchaten*, d.h. von matriarchalen Gesellschaften, wie sie hier im Film dargestellt werden, voraus – und sie wirft der Geschichtsschreibung vor, *diese Gesellschaftsform aus ihrem Bewußtsein verdrängt* zu haben. Oh, hallo Mutti!
SUSI Hi, girls. Hi, Hugh. Von mir aus kann's losgehen.

Und dann ging es los, und wir erkannten unsere sanfte, schlichte, ehemals so häuslich-harmonisiesüchtige Mutti nicht wieder. Wir sahen, wie sie der gerade mit einem scharfzahnigen Messer auf die entblößte Brust des wehrlosen Opfers Hugh Grant zielenden Oberpriesterin Stone einen Kinn- und gleich darauf einen sauberen Leberhaken versetzte. Während sie die blutrünstig kreischende Meute der geifernden Amazonen mit der Peitsche in Schach hielt, machte Mutti sich mit den Zähnen an Grants Lederfesseln zu schaffen, was der feigen Priesterschlange die Möglichkeit verschaffte, sie von hinten in einen tödlichen Klammergriff zu nehmen. Wir hielten den Atem an, Mutti (d.h. Indy) schien blau anzulaufen, geriet ins Wanken, die Zuschauerinnen begannen wieder zu johlen, Grant fiel mit verdrehten Augen in Ohnmacht, aber alles war nur ein Trick, denn jetzt schleuderte Indy ihre Gegnerin durch eine unerwartete Drehung gegen das weitaufgerissene, mit nadelspitzen Juwelenzähnen besetzte Maul eines goldenen Götzinnenbildes, ein Aufschrei ging durch das Publikum, Sharon wurde halb von dem gigantischen Maul verschluckt, keuchend griff sich Indy an die Kehle und drehte sich zu den drohend herantretenden

Amazonen um, als der Schrei des gerade erwachenden (im Gegensatz zu Mutti irgendwie weibisch wirkenden) Hugh Grant sie vor einem letzten, heimtückisch ausgeführten Dolchstoß der sterbenden Priesterin warnte. Ein Knall mit der Nilpferdpeitsche, der Dolch flog in Zeitlupe durch die Luft, wurde von Indy aufgefangen, während die Priesterin schreiend durch den Rachen der goldenen Bestie in die unterirdische Schwefelquelle rutschte, und so, das Hoheitszeichen in der triumphierend hochgereckten Faust, wurde Susi, meine Gattin, zur neuen Hohepriesterin der weißen Göttin.
Uff.

REGISSEURIN Und cut! Großartig, Susi! Das war's!
PRODUZENTIN Fantastic! Sag mal, du hast nicht vielleicht Lust, im zweiten Teil von *Rambona* zu spielen?
AGENTIN Das können wir ja später besprechen. Wir stehen bereits in Verhandlung wegen *Terminata*.
PETER (leise) Das versteh ich nicht. Das war doch nicht das Ende der Geschichte?
HELGE Natürlich nicht. Das Ende haben sie schon vor sechs Wochen im Dschungel gedreht. Das wird später dahintergeschnitten.
PETER Ach so. Und jetzt?
SUSI Ach, Kinder, ich bin völlig erledigt. Macht es euch was aus, allein zum Schneideraum zu gehen? Ihr dürft euch die Rohfassung ansehen, ich habe das geregelt, ihr seid ja Wissenschaftler, die werden hier nicht so ernstgenommen. Ich leg mich in die Wanne. Wir sehen uns dann heute abend auf der Party, okay? Bye-bye!

Und schon war sie weg, meine Gattin. Ich wurde das Gefühl nicht los: dies hier war nicht meine Welt. Mehr und mehr entfernte sich ihr Leben von dem meinen. Würde ich Mutti verlieren? Aber das gehört jetzt nicht hierher.
Tief beeindruckt machten wir uns auf den Weg zum gut bewachten Schneideraum, immer noch erstaunt, mit welch lebendiger Kraft das Matriarchat uns eben entgegengetreten war.

YOSHI Das hätte sich G.-A. wohl auch nicht träumen lassen, oder? So ein rauher Ton in der matriarchalen Gesellschaft ...

INGO Was versteht sie eigentlich genau unter 'Matriarchat' oder 'matriarchaler Gesellschaft'?
SABINE Sie drückt sich da ziemlich klar aus. Matriarchale Gesellschaften werden ökonomisch von Ackerbau gekennzeichnet. In der Familienstruktur spielten Matriliniarität (Namensgebung und Erbfolge in weiblicher Linie) und Matrilokalität (Wohnsitz bei der Mutter) eine große Rolle. Ferner wurde die Sippe von der Sippenmutter beherrscht, der Stamm von der Stammutter. Wenn es zur Staatsbildung kam, so herrschte ein Priesterinnenkollegium. Im religiösen Bereich entsprach dem die matriarchale Religion. Und im rituellen Bereich wurden Jahreszeitenfeste wie die Heilige Hochzeit vollzogen. Von einem Matriarchat oder einer matriarchalen Gesellschaft spricht Göttner-Abendroth dann, *wenn alle diese Kennzeichen zusammen vorkommen.*
HELGE Und wo liegt da das Problem?
YOSHI Nun, hier kommt wieder die Linie der empirisch-rationalen Kritik zum Zuge. Dies Bild des Matriarchats kombiniert, ohne dies auszuweisen, unbestrittene mit höchst fragwürdigen Elementen.
SABINE Unbestritten ist, daß es Ackerbau-Gesellschaften gibt. Unbestritten ist, daß es Matrilinearität und Matrilokalität gibt.
PETER Wenngleich hinzugefügt werden muß, daß auch andere Regelungen für Namensgebung, Erbfolge und Wohnsitz auftreten.
SABINE Unbestritten ist ja wohl auch, daß es matriarchale Religionen – wie etwa den Glauben an eine Erdgöttin – gibt. Unbestritten ist auch, daß es Jahreszeitenrituale gibt.
PETER Fragwürdig ist jedoch die zentrale These, daß die Gesellschaften, denen diese Kennzeichen zukommen, zugleich Gesellschaften mit *weiblicher Herrschaft,* Gynaikokratie also, waren.
INGO Die These 'Es gab Matriarchate' ist also letztlich gleichbedeutend mit 'Es gab Gesellschaften, die eindeutig unter der Dominanz der Frau standen'.
PETER Und diese These ist mit dem verfügbaren Wissen wohl nur schwer vereinbar. Bis diese Existenz-Frage geklärt ist, ist daher der Terminus 'prä-patriarchal' oder 'nicht-patriarchal' vorzuziehen. Es gab matriarchale Religionen, und es gab nicht-patriarchale Gesellschaften, d.h. solche, die nicht auf der eindeutigen Vorherrschaft des Mannes beruhten.

YOSHI Aber es gab vielleicht keine matriarchalen Gesellschaften, in denen die Frauen eindeutig das Sagen hatten.
SABINE Das heißt also, die Sätze *Die Sippe wurde von der Sippenmutter beherrscht* und *Wenn es zur Staatsbildung kam, so herrschte ein Priesterinnenkollegium*...
YOSHI ... sind mit einem großen Fragezeichen zu versehen. Göttner-Abendroth macht folgenden Fehler: Sie schließt von der Existenz matriarchaler Religionen ohne zureichende Realitätskontrolle auf die Existenz von Matriarchaten.
PETER Es ist wichtig zu sehen, daß wir nicht-patriarchale Beziehungen nicht ohne weiteres als matriarchale Beziehungen interpretieren dürfen. G.-A. scheint zu denken 'Die matriarchale Religion kann doch nur Ausdruck einer matriarchalen Gesellschaft sein'.
YOSHI Daß es noch andere Möglichkeiten gibt, das Zustandekommen einer matriarchalen Religion zu erklären, wird völlig ignoriert – der gewünschte Zusammenhang wird als real unterstellt.
PETER Wunschdenken, gewiß. Und hier kommen quasi-mythische Denkformen ins Spiel, auf die wir bereits bei der Analyse des Marxismus gestoßen sind.
INGO Gut, aber was bezweckt sie mit diesem Quasi-Mythos? Und welches Wertsystem verbirgt sich dahinter?
YOSHI Sie will – wie wir – das Patriarchat überwinden, die Norm vom ökonomisch, sozial und geistig zur Herrschaft bestimmten Mann verabschieden.
PETER Ferner denkt sie – wie auch wir es tun – 'Das patriarchale Geschlechtersystem hat es nicht immer gegeben, daher muß es auch nicht für alle Zeiten bestehen bleiben'.
YOSHI Dann aber geht es so weiter: 'Vor dem Patriarchat gab es ein Matriarchat, und dieses gilt es in neuer Form wiederherzustellen'. *Nach der langen patriarchalen Periode ist es nicht mehr möglich, ein archaisches Matriarchat wiederzuerrichten – weder in uns noch außer uns. Das heißt aber nicht, daß wir überhaupt kein Matriarchat wiederherstellen könnten.*
HELGE Da sind wir. Der Schneideraum. Hallo, ich bin ...
VORFÜHRER ...der Anhang von Big Susi, ich weiß. Setzt euch, dauert noch einen Moment.
HELGE Der Anhang.

SABINE Da siehst du mal, wie das ist. Ganz in G.-A.'s Sinne, mein Lieber.

PETER Darauf wollte ich gerade kommen: Göttner-Abendroth hat zwar eine *utopische Leitidee*, aber Vorsicht, sie stimmt mit unserer abstrakten Utopie nicht überein. Diese lautet 'Ungehinderte Entfaltung von Männern und Frauen unter Bedingungen gesellschaftlicher Solidarität und Herrschaftsfreiheit, insbesondere zwischen den Geschlechtern'. Göttner-Abendroths Utopie hingegen sieht weibliche Herrschaft vor. Auf dieser entscheidenden Ebene kehrt sie die im Patriarchat bestehende Geschlechterhierarchie bloß um.

INGO Darauf scheint es ja auch in dem Film hinauszulaufen.

SABINE Werden wir gleich sehen.

YOSHI Wenn sie von der Ablösung des Patriarchats durch ein neues Matriarchat die Lösung aller uns bedrängenden Probleme erwartet, so unterstellt sie offenbar eine substantielle Überlegenheit des weiblichen Geschlechts über das männliche. Mit der Vision des Matriarchats scheinen sich Vorstellungen 'naturgemäßer', dem 'Wesen' des Menschen, genauer: dem 'Wesen' der Geschlechter entsprechender Ordnung zu verbinden. Etwa so: 'Wenn die Männer sich für überlegen halten und herrschen, dann geht alles den Bach runter; als hingegen wir Frauen herrschten, war alles noch in Ordnung, und wenn wir dereinst wieder herrschen werden, wird wieder alles in Ordnung sein'. Die richtige Ordnung der Dinge wird wiederhergestellt sein.

INGO Klingt ja verdammt nach Sündenfall. Der Übergang zum Patriarchat hat uns aus dem ersten Paradies vertrieben. Im neuen Matriarchat wird der Sündenfall aufgehoben und das zweite Paradies erreicht sein. Ah ... es geht los!

Vor uns begann die Geschichte von Indiana Jane abzurollen. Es handelte sich, wie gesagt, lediglich um die Sichtung einzelner Filmrollen, die immer wieder durch kurze Pausen unterbrochen wurden, ohne Musik, Geräusche, Nachsynchronisation – für uns Mythologen aber deshalb nicht weniger interessant, da uns schon früh klarzuwerden begann, daß das Drehbuch tatsächlich und in frappierender Detailtreue auf dem von uns diskutierten Buch von Göttner-Abendroth aufbaute.

HUGH Vielen Dank, Miss ...
SUSI *Dr.* Jane. Du kannst Indy zu mir sagen.
HUGH Wirklich, Indy, ohne Ihre Hilfe hätten die mich wer weiß wohin geschleppt.
SUSI Keine Ursache. Los, zieh Dir was über, wir müssen hier weg. Was hattest du überhaupt in diesem Nightclub zu suchen?
HUGH Erlauben Sie mal, man wird doch wohl seinen Spaß haben dürfen. Ich bin schließlich ein Mann!
SUSI Das sehe ich. Und dir ist nicht aufgefallen, daß im Publikum nur Frauen saßen?
HUGH Oh Gott, erinnern Sie mich nicht daran ... Sie kamen auf mich zu ... und dann diese dicke Chinesin mit dem Messer ...
SUSI Nicht weinen. Ist ja gut, Baby ...
HELGE Was denn, was denn, küßt sie ihn jetzt? Wieso weiß ich davon nichts?
PETER Ist doch nur 'n Filmkuß. Die küssen sich aufs Kinn, weißt du ... Oh. Dachte ich jedenfalls.
HUGH Oh, Indy ... Was war das?
SUSI Verdammt. Der Propeller streikt. Schnapp dir den Fallschirm.
INGO Genau wie bei uns! Ob das auch ne russische Maschine ist?[16]
HELGE Psst! Da, sie landen mitten im Dschungel. Voll das Klischee ...
YOSHI Ruhe, ich will den Film sehen!
HUGH Oh! Was war das?
SUSI Sah aus wie eine Axt. Wir sind anscheinend auf dem Gebiet des Luna-Stammes. Ich hätte nicht gedacht, daß wirklich eine entwickelte Form der matriarchalen Religion existiert.
HUGH Entwickelte Form?
SUSI Sie basiert auf dem *Dreistockwerk-Weltbild der antiken Völker*. Passen Sie auf, eine Fallgrube.
HUGH Hups. Danke.
SUSI Es ist so: *Der Himmel ist die oberste, lichte Region, Wohnung der göttlichen Gestirne; Land und Meer sind die mittlere*

---

[16] Vgl. Kapitel 3; Der Eliade-Kongreß, Teil 1.

Region, die Welt der Menschen; die Unterwelt ist die Region unter der Erde oder unter dem Meer und anderen Gewässern, aus der die geheimnisvollen Kräfte des Todes und der Wiederkehr kommen. In den entwickelten matriarchalen Religionen wird der dreigegliederte Kosmos als vollständig von weiblichen Kräften durchdrungen angesehen. Oben wohnt die helle, jugendliche, atmosphärische Göttin, verkörpert im astralen jagenden Mädchen. In der Mitte, Land und Meer beherrschend, wohnt die Frauengöttin, die mit ihrer erotischen Kraft Erde und Gewässer, Tiere und Menschen fruchtbar macht und damit das Leben erhält. In der Unterwelt wohnt die Greisingöttin, die Todesgöttin als Alte Frau, welche alles Leben im Abgrund vernichtet und zugleich aus der Tiefe wiederaufstehen läßt, sie ist die mysteriöse Göttin ewigen Untergangs und ewiger Wiederkehr. Vorsicht, treten Sie nicht auf die Schlange.
HUGH Aah!
SUSI Wo war ich? *Alle drei Gestalten zusammen bilden nur eine Gottheit, sie sind also nie völlig voneinander zu trennen. Es ist die matriarchale Große Göttin, die erste Dreifaltigkeit. Ihr Symbol ist der Mond als Einheit mit drei Phasen: als weißer Sichelmond Symbol der Mädchengöttin; als roter Vollmond Attribut der Frauengöttin; als unsichtbarer Neumond Symbol der dunklen Unterweltsgöttin.*
SABINE Erstaunlich. Das ist wörtlich G.-A.!
YOSHI Na ja, bis jetzt wird es ja nur behauptet, nicht gezeigt. Hey, was ist das?
SABINE Das glaube ich nicht. Die zeigen die Bluthochzeit!

In der Tat. Auf der Leinwand lief ein feierliches, archaisches Ritual ab, von dem Sabine (und die Filmheldin Mutti/Indy) durch intensive Göttner-Abendroth-Lektüre schon wußten, wie es ausgehen würde, ganz im Gegensatz zum ahnungslosen Hugh Grant, der mit Indiana Jane inzwischen in den Tempel eingedrungen war, wo der Amazonenchor seinen Hochzeitsgesang anstimmte.

HUGH Schon wieder nur Frauen ... Ah! Da ist ja ein Mann.
SABINE Und was für einer! Bauchmuskeln wie Brad Pitt.
HELGE Das *ist* Brad Pitt.
SABINE In so einer kurzen Rolle?

HELGE Wieso kurz?
SABINE Wirst schon sehen.
HUGH (leise) Was tun sie mit ihm?
SUSI (leise) Er wird zum König gekrönt. In der matriarchalen Religion gibt es keine männlichen Götter, wohl aber einen männlichen Heros, der in jeder Phase auf die Göttin bezogen ist.
HUGH (leise) Wo ist denn die Göttin?
SUSI (leise) Sie wird durch die Priesterin dort repräsentiert. Es muß wohl gerade ein zyklisches Jahreszeitenfest stattfinden, die Priesterin ist hierbei die gesetzgebende aktive Partnerin der Göttin. *Der sakrale König oder Heros ist dagegen der Vertreter der Menschen, mit dem sich die Göttin in Gestalt der Priesterin verbindet, um ihrem Volk neues Leben zu schenken.* Durch sie gewinnen die Menschen in der Initiation des Heros überhaupt erst Anteil an Gütern und Würden; er ist als Teil integriert in ihre panhafte Fruchtbarkeit. Was du siehst, ist die *Heilige Hochzeit*.
HUGH Aber doch nur symbolisch?
SUSI (leise) Nein, nein. *Alle Rituale werden nicht nur symbolisch, sondern tatsächlich vollzogen: die Initiation ist Verleihung der Königswürde; die öffentliche Hochzeit ist das Fruchtbarmachen aller kosmischen Regionen.* Da, siehst du?
HUGH Tatsächlich. Beneidenswerter Bursche!
HELGE Wow! Ich dachte, Sharon Stone wollte keine Bettszenen mehr spielen.
YOSHI Das ist ja auch kein Bett, sondern ein Altar.
PETER Sehr freizügig, in der Tat.
SABINE Gleich kommt's.
INGO Was hat Sharon da in der Hand? Ist das ein Eispickel?
PETER Oh Gott!
HUGH Oh Gott!
SUSI (leise) Psst! Na, immer noch beneidenswert? Ich sagte doch, alles wird tatsächlich vollzogen. *Der Tod des Königs ist seine Opferung, um die kosmischen Regionen durch sein Blut für das nächste Jahr fruchtbar zu erhalten; seine Wiederauferstehung ist seine Wiederkehr im Nachfolger, wobei von der Idee der Seelenwanderung ausgegangen wird.*
HUGH Nachfolger? Ich sehe aber weit und breit keinen Mann.
HELGE Oh nein, ich weiß schon, was jetzt kommt ...

VORFÜHRER Sorry, Leute, ich muß die Rolle wechseln. Fünf Minuten Pause.

Schweißüberströmt sahen wir uns im Licht der nun aufflackernden, kalten Neonbeleuchtung an. Für meinen Geschmack war entschieden zuviel *Basic Instinct* in dem Cocktail geklauter Filmideen, aber sowohl Sabine als auch Peter versicherten mir, daß man sich nach wie vor eng an die Theorien Göttner-Abendroths gehalten hatte. Was mochte diese Frau damals noch für Filme gesehen haben?

PETER Puh. Interessant. Ich würde gern darüber reden, wie ein solches Weltbild im Lichte unserer Theorie interpretiert werden könnte.

YOSHI Das trägt jedenfalls zur Beruhigung bei. Zunächst mal ist sonnenklar, weshalb dieses Weltbild für die matristische Position so interessant ist. Für Leute, die an eine substantielle Überlegenheit der Frau glauben, stellt der matriarchale Religionstyp eine Art Bestätigung der eigenen Grundüberzeugung dar.

PETER Genau. Das ginge etwa so: Dieser Religionstyp stimmt mit dem 'Wesen' der Geschlechter überein – an ihm sollten wir uns beim Kampf für das neue Matriarchat orientieren. Damals befand man sich noch im Einklang mit den tiefen Wahrheiten des Lebens. Dann aber kam die große patriarchalische Lüge.

SABINE Dazu habe ich einen G.-A.-Satz gefunden: *Das Weibliche ist das Prinzip allen Lebens – klar und eindeutig sagt es die ägyptische Bildersprache.*

PETER Jetzt laßt uns mal ein paar Interpretationsideen sammeln. Wenn eine Religion den dreigegliederten Kosmos vollständig von weiblichen Kräften durchdrungen sieht, so bringen wir das nicht mit einem illusionären 'Wesen' der Geschlechter in Verbindung, sondern fragen, wodurch eine religiöse Aufwertung des Weiblichen zustande kommen könnte.

SABINE Hier ist die Information wichtig, daß matriarchale Religionen erst in Ackerbau-Gesellschaften auftreten, wo ja ganz auf die Fruchtbarkeit und die periodische Erneuerung der Natur gesetzt wird.

YOSHI Und das mythisch-religiöse Bewußtsein ist genötigt, diese Erneuerung übernatürlich-numinos zu deuten. Dazu braucht es

Modellvorstellungen, die es erlauben, das Unbekannte und Fernerliegende nach dem Muster des Bekannten und Naheliegenden aufzufassen.

INGO Klar, da drängt sich das Modell der weiblichen Fruchtbarkeit geradezu auf.

HELGE Und durch unbewußte Übertragung dieses Modells auf die Natur wird diese zur *Mutter Erde*.

SABINE Das heißt: die Natur wird als von numinosen Kräften *weiblicher* Art durchdrungen gesehen. So entsteht die *einfache* matriarchale Religion im Sinne von Göttner-Abendroth. Die Göttin ist hier *die chthonische Göttin als Personifikation der Erde selbst. Sie wohnt in Schluchten, Höhlen, Vulkanen oder einfach überall unter der Erde. Sie bringt aus der Tiefe alles Leben hervor und zieht es wieder zu sich hinab. Die Erdgöttin gilt als 'Mutter' alles Lebendigen, alle Frauen sind ihre 'Töchter', alle Männer ihre 'Söhne'*.

HELGE Na ja, aber eben haben wir doch die entwickelte Form erlebt. Wie kommen wir denn von der einfachen Form dahin?

PETER Nun, liegt erst einmal die Projektion eines geschlechtsspezifischen Modells in die Natur vor, so kann es nicht weiter verwundern, daß diese Projektion zu einem in sich differenzierten Weltbildsystem ausgearbeitet wird. Dann erscheint der dreigegliederte Kosmos als vollständig von weiblichen Kräften durchdrungen.

SABINE Durch die Feminisierung des Kosmos erhöht sich rückwirkend das Prestige der Frau.

PETER Daher würden die matriarchalischen Religionen sehr gut zu einer gesellschaftlichen Vorrangstellung und Herrschaft der Frau passen ...

INGO ... wenn es denn ein Matriarchat im strikten Sinn gegeben haben sollte.

YOSHI In jedem Fall ist zu erwarten, daß einer matriarchalischen Religion – zumindest über weite Strecken der Entwicklung – ein nicht-patriarchalisches Geschlechtersystem zugeordnet ist.

HELGE Sag mal, fällt dir was zur Mondsymbolik ein? Das war ja doch ein ganz anderes Modell als das von Kümmelkorn.

PETER In aller Kürze: Innerhalb des mythischen Denksystems kann sich der *Wunsch*, der Tod möge nicht endgültig sein, in eine

Annahme über die Wirklichkeit verwandeln: 'Der Tod *ist* nicht endgültig, ihm folgt immer eine neue Geburt'. Und die Mondphasen können nun als Bestätigung empfunden werden, denn durch Projektion erscheinen sie als Phasen der Geburt, des Todes und der Auferstehung.
SABINE Ich erinnere mich. 'Wie auf den Tod des Mondes immer wieder eine neue Geburt folgt, so folgt auch auf den menschlichen Tod immer wieder eine neue Geburt'.
PETER Hat die Mythisierung des Mondes aber einmal stattgefunden, so kann im Grunde jede Religion leicht eine zu ihr passende Mondmythologie 'erfinden'. Ob die Kümmelkornsche Idee einer blutleeren Ex-Sonne oder der Glaube an eine dreifaltige Größe, zu der eine Mythologie, die jeder Mondphase eine der drei göttlichen Frauengestalten zuordnet, natürlich perfekt paßt.
INGO Und was fangen wir mit Brad Pitt, ich meine mit dem Heros an?
YOSHI Das scheint einfach eine Sache der Logik zu sein. *Wenn* eine Feminisierung des Kosmos stattgefunden hat, dann bleibt für männliche Prinzipien und Figuren natürlich nur eine 'systematisch' untergeordnete Position übrig – eine Einbettung in ein 'weibliches' Universum. *Wenn* die schöpferischen Lebenskräfte als weibliche Kräfte identifiziert werden, dann können die männlichen Kräfte eben höchstens eine Hilfsfunktion bei der Erneuerung der Lebenskräfte haben.
PETER So könnten die von Göttner-Abendroth skizzierten Rituale zustande gekommen sein.
HELGE Ich glaube, es geht weiter mit dem Film.
PETER Okay, nur noch ein Fazit zur matriarchalen Religion. Ich würde es so ausdrücken: Matriarchale Religionen sind kein Beweis für die 'natürliche' Vorrangstellung der Frau. Sie kommen zustande durch unbewußte Übertragung eines weiblichen Modells auf den Kosmos. Und diese Projektion wird auch zu einer passenden Mondmythologie ausgeformt.

Danach sahen wir uns die restlichen Teile des Films an, von dem der geneigte Leser sicher schon ahnt, wie er ausgeht: Indiana Jane wird zur neuen Oberpriesterin gekürt, die Tage bis zur neuen Bluthochzeit mit dem bedauernswerten Hugh Grant rücken näher, sie steht ganz unter dem Bann des Bösen, aber durch die Kraft der Liebe blah blah blah ... Ein Hollywood-Schluß halt. So wagemutig das Projekt in der Umkehr des klassischen Rollenverhältnisses doch zu sein schien, der allmächtige Verleiher hatte schlußendlich doch ein weniger männerfeindliches Happy End verlangt. Nun ja, immerhin blieb die starke Heldin, meine Gattin Susi, die stolze, ungebrochene Lichtgestalt und ließ sich nicht von ihrem etwas schwächlichen Lover domestizieren – ist ja auch schon was.

Nun aber wurde es für uns alle Zeit, uns für die große Drehabschluß-Party umzukleiden, die am Abend im dreißigsten Stockwerk des Sakamoto-Towers, des prächtigsten Hochhauses in L.A., gefeiert werden würde. In einer beeindruckenden Limousine wurden wir zu unserem Hotel gefahren.

YOSHI Junge, Junge. Hier gibt's sogar eine Hausbar. Möchte noch jemand einen Whisky?
HELGE Auf den Schreck sag ich nicht nein. Stell doch die Musik etwas leiser, ich bin noch ganz zitterig. Was für grausige Szenen ...
SABINE Moment, das Problem lag doch bloß in der Darstellung des kulturellen Konfliktes. Wenn die beiden westlichen Eindringlinge nicht gekommen wären, hätte die Gesellschaft weiter gut funktioniert. Frauenherrschaft funktioniert laut Göttner-Abendroth auf Dauer besser als Männerherrschaft, weil ...
PETER Genau darauf wollte ich gerade zu sprechen kommen. Nochmal zurück zur utopischen Leitidee von G.-A. und ihrer Vorstellung von der Überlegenheit des weiblichen Wesens. Göttner-Abendroth arbeitet mit höchst fragwürdigen Wesensbegriffen, die weder expliziert noch begründet werden. Dem 'Wesen' des Mannes entspricht offenbar die *unheilvolle Logik von These und Antithese*, dem 'Wesen' der Frau hingegen die 'Synthese'. *Gesellschaften, die unter der Dominanz der Frau standen, entwickelten – anders als die Gesellschaften unter der Herrschaft des Mannes – nicht die zerstörerische Gegensätzlichkeit.*
INGO Das heißt doch dann auch: Während es unter der Herrschaft des Mannes zur Negativwertung und Ausschaltung der Frau kommt, ist unter der Herrschaft der Frau eine Integration der Männer möglich. *Wir lösen den Knoten um die Wiedergewinnung unserer Weiblichkeit nicht, wenn wir heute zu den antagonistischen*

Gegensätzen nur die umgekehrte Wertung produzieren: das weibliche Prinzip verabsolutieren und das männliche Prinzip verneinen. So würden wir nur die uns aufgezwungene Denkweise des Patriarchats fortsetzen.

PETER Daß das männliche Prinzip nicht verneint wird, besagt ja noch nicht, daß ihm gleiches Recht zuerkannt wird – sonst würde ja der weibliche Anspruch auf Herrschaft zunichte werden. Göttner-Abendroth vertritt nicht, wie wir es tun, eine egalitäre Position. Sanfte, milde Geschlechterherrschaft ist eben immer noch Geschlechter-Herrschaft.

HELGE Sanft ist gut. Ich erinnere nur an den Eispickel.

INGO Das war die archaische Reinform. Es geht ja jetzt um die Denkbarkeit eines neuen, modernen Matriarchats, wenn ich das richtig verstanden habe.

YOSHI Modern mag es sein, aber es basiert auf dem Herrschafts- oder viel mehr Herscherinnenschaftsgedanken. Auf der grundlegenden Ebene verabsolutiert sie, ohne dies einzugestehen, das weibliche Prinzip, produziert also nur die umgekehrte Wertung.

PETER Auf einer abgleitenden Ebene hingegen ist sie bestrebt, das männliche Prinzip zu integrieren. Nach dem Motto 'Wir sind zwar zur Herrschaft bestimmt, aber im Rahmen unserer Herrschaft gestehen wir dem männlichen Prinzip ein relatives Eigenrecht zu'.

YOSHI Man braucht ein solches Motto nur auszusprechen, und sofort spürt man das Verquere der Konzeption. Sie möchte ein Geschlechtersystem überwinden, in dem die Skala der negativen Eigenschaften stets auf die Seite des Weiblichen glitt: war der Mann das Obere, das Helle, das Gute, so war die Frau das Untere, das Dunkle, das Böse.

PETER Doch das System, das sie an die Stelle des Patriarchats setzen möchte, vermeidet das hierarchische Denken nur in einem sekundären Bereich. Im Kernbereich wird nun die Frau zum Oberen, Hellen, Guten. Der Verzicht auf die Verteufelung, Verneinung und Vernichtung des männlichen Prinzips führt dann, wenn dennoch an der substantiellen Überlegenheit des Weiblichen festgehalten wird, gerade nicht zur angestrebten Integration des weiblichen und des männlichen Prinzips.

INGO Oder: Das, was als Integration ausgegeben wird, ist in Wahrheit eine gewaltsam herbeigeführte Geschlechterharmonie.

SABINE So, jetzt bist du doch sicher scharf darauf, die bisherige Kritik an Göttner-Abendroth zusammenzufassen.
PETER Natürlich! Wenn wir uns soviel Mühe geben, soll ja wenigstens ein Buch draus werden, nicht? Gib mir mal das Diktiergerät, bitte. Ähem. Kritik an Göttner-Abendroth. Drei Linien der Kritik sind zu unterscheiden.
1) Die Linie der empirisch-rationalen Kritik auf der Grundlage des verfügbaren Wissens. Hier gilt erstens: Die Existenz von matriarchalen Gesellschaften (und das heißt vor allem: von Gesellschaften mit weiblicher Herrschaft) ist nach wie vor eine offene Frage. Insbesondere kann aus Phänomenen wie Matrilinearität und Matrilokalität nicht ohne weiteres auf ein Matriarchat geschlossen werden. Und zweitens gilt: die Annahme eines feststehenden 'Wesens' der Frau und des Mannes, mit der mehr oder weniger stillschweigend gearbeitet wird, hält empirisch-rationaler Kritik nicht stand. Insbesondere kann aus den unbestreitbaren biologischen Vorgaben nicht direkt auf ein derartiges 'Wesen' geschlossen werden.
2) Die illusionskritische und illusionsgenealogische Linie. Hier gilt erstens: Göttner-Abendroth projiziert den Willen zur weiblichen Herrschaft in die 'Natur' oder das 'Wesen' der Frau. Dem eigenen Wollen werden höhere Weihen verliehen, und die angestrebte Gesellschaft erscheint als wesens- oder naturgemäße Gesellschaft. Zweitens: Der quasi-mythischen Theorie der Geschlechter entspricht eine quasi-mythische Sicht der Geschichte. Erstes Paradies = Ur-Matriarchat; Sündenfall und große Zeit der Entfremdung vom 'Wesen' = Patriarchat; zweites Paradies = neues Matriarchat.
3) Die Linie der kritischen Prüfung des jeweiligen Wertsystems. Hier gilt erstens: Es wird nicht einfach nur die Überwindung des Patriarchats angestrebt, es soll vielmehr die Geschlechterhierarchie auf der fundamentalen Ebene umgedreht werden. Die daraus erwachsene Utopie gehört nicht zu den Utopien der Autonomie. Zweitens: Durch Projektion des Wertsystems in eine 'vorbildliche Vergangenheit' und in eine 'naturgemäße Ordnung der Dinge' werden Zweifel an diesem Wertsystem abgewehrt. Kurzum, die verständliche Suche nach einer – so die Autorin – leitenden Idee, die uns in dieser desolaten Zeit ein utopisches Licht aufsteckt, nimmt quasi-mythische Formen an. Es ist, als würde man angesichts von Rassenproblemen wie folgt argumentieren. 'Die Zeit der Herrschaft

der Rasse A über die Rasse B ist vorbei; jetzt ist wieder Rasse B an der Reihe, doch so, daß die Angehörigen der Rasse A nicht vernichtet und ausgerottet werden, sondern ihre untergeordnete Rolle akzeptieren – am besten freiwillig und aus Einsicht'.

Und das Streben nach einer neuen Lebens- und Gesellschaftsform, deren utopische Vorwegnahme die Göttin und ihr Heros sind, hat dieselbe Struktur wie das Streben nach einer neuen Ordnung, in der Rasse B über Rasse A herrscht, und das sich an mythisch-religiösen Vorstellungen orientiert, die ein solches Herrschaftsverhältnis legitimieren könnten und vielleicht früher einmal legitimiert haben. Überhaupt sollten wir gegenüber denen, die von einer neuen Lebens- und Gesellschaftsform reden, zunächst immer skeptisch sein und das angebotene Gedankengebäude sehr kritisch prüfen. Häufig handelt es sich um höchst fragwürdige Wertsysteme und um unausgegorene Theorien. Diese Gedankengebilde werden von denen, die meinen 'Schlimmer geht's nicht mehr; Hauptsache anders' begierig aufgegriffen. Und bei ihrer Umsetzung zeigt sich rasch, daß es sehr wohl noch schlimmer kommen konnte.

HELGE Da ist unser Hotel, Peter. Ein kurzes Fazit?

PETER Auf jeden Fall. Es lautet: Der matristische Feminismus reproduziert in verändertem Gewand etliche Quasi-Mythen, die wir schon von der Marxismusanalyse her kennen.

SABINE Sind mit diesem ganzen Syndrom auch hier totalitäre Gefahren verbunden?

PETER Davon bin ich überzeugt.

SABINE Obwohl es sich nicht um eine Verwechslung von abstrakter und konkreter Utopie handelt?

PETER Das ist ein wichtiger Punkt. Zwar ist der Hyper-Utopismus eine gefährliche Denkform, aber es wäre blauäugig zu meinen, daß totalitäre Strukturen nur aus ihm hervorgehen könnten.

YOSHI Du meinst also, daß die Wesens-Projektion, das Entfremdungsmodell der Geschichte und die Vorstellung des Allheilmittels nach dem Motto 'Beseitigt die Männerherrschaft und das Goldene Zeitalter kehrt wieder' auch dann gefährlich sind, wenn sie nicht mit dem übertriebenen Utopismus verbunden werden?

PETER Das meine ich. Grundsätzlich gilt: Aus einer Kraft, die das Gute will, kann – wenn mit bestimmten projektiven Absicherungen gearbeitet wird – sehr leicht eine Kraft werden, die das Böse schafft. So, jetzt brauche ich eine Dusche. Was für ein Tag ...

Als Prof. Tepe das sagte, konnte er nicht ahnen, daß die Ereignisse des vor uns liegenden Abends diesen anstrengenden Tag wie eine sonntägliche Ruderpartie im Vergleich zu einer Raftingtour auf den Niagarafällen aussehen lassen würden. Dennoch hatte er Recht: Aus der Kraft, die das Gute will, kann leicht Böses entstehen. Wir würden diese Kraft bald kennenlernen ...

8. Feminismus II: Ab nach Montana!

PETER Du siehst hinreißend aus, Mutti.
SUSI Du aber auch, Peter. Diese Pumps stehen dir ausgezeichnet.
PETER Kann kaum drin laufen. Aber was tut man nicht alles für eine solidarische Geste.
SABINE Ist ganz gut, daß ihr auch mal seht, wie man uns Frauen einzwängt.
INGO Ja, ja, das bestätigt meine These: Korsett und Stöckelschuhe sind unnatürliche, vom Diktat männlicher Modeschöpfer aufgezwungene Sex-Objekt-Ausrüstungsgegenstände.
YOSHI Wir hat dir denn den Scheiß erzählt?
INGO Na, Peter! Heute mittag in der Kantine: 'Weiblichkeit ist stets produzierte Weiblichkeit'. Und von wem produziert? Denk nur an den Mythos von Adams Rippe.
PETER Interessanter Gedanke ... Sowohl Stöckelabsätze als auch die Fischgrät-Korsetts könnten von Form und Material einer Rippe nachempfunden sein.
INGO Und Jack the Ripper hatte nur Frauen auf dem Gewissen.
HELGE Aber was ist mit Feinripp-Unterhosen? Die tragen nur Männer ...
SABINE Könnt ihr jetzt die Klappe halten? Das ist die *Lady's Night*! Also benehmt euch entsprechend, ja?

Tja, das ist Hollywood. Ein Abend, an dem man nicht ein oder zwei Einladungen zu einer Party ausschlagen kann, ist ein verlorener Abend. Dank Muttis hervorragender Kontakte waren wir bereits von Paul Newman zum Barbecue eingeladen worden, hatten an Sylvester Stallones Toga-Party teilgenommen, hie und da ein paar Linien von diesem kitzligen weißen Pulver durch die Nase gezogen (Peter mußte allerdings immer gleich niesen) und jeder Menge blonder Starlets vergeblich zu erklären versucht, daß wir im Grunde gar nicht im Filmgeschäft seien. Kurzum, eine weitere stinknormale Filmstarfete hätte uns nicht aus dem Hotelzimmer gelockt, aber die *Lady's Night* versprach das Fest aller Feste zu werden, hier im 1000 Quadratmeter großen Penthouse von L.A's höchstem, gerade fertiggestellten Hochhaus, dem Sakamoto-Tower. Gut, mein Hüfthalter zwickte mich schon jetzt ein wenig, aber damit würde ich mich schon abfinden. Allerdings fühlten wir vier 'männlichen' Mitglieder von Mythic Tours uns doch noch nicht als ganze Frauen und hielten uns lieber beobachtend im Hintergrund, während Mutti und Sabine sich selbstbewußt mitten ins Gewühl stürzten. Mit nicht geringem Stolz beobachtete ich, wie elegant meine Gattin ihre Aufmerksamkeit zwischen den Avancen der sie umgebenden Hollywoodstars und ihrem Manager teilte, der sie immer wieder per Handy über die neuesten Rollenangebote unterrichtete.

PETER Hey, ist das nicht Barbra Streisand?
INGO Tatsächlich. Und da steht Madonna. So sieht also Body-Painting aus.
YOSHI Siehst du die Saxophonspielerin dahinten?
PETER Die mit der Sonnenbrille? Spielt gar nicht schlecht.
YOSHI Du hast ja noch nie viel von Musik verstanden. Das ist Mr. Clinton.
INGO Ach ... Ich dachte mir gleich, die Frau am Schlagzeug sieht aus wie Hillary.
HELGE Sie ist Gastgeberin heute abend. Bill spielt die zweite Geige. Außerdem geht er gleich wieder, die First Lady möchte nicht, daß er ihr die Show stiehlt.
INGO Wenn ihr hier einer die Show stiehlt, ist das ja wohl Mutti. Junge, ist die umlagert.
HELGE Tja, ich bin froh, daß sie mir auch so ein Handy geschenkt hat. Vielleicht ruf ich sie gleich mal an, falls es nicht besetzt ist ...
INGO Oh, höre ich da einen Schuß Sarkasmus heraus? – Entschuldige. Ah, Mr. President scheint aufzubrechen.
PETER Wo sind denn seine Bodyguards?
HELGE Siehst du die vier breitschultrigen Damen, rund um die Baßboxen?
PETER Starke Frauen, muß man sagen. Das erinnert mich daran, daß ich noch einmal kurz auf Göttner-Abendroth zurückkommen wollte. Setzen wir uns doch ... Oh, hallo Arnold. Steht Ihnen gut, das Schulterfreie. Hi, Clint, hübsche Ohrringe.

INGO Nochmal G.-A.? Du hast sie heute nachmittag doch ziemlich runtergebügelt. Hast du etwa auch was Positives über sie zu sagen?
PETER Das wollte ich gerade tun.
YOSHI Kann ich mir gar nicht vorstellen. Du hast die Annahme eines Matriarchats als Quasi-Mythos bezeichnet, du hast der Dame vorgeworfen, sie kehre auf der entscheidenden Ebene die Geschlechter-Hierarchie nur um, du hast das Zustandekommen matriarchaler Religionen anders erklärt als sie usw. usw. Wo sollen da die Wahrheitsmomente stecken?
PETER Ganz einfach. Die Wahrheitsmomente finde ich in anderen Teilen ihres Buches, auf die wir noch gar nicht eingegangen sind. Da geht es um die Veränderung religiöser Vorstellungen im Kontext des Übergangs zum Patriarchat, insbesondere um die Veränderung der Göttinnen.
INGO Das klingt ja interessant. Ihr Dreistadienschema – erstes Paradies, große Entfremdung, zweites Paradies – ist in einigen Ausformungen quasi-mythisch, das hatten wir schon festgestellt.
YOSHI Man kann es aber auch anders akzentuieren. So ist es eigentlich unproblematisch zu sagen: 'In vor-patriarchalischer Zeit kam diese und jene Seite der Weiblichkeit zum Zuge, die dann in der Folgezeit untergebuttert wurde; jetzt sollten wir versuchen, diese Dimensionen in neuer Form zur Geltung zu bringen'.
PETER Sicher, gegen das Wiederentdecken von Traditionen, die von späteren Gesellschaften verurteilt und abgeschoben, verdeckt und verdrängt wurden, ist grundsätzlich nichts einzuwenden. Das völlig legitime Bestreben, verschüttete Dimensionen der Weiblichkeit wiederzubeleben, nimmt jedoch quasi-mythische Form an, wenn es sich selbst als Wiederbelebung von *Restbeständen untergegangener matriarchaler Gesellschaften,* ohne daß die Existenz-Frage geklärt wäre, mißversteht.
YOSHI Verzichtet man aber auf den Quasi-Mythos vom Matriarchat und folgerichtig auch auf die Suche nach matriarchalen Restbeständen, so bleibt der Kern 'Wiederbelebung verschütteter Weiblichkeitsdimensionen' dennoch intakt. Das heißt ...

An dieser Stelle wurden wir von einer kurzen Begrüßungsrede der als Gastgeberin fungierenden First Lady unterbrochen. Ein kurzes

Klopfen an ihr Champagnerglas, und erwartungsvolle Ruhe trat ein unter den Damen Hollywoods sowie ihren zur Feier des Tages als Damen gekleideten Herren.

HILLARY Ladies und ... 'Ladies'. (Gelächter) Herzlich willkommen zur *Lady's Night* zu Ehren des ersten feministisch geprägten Trivial-Abenteuer-Epos, auf dessen Erscheinen Sie sich wahrscheinlich schon ebensosehr freuen wie ich. (Applaus) Viele Darbietungen starker Frauen erwarten Sie heute abend, und ich hoffe, daß Sie sich gut amüsieren werden. Mein besonderes Lob gilt den Herren, die durch ihre Kleidung ihre Solidarität mit dem Gedanken der absoluten Gleichberechtigung erklären. (Gejohle) So, bevor jetzt Shirley Bassey ihr berühmtes *I am what I am* für uns singt, zunächst eine Verbeugung an die starken Frauen Hollywoods: Film ab!
PETER Was kommt denn jetzt? Schon wieder Kino?
INGO Was hast du erwartet? Wir sind in Hollywood.
HELGE Das sind bloß ein paar Aussschnitte. Da, Sigourney Weaver in *Alien*. Eine echte Power-Frau! Dann kommt jetzt bestimmt ... Na also. *Thelma und Louise*, ich wußte es doch.
YOSHI Ein interessanter Einsatz moderner Hollywood-Mythen. Wenn z.B. die *Power-Frau* das Ziel bei der Suche nach neuen Weiblichkeitsdimensionen ist, dann liegt es nahe, sich auf die Tradition der Kraftfrauen zurückzubesinnen, die in Mythen und Märchen zum Ausdruck kommt.
PETER Dagegen ist nichts zu sagen. Die freie, eventuell auch körperlich starke Göttin, die keinem Götter-Gatten untertan ist, kann zum Leitbild werden. Im Sinne eines fiktionalen Mythos, der als Wertsymbol dient. Und auf Leitbilder können wir nicht verzichten. Warum also nicht das Bild der 'starken' Göttin hochhalten, um selbst zur 'starken' Frau zu werden? Die 'starke' nicht domestizierte Göttin ist zugleich ein gutes Gegenbild gegen die Vorstellung Weiblichkeit = Schwäche, die ihrerseits perfekt zum patriarchalen Geschlechtersystem paßt.
INGO Denn ein Wesen, das von seinem 'Wesen' her oder von 'Natur' aus schwach ist, bedarf eines starken Beschützers. Ganz anders als ... da kommt sie ja, *Catwoman* gegen *Batman*.
HELGE Wow, dem hat sie's aber gegeben.

PETER Jetzt laß doch diese Trivial-Mythen mal aus dem Spiel.
INGO Ich kann mich auf nichts anderes konzentrieren, wenn das Zeug über die Leinwand flimmert.
HELGE Das war's ja schon, seht ihr? Nächster Programmpunkt. Oh nein. Ballett. Ich hasse Ballett.

Na ja, *hassen* ist vielleicht eine Spur zu krass ausgedrückt, aber sagen wir so: Wenn ich die Wahl habe zwischen einer Wurzelbehandlung und drei Stunden *Giselle*, mache ich meine Entscheidung vom Qualifikationsgrad des Anästhesisten abhängig. Zugegeben, die klügsten Köpfe haben sich bereits an Ballett-Libretti versucht, so auch unser verehrter Heine[17], aber trotzdem ... Obwohl, wir waren in Hollywood, und so war zumindest kein klassisches Ballett zu befürchten. Tatsächlich rockte die Band los, Nebelmaschine und Glitzerkugel traten in Aktion, und auf die Bühne wurde ein gigantischer, mit bunten Birnchen bestückter Thron gerollt, auf dem ein bärtiger, halbnackter Mann saß.

HELGE Was soll das denn jetzt? Was hat er da in der Hand?
YOSHI Ein Flashlight. Einen Blitz also ... Das muß Zeus sein!
INGO Und die kleine Blonde, die auf ihn zutanzt?
KLEINE BLONDE ...'cause my heart belongs to daddy ...
PETER Daddy ... Seine Tochter ... Klar, das ist Artemis! Seht ihr, sie setzt sich auf seinen Schoß. Genauso wird es in den olympischen Mythen beschrieben ...
HELGE Ich verstehe überhaupt nichts mehr. Ist das wieder G.-A., oder was?
INGO Ich glaube, sie singen noch eine Weile. Erklär doch mal schnell, worum es hier geht.
PETER Nun, es scheint sich um eine Dramatisierung von G.-A.'s Suche nach den historischen Wurzeln ihrer Wertorientierung zu handeln. Die Frage 'Wo gab es das, was wir anstreben, schon einmal, sei es auch nur in einer Vorform?' ist immer legitim ...
YOSHI ... wenn sie nicht in einer von Quasi-Mythen befallenen Form auftritt.

---

[17]*Der Doktor Faust, ein Tanzpoem*, sowie *Die Göttin Diana*. Vgl. hierzu auch Mythisches, Allzumythisches I, Kapitel 10.

PETER Dann aber sind die Quasi-Mythen erkenntniskritisch so aufzulösen, daß das legitime Bedürfnis weiterhin zum Zuge kommen kann. Im Lichte dieser Vorsichtsmaßnahmen kann man dann an die Untersuchungen von Göttner-Abendroth herangehen.

HELGE Und was hat das mit Zeus und Artemis zu tun?

PETER Wart 's nur ab, das ist sehr interessant. Also, G.-A. befaßt sich zunächst mit einigen Göttinnen aus der griechischen Mythologie. Und wenn wir den Matriarchats-Mythos eliminieren oder wenigstens in Klammern setzen, stellt sich ihr Vorgehen folgendermaßen dar: Sie geht davon aus, wie die Göttin X in der Epoche des etablierten Patriarchats vorgestellt wurde, und sie versucht zu rekonstruieren, wie X in der vor-patriarchalischen Epoche vorgestellt wurde. Dabei benutzt sie das – beim letzten Mal behandelte – Modell der matriarchalen Religion mit der dreifaltigen Großen Göttin als Leitfaden.

YOSHI Das könnte ein sehr produktives Verfahren sein. Beispiel Artemis. Über die olympische, sprich: patriarchale Artemis wird in den Mythen unter anderem berichtet: *Als kleines Mädchen saß Artemis auf den Knien ihres Vaters Zeus und bat ihn um den Bereich für ihre göttlichen Aktivitäten. Sie wünschte sich zuerst, daß sie immer ein Mädchen bleiben würde* ...

HELGE Was gibt er ihr denn da? Eine Knarre?

PETER Nun, ursprünglich *wünschte sie sich Pfeil und Bogen und alle Berge der Welt mit den wilden, jagdbaren Tieren darauf; dort wollte sie immer leben. Zeus gewährte es ihr lächelnd und machte sie noch zur Schützerin der Gebärenden und der Kinder, außerdem erhielt sie dreißig Städte, in denen sie verehrt werden sollte.*

YOSHI Soweit ich weiß, gibt es aber etliche Hinweise darauf, daß die vor-olympische, vor-patriarchale Artemis erheblich anders konzipiert war. Sie scheint in dieser Epoche Glied einer Religion gewesen zu sein, die dem Schema der entwickelten matriarchalen Religion mehr oder weniger entspricht, nicht?

PETER Genau. Göttner-Abendroth faßt die Veränderung so: Von der kämpferischen, unüberwindlich starken Göttin, die Artemis in Epoche 1 war, wird sie in Epoche 2 zur kindlich-naiven Jungfrau, zum Schoßtöchterchen des Zeus.

INGO Raffiniert. G.-A.'s Fragestellung ist in einem solchen Fall doch sehr fruchtbar.

HELGE Deshalb wird Zeus auch gerade von der Bühne geschubst.

PETER Eben. Wenn nämlich zu vermuten ist, daß Artemis in Epoche 2 dergestalt bearbeitet wird, daß sie sich ins patriarchale Geschlechtersystem einfügt, dann ist es auch sinnvoll, nach Restbeständen der 'alten' Artemis innerhalb des olympischen Mythenbestandes zu fahnden. Dabei sollte aber nicht unterstellt werden, daß es in jedem Fall Restbestände einer matriarchalen Religion geben *muß*.

YOSHI Da kommt auch schon das passende Beispiel, seht ihr?

HELGE Wow, wo kommt denn der riesige Whirlpool her ... Und wer ist der Spanner da?

YOSHI Der Mythos erzählt: *Einmal geriet der Prinz Aktaion zufällig in die Nähe des Badeplatzes von Artemis und ihren Begleiterinnen. Er versteckte sich, um sie zu beobachten. Als Artemis bemerkte, daß er sie nackt gesehen hatte, verwandelte sie ihn in einen Hirsch und tötete ihn mit einem Pfeilschuß.*

HELGE Moment, die küssen sich aber, soweit ich das sehe.

PETER Streng nach Göttner-Abendroth. Sie sieht die Situation anders; nämlich als ein Relikt matriarchaler Religion, insbesondere der Göttin-Heros-Struktur. Artemis tötet Aktaion keineswegs, *weil er ihre Nacktheit beim Baden beobachtete: als orgiastische Nymphe ist sie immer nackt. Sie tötete ihn rituell nach der Heiligen Hochzeit, die er als 'Hirsch' mit Artemis als 'Hindin' vollzog* – vermutlich Totem-Masken, die von der Artemis-Priesterin und dem Heilgen König getragen wurden. Ganz wie im Indiana Jane-Film also.

INGO Ich sehe schon. (Maschinengewehrgeknatter) Weg ist er.

YOSHI Selbst wenn sich diese These als unhaltbar erweisen sollte, bleibt die Legitimität der Fragerichtung davon unberührt. Sie ist zulässig, und es kann wichtig sein, nach Relikten der Religion der Epoche 1 in der Religion der Epoche 2 zu suchen.

INGO Also, ich hab genug von mythologischem Hollywood-Ballett. Kommt ihr mit in die Küche?

PETER Klar, da ist auch ein bißchen mehr Ruhe. Hast du ein weiteres Beispiel, Yoshi?

YOSHI Jede Menge. Wie wär's mit Aphrodite? Sie *trug einen magischen Gürtel, der jeden, der sie anblickte, mit Liebe zu ihr*

erfüllte. So erging es den meisten Göttern: Obwohl sie mit Hephaistos verheiratet war, hatte sie nacheinander Ares, Hermes, Poseidon und Dionysos als Liebhaber, sogar Zeus wurde durch die Magie des Gürtels in Versuchung geführt. Göttner-Abendroth sieht auch hier eine patriarchale Deformation am Werk. Aus der vorolympischen Aphrodite Urania, die die uralte Schöpfergöttin selbst war, wird die charakterlose Beischläferin verschiedener lüsterner Götter.
PETER Oder Athene. Gib mir mal die Melone da, Ingo. Und ein Messer ... danke. Also, das ist jetzt der Kopf des Zeus. Nach der olympischen Version wurde Athene aus seinem Haupt geboren. *Denn dieser hatte die Göttin der Weisheit, Metis, verschlungen, während sie mit Athene schwanger war. Als er am Tritonsee in Libyen spazierenging, erfaßte ihn ein rasender Kopfschmerz, der so schlimm wurde, daß ein Spalt in seinen Schädel geschlagen werden mußte.* Zack! Einen Moment ... Und voilà, *heraus sprang die voll bewaffnete, erwachsene Athene mit einem mächtigen Schrei.*
HELGE Sehr bildlich gemacht. Der Parmaschinken ist also Athene?
YOSHI Gewissermaßen. Die *vor*olympische Athene dagegen war nach Göttner-Abendroth die Weisheit in Person, die sich selbst hervorgebracht hatte. Aus ihr wird dann die gehorsame Tochter des Zeus, die sogar aus seinem Haupt entsprang, weil Weisheit nun männlichen Ursprungs zu sein hatte. Liegt mir übrigens schwer im Magen, die Athene. Trinken wir einen Wodka, Peter?
PETER Natürlich. Im Athene-Kapitel finden sich im übrigen einige Sätze, die wieder ein Umkippen in eine quasi-mythische Denkweise anzeigen. Etwa die Behauptung, die grundlegenden Erfindungen der menschlichen Zivilisation seien von den Frauen des Matriarchats gemacht worden. Aber lassen wir das jetzt. Nasdarowje.
YOSHI Gleichfalls. Resümieren wir: Wenn wir Informationen über die Durchsetzung des patriarchalen Geschlechtersystems in einer Gesellschaft, z.B. eben in der griechischen, haben, sollten wir auch untersuchen, wie sich der Umbruch vom vor- und nicht-patriarchalen zum patriarchalen System auf der Ebene mythisch-religiöser Vorstellungen spiegelt. Wir sollten genau untersuchen, welche Veränderungen mythisch-religiöser Art geschehen sind und in wel-

chem Maß sie sich als Versuche erklären lassen, eine zum Patriarchat passende Vorstellungswelt zu entwickeln. Prosit.

INGO Klar, es liegt ja auf der Hand, daß eine Religion, in der weibliche Gestalten die dominierende Rolle spielen, über kurz oder lang als unpassend empfunden werden muß, wenn an die 'natürliche' Vorrangstellung des Mannes gegenüber der Frau geglaubt wird. Zu dieser Grundüberzeugung paßt selbstverständlich ein oberster männlicher Gott sehr viel besser.

HELGE Also wurden alle ursprünglichen Werte einfach 'umgewertet'? Mit was für Tricks ist das denn gemacht worden?

PETER Göttner-Abendroth hat sie herausgearbeitet. Änderung des Geschlechts der Urgottheit; die weibliche Göttin erhält den Vatergott als Gemahl, ohne den sie nichts vermag; aus der Dreifaltigkeit werden drei einzelne Göttinnen mit reduzierten Funktionen; Umkehrung ins Gegenteil (von der Liebesgöttin zum sündigen Weib); wird die Göttin zur Tochter des Vatergottes gemacht, so erscheinen alle ihre Fähigkeiten als vom Vater geerbt usw. Noch ein Schnäpschen, Yoshi?

YOSHI Nur zu. Ist die Feminisierung des Kosmos einmal durch eine Maskulinisierung abgelöst, so bleibt für weibliche Prinzipien und Figuren nur eine systematisch untergeordnete Position übrig – eine Einbettung in ein 'männliches' Universum. Es ist wohl nicht verfehlt, die Extremform des 'reinen' Monotheismus, sofern es sich um ein einziges männliches Prinzip handelt, das nichts mehr neben sich duldet, als Ausdruck des generellen Versuchs zu interpretieren, das Weibliche so weit wie möglich auszuschalten.

INGO Da wäre man richtig verwundert, wenn dieser *religiösen* Ausschaltung des Weiblichen nicht diverse Formen handfest-weltlicher Ausschließung des Weiblichen entsprechen würden.

PETER In kognitiver Hinsicht ist übrigens die Maskulinisierung des Kosmos genauso unbrauchbar wie dessen Feminisierung. Beide Modellvorstellungen leisten zur empirisch-rationalen Erkenntnis der Welt keinen nennenswerten Beitrag.

YOSHI Es handelt sich eben primär um Wertprojektionen. Prost, übrigens.

PETER Wohlsein. Noch mal kurss ssurück zu Göttner-Abend--roth. Es ist nicht nur die spezifische, vorhin beschriebene Fragerichtung, die ich begrüße. Für grundsätzlich richtig halte ich auch

ihre Entscheidung für einen sozial- und kulturgeschichtlichen Ansatz in der Mythosforschung. Nochn Rest in der Flasche?
YOSHI Klar, wenn man von den quasi-mythischen Restbeständen einmal absieht, ist er den ahistorisch-spekulativen Ansätzen prinzipiell überlegen. Ohne kulturgeschichtliche und sozialhistorische Kenntnisse bleiben Aussagen z.B. über eine griechische Göttin ja doch bodenlos. Hupps! Schulligung.
PETER Wie Göttner-Abendroth, so deuten auch wir mythisch-religiöse Vorstellungen als Ausdruck komplexer gesellschaftlicher Praxis – und insbesonnonere der sie prägenden Wertübersseuungen.
YOSHI Wir verssichten freilich auf die dem Matriarchats-Mythos dienliche These, in frühen Gesellschaften habe die 'Mythologie' noch die Fungssion eines typisierenden Abbildes, während sie erst später die Funngssion einer verschleiernden Ideologie erhalte.
PETER Genau. Ein Fassiit?
YOSHI Klar. Die Stärken von Göttner-Abendroth liegen da, wo sie der Frage nachgeht, wie und warum sich religiöse Vorstellungen beim Übergang vom Nicht-Patriarchat, wie immer dies genauer zu bestimmen sein mag, zum Patriarchat verändern. Eine solche Forschung ist auf die Annahme eines Matriarchats nicht angewiesen, und sie wird durch diesen Quasi-Mythos selbst 'deformiert'. Cheers, aldes Haus.

Ingo und meine Wenigkeit hatten uns schon längst aus der engagierten, aber entschieden vom Alkohol getrübten, schulterklopfenden Pseudo-Diskussion ausgeklinkt, und nachdem unsere beiden Kollegen erschöpft, aber fröhlich an der Küchenwand heruntergerutscht waren und nun kichernd an einem Champagnerkorken nestelten, machte ich mich auf die Suche nach den Waschräumen. Fündig geworden, saß ich lange Zeit verträumt in der angenehm ruhigen, crèmefarbenen WC-Kabine, als plötzlich Schußgeräusche und lautes Kreischen durch die Wände drangen. Zunächst dachte ich an eine weitere Revue-Einlage, doch die Länge und Intensität des Lärms sagte mir schon bald, daß da etwas nicht stimmen konnte. Entschlossen griff ich zum Handy und wählte Muttis Nummer.

SUSI Ja?
HELGE Mutti! Gottseidank, da bist du ja. Sag mal, was ist denn das für ein Krach? Ich hab mir schon Sorgen gemacht.
SUSI Hast du denn gar nichts mitgekriegt? Hier ist 'ne Terroristentruppe gelandet, die haben das ganze Gebäude unter Kontrolle. Wo steckst du denn wieder, Vati? Nein, laß mich raten – auf dem Klo?
HELGE Hmnja.
SUSI Typisch. Aber so haben sie dich wenigstens nicht erwischt. Die anderen haben sie alle im großen Saal zusammengetrieben, und ...
HELGE Ach je! Und was ist mit dir? Wo steckst du, Mutti?
SUSI In einem der Aufzugschächte. Hör zu, du mußt mir helfen. Über dir ist doch sicher ein Belüftungsgitter in der Deckenplatte?
HELGE Äh ... ja, denke schon. Was machst du in einem Aufzugschacht?
SUSI Du sollst zuhören! Also, es waren vierzehn Terroristen, das heißt Terrorist*innen*. Gerade haben sie einen Maskenbildner erschossen, weil er sich an der Frisur der Anführerin zu schaffen machen wollte. Das sind knallharte Typen, sag ich dir. Drei hab ich ausgeschaltet, ich hab jetzt eine Kalaschnikow und ein paar Handgranaten. Wir müssen ...
HELGE Aber Mutti! Wieso rufen wir nicht einfach die Polizei an?
SUSI Spinnst du? Das ist die *Lady's Night,* schon vergessen? Was Bruce Willis kann, kann ich schon lange. Das wollen wir doch mal sehen. Also, du hebst jetzt die Deckenplatte an, und dann ...

Sprach- und widerstandslos folgte ich allen Anweisungen der Frau, die ich so lange Jahre als eine schlichte, freundliche Gefährtin gekannt hatte, deren Makrelenpfannkuchen und handgestrickte Socken mir so ans Herz gewachsen waren. Und nun? War das wirklich meine Welt, fragte ich mich ein ums andere Mal, während ich durch Lüftungskanäle robbte, mich an Eisenkrampen in einen Aufzugsschacht hinaufhangelte, schließlich durch die Öffnung einer noch nicht eingebauten Sprinkleranlage auf die im großen Saal aneinandergedrängte Menge hinabsah, die verängstigt ihres weiteren Schicksals harrte. Nur Peter und Yoshi, die ich sofort mühelos ausmachen konnte, schienen den Ernst der Lage noch immer nicht zu begreifen.

YOSHI Wassnlosjetz? Geht die Show weiter oder was?
PETER Jau. Kumma da, die Frau mit der Maske. Issas Zorro oder was?
INGO Pssst! Das ist ein Überfall, merkt ihr das nicht? Wir dürfen nicht auffallen!
YOSHI Ha! Die somma bloß herkomm! Ich ham schwaazn Gürtel, du Schnalle!
TERRORISTIN Ladies und Gentlemen, ich bitte um Ihre Aufmerksamkeit. Sie befinden sich in der Gewalt von M.A.M.M.I., und ...

Ein unüberhörbarer, explosiver Lachkrampf seitens meiner ehemals hochgeschätzten Kollegen ließ die Zornesader der Sprecherin bedenklich anschwellen, und erst eine Maschinengewehrsalve in die Decke (haarscharf an meinem linken Bein vorbei) brachte die beiden wieder einigermaßen zur Ruhe, obzwar sie sich immer noch heimlich kichernd die Lachtränen aus den Augen wischten. Peinlich, peinlich. Sahen sie denn nicht, daß wir in höchster Gefahr waren?

ANFÜHRERIN Wie ich schon sagte, Sie befinden sich in der Gewalt von M.A.M.M.I., der Matriarchal And Martial Montana Inhabitants.[18] Ich mache Sie darauf aufmerksam, daß jeder Fluchtversuch zwecklos ist. Wir haben das Gebäude komplett abgeriegelt.
HILLARY Das ist lächerlich. Ich bin die First Lady, und draußen stehen dutzende Secret Service-Beamte, die ...
ANFÜHRERIN *Standen*, Mrs. Clinton. Wir waren so frei, Sie durch eine täuschend echte Doppelgängerin zu ersetzen, die gerade von eben diesen Beamten zu Ihrem Mann ins Hotel gebracht wird. Ich denke nicht, daß er den Unterschied bemerken wird.
HILLARY Ah. Ich verstehe. Was verlangen Sie?
ANFÜHRERIN Das weltumspannende, uneingeschränkt geltende, absolute Matriarchat!

---

[18] Matriarchale und Martialische Einwohner Montanas.

TERRORISTINNEN Yeeaaahhh!!!
ANFÜHRERIN Ab heute ist es vorbei mit dem Gerede von Kinder, Küche, Kirche! Schluß mit dem Gefasel von Patriarchat, passiven Frauen und Penisneid!
PETER Recht hat die Frau. Jawoll!
INGO Pssst! Jetzt sei doch still!
PETER Nein, binnich nich! Ich willas sagen!
ANFÜHRERIN Die Dame mit der Glatze will etwas sagen.
PETER Dangesehr. Ich bin ja ganz auf Ihrer Seite, gute Frau, was die Abschaffung des Patriarchats angeht. Und des Penisneids. Ich bin Wissenschaftler, gnädige Frau, und ich unnerstütze feministische Mythenkritik, wenn sie nicht quasi-mythischen Vorstellungen verhaftet is, nich wahr?
TERRORISTIN Sollen wir ihn erschießen?
ANFÜHRERIN Nein, nein, laß ihn reden. Ich will wissen, worauf er hinauswill. Sucht lieber nach dem Typ, der hier rumläuft und den Helden spielt. Ich will nicht noch mehr Leute verlieren.
INGO (flüsternd) Was redet sie da? Bruce Willis sitzt doch hier neben mir!
SABINE (flüsternd) Das kann nur Mutti sein!
PETER Dangeschön. Ich fasse mich kurz. In wissenschaftlichen oder zumindest mit wissenschaftlichem Anspruch auftretenden Theorien können, das wissen Sie ja wahrscheinlich, quasi-mythische Vorstellungen fortleben. Ziel der Mythenkritik ist es, diese Vorstellungen zu identifizieren, um sie aus der jeweiligen Theorie ausscheiden zu können. Diese Strategie ist dort sinnvoll, wo eine Theorie nicht ausschließlich aus solchen Elementen besteht, sondern auch einen unbestreitbaren kognitiven Gehalt besitzt. Ein Paradefall für eine derartige Form feministischer Mythenkritik ist die Psychoanalyse und insbesondere Freuds Theorie der Weiblichkeit.
ANFÜHRERIN Ach, hören Sie mir doch mit dem auf!
PETER Moment, Moment. Angenommen, Freud sei von der Angemessenheit der patriarchalischen Geschlechtersystems überzeugt, so wäre es erstaunlich, wenn diese Überzeugung nicht auf irgendeine Weise in seine Theorie der Weiblichkeit einfließen würde. Wir müssen mit der Möglichkeit rechnen, daß ein Wissenschaftler einem 'alten' Mythos – wie dem vom Naturwesen Frau –

verhaftet bleibt, und wir können auch nicht ausschließen, daß er 'neue' Mythen aufbringt, die ihrerseits dem Patriarchat eine zusätzliche Legitimation verschaffen.

ANFÜHRERIN Ha! Meine Rede! Typisch männliche Rationalität.

PETER Sehen Sie? Freuds Weiblichkeitstheorie enthält eine Reihe von Annahmen, die aus feministischer Sicht unter dem Verdacht stehen, Quasi-Mythen zu sein. Ich kann Ihnen da Sachen erssähln, kaum zu glaum:

1) Jungen und Mädchen sind von Geburt an 'männlich' (aktiv). Für das Mädchen beginnt jedoch mit der Entdeckung des Geschlechtsunterschiedes der Weg in die 'Weiblichkeit' (Passivität).
2) Nach der Entdeckung seiner Penislosigkeit fühlt sich das Mädchen wertlos, unvollständig, 'kastriert'. Es wendet sich von der Mutter ab, der es diesen Mangel anlastet, und dem Vater zu.
3) Es begehrt nun den Penis des Vaters, um sich zu vervollständigen. Dieser Wunsch verwandelt sich später in den nach einem Kind vom Vater, am liebsten einen Knaben.
4) Der Penisneid der Frau bleibt in der Regel ein Leben lang bestehen und läßt den Neid zu einem herausragenden Charakterzug werden.
5) Wegen ihrer organischen und charakterlichen Minderwertigkeit bleibt sie ein Leben lang vom Mann abhängig.
6) Die Klitoris ist ein verkümmerter Penis.
7) Weiblichkeit ist identisch mit Passivität, die 'masochistisch' genossen wird.

Im Prozeß der fachinternen Kritik schält sich heraus, welche Thesen mit dem verfügbaren Wissen nicht in Einklang stehen und daher aus sachlichen Gründen abzulehnen sind. An diese 'überschüssigen' Thesen gehen wir dann mit unserem Wissen um Mechanismen der Mythenbildung, um die soziale und psychische Funktion von Mythen usw. heran. Wie finden Sie das?

ANFÜHRERIN Ich bin mir nicht sicher ... Rein gefühlsmäßig würde ich ...

PETER Augenblick, ich war noch nicht fertig. Äh ... Insgesamt wird man sagen können, daß Freud die patriarchale Geschlechterhierarchie tiefenpsychologisch begründet und festschreibt. Damit eröffnet er neue Möglichkeiten, Frauen, die sich nicht mit der traditionellen Frauen- und Mutterrolle zufrieden geben, zur Ordnung zu rufen. 'Wenn du dich so verhältst, so zeigt dies, daß du den Penisneid noch nicht angemessen verarbeitet hast'. Freuds Weiblichkeitstheorie ist geeignet, die Männer froh und stolz darüber zu machen, daß sie Männer sind: 'Ich stehe auf der besseren Seite, da ich kein kastriertes Wesen bin'. Halten wir fest: Theorien können von Quasi-Mythen 'befallen' sein, unter anderen von solchen, die das Patriarchat stützen. Sie sind aufzuspüren und aus dem wissenschaftlichen Diskurs auszuscheiden. So.

ANFÜHRERIN Aha. Da war es wieder: 'Wissenschaftlicher Diskurs'. Wir brauchen keinen wissenschaftlichen Diskurs. Wir brauchen überhaupt keine Wissenschaft, mein Herr! Die hat uns nämlich dahin geführt, wo wir jetzt sind! Verdammte männliche Rationalität!
Wir werden euch zeigen, was für ein neues Denken in der Matriarchalen Republik Montana herrscht! Du mit der Glatze und deine 'Wissenschaftler': Mitkommen!

So mußte ich voll Entsetzen zusehen, wie die Terroristinnen nicht nur ihre Hauptgeisel, die First Lady, entführten, sondern auch sämtliche Mitglieder der Mythic Tours GmbH (abgesehen von Mutti und meiner Wenigkeit) aufs Dach verschleppt wurden, wo bereits ein gestohlener Militärhubschrauber wartete. Wie ich die 'neue Mutti' einschätzte, würde sie die Entführung im letzten Augenblick verhindern wollen, allein gegen elf schwerbewaffnete Amazonen. Zu meiner Erleichterung hörte ich den Hubschrauber jedoch abheben, ohne daß es zu einem Feuergefecht gekommen wäre, und kurze Zeit später sah ich Mutti auch schon unter den Gästen auftauchen. Ich stieß die Deckenplatte aus ihrer Verankerung und betrachtete stolzerfüllt meine Gattin, die mit ihrem Schnellfeuergewehr über dem ehemals weißen, nun schmutzstarrenden Modellkleid eine recht verwegene Erscheinung abgab. Nachdem ich in ihre ausgestreckten Arme hinuntergesprungen und sie zaghaft umarmt hatte, zog sie mich auch schon im Laufschritt hinter sich her in Richtung Ausgang.

HELGE Was ist denn los, Mutti? Wieso rennen wir so?

SUSI Meinst du, ich lasse die anderen im Stich? Wir müssen hinterher, ist doch ganz klar!
HELGE Aber ... Montana ist groß, wie willst du sie denn da finden?
SUSI Ich hab vorhin einen Sender am Hubschrauber befestigt. Komm jetzt, steig ein.
HELGE Das ist aber nicht unser Ferrari ... Was machst du denn mit den Kabeln? Huch!

Ich möchte den Leser nicht mit der Schilderung unserer langen Fahrt nach Montana mittels Auto, Greyhound-Bus, Harley-Davidson, Eisenbahn und Doppeldecker langweilen, während der wir in verlotterten Motels übernachteten, unversehens in einen Bankraub verwickelt wurden, mit irrtümlicherweise an uns transferiertem Mafiageld, Highway-Patrouillen und einigen Serienmördern zu kämpfen hatten. Irgendwann kamen wir jedenfalls an, müde, schmutzig und unrasiert (was mich anbelangt). Ich stieg von meinem Wallach (mittlerweile waren wir zu Pferde unterwegs), zog an meiner Zigarette (ich rauche sonst eigentlich nicht) und bewunderte die herrliche Gebirgslandschaft, die sich mir zu Füßen ausbreitete, während die Sonne in einem unglaublich kitschigen Feuerwerk von einem Rot-Ton zum nächsten wechselte und schließlich hinter dem höchsten Gipfel versank.

HELGE Schön ist es hier ja, das muß man sagen. Und einsam. Kein Wunder, daß sich sämtliche bekloppten Sektierer hier niedergelassen haben.
SUSI Tja, wenn man diese Luft atmet, kann man noch an Utopien glauben.
HELGE Gerade an ökologische. Wußtest du eigentlich, daß Göttner-Abendroth auch eine Verbindung zwischen Feminismus und Ökologismus geknüpft hat?
SUSI Ach? Erzähl, ich mach schon mal Feuer. Du kannst den Hasen ausweiden, wenn du willst.
HELGE Äh ... ja. Also. Die natürlichen Kreisläufe, sagt sie, wurden von den matriarchalen Religionen verstanden und respektiert. Die patriarchalen Großreligionen und die Denksysteme in ihrem Gefolge, Philosophie und neuzeitliche Wissenschaft, haben hinge-

gen die natürlichen Kreisläufe mißachtet und zerstört; sie haben die kosmische Ordnung aus dem Gleichgewicht gebracht.
SUSI Das ist ja nun eine Binsenweisheit. Selbstverständlich muß etwas gegen die Mißachtung und Zerstörung der natürlichen Kreisläufe getan werden.
HELGE Schon, aber bestimmte Strategien der Problemlösung bei G.-A. stehen schon unter Mythos-Verdacht, z.B. eben die Verbindung von Matriarchats-Feminismus und Ökologismus. Wird geglaubt, daß die Frau das zur Herrschaft bestimmte Wesen sei, so folgt daraus nicht nur eine radikale Kritik des Patriarchats ...
SUSI ... es folgt daraus die Kritik des Patriarchats als eines sozusagen 'widernatürlichen' oder 'wesenswidrigen' Systems. Und dann hat frau einen Universalschlüssel zur Erklärung und zur Bewältigung aller Übel, hier der Umwelt-Übel.
HELGE Genau. 'Das widernatürliche Patriarchat ist an allem schuld'.
SUSI 'Wenn wir Frauen irgendwann wieder das Sagen haben werden, wird alles rasch ins Lot kommen'. Bißchen naiv, oder?
HELGE Aber auch gefährlich. Also, ich glaube weder an Alleinschuldige noch an Allheilmittel, und auch nicht daran, daß ein Geschlecht 'von Natur aus' zur Herrschaft über das andere bestimmt ist.
SUSI Stimmt, es geht schließlich nicht darum, die Rolle des Heilsbringers neu zu besetzen (Proletariat raus, Frau rein), sondern darum, Rollen wie diese ganz aus dem Drehbuch zu streichen.
HELGE Was ist denn dann das zentrale Anliegen der Frauenbewegung, wenn nicht die Erschaffung einer neuen 'Messiasin'?
SUSI Also, für lange Zeit war das ja wohl die gleiche Beteiligung der Frau in allen Lebensbereichen.
HELGE Stimmt, die Quotengeschichte ...
SUSI Das sieht inzwischen bei vielen Feministinnen anders aus. Das hängt nicht zuletzt mit der Sensibilisierung für ökologische Fragen zusammen – bedeutet ein Einrücken in vormals männliche Positionen denn nicht, daß sich die Frau zur Komplizin der Vernichtung macht?
HELGE Naja, wenn man es so sieht ...
SUSI Viele Feministinnen argumentieren so: Die Probleme der Gegenwart haben ihren Ursprung in der abendländischen

Rationalität; die in ihre lebensgefährdenden Konsequenzen hinein vorangetriebene Entwicklung der Rationalität erfolgte in traditionellerweise den Männern vorbehaltenen Bereichen; um der vielfältigen Todesdrohung Einhalt zu gebieten, bedarf es jener Werte, die traditionell den Frauen zugeordnet, aber als zweitrangig abqualifiziert worden sind.

HELGE Jetzt, wo du's sagst ... Die Chefin von M.A.M.M.I. hat ziemlich wütend reagiert, als das Stichwort Wissenschaft und Rationalität fiel ...

SUSI Die hat einen an der Klatsche, wenn du mich fragst. Aber wenn diese Position vorsichtig interpretiert wird, ist sie doch durchaus vertretbar. – Hast du dem Hasen das Fell abgezogen?

HELGE Ich kann sowas nicht. Machst du das, Schatz?

SUSI Typisch. Gut, daß ich noch eine Dose Baked Beans habe. Also, skizzieren wir: Naturwissenschaft, wie sie sich in Neuzeit und Moderne entwickelt hat, ist über weite Strecken an eine bestimmte Sicht und Wertung der Natur gebunden.

HELGE Du meinst, Natur als bloßes Material, als reiner Ressourcenpool?

SUSI ... der nur für die menschlichen Interessen da ist, genau. Von einer Naturwissenschaft, die von einer solchen Naturauffassung gelenkt wird, ist zu erwarten, daß sie die Zerstörung natürlicher Kreisläufe beschleunigt.

HELGE Aber es wäre auf jeden Fall falsch anzunehmen, die Naturwissenschaft sei zwangsläufig und geradezu schicksalhaft an eine solche Sicht der Natur gebunden. Im Prinzip ist Naturwissenschaft mit einer 'ökologischen' Sicht der Natur vereinbar.

SUSI Eine solche Umwertung der Natur würde aber gerade auf einige jener Werte setzen, die traditionell den Frauen zugeordnet, aber als zweitrangig qualifiziert worden sind. Stichworte: schonender Umgang mit..., Hege und Pflege usw.

HELGE Du meinst, nur so viele Hasen schießen, wie man auch essen kann?

SUSI Daß du immer so vereinfachen mußt! Guten Appetit übrigens.

HELGE Danke, Schatz. Ich schreib nur schnell ein Fazit auf, Peter wird das sicher gern lesen wollen.

SUSI Wenn wir ihn lebend wiederfinden.

HELGE Du machst das schon. Also, halten wir fest: Die Bedenken gegen das Konzept 'Gleiche Beteiligung der Frauen in allen Lebensbereichen' sind, sofern dieses Konzept auch bedeutet 'Gleiche Beteiligung der Frau an bestimmten lebensgefährdenden Entwicklungen', völlig berechtigt.

Am nächsten Morgen folgten wir dem immer stärker werdenden Piepsen des Senders weiter, bis wir schließlich die perfekt in die Landschaft integrierte Hauptstadt der Matriarchalen Republik Montana erreichten. Diese bestand im wesentlichen aus ein paar dutzend Blockhütten, einigen olivgrün gestrichenen Wohncontainern sowie einem kleinen Wasserkraftwerk am Lake Lysistrata, welches der Gemeinde eine vollkommen autarke Stromversorgung sicherte. All dies war umzäunt von einer vier Meter hohen, hölzernen Barrikade, die mich an das kleine Plastikfort erinnerte, das ich in meiner Kindheit mit ca. 20 Plastikindianern so oft erstürmt hatte. Nur war dies natürlich kein Plastik, und wir waren bloß zu zweit. Wir konnten eine ausschließlich weibliche Wachmannschaft (oder sagt man Frauschaft?) auf den hölzernen Ecktürmen ausmachen, die in Kampfanzügen, mit starken Ferngläsern ausgerüstet, die Wälder nach Eindringlingen absuchten. Unsere Pferde hatten wir bereits vor Stunden laufenlassen, damit ihr Wiehern uns nicht verriet, und da lagen wir nun hinter einer Gruppe von Douglas-Tannen und versuchten, eine Lücke im System des Wachwechsels auszumachen. Hochkonzentriert beobachtete Mutti den hölzernen Antipatriarchalen Schutzwall, spie hin und wann einen Strahl Kautabaksaft auf den Boden und wartete auf die schützende Dunkelheit.

HELGE Mutti?
SUSI Ja, Vati?
HELGE Ist dir eigentlich aufgefallen, wie sehr du dich verändert hast in letzter Zeit?
SUSI Also, jetzt ist doch wohl wirklich nicht der richtige Augenblick für ...
HELGE Oh doch, ich muß es dir jetzt sagen. Wer weiß, ob wir lebend aus dieser Sache herauskommen. Geben wir's doch zu, du

hast dich von mir entfernt. Ich meine, der Kautabak, all diese Waffen, die Tätowierung ...
SUSI Das sind doch bloß Äußerlichkeiten, Vati. Glaubst du nicht mehr an mich?
HELGE Ich weiß nicht, Mutti. Es ist so lange her, daß wir eins waren ... auf unserem Segelboot auf dem Atlantik ... (von irgendwo setzte leise Akkordeonmusik ein)
SUSI 'cause you and I got a guardian angel ...
HELGE ... designed for nothing to do ...
SUSI ... but to give to me like I give to you...
BEIDE ... true love, true love ... love forever true.

Und darüber war es dunkel geworden, und das erste Mal seit langer Zeit trafen sich unsere Lippen, und es war wieder wie früher (mal abgesehen vom Kautabak), und das gab mir Kraft, und ich stand auf, und ich hielt Mutti an der Hand, und mit frischem Mut holten wir unsere Klappspaten aus dem Rucksack und begannen, einen Tunnel unter den Barrikaden zu graben, um Stunden später genau im zentral gelegenen Männerhaus aus dem weichen Waldboden ans Licht zu stoßen.

PETER Mutti? Bist du das? Göttinseidank, ich wußte, daß du uns hier rausholst. Hallo, Vati! Yoshi, Ingo, seht nur, wer da ist!
SUSI Hey, wie geht es euch? Ihr seht ein bißchen ausgemergelt aus. Wo ist denn dein Schnäuzer, Yoshi?
YOSHI Zwangsrasiert. Als provokantes Manifest patriarchaler Gesinnung innerhalb der Republik verboten.
HELGE Wie schrecklich. Er stand dir immer so gut. Wird Mann hier denn wirklich so unterdrückt?
INGO Sei froh, daß sie dich nicht erwischt haben. Wir haben uns schon den matriarchalen Jargon angewöhnt ...
PETER ... und trauen uns kaum mehr, rational zu denken.
YOSHI Das ist hier verboten, wißt ihr. Männliche Rationalität, meine ich. Deshalb wohnen wir auch noch im Männerhaus. In Quarantäne sozusagen.
SUSI Na, dann stört uns ja wenigstens niemand. Also, hauen wir ab. Der Tunnel führt in die Freiheit, meine Herren!

INGO Geht nicht. Sabine ist noch irgendwo im Schulungszentrum. Wir können sie doch nicht einfach hierlassen, oder?
SUSI Du hast recht. Wann werdet ihr denn hier rausgelassen?
YOSHI So gegen Abend werden wir abgeholt, Arbeitseinsatz und Ideologieunterricht.
HELGE Dann haben wir ja noch ein paar Stunden Zeit. Erzähl mal, Peter, wie meinen die das mit der 'männlichen Rationalität'?
PETER Naja, das nimmt schon quasi-mythische Züge an. Wir hatten ja genug Zeit in den letzten Tagen, um das Thema aufzudröseln. Ich fang mal von vorne an. Hier herrscht die Vorstellung, Rationalität sei als solche männlich. Zuweilen wird ausdrücklich von 'männlicher Rationalität' gesprochen.
YOSHI Schlägt frau diesen Weg ein, so ist es zumindest sehr schwer, fragwürdige Wesensbegriffe zu vermeiden.
PETER Wenn das, was als bedrohlich angesehen wird, dem männlichen Geschlecht zugeordnet wird, dann liegt es nahe, das Rettende, Heilende dem weiblichen Geschlecht zuzuordnen – womit wir wieder bei Positionen wie der von Göttner-Abendroth angelangt wären.
YOSHI Überall dort, wo die *Andersheit der Frau* im Zentrum des Interesses steht, kann ein Geschlechter-Essentialismus vorliegen. Und ein Denken nach dem Motto 'Gleichheit ist out, Andersheit ist in' beruht, meine ich, auf mehreren Fehleinschätzungen. Ingo?
INGO Wir gehen jetzt natürlich nicht von der Situation hier in der Republik aus, sondern von den Verhältnissen draußen. Also, erste Fehleinschätzung: Das Streben nach gleicher Beteiligung der Frau in allen Lebensbereichen wird vorschnell über Bord geworfen. In Wahrheit ist nur eine bestimmte Form des Gleichheitskonzeptes abzulehnen, nämlich diejenige, die sich mit der Verbesserung der Position der Frau innerhalb des Patriarchats begnügt, ohne dieses infragezustellen. Es kommt darauf an, das Gleichheitskonzept so zu reformulieren, daß die konkrete Utopie 'Überwindung des Patriarchats' eingeschlossen und das Mitmachen bei lebensgefährdenden Entwicklungen ausgeschlossen ist.
PETER Zweite Fehleinschätzung: Die Zuordnung der Rationalität, vor allem der naturwissenschaftlich-technischen Rationalität, zum männlichen Geschlecht hält empirisch-rationaler Kritik nicht stand. Die 'neuzeitliche Naturwissenschaft' stellt die weiterentwickelte

Form der profanen Informationsgewinnung dar, ohne die wir überhaupt nicht existieren könnten. Es gibt keinen sachlichen Grund, die elementare Gewinnung verläßlicher Informationen über lebensbedeutsame Gegebenheiten geschlechtsspezifisch zuzuordnen. Und es gibt auch keinen Grund, die für die empirisch-rationalen Wissenschaften charakteristische Art der Informationsgewinnung prinzipiell anders einzuschätzen. Wir räumen jedoch ein, daß unter Bedingungen des patriarchalen Geschlechtersystems auch die wissenschaftliche Arbeit von dem zugehörigen Wertsystem und den es stützenden Quasi-Mythen nicht völlig unbeeinflußt bleiben kann.

YOSHI Aber wir gehen von der Kritik an patriarchalen Deformationen der Wissenschaft nicht direkt zu einer Wesensbestimmung der Wissenschaft im Sinne einer generellen geschlechtsspezifischen Zuordnung über. Nach unserer Auffassung ist z.B. die Mißachtung und Zerstörung natürlicher Kreisläufe nicht auf die Wissenschaft als solche zurückzuführen, sondern auf die Rahmenbedingungen wissenschaftlicher Arbeit, insbesondere auf das sie steuernde Wertsystem. Es mag schwer sein, an tiefsitzenden Wertüberzeugungen und Weltauffassungsstrukturen zu drehen, aber es ist möglich.

PETER Dritte Fehleinschätzung: Aus der richtigen Einsicht, daß traditionell den Frauen zugeordnete und als zweitrangig abqualifizierte Werte einer Aufwertung bedürfen, kann – wenn man dem Motto 'Gleichheit ist out, Andersheit ist in' folgt – sehr leicht die Überzeugung erwachsen, diese Werte seien in der Andersheit der Frau begründete spezifische Frauenwerte. 'In der Andersheit der Frau begründet' ist aber nicht weit entfernt von 'im andersartigen Wesen der Frau begründet' und vielleicht letztlich damit identisch.

SUSI Moment mal, diese 'als zweitrangig abqualifizierten Werte' werden den Frauen ja wohl vor allem im Patriarchat zugewiesen, die kommen ihnen nicht 'von Natur aus' zu.

YOSHI Genau das wird hier übersehen. Das Konzept der Andersheit kann sich jedoch auch von den Wertfragen weitgehend lösen. In denjenigen Strömungen des Feminismus, die sich am französischen Poststrukturalismus orientieren, stoßen wir auf Einschätzungen wie 'Die Philosophie ist als solche phallokratisch'. Die davon

überzeugten Frauen streben folglich keine alternative Philosophie an, sondern ein ganz anderes Denken.
PETER Ein derartiger Radikalismus ist jedoch unnötig und auch kontraproduktiv. Die patriarchalen Deformationen philosophischen Denkens dürfen nicht mit der Philosophie gleichgesetzt werden, und es reicht völlig aus, innerhalb des Großraums Philosophie Alternativen zu entwickeln.
HELGE Und zu welchem Schluß kommt ihr?
INGO Kurzum, das Setzen auf Andersheit sehen wir 'positiv', wo es um die Rehabilitierung des im Patriarchat Unterdrückten geht; Positionen, die radikal auf Andersheit setzen, fallen jedoch – zumindest in einigen Fällen – in quasi-mythisches Denken zurück. Die alten – das Patriarchat stützenden – Zuordnungen Mann = rational und Frau = emotional werden mit umgekehrten Vorzeichen wiederbelebt; das aber ist keine Lösung. Feministisches Denken kann eben ungewollt patriarchale Traditionen fortsetzen.

Kaum war dieses erste Fazit ausgesprochen, geschahen viele Dinge gleichzeitig und in atemberaubendem Tempo.
1. Peter putzte sich heftig die Nase.
2. Mutti schrak überrascht zusammen und geriet versehentlich an den Abzug ihres Schnellfeuergewehres.
3. Ein Streifschuß traf mich an der linken Schulter.
4. Ich fiel einmal mehr in Ohnmacht.
Als ich wieder aufwachte, war meine Schulter bandagiert und ich lag auf einer grob zusammengezimmerten Trage, neben mir die besorgten Kollegen und Mutti, die mir mit rührender Zärtlichkeit übers Haar strich.

SUSI Vati! Geht es dir gut? Ich mach mir ja solche Vorwürfe.
HELGE Ach was, das ist doch nur ein Kratzer.
INGO Von wegen. Die haben drei Stunden gebraucht, um den Arm wieder anzunähen.
PETER Also Ingo!
INGO Tschuldigung, kleiner Scherz. Wie fühlst du dich, altes Haus?
HELGE Ganz gut. Wo sind wir hier? Haben sie uns erwischt? Und wo ist Sabine?

YOSHI Oh, das ist eine lange Geschichte. Es sieht im wesentlichen so aus: Bei den Männern hier in der Republik scheint sich schon vor längerer Zeit eine maskulinistische Gegenbewegung entwickelt zu haben, die einige Frauen von der Ungerechtigkeit der simplen Umkehrung patriarchaler Traditionen in die Unterdrückung der Männer überzeugen konnten.

SUSI Tja, und als mir das Malheur mit dem Gewehr passiert ist, wurde das wohl als Startschuß für eine Art Revolution mißverstanden.

YOSHI Jedenfalls gab es eine ganze Menge Ballerei, und die gemäßigte Frauen-Fraktion, angeführt von der First Lady und Sabine, konnte gerade noch verhindern, daß es zu einem Blutbad kam.

HELGE Sabine?

INGO Ja, sie ist jetzt Vorsitzende des Reformkomitees der N.F.R.M, der Neuen Feministischen Republik Montana. Hillary ist ihre rechte Hand. Wir sind im Krankenhaus der Republik.

HELGE Ist das verwirrend ... Macht Sabine denn jetzt mit beim Matriarchat?

YOSHI Nein, nein ... Sie schwimmt da ganz auf unserer Linie. Sie hat den Leuten klargemacht, wie unsinnig die These 'Rationalität ist männlich' ist.

PETER Genau. Sie führt nämlich rasch zu der ergänzenden These 'Emotionalität ist weiblich'. Die in ihrer allgemeinen und vagen Form durchaus plausible Diagnose 'Wir im Abendland haben die Rationalität zu stark und die Emotionalität zu wenig entwickelt' läßt sich dann in geschlechtsspezifischer Terminologie so fassen: 'Das Männliche (Rationalität) ist durch das Weibliche (Emotionalität) wieder einzuschränken und zu relativieren'. Diese geläufige Redeweise erweist sich jedoch als problematisch, wenn sie auf konkrete Männer und Frauen bezogen wird – was sich nun mal kaum vermeiden läßt. Die Identifizierung von Männlichkeit und Rationalität bedeutet hier nämlich die Leugnung der Rationalität von Frauen.

YOSHI Tja, und damit sind wir dann wieder beim Quasi-Mythos vom Naturwesen Frau und vom Kulturwesen Mann angelangt. Merke: Wer die notwendige Korrektur einer vereinseitigten Rationalität so deutet, daß das Weibliche als Korrektiv zur okziden-

talen Rationalität, als das Andere der Vernunft erscheint, fällt leicht in ein quasi-mythisches Denken zurück.
HELGE Und wie will Sabine das ändern?
PETER Indem sie den Leuten klarmacht, daß diese Quasi-Mythen eben nicht zutreffen. Sie geht, wie wir, vom Schema 'biologische Vorgaben, aber kulturelle Überformung durch variable Männlichkeits- und Weiblichkeitsmuster' aus. Und damit lehnt sie natürlich jede Verwendung der Ausdrücke 'männlich' und 'weiblich', 'Männlichkeit' und 'Weiblichkeit' in kulturtheoretischen – und auch in erkenntnistheoretischen – Zusammenhängen als systematisch irreführend ab. Versuche, eine kulturtheoretische Unterscheidung von Männlichem und Weiblichem zu begründen, laufen letztlich in die Falle des Biologismus, d.h. sie verabsolutieren die biologischen Vorgaben und ignorieren die kulturelle Variabilität.
SUSI Du meinst, die Verhältnisse sind änderbar, es ist nicht biologisch vorgegeben, daß Männer Frauen unterdrücken, was die M.A.M.M.I.'s durch Unterdrückung der Männer umkehren wollten?
PETER Genau, diese abstruse These kann nämlich eine Einlaßstelle für handfeste Rationalitäts- und Wissenschaftsfeindschaft sein. Die kulturtheoretische Rede von 'Männlichkeit' und 'Weiblichkeit' ist häufig eine normativ stark aufgeladene Rede. Vereinfacht: 'Rationalität ist männlich, also böse' oder auch 'Rationalität ist böse, also männlich'. In solchen Fällen lautet die Konsequenz 'Weg mit der Rationalität, weg mit der Wissenschaft'. Mit dem Bösen kann man nicht ernsthaft einen Kompromiß schließen wollen. Eine solche Version des Feminismus würde nicht die Einschränkung des Männlichen durch das Weibliche anstreben, sondern die Eliminierung des Männlichen, das als das Böse gilt. Dieser anti- oder irrationalistische Standpunkt wiederholt mit ausgetauschten Etiketten die Exzesse der Gegenseite. Im dazu passenden Geschichtsmodell erscheint der Übergang zur freieren Entfaltung der profanen Rationalität als Sündenfall, den es rückgängig zu machen gilt.
HELGE Aber kann sie ihnen das alles so verklickern? Ich meine, diese Frauen wirkten alle sehr unlogisch auf mich. Als wenn sie grundsätzlich keine Lust hätten, zu argumentieren und zu diskutieren.

YOSHI Genau das ist der springende Punkt. Daran wird Sabine noch schwer arbeiten müssen. Nehmen wir als Beispiel die These 'Philosophie ist männlich'. Kommt, wie im eben diskutierten Modell, eine Negativwertung hinzu, so gilt 'Weg mit der Philosophie'. Bei dem Versuch aber, eine grundsätzliche Alternative zum philosophischen Denken zu gewinnen, kann es rasch zu Einschätzungen wie den folgenden kommen: 'Logik ist männlich (also schlecht), folglich brauchen wir uns nicht an logische Regeln zu halten', 'Nachvollziehbares und nachprüfbares Argumentieren ist männlich (also schlecht), folglich brauchen wir uns darum nicht zu bemühen – ja, mehr noch, unser ganz anderes Denken sollte jede Annäherung an diese Standards vermeiden'. Ein weibliches philosophisches Schreiben, das derartigen Regeln oder Anti-Regeln folgt, wird zur Lösung von Problemen kaum beitragen können.

HELGE Und trotzdem traut Sabine sich zu, das zu ändern?

SUSI Du mußt es so sehen, Vati: Das ist eine Chance für einen echten Modellversuch. Sie kann hier echt was bewegen, wenn sie die M.A.M.M.I.'s überzeugt.

INGO Hillary hat wohl auch schon zu Hause angerufen und das F.B.I. zurückgepfiffen. In den nächsten paar Wochen kann sich da also einiges entwickeln.

HELGE Und was machen wir jetzt, Mutti?

SUSI Na, wir helfen mit, Vati. Das hier ist eine konkrete Utopie. Wir verändern die Welt!

PETER Zumindest haben wir bessere Chancen dafür als die Vertreterinnen von radikalen Andersheitstheorien. Die sägen sich selbst den Ast ab, auf dem sie – als kritisch sein wollende – Theorie sitzen. In gewisser Hinsicht lassen sich ihre Schwierigkeiten und Gefahren mit denen des Hyper-Utopismus vergleichen, der das 'reine' Ideal einer ganz anderen Gesellschaft kompromißlos in die Tat umsetzen will. Wie der Hyper-Utopismus seine Energien so einsetzt, daß es gerade *nicht* zur Nutzung der realen Emanzipationsmöglichkeiten kommt, so investiert der andersheitstheoretische Feminismus seine Energien in die Suche nach einer radikalen weiblichen Alternative zu X, anstatt sich um eine Veränderung der Rahmenbedingungen für X zu bemühen.

HELGE Und wir verändern den Rahmen.

YOSHI Zumindest in Montana. Dann sehen wir weiter.

Heute, meine Schulter ist längst verheilt, sitze ich in unserer Blockhütte in Montana und schreibe diese Zeilen nieder. Ich bin Männerbeauftragter und arbeite mit Ingo zusammen an einem Konzept für eine sinnvolle Regelung der Gleichstellung von Männern in der Administration der Republik. Man muß kleine Schritte machen, um seine Utopie zu verwirklichen. Wir alle, also Sabine, Ingo, Mutti und ich, sind guten Mutes, daß es bald dazu kommen wird.

Peter und Yoshi haben es hier nicht lange ausgehalten. Der Forscherdrang hat sie bald schon aus unserer herrlichen Berglandschaft zurück in die Welt hinaus getrieben. Jetzt müßten sie gerade in irgendeinem Selbsterfahrungscamp für New Age-Jünger sein, soweit ich weiß. Hoffen wir, daß sie einen klaren Kopf behalten.

Mutti und ich haben unsere eigene kleine Utopie bereits verwirklicht: vor ein paar Tagen wurde unser Töchterchen geboren. Wir haben sie Athene genannt, nach der Göttin der Weisheit. Möge sie in einer Zeit aufwachsen, in der Frauen und Männer sich wirklich frei entfalten können. Zumindest in Montana.

Sie werden sich, verehrter Leser, nach dieser anstrengenden tour de force durch das wilde Amerika nun sicherlich nach etwas Ruhe und Frieden sehnen.
Schlagen Sie also erstmal das Buch zu, schließen Sie die Augen, gehen Sie in sich, atmen Sie tief und fühlen Sie, wie Körper und Geist verschmelzen. Finden Sie Ihren eigenen Rhythmus, tauchen Sie ein in Ihr Ich. Seien Sie eins mit dem Universum.
So. Jetzt öffnen Sie die Augen und lesen Sie ganz behutsam weiter. Das Atmen nicht vergessen! Stellen Sie sich die kontemplative Stille und die beruhigende Kühle eines jahrhundertealten Klostergemäuers vor (wenn Sie einen Kachelboden in der Küche haben, können Sie sich vor den geöffneten Kühlschrank knien. Aber nichts essen!). Fühlen Sie, wie Kälte und Ruhe Sie durchfluten? Das ist es. Sie sind bereit für den Beginn von Kapitel neun.

9. Mythos und New Age I: In geheimer Mission

Ein rauher Wind pfeift um die Mauern des mittelalterlichen Klosters Kaltenbrunn im österreichischen Alpenvorland, als Bruder James, ein britischer Jesuit, fröstelnd den Kragen seiner eleganten, maßgeschneiderten Soutane hochschlägt. Er ist auf dem Weg zu den Räumlichkeiten des Abtes, wo ein geheimes Treffen mit dem Kardinal, kurz K genannt, stattfinden wird. K, gerade mit dem Helikopter aus der heiligen Stadt eingetroffen, hat ihn eines besonders delikaten Auftrages wegen in diese unwirtliche Gegend bestellt. Er wird ihn hoffentlich bald aus dieser vermaledeiten Kälte erlösen. Ungläubig den Kopf schüttelnd, sieht James den Bruder Küchenmeister in seinen über nackten Füßen getragenen Flechtsandalen durch den Schnee zum Kräutergärtlein stapfen. Er wird diese Alpenvölker nie verstehen.
Vor der schweren Eichentür angelangt, strafft er sich, öffnet sie schwungvoll und wirft seinen Hut an den Garderobenhaken im Vorzimmer des äbtlichen Büros, wo K's Sekretär und Reisebegleiter gerade einen Bericht aus dem Vatikan decodiert.

JAMES Hallo, Bruder Geldpfennig. Ist K schon da?
GELDPFENNIG Grüß Gott, Bruder James. Gehen Sie nur schon durch.
KARDINAL Ah, Bruder James. Ich habe Sie bereits erwartet. Setzen Sie sich doch. Tee?
JAMES Danke, Eminenz.
KARDINAL Sie wissen, weswegen Sie hier sind?
JAMES Ich bin gespannt, K.
KARDINAL Nun, es handelt sich um einen Spezialauftrag im Namen seiner Heiligkeit. Diese Mission ist besonders heikel, James, und Sie werden vielleicht von Ihrer Lizenz zum Taufen Gebrauch machen müssen. Nun, ich will es kurz machen. Seine Heiligkeit macht sich Sorgen um die zunehmende Konkurrenz, die von einer merkwürdigen Form der Religiösität namens *New Age* ausgeht. Was wissen Sie zu diesem Thema?
JAMES Schlagworte zu den Haupttendenzen des New-Age-Denkens: *Bewußtseinstransformation, Neues Paradigma, Ganzheitlichkeit, Spiritualität, Nächste Evolutionsstufe.* All das kommt bei den verschiedensten New-Age-Autoren immer wieder vor, K, auch wenn die einzelnen Richtungen in einigen Aspekten auseinanderlaufen. Zur Geschichte: Die New-Age-Bewegung ist zu einem erheblichen Teil aus den Protestbewegungen der 60er Jahre hervorgegangen, die eine alternative Lebensform jenseits des Establishments suchten und primär an Selbstfindung interessiert waren. Religiösität, insbesondere fernöstliche Religiosität wurde wiederentdeckt. Man hoffte, über alternative Lebensformen schließlich zu umfassenden Veränderungen zu gelangen. Das New-Age-Denken setzt diese Traditionslinie in vielfältiger Form fort.
KARDINAL Gut, James. Sie werden die nächsten vier Wochen hier im Kloster verbringen und Ihre Kenntnisse vertiefen. Sie werden sich mit sämtlichen New-Age-Autoren beschäftigen, Sie werden alles über Bach-Blüten, Klangkugeln und Wünschelruten lernen. Sie werden Cannabis rauchen ...
JAMES Pardon?
KARDINAL Keine Sorge, ich habe genug davon mitgebracht. Eine Aufmerksamkeit seiner Heiligkeit. Außerdem werden Sie Haupt- und Barthaar wachsen lassen. Hier sind Flechtsandalen und ein paar gebatikte T-Shirts.

JAMES Eminenz, es hat minus zwölf Grad, und ...
KARDINAL Keine Widerrede. Diese Esoteriker sind eins mit der Natur, also reißen Sie sich zusammen. Ich werde kein jesuitisches Herauslavieren durchgehen lassen. Nach Ablauf der vier Wochen werden Sie Gelegenheit haben, Ihre theoretischen Kenntnisse zu überprüfen. Wir haben Sie zu einem New-Age-Selbsterfahrungs-Workshop in der Toscana angemeldet. Seine Heiligkeit möchte, daß Sie dort als Undercoveragent ermitteln. Finden Sie so viel wie möglich über diese Leute heraus. Ihr Deckname ist Brother. James Brother, Vollkornbäcker aus Bristol.
JAMES Sehr wohl, Emi ... Sir.
KARDINAL Ausgezeichnet. Werfen Sie alles Katholische ab, James, Sie müssen um jeden Preis incognito bleiben. Noch Fragen? – Dann los, an die Arbeit!

Die Mönche von Kaltenbrunn erleben eine merkwürdige Zeit mit ihrem britischen Gast. Anstelle von Weihrauchschwaden dringt bald Hanfgeruch aus seiner Zelle, die mit Büchern, Traktaten, bunten Bildern, Fläschchen, Tiegeln und Klangschalen angefüllt ist. Er versäumt die Exerzitien, singt anstelle der Choräle ständig Lieder über einen gewissen Aquarius, der erscheinen soll, sobald der Mond im siebten Hause steht, wobei er sich mit einer jaulenden Stromgitarre begleitet. Man will ihn sogar schon splitternackt mit gekreuzten Beinen auf dem Dach sitzen gesehen haben. Scheußlich, all das.
Wir wollen den katholischen Spion in spe nun eine Weile verlassen, um uns zwei weiteren Verschwörern zuzuwenden, die freilich aus einer ganz anderen Ecke stammen, nämlich aus der uns bereits wohlvertrauten vollständig profanen. Richtig, es handelt sich um Professor Tepe und Doktor Nakamura, die sich, vier Wochen nach der Ankunft K's in Kaltenbrunn, ebenfalls auf den Aufenthalt in der Toscana vorbereiten. Das tun sie allerdings auf ihre Art, mehr erkenntnistheoretisch als praktisch.

YOSHI Sag mal, Peter, bist du sicher, daß wir ganz alleine da hin sollen? Ohne Mutti? Ohne Chronisten? Außerdem habe ich keine Ahnung von Bach-Blüten, Klangkugeln, Wünschelruten und Cannabis ...

PETER Das lernen wir schon noch. Packst du mein Batik-T-Shirt mit ein? Danke. Sollen wir etwa warten, bis die Damen und Herren von Montana aus die Welt umgekrempelt haben, ehe wir unsere kritische Theorie der Mythen und Quasi-Mythen mit dem Komplex New Age in Kontakt bringen? Wo ist dein Tatendrang?

YOSHI Schon gut, du hast recht. Wie fangen wir an?

PETER Nun, beginnen wir mit der Rede vom Neuen Zeitalter – New Age. Hier kommt doch sofort die bekannte Utopie-Problematik ins Spiel. Die Visionen des Neuen Zeitalters sind häufig 'reine' Utopien, die zeigen, wie die Gesellschaft aussähe, wenn ein bestimmtes Wertsystem völlig in die Tat umgesetzt wäre.

YOSHI Stimmt, gegen utopisches Denken dieser Art haben wir im Prinzip nichts einzuwenden, insbesondere dann nicht, wenn ein Bewußtsein darüber vorhanden ist, daß es sich um aus empirischen Gründen nicht voll realisierbare Idealvorstellungen handelt. 'Ich strebe ein Neues Zeitalter an' besagt oft nicht mehr als 'Ich möchte, daß sich einige Dinge grundlegend ändern'. Wünsche dieser Art haben wir auch, siehe Montana. So peilen wir z.B. als Fernziel eine Gesellschaft ohne Diskriminierung der Frau an; und wir träumen auch von einer Gesellschaft, welche die natürlichen Kreisläufe achtet und erhält.

PETER Siehst du, in dieser Hinsicht sind auch wir sozusagen New-Age-Denker.

YOSHI Aber aus 'Ich strebe ein Neues Zeitalter an' kann leicht werden 'Ich weiß, daß ein Neues Zeitalter kommen wird'.

PETER Und damit sind wir wieder beim quasi-mythischen oder auch beim mythischen Geschichtsdenken angelangt. Durch Projektion des eigenen Wollens in die Geschichte entsteht der Irrglaube, sicher vorhersagen zu können, was da kommen wird – und eventuell auch, wann genau es kommen wird. Häufig wird angenommen: 'Das Neue Zeitalter kommt von selbst – wir müssen uns lediglich auf das Geschichtsgesetz einstimmen'. Diese Denkform kennen wir ja bereits von einigen Versionen des Marxismus her.

YOSHI Im New-Age-Kontext wird zuweilen sogar versucht, den genauen Zeitpunkt des Eintritts in das Neue Zeitalter auf dem Weg astrologischer Berechnungen zu ermitteln. Überhaupt erfreut sich die Astrologie großer Beliebtheit.

PETER Das New-Age-Denken ist über weite Strecken nicht einfach nur ein Denken, das vieles grundlegend geändert sehen möchte – es ist ein religiöses Denken bestimmten Typs, und zwar auch dort, wo nicht an Astrologie geglaubt wird bzw. wo sie nicht im Mittelpunkt des Interesses steht.
YOSHI Stichwort: Spiritualität.
PETER Insofern steht das New-Age-Denken im Gegensatz zur Position des vollständig profanen Bewußtseins. Aber diese Ebene der Auseinandersetzung sollten wir vielleicht noch etwas zurückstellen. Sag mal, wann fährt der Bus ab?
YOSHI Wir haben noch zwei Stunden Zeit. Worüber reden wir denn mit diesen Leuten, wenn wir da sind? Die merken doch sofort, daß wir strikt profan eingestellt sind. Oder hast du irgendwelche Anknüpfungspunkte zu den New-Age-Positionen?
PETER Nun, da bietet sich die Diagnose der Krise der Gegenwart an. Thema: *Neues Paradigma*. Du hast doch meine Abhandlung darüber gelesen, oder?
YOSHI Ich fürchte, ich fürchte ...
PETER Na typisch. Das ist New-Age-Grundwissen! Also, hör zu. Die New-Age-Leute stützen sich auf den Wissenschaftshistoriker Thomas Kuhn, der sich mit Umwälzungen in verschiedenen Wissenschaften, also mit wissenschaftlichen Revolutionen, beschäftigt hat. Ich möchte auf die Überlegungen von Kuhn gar nicht detailliert eingehen, sondern konzentriere mich auf die Frage: Wieso springt das New-Age-Denken auf diesen in spezialistischen Untersuchungen entwickelten Begriff so an?
Nun, man kann unter einem Paradigma Verschiedenes verstehen, unter anderem auch eine *tiefsitzende Sichtweise bestimmter Dinge*. Diese spezifische Bedeutung ist für das New Age von besonderem Interesse. Sie erlaubt nämlich eine Übertragung des Begriffs von der einzelwissenschaftlichen Ebene zur gesamtkulturellen Ebene. Es ist durchaus möglich, Kuhn folgendermaßen zu interpretieren: In einem wissenschaftlichen Spezialgebiet wie etwa der Physik ist zu einer bestimmten Zeit eine tiefsitzende Sichtweise vorherrschend. Aus ihr ergibt sich z.B., welche Probleme behandelt werden und wie man sie zu lösen versucht. Die Ausbildung des Physikers besteht in der Vermittlung dieser Sichtweise und der Arbeitsregeln, die sich aus ihr ergeben. Nun können aber Probleme auf-

tauchen, die sich im Rahmen dieses Paradigmas nicht befriedigend lösen lassen. Hier kann es dazu kommen, daß die bislang fraglos anerkannte Sichtweise infragegestellt wird. Möglicherweise tritt eine konkurrierende Sichtweise auf, der es nach heftigen fachinternen Kämpfen gelingt, sich durchzusetzen und erneut ein Klima des stillschweigenden Einverständnisses zu erzeugen. Dann können wir sagen, daß sich ein *neues Paradigma* durchgesetzt hat.

YOSHI Alles klar. Das Prinzip muß, wenn es einmal eingeführt ist, nicht nur für eine bestimmte wissenschaftliche Disziplin gelten. Überlegungen dieser Art können ja auch von allgemeinerer, die Grenzen der einzelnen Wissenschaft überschreitender Bedeutung sein.

PETER Genau das ist der springende Punkt. Offenkundig kann in einer gesamten Kultur zu einer bestimmten Zeit eine bestimmte tiefsitzende Sichtweise vorherrschend sein, z.B. die Sicht der Natur als beliebig zur Verfügung stehendes Objekt. In bestimmten Kulturgebieten wie Wirtschaft und Naturwissenschaft kommt dieses Paradigma besonders stark zum Zuge. Aus ihm ergibt sich auch hier, welche Probleme behandelt werden und wie man sie zu lösen versucht. Auch hier gilt: Es können Probleme auftauchen, die sich im Rahmen dieses Paradigmas nicht befriedigend lösen lassen, z.B. Umweltprobleme. Dies kann dazu führen, daß die lange Zeit fraglos anerkannte Sichtweise infragegestellt wird. Möglicherweise tritt eine konkurrierende Sichtweise auf, der es nach heftigen gesellschaftlichen Kämpfen gelingt, sich durchzusetzen. Dann können wir vom Sieg eines neuen Paradigmas sprechen. Ein solches Paradigma unterscheidet sich von einem kleinen, fachinternen dadurch, daß es einen höheren Allgemeinheitsgrad besitzt. Eine neue physikalische Sicht der Dinge ist viel spezifischer als eine übergreifende Sicht und Wertung der Natur, die sich auf alle Kulturgebiete und damit auch auf alle einzelnen Naturwissenschaften auswirkt.

YOSHI Die Folgerung der New-Ageler wäre doch dann, und zwar völlig zu Recht, daß auch hochallgemeine Sichtweisen und Wertungen, die sich auf alle Kultursektoren auswirken, sich wandeln können. Ich bin übrigens auch der Meinung, daß sich einige dieser Sichtweisen tatsächlich auch wandeln sollten, siehe dein Beispiel von der Natur als beliebig auszubeutendes Objekt.

PETER Absolut richtig. Der Hauptunterschied zwischen beiden Positionen liegt allerdings darin, daß diese zustimmungsfähigen Programme im New-Age-Kontext zusammen mit spezifischen religiösen Weltauffassungen zu einem Paket verschnürt werden. Es wird nahegelegt, daß nur das religiöse New-Age-Gesamtpaket die Probleme lösen könne. In Wahrheit sind jedoch die gewünschten Umorientierungen keineswegs notwendig an religiöse Grundpositionen gebunden – sie können genausogut (wenn nicht besser) von einer vollständig profanen Position aus anvisiert werden. Diese Hauptalternative wird weitgehend unterschlagen.

YOSHI Aha, der alte Rattenfängertrick: 'Wir haben das Neue Paradigma, und ihr braucht uns bloß zu folgen'.

PETER Genau das. Tatsächlich unterbreitet das New-Age-Denken nur eines von verschiedenen möglichen Paradigma-Paketen. Die Überzeugung 'Wir vertreten die einzige echte Alternative zum Bestehenden oder Wenn ihr unseren Weg ablehnt, seid ihr dem Untergang geweiht' steigert natürlich, wie dies auch bei anderen Bewegungen zu beobachten ist, die Motivation und den Gruppenzusammenhalt. Der Sache nach handelt es sich jedoch um eine Selbsttäuschung mit mehr oder weniger wohltätigen Folgen, die persönlichkeitstheoretisch auf eine Position der 'Schwäche' verweist. Hier hat man, um in Anlehnung an Nietzsche zu reden, Pseudo-Gewißheiten zum Leben nötig.

Eine solche Pseudo-Gewißheit wirkt sich auch dort aus, wo einfach nur versucht wird, einen Umbruch des Denkens in unseren Tagen zu *beschreiben*. Zweifellos ist es, gerade unter den Leitgesichtspunkten *Naturverhältnis* und *Geschlechterverhältnis*, zu erheblichen Umbrüchen gekommen und weitere zeichnen sich ab. New-Age-Beschreibungen solcher Prozesse zeigen jedoch, wie wir dies von mythischen und quasi-mythischen Geschichtsauffassungen bereits kennen, eine starke Neigung, die konstatierbaren Umbrüche dahingehend zu deuten, daß sie die Etablierung des New-Age-Paradigmenpakets vorbereiten. 'Alles nur Schritte auf dem langen Weg, der zum Sieg unseres Paradigmas führt und führen muß'. 'Die nächste Evolutionsstufe, die durch unser Paradigma bestimmt sein wird, kündigt sich an; überall entstehen Laboratorien der Zukunft, in denen das Neue bereits gelebt wird'.
Ich fasse zusammen.

1) Die kulturtheoretische Ausweitung des Paradigmabegriffs ist legitim.
2) Die verfolgten Ziele sind zum Teil zustimmungsfähig.
3) Diese Elemente müssen jedoch nicht notwendig, wie im New-Age-Denken propagiert, mit einer religiösen Grundposition verbunden werden. New Age ist nicht die einzige Alternative. Und jetzt ruf uns ein Taxi, ja?

Solchermaßen in Stimmung gebracht, machen sich die beiden Düsseldorfer Gelehrten auf den Weg zum Busbahnhof, während der erneut angereiste K sich in Kaltenbrunn von der Perfektion der Tarnung seines Geheimagenten überzeugt, den er auf die gefährliche Mission ins *Neue Zeitalter* schicken will.

KARDINAL James! Ich hätte Sie kaum wiedererkannt. Prächtig, dieser Bart. Und wie braun Sie geworden sind!
JAMES Das kommt vom Meditieren im Sonnenenergiefeld, K. Ich habe hart an mir gearbeitet. (singt) *When the moon is in the seventh house / and Jupiter collides with Mars ...*
KARDINAL Sehr schön. Äußerst glaubwürdig. Sie scheinen ja tief in diese merkwürdige Subkultur eingedrungen zu sein.
JAMES Subkultur? Nein, nein, K. Es geht hier nicht um ein kleines Kulturgebiet. Es geht um das Groß-Paradigma!
KARDINAL Bitte?
JAMES Sie müssen das kulturanthropologisch sehen. Eine Kultur – und auch einzelne Kulturgebiete wie die Wissenschaft – ist doch sozusagen die Kristallisation tiefsitzender Weltbilder und Wertsysteme. Diese Tiefenschicht einer Kultur ist das Groß-Paradigma.
KARDINAL Ah, ich verstehe. Unser Groß-Paradigma ist das christlich geprägte, nicht wahr?
JAMES Sagen wir christlich-materialistisch. Und das ist hoffnungslos veraltet.
KARDINAL Mein Sohn, ich muß schon sagen ...
JAMES Sagt Capra. Aber im Grunde ist das leicht nachzuvollziehen: es können nicht nur kleine Paradigmen, wie sie z.B. einer Einzelwissenschaft zugrunde liegen, 'veralten', sondern auch Groß-Paradigmen. Mit 'Ein Paradigma ist veraltet' meint er ungefähr folgendes: Es treten Probleme auf, die mit Hilfe der etablierten Sicht-

weise nicht oder zumindest nicht zureichend bewältigt werden können. In einer solchen Situation lohnt sich der Versuch, zu einer neuen Sichtweise, zu einem neuen Paradigma überzugehen, dessen Problemlösungskompetenz vielleicht größer als die des alten ist. Eine kreative Antwort auf die neuen Herausforderungen wird gebraucht, eine tiefgreifende Veränderung der 'Mentalität' ist nötig.
KARDINAL Ganz recht. Die Mutter Kirche braucht wieder mehr Einfluß! Wie sollen wir sonst dem Verfall der Sitten entgegentreten? Wie der Kulturkrise Herr werden?
JAMES Die Kulturkrise ist letztlich immer eine Krise des jeweiligen Groß-Paradigmas. *Sie ist eine Folge der Tatsache, daß die meisten unter uns, und vor allem unsere mächtigen gesellschaftlichen Institutionen*, also Großkonzerne wie General Motors oder der Vatikan, *an einem überholten Weltbild festhalten, an einer Weltanschauung, die zur Lösung der vielfältigen Probleme in unserer global vernetzten Welt ungeeignet ist.*
KARDINAL Herr im Himmel! So denken also diese New-Age-Anhänger?
JAMES So denkt z.B. Capra. *In den letzten Jahren ist es doch immer klarer geworden, daß die dringendsten Probleme unserer Zeit – die Drohung des Atomkriegs, die Zerstörung unserer natürlichen Umwelt, das gleichzeitige Bestehen von Fortschritt und Armut sogar in den reichsten Ländern, um nur die schwerwiegendsten zu nennen –, daß diese Probleme nur verschiedene Facetten ein und derselben Krise sind, die im wesentlichen eine Krise der Wahrnehmung ist.* Capra setzt auf die Korrektur einseitiger Denk- und Erklärungsstrategien und auf die Herstellung eines Gleichgewichts.
KARDINAL Und wie will er das herstellen, Ihr Capra?
JAMES Der anzustrebende (und sich teilweise bereits vollziehende) Wandel des Denkens ist nach Capra unter anderem einer *von der Analyse zur Synthese, vom Reduktiven zum Ganzheitlichen, vom Linearen zum Maßvollen. Dabei ist wichtig zu betonen, daß es hier nicht um ein Ersetzen des einen durch das andere geht, sondern vielmehr um eine Verlagerung von der Überbetonung eines Aspekts zu größerem Gleichgewicht.* Auch das leuchtet doch durchaus ein, K.
KARDINAL Also, meiner Meinung nach will dieser Mensch die Welt aus den Fugen heben. Gleichgewicht! Höchst gefährlich, das

Ganze. Ich will gar nichts mehr darüber hören. Gehen Sie mit Gott, James, und bleiben Sie ein guter Christ.

Und während sich Bruder James, alias James Brother, vom Bruder Technikus seine Grundausstattung erklären läßt (im wesentlichen das in einer Rasierapparat-Attrappe verborgene Miniaturtelex, ein aufklappbares Kruzifix mit integriertem Handy sowie eine Taschenflasche Weihwasser) steigen unsere gelehrten Freunde in den Bus, der sie gemeinsam mit anderen Teilnehmern zum Ort des Come-Together-New-Age-Camps in der Toscana bringen wird.

BUSFAHRER Ja liebe Freunde, ich darf mich zunächst mal kurz vorstellen, ich bin der Tobias und wir fahren zusammen in die schöne Toscana. Ja es ist jetzt acht Uhr dreißig hier in Düsseldorf, und wir werden in zirka vierundzwanzig Stunden schon da sein. Ja und am späten Abend da werden wir zunächst mal eine kleine Zwischenübernachtung einlegen im schönen Örtchen Kaltenbrunn in Österreich am Alpenrand. Ja und bis dahin wünsch ich euch zunächst mal viel Vergnügen. – Ja und wenn wir dann da sind heute abend kann ich euch ein interessantes Sortiment esoterischer Spezialartikel zum Sonderpreis anbieten. Ja die Teilnahme an dieser Veranstaltung steht euch natürlich zunächst mal frei. Ach – und keine Sorge wegen der Sicherheit und so. In meinem ersten Leben war ich ein berühmter römischer Wagenlenker namens Messina.
YOSHI Messina? War das nicht der Konkurrent von Ben Hur, der in der letzten Runde an der Bande zerquetscht wurde?
PETER Keine Sorge. Das war bestimmt nur ein Scherz.
BUSFAHRER Ja das war natürlich nur ein Scherz. Wenn ihr zunächst mal rechts rausschaut, seht ihr übrigens die Müllverbrennung Flingern. Ja es ist vielleicht interessant für euch, daß die Recyclingquote in Düsseldorf ...
YOSHI Hm. Hoffentlich quatscht er nicht die ganze Zeit so viel. Das kann ja heiter werden.

Stunden später, die Sonne und Dr. Nakamuras Stimmung sind gleichermaßen gesunken, nähert sich der Bus dem Ort der Zwischenübernachtung im österreichischen Alpenvorland, wo die letzten Teilnehmer des Workshops, unter ihnen ein uns bekannter exjesuitischer Vollkornbäcker aus Bristol, zusteigen werden. Auf den letzten Kilometern kommt nun doch noch der von Professor Tepe so leidenschaftlich gewünschte, von Dr. Nakamura trotzig vermiedene Kontakt zu den mitreisenden New-Age-Anhängern zustande.

ULLI Tschuldige mal, du, aber ich krieg hier irgendwie ne negative Ausstrahlung mit. Mit deiner Aura stimmt doch irgendwas nicht. Zeig mir mal deine Hand, du.
YOSHI Meine Aura ist völlig in Ordnung. Und würden Sie bitte aufhören, mit diesen Glöckchen zu bimmeln? Wir hätten doch den Privatjet nehmen sollen, Peter.
PETER (leise) Psst! Wir sind incognito hier. Du mußt auch ein bißchen auf die Leute eingehen. – Sag mal, du ...
ULLI Ulli heiß ich. Deine Aura is okay.
PETER Oh, danke sehr. Ich bin der Peter, du. Sag mal, Ulli, hast du dich eigentlich mal mit Capra beschäftigt?
ULLI Du, klar, Wendezeit und all das. Capra ist schon okay, klar, obwohl, du, ich fahr ja irgendwo schon mehr auf der Russell-Schiene, ne. Du weißt schon, *All you need is love* und so.
PETER Ah, Peter Russell. Auf den wollte ich später kommen. Was hältst du denn so von den veralteten Groß-Paradigmen?
ULLI Ach, Capras schwarze Liste meinst du?
YOSHI Er meint diejenigen 'großen' Weltbildannahmen und Wertüberzeugungen, die unter dem Verdacht stehen, 'veraltet', 'überholt' zu sein, so daß vielleicht ihre Ablösung durch Groß-Paradigmen mit höherer Problemlösungskompetenz bevorsteht.
ULLI Ja, ja, schon klar. Da ist zum Beispiel der Glaube, daß eine Gesellschaft, in der das Weibliche überall dem Männlichen untergeordnet ist, einem grundlegenden Naturgesetz folgt. Völlig beknackte Idee.
PETER Meine Rede. Die Wertüberzeugung vom Vorrang des Männlichen vor dem Weiblichen hat zum patriarchalen Geschlechtersystem geführt und unsere Kultur lange Zeit geprägt. Hier bedarf es einer grundsätzlichen Umorientierung. Warst du eigentlich schon mal in Montana?
ULLI Nö, wieso?

PETER Schon gut. Soweit ich mich erinnere, erwähnt Capra ferner den Glauben an unbegrenzten materiellen Fortschritt durch wirtschaftliches und technisches Wachstum.
ULLI Ein Wahnsinn. *Erst wenn ihr den letzten Baum gefällt und den letzten Fluß vergiftet habt, werdet ihr feststellen, daß man Geld nicht essen kann.* Oder so ähnlich.
PETER Indianersprichwort?
YOSHI Autoaufkleber.
PETER Also, auch hier kann man ja nur zustimmen. Die Annahme, ein unbegrenzter materieller Fortschritt sei möglich, hat unsere Kultur mehrere hundert Jahre geprägt oder mitgeprägt. Sie kann als aus empirischen Gründen entkräftet gelten. Die Ausdehnung menschlicher Herrschaft über die Natur hat uns an Grenzen geführt, von denen wir annehmen müssen, daß sie definitiv sind. Die Vorstellung eines notwendigen und unendlichen Fortschritts ist ein Quasi-Mythos. Wir müssen künftig die Begrenztheit der Ressourcen in Rechnung stellen.
ULLI Na ja, und dann wär da noch die Vorstellung des Lebens in der Gesellschaft als eines ständigen Konkurrenzkampfes um die Existenz.
PETER Also dabei ist mir nicht ganz klar, was gemeint ist, du. Meint Capra die Vorstellung, das Leben in der Gesellschaft sei immer auch und vielleicht sogar grundlegend ein 'Kampf' um die Sicherung der 'materiellen' Existenz und um die Steigerung des 'materiellen' Wohlstands?
YOSHI Diese Vorstellung halten wir keineswegs für veraltet.
PETER Oder meint er die *normative* Vorstellung, der eigentliche Sinn des Lebens in der Gesellschaft sei die Steigerung des 'materiellen' Wohlstands?
ULLI Na, das zweite, würd ich sagen. Ich mein, wer bist du denn ohne mindestens zwei Bausparverträge? Ohne dicken Wagen? Ohne Privatjet? (singt) *Oh Lord, won't you buy me / a Mercedes Benz / my friends all drive Porsches ...*
YOSHI ... da hat man wenigstens seine Ruhe ... Ich könnte glatt zum Kapitalisten werden.
PETER Yoshi! – Also, wenn du recht hast, würde ich dazu sagen: Auch diese Wertüberzeugung hat unsere Kultur lange Zeit geprägt oder mitgeprägt. Und sie muß aus grundsätzlichen anthropologi-

schen Erwägungen als unzureichend betrachtet werden. Ein Wertsystem, in dem das Streben nach Steigerung des 'materiellen' Wohlstands den Rang des obersten Werts einnimmt, muß über kurz oder lang zur Verarmung menschlichen Daseins führen. – Gib mir mal ein Kaugummi.
YOSHI Okay, okay. Dieses 'einseitige' Wertsystem ist abzulösen, da hast du recht. Aber es ist durch eines abzulösen, das die Bedeutung der Wohlstandssteigerung nicht völlig negiert, sondern einschränkt, und das in der Werthierarchie das 'wirtschaftliche' Wachstum dem 'persönlichen' Wachstum unterordnet. Wenn Capra das gemeint hat, bin ich einverstanden.
ULLI Sag mal, du, ihr seid ja ziemlich kritisch, ja. Seid ihr vielleicht irgendwie profan drauf oder wie?
PETER Äh, auf keinen Fall, wir ...
BUSFAHRER Ja und jetzt sind wir auch schon an unserer Pausenetappe angekommen, und es gibt erst mal eine leckere Buchweizengrütze.- Ja und dann kommt auch schon die Verkaufsveranstaltung, und da werden wir bestimmt eine Menge Spaß zusammen haben, was?

Erleichtert entsteigt der Professor, der sich schon fast um seine Tarnung gebracht sah, dem Reisebus und betritt, gefolgt von seinem unwilligen Assistenten, das rasch zum Verkaufsraum umgestaltete Hinterzimmer einer gutbürgerlichen Schankstube, wild entschlossen, diese Scharte durch entsprechend engagiertes Konsumverhalten wieder auszuwetzen.
Nachdem die beiden (auf Kosten ihres Spesenkontos) in kurzer Folge ein Set tibetanischer Klangschalen zu DM 1200,-, ein original australisches Didjereedoo zu DM 850,- sowie ein Bach-Blüten-Sortiment zu 400,- erstanden haben, hat zumindest der Busfahrer und Verkäufer Tobias keine Zweifel mehr, daß sie ihr persönliches Wachstum über ihr wirtschaftliches Wachstum stellen. Während der Busfahrer sich wiederum über sein wirtschaftliches Wachstum freut, nimmt der Professor beim Versuch, dem Didjereedoo einen Ton zu entlocken, die Gesichtszüge eines Ochsenfrosches an, bevor er schließlich blau anzulaufen beginnt.

YOSHI Peter! Was in aller Welt machst du denn da?

PETER (keuchend) Das muß doch irgendwie gehen ...
KONRADIN Hör mal, du machst das völlig falsch, du. Ich meine, hast du schon mal in Australien gelebt?
PETER Hhhchhrrrch ...
KONRADIN Ich habe zwei Jahre bei den Aboriginees gelebt, ja, Traumzeit und so. Du mußt versuchen, eins zu sein mit deiner Umwelt, sonst kriegst du gar nichts raus aus dem Rohr.
YOSHI Also, ich hab als Kind bloß immer Skippy, das Buschkänguruh gesehen. Und natürlich Robert Lawlor gelesen, *Am Anfang war der Traum* und so. *Das Didjereedoo ist möglicherweise das älteste Musikinstrument der Welt. Außer bei Zeremonien wird es auch zur Erforschung der Natur verwendet. Die flötenspielende Person fühlt sich tief ein in die Geräusche der Natur und spielt sie dann auf dem Didjereedoo so genau wie möglich nach.*
KONRADIN Genau. Und was hörst du hier für Naturgeräusche?
YOSHI Naja, Peter hör ich.
PETER Hhhgrmblkkkrrrrkkk ... aaahrrk!
YOSHI Mensch Peter, was ist los? Steh auf, mein Freund! Ist das 'n Herzanfall? Tut doch was! Ruft einen Arzt, er braucht Herzmassage, Atropin, Elektroschocks, einen Zugang, einen fünfer Tubus ...
ULLI (seufzend) Seht ihr, da ist es wieder: Das *Bild des menschlichen Körpers als einer Maschine.* Capra hat schon so oft gesagt, daß das überholt ist ...
YOSHI Was soll denn das heißen, überholt! Wir müssen doch was tun!
BUSFAHRER Immer ruhig, du, wir haben ja alles da. Kriegen wir schon hin! So, wir legen ihn erstmal hier auf den Tisch. Und jetzt gib mir die Klangschalen.
ULLI Die scharfe Trennung zwischen Geist und Materie, der extreme Dualismus, wie er von Descartes und anderen vertreten wird, kann leicht zu der Vorstellung führen, der menschliche Körper sei eine seelenlose Maschine. Und diese Vorstellung kann unter Umständen die gesamte medizinische Praxis prägen. Deine Einstellung scheint mir allerdings mehr von dieser Arztserie geprägt zu sein ...
YOSHI *Emergency Room.* Ich weiß genau, wie man das wieder repariert. Wir brauchen ...

ULLI ... und so kann es, wie wir sehen, zu dem folgenden Medizinmodell kommen: *Der Körper gilt als Maschine, die man nach den Funktionen ihrer Teile analysieren kann. Krankheit gilt als Fehlfunktion der biologischen Mechanismen, die aus der Sicht der Zell- und Molekularbiologie untersucht werden. Die Rolle des Arztes besteht darin, physikalisch oder chemisch einzugreifen, um das falsche Funktionieren eines spezifischen Mechanismus zu korrigieren. Drei Jahrhunderte nach Descartes beruht die medizinische Wissenschaft immer noch auf der Ansicht, der Körper sei eine Maschine, Krankheit sei die Folge einer Panne in dieser Maschine und die Aufgabe des Arztes sei es, die Maschine zu reparieren.*
YOSHI Okay, okay, mit Capra neigen wir auch zu der Ansicht, daß dieses Medizinmodell revisionsbedürftig ist. Bei einer solchen Revision dürfen freilich die gut gesicherten Einsichten der neuzeitlich-modernen Medizin nicht über Bord geworfen werden, nicht wahr, Peter!
PETER Arggskkrggllblllm!
KONRADIN Richtig, du. Immer nach der Capra-Regel 'Korrigiere folgenschwere Einseitigkeiten und stelle ein Gleichgewicht her'. Anthropologisch sollte der Körper-Geist- bzw. Leib-Seele-Dualismus durch ein Modell ersetzt werden, das die unauflösliche Einheit des Körperlichen und des Seelischen betont.
BUSFAHRER Ja und medizinisch sollte in neuer, dem empirisch-rationalen Erkenntnisstand entsprechender Form an die 'alte' Auffassung angeknüpft werden, *daß Krankheit eine Störung des gesamten Menschen ist, wobei nicht nur der Körper des Patienten eine Rolle spielt, sondern auch sein Geist, sein Selbstbewußtsein, seine Abhängigkeit von der natürlichen und gesellschaftlichen Umwelt.* Auch die religiösen bzw. weltanschaulichen Überzeugungen sind zu berücksichtigen. Apropos, ich habe den Verdacht, daß ihr zwei irgendwie sehr profan drauf seid ...
YOSHI Äh, nein nein, wir glauben schon irgendwie an Holismus und so ...
ULLI Naja, jedenfalls werden sich entsprechend eingestellte Ärzte nie auf rein körperliche Phänomene beschränken. Sie werden immer auch versuchen, *auf die Psyche des Patienten einzuwirken, um ihn von Ängsten zu befreien, die stets eine bedeutsame Komponente der Krankheit sind,* in der Hoffnung, *die in jedem Orga-*

nismus vorhandenen natürlichen Heilkräfte zu wecken. Sie werden die *innere Ausgeglichenheit als Vorbedingung für die Gesundheit* betrachten, den Patienten als selbstverantwortliches Individuum ansehen, *das den Gesundungsprozeß selbst in Gang bringen kann* usw. Hallo! Bist du ausgeglichen?
PETER Chhhammkauummichluck ...
YOSHI Er will uns etwas mitteilen. Kannst du das wiederholen?
PETER Chhhammkauummichluck!
JAMES Er hat einen Kaugummi verschluckt. Wir sollten ihm auf den Rücken schlagen. So!
PETER Hrrrmblglmblfffflllopppp!
JAMES Da haben wir den Übeltäter. Geht's besser?
PETER Danke. Puh!
YOSHI Vielen Dank, Herr ...
JAMES Brother. James Brother, Vollkornbäcker aus Bristol.
YOSHI Angenehm, Yoshiro Nakamura, Mytho ...
PETER Psst!
JAMES (leise) Ich verstehe schon, Sie sind incognito. Gehen wir doch kurz in den Waschraum.
ULLI Was habt ihr denn da zu flüstern, du?
YOSHI Oh, gar nichts, wir gehen uns nur mal frischmachen.
JAMES Hier hinein. – Also, ich sehe, Sie sind auch kein echter New-Age-Jünger?
YOSHI Zugegeben. Sie aber auch nicht, was?
JAMES Streng geheime Mission. Ich sage nur 'P'.
YOSHI Ah ... Ebenfalls 'P'. Gut, daß die mich eben nicht auf das Thema Holismus festgenagelt haben.
JAMES Tja, dem ganzen Schlagwortkomplex *Ganzheit, Ganzheitlichkeit, Holismus* kommt ja auch in der New-Age-Religion eine zentrale Bedeutung zu.
YOSHI Richtig, aber aus unserer Sicht ist hier zwischen einer akzeptablen und einer fragwürdigen Bedeutung von *Ganzheit* zu unterscheiden.
PETER Akzeptabel ist es zu sagen 'Die Medizin sollte auf den ganzen Patienten, auf den Menschen als Ganzheit, als Einheit von Körper und Psyche ausgerichtet sein'. Die einseitige Konzentration auf den Körpermechanismus führt, so unerläßlich dieser Blick auch

ist, zur Vernachlässigung der psychologischen, gesellschaftlichen und umweltmäßigen Aspekte der Erkrankung.

YOSHI Fragwürdig wird die Angelegenheit jedoch, wenn der Begriff der Ganzheit insgeheim spiritualistisch aufgeladen wird. Dann liegt es auch nahe, die Idee, der Körper sei eine Maschine, völlig zu verwerfen. Bleibt man auf der gemäßigten Linie, so ist eher eine Erweiterung und Ergänzung des Modells angesagt. Wird der Kranke mit einer Uhr verglichen, deren Teile nicht ordentlich funktionieren, so wäre hinzuzufügen, daß eben nicht nur mit körperinternen, sondern auch mit psychischen, gesellschaftlichen und umweltmäßigen Störungsfaktoren zu rechnen ist.

JAMES Dieses Bild des menschlichen Körpers als einer Maschine ist ja nach Capra eine 'überholte' Vorstellung und bedarf einer radikalen Neuformulierung.

PETER Aber unsere Einschätzung läuft hier nicht auf ein simples 'Einverstanden' hinaus, sondern führt zu Differenzierungen. Während die Wertüberzeugung, das Männliche sei dem Weiblichen generell übergeordnet, ebenso zu verwerfen ist wie die Annahme, unbegrenzter materieller Fortschritt sei möglich und wie die normative Vorstellung, der eigentliche Sinn des Lebens bestehe in der Steigerung des materiellen Wohlstandes ...

YOSHI ... ist das Maschinen-Bild eben nicht grundsätzlich zu verwerfen, sondern bloß zu ergänzen. Aus kognitiv-wissenschaftlicher Sicht ist gegen den Gebrauch des Maschinen-Modells nichts einzuwenden, solange man sich der Grenzen eines solchen Vorgehens bewußt bleibt (was natürlich nicht immer der Fall ist). Die Leitvorstellung 'Maschine' besitzt einen heuristischen Wert und kann sich bis zu einem gewissen Grad an den Tatsachen bewähren.

JAMES Wie wir anhand der Kaugummi-Problematik ja gesehen haben. Was bedeutet es, daß Capra diese Vorstellung mit den anderen auf eine Stufe stellt?

PETER Nun, das könnte ein Indiz dafür sein, daß auf seine – ansonsten durchaus vertretbare – Diagnose an dieser Stelle spiritualistische Überzeugungen störend einwirken. Aber jetzt sollten wir ein Gläschen trinken, meine ich. Unter Verschwörern ...

Und so kommt es, daß eine extreme Notsituation wieder einmal Menschen verschiedenster Herkunft und Lebensauffassung zu einer Gemeinschaft zusammenschweißt, die sich – wer weiß? – zu einer Freundschaft fürs Leben entwickeln kann. Wundersame Magie der Buchstaben: Allein das Aussprechen des bedeutungsvollen 'P' hat den dreien Tür und Tor geöffnet. Obwohl ... Daß Bruder James unter 'P' *Päpstlicher Gesandter* versteht und Doktor Nakamura denselben Code für *Profane Lebenseinstellung* benutzt, könnte sich noch als Problem erweisen, glaubt doch der eine vom anderen, er befände sich im selben Lager ...

Fürs erste jedoch verstehen sie sich prächtig, weshalb es auch fast kein Problem darstellt, daß für das Trio, im New-Age-Camp angekommen, nur noch ein Drei-Personen-Zelt zur Verfügung steht.

PETER Ein Zelt ... ich fasse es nicht. Und das in meinem Alter.
YOSHI Was in aller Welt hast du dir denn unter einem New-Age-Camp vorgestellt? Ein Vier-Sterne-Hotel mit Kongreßcentrum?
PETER Nein, aber ein toscanisches Landhaus mit Terracottaböden ...
JAMES ... gleich neben der Dorfkirche!
PETER Sehr witzig. Im Ernst, eine Nacht auf dieser Isomatte, und mein Hexenschuß bringt mich um.
JAMES Ich werde sehen, ob ich ein Feldbett für dich auftreibe. Bis später!
PETER Danke, James! Netter Kerl, was? Hilf mir doch mal, diesen Schlafsack aus der Tüte zu kriegen ... So. Sag mal, haben wir die 'schwarze Liste' von Capra jetzt eigentlich durch?
YOSHI Ach ja – da gibt es noch einen letzten Punkt, nämlich die Auffassung, das Universum sei ein mechanisches System, das aus materiellen Grundbausteinen bestehe. Was sagen wir dazu? Sagen wir 'Einverstanden'?
PETER Tja, auch hier bedarf es näherer Überlegung. Wiederum ist nicht ganz klar, was eigentlich gemeint ist. Was meinst du? Geht es Capra um den Vergleich des Universums mit einem mechanischen System?
YOSHI Dann wäre – wie beim Maschinen-Bild – auf der relativen Berechtigung einer solchen Sichtweise zu bestehen. Der Punkt dürfte also nicht auf der 'Verdammungsliste' stehen. Es könnte aber auch um die (eher normative) Ansicht gehen, die Natur könne, eben weil sie ein seelen- oder geistloses mechanisches

System sein, ohne jede Rücksichtnahme manipuliert und ausgebeutet werden. Macht euch die Erde untertan. Das alte Lied.

PETER Jedenfalls wäre das der interessantere Fall (denn den ersteren haben wir ja im Grunde bereits behandelt). Folgt man dieser Lesart, so liegt es nahe, wiederum Verbindungen zum Spiritualismus zu vermuten. Aus spiritualistischer Sicht ist die Sache völlig klar: 'Kehren wir zurück zur Betrachtung des Universums als seelen- und geistvoll, und alle Dinge kommen wieder in Ordnung'.

YOSHI Für uns hingegen gilt: Die Auflösung der mythisch-religiösen Betrachtung des Universums ist in gewisser Hinsicht unvermeidlich, denn sie stellt das Ergebnis der Weiterentwicklung der profanen Informationsgewinnung dar. Wir sollten diesen Prozeß in kognitiver Hinsicht begrüßen und nicht 'verteufeln'.

PETER Auf der anderen Seite kann es jedoch in diesem Prozeß der 'Entgöttlichung' des Universums leicht zu einer Koppelung mit einer extremen Ausbeutungsmentalität kommen – nach dem Motto 'Weil die Natur geistlos ist ('Geist' hier im spiritualistischen Sinne verstanden), können wir sie ohne jede Rücksichtnahme manipulieren und ausbeuten'. Eine solche Wertüberzeugung muß, wie vorhin schon die Vorstellung, der eigentliche Sinn des Lebens sei die Steigerung des materiellen Wohlstands, aus anthropologischen Erwägungen als unzureichend betrachtet werden. Ein Wertsystem, das auf rücksichtslose Ausbeutung der Natur setzt, bedeutet eine Verarmung menschlichen Daseins, insbesondere deshalb, weil sie auf der totalen Vergleichgültigung der Natur, die zu einem Objekt potentieller Nutzbarmachung herabgewürdigt wird, beruht.

YOSHI Und es ist sicher richtig, daß ein radikaler philosophischer Dualismus die Ausbeutungsmentalität begünstigt.

PETER Merke: Während die New-Age-Leute die Entgöttlichung des Universums als 'Sündenfall' betrachten und daher zu einer mythisch-religiösen Sicht zurückkehren wollen, denken wir, daß die Ausbeutungsmentalität *direkt* bekämpft werden sollte, die mit einer vollständig profanen Sichtweise der Natur zwar verbunden sein, aber von ihr auch wieder abgetrennt werden kann.

So, jetzt haben wir die fünf Ideen bzw. Wertvorstellungen, die Capra für überholt hält, kurz kommentiert. Wie machen wir weiter?

YOSHI Wir gucken erst mal nach, wann es hier was zu essen gibt. Wo bleibt James denn so lange?

Bruder James, Geheimagent seiner Heiligkeit, ist bereits einige Minuten zuvor mit einer komfortablen Campingliege unterm Arm zurückgekehrt, hat jedoch dem Instinkt des Spions nicht widerstehen können, als er die vorsichtig gedämpften Stimmen seiner Mitbewohner durch die dünne Zeltwand hörte. Er hat also mit wachsendem Erstaunen bemerkt, daß die beiden sympathischen Freunde keineswegs einer christlich-spiritualistischen Weltsicht anhängen, sondern vielmehr mit messerscharfem, streng profanem Argumentieren versuchen, jeglichen supranaturalistischen Einfluß auf das Leben des Menschen auszuschalten. Dennoch verdammen sie die mit dem Christentum konkurrierenden Botschaften des New Age nicht, sondern suchen sich Aspekte heraus, die sie, ohne jegliche Verpflichtung zum Glauben, für ihr Leben verwenden möchten! Häretische Rosinenpicker! Nur gut, daß er nun weiß, mit wem er es zu tun hat ...

vatikan-stadt, 23. maerz anno domini 1996
abschrift eines telefongespraeches zwischen special-agent brother und seiner eminenz, h.a.h.a.[19]
Spreche ich mit k.?
am apparat, mein sohn. gibt es schwierigkeiten? wo sind sie jetzt?
im camp, k. ich konnte bisher noch keine eindeutig antichristlichen tendenzen unter den new-age-anhaengern ausmachen. allerdings ...
ja, james?
nun, ich habe zwei verdaechtige teilnehmer kennengelernt.
verdaechtig? spezifizieren sie.

---

[19] Heilige Allgemeine Häretiker & Antichrist-Abwehrabteilung.

es handelt sich um keine new-age-anhaenger, sir. zuerst dachte ich, es seien ebenfalls paepstliche agenten, aber dann ...
was dann? reden sie, james!
nun ... die beiden subjekte sind offensichtlich vom vollstaendig profanen bewußtsein gepraegt.
heilige mutter gottes! james, was ich ihnen jetzt sage, ist streng geheim. sie dürfen auf keinen fall, ich wiederhole, keinesfalls ... kkkrkbrrbllkrrkssssss...
(hier brach die uebertragung ab.)

YOSHI Ah, James, da bist du ja. Wir wollten gerade zum Essen gehen. Kommst du mit?
JAMES Natürlich, gerne. Ich sehe es schon vor mir: Roastbeef, Erbsen, Kartoffeln ...
YOSHI Ich dachte eher an Saltimbocca alla Romana, Penna alla Panna ...
PETER Freut euch nicht zu früh. Das sieht mir ganz nach Hirsebrei aus.
YOSHI Oh. Und Bulgur mit Staudensellerie. Ach du je. – Ich glaube, da will jemand eine Rede halten.
CAMPLEITER Meine lieben Freunde, ich freue mich, euch alle hier im New-Age-Camp begrüßen zu können. Ihr habt sicher schon bemerkt, daß wir, auch was das Essen und Schlafen betrifft, dem alten, degenerierten Luxus- und Verschwendungssystem unseren eigenen Entwurf entgegensetzen. Hier wird das neue Groß-Paradigma nicht nur besprochen, sondern gelebt!
YOSHI (leise) Schon wieder Capra? Bin gespannt, ob dieser neue Entwurf auch wieder eine Erneuerung spiritualistischen Denkens verfolgt.
PETER (leise) Worauf du dich verlassen kannst. Die haben kein Interesse daran, ihre Erneuerungen ganz im Rahmen des vollständig profanen Bewußtseins zu halten, was, James?
JAMES Du weißt gar nicht, wie recht du hast, Peter.
CAMPLEITER Unser neues ganzheitliches Denken wird von manchen auch als *ökologisches Denken* bezeichnet. Es ist ja wohl

jedem klar, daß bei uns das Wort *ökologisch* im Sinne der *tiefen Ökologie gebraucht wird. Die sogenannte seichte Ökologie sieht den Menschen als über und außerhalb der Natur stehend. Der Natur wird nur Nutzwert zugeschrieben.* Im Gegensatz dazu trennen wir, mit der tiefen Ökologie den Menschen nicht von der natürlichen Umwelt. Wir sehen *die Welt nicht als eine Ansammlung von getrennten Objekten, sondern vielmehr als ein Netzwerk von Phänomenen, die wesentlich verknüpft und voneinander abhängig sind. Die tiefe Ökologie erkennt den inneren Wert jedes Lebewesens und sieht den Menschen lediglich als eine bestimmte Faser in dem reichhaltigen Gewebe der lebenden Natur.*

PETER (leise) Einverstanden – wenn man von kleineren Formulierungsproblemen einmal absieht.

JAMES Wieso?

PETER Na, auch wir betrachten den Menschen nicht als außerhalb der Natur stehendes Wesen, sondern als Faser im Gewebe der Natur, freilich als eine besondere Faser. Auch wir bekämpfen den radikalen Dualismus und befürworten eine eher monistische Sichtweise.

CAMPLEITER Wie sagt unser großer Lehrer Capra, und damit möchte ich meine Rede beenden: *Letztlich ist tief ökologisches Bewußtsein spirituelles oder religiöses Bewußtsein. Wenn religiöses Bewußtsein verstanden wird als ein Bewußtseinszustand, in dem sich der individuelle Mensch mit dem ganzen Kosmos verbunden fühlt, dann wird es klar, daß tief ökologisches Bewußtsein wahrhaft religiös oder spirituell ist. Es steht mit den Grundideen spiritueller Traditionen im Einklang, so z.B. mit den östlichen Religionen und Philosophen, aber ebenso mit der Spiritualität eines Franzikus von Assisi, einer Hildegard von Bingen oder eines Teilhard de Chardin.* So, und jetzt guten Appetit.

JAMES (applaudiert mitgerissen) Bravo! Hervorragend!

PETER Na, na, wir wollen es nicht übertreiben mit der Tarnung!

JAMES Ach, ihr seid natürlich anderer Meinung.

YOSHI Aber sicher! 'P', hast du's schon vergessen?

JAMES Ja ja, 'P'...

PETER Also, der Trick, mit dem Capra arbeitet, ist simpel. Während es eigentlich auf der Hand liegt, daß das Sich-mit-dem-

ganzen-Kosmos-verbunden-fühlen grundsätzlich auf zweierlei Weise möglich ist ...
YOSHI ... religiös/spiritualistisch und profan, supranaturalistisch und naturalistisch ...
PETER ... führt Capra eine seinen weltanschaulichen Interessen dienliche Identifikation von religiösem Bewußtsein und Verbundenheitsgefühl ein. Ohne sachlichen Grund behauptet er, das Verbundensein mit dem Kosmos, mit anderen Menschen und mit anderen Lebewesen sei als solches eine spirituelle Erfahrung.
YOSHI Dann ist nämlich das tief ökologische Bewußtsein sozusagen automatisch ein religiös-spirituelles Bewußtsein, d.h. die andere Grundmöglichkeit wird unterschlagen.
PETER Es wird die Zuordnung suggeriert *Dualismus : profan* und *Monismus: religiös*. Die Botschaft ist klar 'Wenn ihr den Dualismus überwinden wollt, müßt ihr zum religiös-spirituellen Denken zurückkehren'. Eine solche Notwendigkeit besteht jedoch nicht. Das religiös-spirituelle Denken ist keineswegs die einzige Alternative zum 'alten Denken'.
YOSHI Das ist übrigens ein Punkt von allgemeinerer Bedeutung. In sehr vielen Bewegungen stoßen wir auf die Neigung, das jeweilige Erneuerungsprogramm als die einzige Alternative zum Bestehenden auszugeben, und zu diesem Zweck werden – bewußt oder unbewußt – Tricks eingesetzt, die auf die Unterdrückung anderer Denk- und Entwicklungsmöglichkeiten hinauslaufen. Das wurde ja auch bei der christlichen Missionierung immer wieder gerne so gemacht: So, mein lieber Heide, dann wollen wir mal ein bißchen frischen Wind in deinen Glauben bringen. Unserer Meinung nach gibt es nur den *einen* Gott, und zwar unseren, aber wenn du was anderes glaubst, dann ist das ganz in Ordnung. Du da, reichst du mir mal die glühenden Zangen rüber ...? – Was knirschst du so mit den Zähnen, James?
JAMES Es ist nichts. Hab auf ein Sandkorn gebissen.
PETER Nicht ganz so frivol, Yoshi. Wir können das anhand einer anderen Seite des New-Age-Denkens viel besser verdeutlichen. Völlig zu Recht wird die Bedeutung des persönlichen Wachstums betont und eine Gegenposition zu denen bezogen, für die die Steigerung des 'materiellen' Wohlstands das höchste Ziel ist. Illegitimerweise wird jedoch zugleich unterstellt, persönliches Wachstum

könne nur im religiös-spirituellen Sinne verstanden werden. Und sofort haben wir die 'dogmatische' Botschaft: 'Wenn ihr an persönlichem Wachstum interessiert seid, müßt ihr zum religiös-spirituellen Denken zurückkehren – eine andere Möglichkeit gibt es nicht'.

Nach dem Abschluß des Abendessens können die beiden Profan-Gelehrten nicht umhin zu bemerken, daß die Beziehung des vermeintlichen Bristoler Vollkornbäckers zu ihnen merklich abgekühlt ist. Sie erklären sich diesen Stimmungsumschwung allerdings mit dem im höchsten Maße unbefriedigenden Mahl und sorgen sich nicht weiter, was sich bald als folgenschwerer Fehler erweisen wird.

```
vatikan-stadt, 24. maerz anno domini 1996.
top secret!
decodierte abschrift einer telex-nachricht
von k an agent brother:
anweisungen betreffend verdaechtige profan-
denker stop haben informationen ueber
geplante intervention von gegenseite stop
"t" will sich harmloser new age juenger
bemaechtigen stop hoechste gefahr für heili-
gen stuhl stop stellen sie fest ob profan-
denker hinken/stinken stop bei entdeckung
pferdefuss/schwefelgeruch sofortige meldung
stop denken sie an heine-wort: der teufel
ist ein logiker[20] stop groesste vorsicht
```

---

[20] Der Teufel ist ein Logiker. Er ist nicht bloß Repräsentant der weltlichen Herrlichkeit, des Fleisches, er ist auch Repräsentant der Vernunft. Der Teufel glaubt nicht, er stützt sich nicht blindlings auf fremde Autoritäten, er will vielmehr dem eigenen Denken vertrauen, er macht Gebrauch von der Vernunft! Dieses ist nun freilich etwas Entsetzliches, und mit Recht hat die römisch katholisch apostolische Kirche das Selbstdenken als Teufelei verdammt und den Teufel, den Repräsentanten der Vernunft, für den Vater der Lüge erklärt. Weiteres zum Thema Heine & der Teufel in Mythisches, Allzumythisches I, Kapitel 10 & 11.

stop waffengebrauch ausdruecklich gestattet
stop gott schuetze sie stop gruss k.

Die ahnungslosen Mythologen Tepe und Nakamura, im Gegensatz zu Agent Brother keine versierten Undercover-Ermittler, nehmen auch weiterhin fleißig an den obligatorischen Seminaren teil, können jedoch ihre Mißbilligung angesichts der ideologischen Tricks des New-Age-Vertreters Capra nicht im Zaum halten. Schon am nächsten Morgen, beim meditativen Fußflächentöpfern, sind sie wieder einmal nicht eins mit der Natur, sondern stürzen sich auf intellektuelle Probleme, während sich Bruder James zurückgezogen hat, um seine Strategie gegenüber der vermeintlich teuflischen Macht zu entwickeln.

YOSHI Herrschaftzeiten, hoffentlich geht dieser braune Glibber wieder ab. Ich hab keine Lust, das nächste Mal mit rotbraunen Füßen zur Pediküre zu gehen.
PETER Du gehst zur Pediküre?
YOSHI Klar, jedesmal vor der Fußreflexzonenmassage. Machst du das etwa selbst?
PETER Naja ... ich meine, das ist doch irgendwie peinlich, oder? Eingewachsene Nägel und so ...
YOSHI Unsinn! Das ist wieder typisch westliche Prüderie. Ich denke, du stimmst der Grundidee des holistischen Denkens zu!
PETER Was hat das denn damit zu tun?
YOSHI Na, Capra selbst spricht doch ständig über lebende Systeme, Selbstorganisation und dergleichen.
PETER Und?
YOSHI Jetzt sei doch nicht so begriffsstutzig. Nach Capra bietet die in der Naturwissenschaft *in den letzten Jahrzehnten entwickelte Theorie lebender Systeme, deren Ursprung auf die Kybernetik der vierziger Jahre zurückgeht, den idealen Rahmen zur wissenschaftlichen Formulierung des neuen Denkens.*
PETER Weiß ich. *Lebende Systeme sind integrierte Ganzheiten, deren Eigenschaften sich nicht auf die kleineren Einheiten reduzieren lassen. Jeder Organismus ist ein integriertes Ganzes und somit ein lebendes System. Systeme sind Ganzheiten, deren spezifische Strukturen sich aus den wechselseitigen Beziehungen und Abhän-*

gigkeiten ihrer Teile ergeben. *Obwohl wir in jedem System Einzelteile unterscheiden können, ist das Ganze immer etwas anderes als die bloße Summe seiner Teile. Dementsprechend konzentriert sich die Systemtheorie nicht auf Grundbausteine, sondern auf grundlegende Organisationsprinzipien.* Und was hat das mit Pediküre zu tun?
YOSHI Du hast es doch grade gesagt: *Wechselseitige Beziehungen und Abhängigkeiten. Das Ganze ist immer etwas anderes als die bloße Summe seiner Teile.* Wieso sollte dir die Fußpflege weniger wichtig sein als ... ein Haarschnitt zum Beispiel?
PETER Nun werd mal nicht unverschämt. Eine hohe Stirn ist ein Zeichen für höchste Intelligenz.
YOSHI Hohe Stirn. Das ist der Euphemismus des Jahres.
PETER Also gut, ich laß dir deine Pediküre, und du läßt meine Glatze in Ruhe. Übrigens hab ich mit diesen Aussagen Capras eigentlich keine Probleme. Ich stehe der systemtheoretischen Betrachtungsweise durchaus positiv gegenüber.
YOSHI Klar, der systemtheoretische 'Denkstil' ist ein gutes Korrektiv zum analytisch-reduktiven 'Denkstil', der sich auf die Isolierung von Grundbausteinen konzentriert. Aber das bedeutet noch lange nicht, daß der analytisch-reduktive 'Denkstil' völlig abzulehnen ist. Es besitzt ein relatives Recht und bedarf nur der Relativierung, der Einschränkung.
PETER Richtig. Es würde mich allerdings überraschen, wenn Capra nicht auch hier versuchen würde, seinen New-Age-Spiritualismus einzuschmuggeln. Sag mal, was machst du da eigentlich für eine Skulptur?
YOSHI Einen bengalischen Tiger im Sprung. Und du?
PETER Weiß nich ... 'n Aschenbecher. Wo waren wir?
YOSHI Einschmuggeln.
PETER Richtig. Dieses Einschmuggeln geschieht dort, wo Capra auf das Prinzip der Selbstorganisation zu sprechen kommt. Es fängt wieder harmlos an. Die vielfältigen Prozesse und Phänomene, die für Lebewesen charakteristisch sind, lassen sich als Aspekte des Grundprinzips der Selbstorganisation verstehen. *Ein lebender Organismus ist ein selbstorganisiertes System, d.h., seine Ordnung wird ihm nicht von der Umwelt auferlegt, sondern wird vom System selbst bestimmt. Mit anderen Worten: Lebende, selbstorganisierte*

Systeme haben eine gewisse Autonomie ihrer Umwelt gegenüber, wobei sie mit dieser in ständiger Wechselwirkung stehen. Damit sind wir einverstanden.

YOSHI Richtig. Und weiter?

PETER Weiterhin wird der Prozeß des Erkennens als wesentlicher Teil der Selbstorganisation angesehen. *In der neuen Theorie lebender Systeme ist Erkenntnis keine Darstellung einer unabhängig bestehenden Welt, sondern vielmehr ein ständiges Hervorbringen einer Welt durch den Lebensprozeß selbst. Alle Wechselwirkungen eines lebenden Systems mit seiner Umwelt sind kognitive Wechselwirkungen, und der Prozeß des Lebens ist Erkenntnis.*

YOSHI Auch einverstanden – zumindest im Prinzip. Aber dann wird es problematisch. Die Probleme fangen damit an, daß Capra den Prozeß des Erkennens scheinbar völlig beiläufig mit dem *Geistesprozeß* gleichsetzt.

PETER So ist es. Hier ist höchste Vorsicht angesagt, denn der Begriff 'Geist' ist im New-Age-Denken immer religiös-spirituell aufgeladen. Und dieser kleine, aber höchst folgenreiche definitorische Trick reicht aus, um die ganze Theorie selbstorganisierender Systeme in eine Bestätigungsinstanz für die New-Age-Spiritualität umzufälschen.

YOSHI Ah, geschickt! Wenn ich das richtig sehe, macht er es so: Aus der richtigen Einsicht, daß Selbstorganisation lebender Systeme unauflöslich mit kognitiven Prozessen, und zwar im Sinne der Gewinnung von Informationen über lebensbedeutsame Gegebenheiten, verzahnt ist, wird nun die Pseudo-Einsicht, daß Selbstorganisation mit Geistesprozessen im spirituellen Sinn verzahnt ist.

PETER Exakt. Und diese Verzerrung führt zu folgender Einschätzung: *Geist und Materie erscheinen jetzt nicht mehr als zwei getrennte Kategorien, sondern können als komplementäre Aspekte des Lebens angesehen werden, nämlich als sein Prozeßaspekt und sein Strukturaspekt. Auf allen Stufen des Lebens, angefangen von der einfachsten Zelle, sind Geist und Materie, Prozeß und Struktur untrennbar miteinander verbunden. Geist ist in der lebenden Materie immanent als Prozeß der Selbstorganisation.*

YOSHI Der Satz 'Geist ist in der lebenden Materie immanent als Prozeß der Selbstorganisation' bedeutet aber für das New-Age-

Denken letztlich 'Das Göttliche ist in der lebenden Materie immanent als Prozeß der Selbstorganisation'. *Gott als universale Dynamik der Selbstorganisation.* Dieser zweite Satz ist jedoch durch die Selbstorganisationstheorie in keiner Weise gedeckt, und er ist durch einen definitorischen Trick erschlichen.

PETER Auch dieses Ergebnis ist übrigens wieder von allgemeinerer Bedeutung. Etliche religiöse Bewegungen der Neuzeit und Moderne versuchen den Konflikt zwischen religiösem Glauben und profan-wissenschaftlichem Wissen dadurch zu bewältigen, daß sie gewissermaßen den Spieß umdrehen.

YOSHI Die eine Richtung reagiert auf das Vordringen des profanen und wissenschaftlichen Wissens dergestalt, daß das Göttliche in den Lücken der Erkenntnis verortet wird. Diese Strategie hat den Nachteil, daß dann, wenn eine Lücke mit wissenschaftlichen Mitteln geschlossen ist, eine neue Lücke gefunden werden muß.

PETER Dieser eher defensiven steht eine offensive Haltung gegenüber, die auch bei Capra zu finden ist. Diese Richtung möchte zeigen, daß die Wissenschaft selbst, je weiter sie fortschreitet, immer stärker zur Religion zurückfindet. Motto: 'Die avanciertesten Theorien bestätigen die religiös-spirituelle Weltsicht'. *Zum ersten Mal besitzen wir also eine wissenschaftliche Theorie, welche Geist, Materie und Leben untrennbar miteinander verknüpft.*
Wir vertreten die These, daß alle 'Beweise' dieser Art erschlichen sind, und an einem Beispiel haben wir einen solchen Nachweis geführt.

YOSHI Das definitorische Tischerücken eröffnet ein weites Anwendungsfeld. Kommen wir kurz noch einmal auf die Einstellung zu Gesundheit und Krankheit zurück. Aus der richtigen Einsicht, daß jede Erkrankung seelische, psychische Aspekte hat, wird durch trickhafte Einführung des spiritualistisch aufgeladenen Geistbegriffs, daß jede Erkrankung geistige Aspekte im spirituellen Sinn hat.

PETER Und dadurch erfährt die in der New-Age-Bewegung deutlich zu beobachtende Tendenz, religiös-spirituell begründete Heilverfahren gegen die herkömmliche, dem Dualismus verhaftete Medizin auszuspielen, eine theoretische Rechtfertigung. Die offensive Richtung ist weitaus gefährlicher als die defensive, da sie bestrebt ist, das Prestige des wissenschaftlichen Denkens für reli-

giöse Zwecke zu nutzen. Ihr kann es gelingen, eine große Anzahl von 'wissenschaftsgläubigen', jedoch weitgehend 'unkritischen' Menschen auf die New-Age-Seite zu ziehen.
YOSHI Ich glaube, aus deinem Aschenbecher wird nichts mehr. Außerdem möchte ich mir die Füße waschen. Wir haben auch wirklich genug geredet.
PETER Oh, schade. Ich hatte noch einen schönen Kurzvortrag zu Capras Buch *Wendezeit* im Kopf, den ich dir vorstellen wollte ...
YOSHI Um Himmels willen, Peter!
PETER Gut, hören wir auf. Ich spreche ihn nachher auf Band, und dann kommt er halt in den Anhang.[21] Kannst du noch eben eine Art Fazit zum Thema *Lebende Systeme* formulieren, für die Nachwelt?
YOSHI Klar. Das neue Denken ist nicht einfach nur ein ökologisches Denken, sondern ein ökologisches Denken mit spiritualistischen Prämissen. Wissenschaftliche Konzeptionen wie die Systemtheorie und die Lehre von der Selbstorganisation werden durch definitorische Tricks zu Bestätigungsinstanzen für die New-Age-Religion gemacht. So, ich geh jetzt baden. Bis später.

Die allgemeine Freistunde im New-Age-Camp hat begonnen. Man atmet die reine Luft, ist eins mit der Natur, entspannt sich beim Didgereedooblasen, trampelt ein paar Kornkreiszeichen ins benachbarte Weizenfeld oder legt sich einfach ein bißchen in die Sonne. Während sich Dr. Nakamura in einem kleinen, natürlichen Felsenpool räkelt, der von einer stark schwefelhaltigen Quelle gespeist wird, lustwandelt Professor Tepe in Begleitung seines Diktiergerätes barfuß unter den Zypressen. Ganz in seinen (im folgenden Anhang abgedruckten) Kurzvortrag vertieft, übersieht er eine scharfkantige, halb aus dem Waldboden herausragende, antike Tonscherbe und landet bald schon mit schmerzverzerrtem Gesicht im Sanitätszelt, wo er unter Zuhilfenahme von Klangschalen, Cannabis, Bach-Blüten und gebatikten, aber sehr unförmigen, dicken Bandagen ganzheitlich versorgt wird.

---

[21] Umfangreiche Kurzvorträge des Professors, die den Handlungsfluß der drei letzten Kapitel dieses Buches zu sehr hemmen würden, sind für den interessierten Leser jeweils am Ende des Kapitels abgedruckt.

Der aufmerksame Leser kann sich den Effekt dieser Ereignisse auf den einschlägig eingestimmten Bruder James vorstellen, als er nach der Entschlüsselung der geheimen Telex-Botschaft das gemeinsame Zelt betritt.

PETER Ah, hallo James. Jetzt guck dir diesen Klumpfuß an. Teufel auch, ich bin aber wirklich zu ungeschickt, was? Wieso wirst du denn so blaß? Geht es dir nicht gut?
YOSHI Tut mir leid, das muß wohl der Schwefelgestank sein. Meine Schuld. Ich werd das Zeug nicht los, dabei hab ich schon die halbe Flasche Cool Water drüber geschüttet ... Oh, hast du auch ein Duftwässerchen in der Flasche?
JAMES In nomine patri et spiriti sancti ...
PETER Er ist ganz verwirrt, der arme Kerl. Ach, guck mal, Yoshi! Ein Klapp-Kruzifix. Das sieht ja nett aus. Kann ich mal sehen?
JAMES Vade retro, satanas!
YOSHI Also, jetzt beruhig dich. Weißt du was? Peter und ich wollten mal die paar Schritte nach unten gehen. Wir nehmen dich einfach mit, was meinst du?
JAMES Nach unten ... hrrkkksskrggglll ...
PETER Ja, nach unten, ins Tal. Dorfkneipe. Was hat er denn?

Der Hinterwandinfarkt schlägt plötzlich und unerwartet zu. Selbst das trainierte Herz eines sportlichen Spezialagenten ist empfänglich für die tiefsitzende katholische Höllenfurcht, und so stehen unsere beiden ahnungslosen Gelehrten nun vor dem reglosen Körper ihres Reisegefährten und sehen sich erschrocken an. In die Stille hinein beginnt das klappbare Kruzifix zu piepsen. Was hat all das zu bedeuten? Mit einem mulmigen Gefühl im Magen greift Herr Nakamura nach dem getarnten Handy und drückt auf die INRI-Taste. Und der ganze Ärger beginnt ...

Anhang

Ich bin's, Professor Tepe. Hier nun also, wie versprochen, meine Wendezeit-Streifzüge. Als ich das Buch vor kurzem erneut durchblätterte und auf die beim Lesen gemachten Anstreichungen achtete, hakte ich bei einigen Punkten fest, die ich Ihnen in aller Kürze präsentieren möchte. Und los geht's.

1) *Analytisch-reduktive Methode.*
Capra beschreibt diese Haltung so: Man meinte, *komplexe Phänomene könnten immer verstanden werden, wenn man sie auf ihre Grundbausteine reduziert und nach dem Mechanismus sucht, der diese Einzelteile zusammenwirken läßt.* Diese Haltung darf, wie auch aus den vorhin dargestellten Überlegungen zur Systemtheorie hervorgeht, nicht mit *der* wissenschaftlichen Methode gleichgesetzt werden. Es handelt sich um eine legitime Methode, die jedoch nicht mit Alleinvertretungsanspruch auftreten sollte. Der Glaube, *alle Aspekte komplexer Phänomene könnten verstanden werden, wenn man sie auf ihre Bestandteile reduziert,* ist selbst ein wissenschaftsimmanenter Quasi-Mythos. *Analyse und Synthese sind sich ergänzende Methoden, die uns zu tieferem Verständnis des Lebens verhelfen, wenn sie im rechten Gleichgewicht angewendet werden.* Capra sagt ausdrücklich, *daß sowohl der Reduktionismus als auch das Ganzheitsdenken notwendig sind.* Er tritt für *Ausgewogenheit und nicht für Ausschließlichkeit* ein. Das alles ist harmlos. Gefährlich wird die Sache indes, wenn der folgende Hintergedanke ins Spiel kommt: Gilt 'Auch andere Methoden sind wissenschaftlich einwandfrei', dann dürfen wir doch guten Gewissens sagen 'Auch Methoden, die mit spiritualistischen Prämissen arbeiten, sind wissenschaftlich einwandfrei'. Das aber folgt eben nicht direkt aus der Einschränkung der analytisch-reduktiven Methode!

2) *Physik und Mystik.*
Capra behauptet, die gedanklichen Revolutionen in der Physik des 20. Jahrhunderts führten zu einer Sicht der Welt, *die große Ähnlichkeit mit den Anschauungen der Mystiker aller Zeiten und Überlieferungen aufweist.* Diese – gerade vom frühen Capra vertretene – These beruht ebenfalls auf der trickhaften Einführung des

spiritualistisch aufgeladenen Geistbegriffs in die Physik, die durch deren Theorien in keiner Weise gedeckt ist.

Der immer wieder erhobene, sachlich jedoch unbegründete Anspruch, ein ganzheitliches Weltbild spiritualistischen Typs sei nicht nur wissenschaftlich, sondern stehe sogar *in Übereinstimmung mit den fortgeschrittensten wissenschaftlichen Theorien über die physikalische Wirklichkeit,* ist geeignet a) die New-Age-Gläubigen in ihrem Glauben zu festigen und b) die naiv Wissenschaftsgläubigen derart zu beeindrucken, daß sie auch zu New-Age-Gläubigen werden, um die wissenschaftliche Avantgarde repräsentieren zu können. 'Die Wissenschaft bestätigt jetzt nur das, was die Menschheit seit Beginn der Geschichte intuitiv gewußt hat', 'Die Wissenschaft hat endlich die Entfremdung vom Göttlichen überwunden, sie kehrt von sich aus zur Religion zurück' – das sind illusionäre Vorstellungen.

Auf der anderen Seite ist die These von der Konvergenz zwischen Physik und Mystik für die New-Age-Religion jedoch nicht ungefährlich. Denn eine wissenschaftsgläubige Form von Religiosität kann durch neue wissenschaftliche Theorien, die nicht mit den spiritualistischen Prämissen in Einklang zu bringen sind, im Kern erschüttert werden. Insgesamt ist diese Gefahr jedoch sehr gering, denn durch trickhaftes Einschmuggeln eines geeigneten Geistbegriffs läßt sich schließlich jede beliebige wissenschaftliche Theorie rasch in eine Bestätigungsinstanz verwandeln.

Wir sollten nicht unerwähnt lassen, daß im New-Age-Rahmen auch, etwa von Wilber, die These vertreten wird, die Mystik sei von der Physik bzw. allgemein von der Wissenschaft völlig unabhängig, und die Verbindung der Mystik mit der zeitgenössischen Naturwissenschaft sei ein sicherer Weg, sie dem Untergang zu weihen. Wilber möchte, und das rechnen wir ihm positiv an, der Versuchung widerstehen, religiöse Vorstellungen auf dem Treibsand sich laufend wandelnder physikalischer Theorien aufzubauen.

3) *Von der mechanistischen zur ganzheitlich-ökologischen Sicht.*

Es liegt nahe zu sagen, 'Das ist es', 'Genau das brauchen wir', doch die ganze Doppelbödigkeit der Konzeption wird deutlich, wenn man sich dessen bewußt wird, daß letztlich immer eine religiösspirituell verstandene Ganzheitlichkeit gemeint ist, während nach außen, zwecks Anwerbung neuer Glaubensgenossen, oft die unproblematischen Bedeutungen von 'Ganzheitlichkeit' und 'Ökologie' hervorgekehrt werden. Je mehr ich darüber nachdenke, desto stärkeres Unbehagen empfinde ich angesichts der Tendenz, Descartes und Newton zu auszutreibenden Sündenböcken hochzustilisieren. Gewiß, ihre Vorstellungen sind in vielerlei Hinsicht 'veraltet', doch gilt nicht auch, daß sie in kognitiver Hinsicht grundsätzlich den richtigen Weg der Verselbständigung empirisch-rationalen Denkens gegangen sind? Das kartesianische Paradigma, die geistige Umorientierung zu Beginn der Neuzeit, war nicht der große Irrweg – die New-Age-Religion braucht jedoch eine Sündenbock- und Sündenfallkonstruktion. Die Uhr soll zurückgedreht, das Verschwinden des Göttlichen aus dem wissenschaftlichen Weltbild rückgängig gemacht werden. Nach Capra ist die *Philosophie der mystischen Überlieferungen, die Ewige Philosophie, der schlüssigste philosophische Hintergrund für die moderne Naturwissenschaft.* Aus anderen New-Age-Texten geht der spiritualistische Hintergrund des – undifferenziert geführten – Kampfes gegen den Dualismus noch klarer hervor. Alle möglichen Trennungen werden in einen Topf geworfen und global für überwindungsbedürftig erklärt: Diesseits – Jenseits, Leben – Tod, Profan – Sakral usw.

Man glaubt, bloß die philosophischen Implikationen der modernen Physik bzw. der Systemtheorie zu explizieren, doch tatsächlich findet eine Projektion spiritualistischer Überzeugungen statt, die die New-Age-Gläubigen darin bestärkt, daß es möglich sei, nicht nur religiösen Glauben und wissenschaftliches Wissen logisch miteinander zu vereinbaren (was unbestritten ist), sondern sie sozusagen voll zur Deckung zu bringen, indem die Wissenschaft die Richtigkeit des Glaubens beweist. Die Annahme, ein Weltbild sei möglich, *in der die wissenschaftlichen Entdeckungen von Männern und Frauen in vollkommener Harmonie mit ihren spirituellen Zielen und religiösen Glaubensvorstellungen sein können,* ist ein folgenreicher und höchst gefährlicher Quasi-Mythos. Die *Systemschau des Lebens* ist ihrem *tiefsten Wesen nach spirituell* usw. Nur dann, wenn man wissenschaftliche Theorien durch Anwendung dieses oder jenes Tricks spiritualistisch vergewaltigt hat, erscheint die Vorstellung einer Konvergenz von Physik und religiöser Mystik als plausibel. 'Schau doch, der Physiker kommt

durch Erforschung objektiven Seins letztlich zu denselben Ergebnissen wie der Mystiker durch persönliche Innenschau'.
4) *Mythos der wertfreien Wissenschaft?*
Nach Capra ist die Idee einer wertfreien Wissenschaft ein Mythos. Begründung: Das Paradigma, innerhalb dessen die Forschungsarbeit durchgeführt wird, ist niemals wertfrei, sondern stets von einem Wertsystem geprägt. Einverstanden. Versteht man unter einer wertfreien Wissenschaft eine von jeglichem Wertsystem völlig unabhängige Wissenschaft, so gilt: Wertfreie Wissenschaft gibt es nicht und kann es nicht geben. So weit, so gut. Die Idee der wertfreien Wissenschaft hat jedoch noch einen anderen Aspekt, der vielleicht noch wichtiger ist und der von Capra unterschlagen wird. Diesen Aspekt könnte man folgendermaßen fassen: Damit sich der Erkenntnisprozeß optimal entfalten kann, muß verhindert werden, daß sich politische Tagesinteressen, Glaubensüberzeugungen usw. dergestalt auswirken, daß sie die Forschungsergebnisse präjudizieren. Eine in diesem Sinne wertfreie Wissenschaft wäre zwar eine in der Tiefenschicht wertgebundene, zugleich aber relativ autonome Wissenschaft, die den Wert- und Glaubensüberzeugungen nicht erlaubt, die Ergebnisse der Forschung zu beeinflussen. Die so verstandene wertfreie Wissenschaft ist weit davon entfernt, ein Mythos oder Quasi-Mythos zu sein – es handelt sich vielmehr um eine Idee, ohne die es echte wissenschaftliche Forschung gar nicht geben kann.
Berücksichtigt man diesen Aspekt, so zeigt sich der geheime Sinn des *globalen* Angriffs auf die Idee wertfreier Wissenschaft. Wer wie die New-Age-Denker die Wissenschaft in eine willfährige Bestätigungsinstanz für die eigenen Glaubensüberzeugungen umfunktionieren will, muß versuchen, die Idee der wertfreien Wissenschaft im soeben erläuterten Sinn zu diskreditieren, denn genau sie ist es, die dieser Umfunktionierung im Wege steht.
5) *Noch einmal: Paradigmenwechsel.*
Mit der Frage, weshalb die New-Age-Denker von Kuhns Modell so fasziniert sind, haben wir uns zwar bereits befaßt, aber mittlerweile können wir einen neuen Aspekt hinzufügen, der sich auf die spiritualistische Umdeutung der Wissenschaften bezieht. Nach Kuhn gibt es in der Wissenschaftsentwicklung immer wieder eine Übergangsperiode, in der ein neues Paradigma vom jeweiligen

Establishment noch abgewehrt und auf heftigste bekämpft wird, ehe es schließlich zu allgemeiner Anerkennung gelangt. Den New-Age-Wissenschaftlern oder Pseudo-Wissenschaftlern gefällt diese Beschreibung nicht zuletzt deshalb so gut, weil sie spontan ihre eigene Auffassung mit dem zwar noch bekämpften, aber letztendlich doch siegreichen Paradigma-Anwärter identifizieren. In diese Selbsteinschätzung gehen, sofern sie impliziert 'Letztlich wird unser Paradigma siegreich sein', Züge mythischer Geschichtsauffassung ein. Und es ist auch zu bedenken, daß selbstverständlich nicht jede Sichtweise, die von einem Establishment bekämpft wird, tatsächlich eine sachlich überlegene Sichtweise ist. Es kann sich immer auch um unterlegene und sogar um un- bzw. pseudowissenschaftliche Sichtweisen handeln (was im übrigen einen faktischen Sieg keineswegs ausschließt).

10. Mythos und New Age II: In der Höhle des Löwen

YOSHI Ja, hallo?
KARDINAL Hören Sie zu, James, Sie müssen unbedingt ...
YOSHI Oh, tut mir leid, ich bin nicht ...
KARDINAL Unterbrechen Sie mich nicht! Es ist dringend, James. Seine Heiligkeit hat von der Bedrohung durch "T" erfahren und beordert Sie sofort zurück.
YOSHI Aber ich ...
KARDINAL Keine Widerrede! Halten Sie sich von diesen beiden Gestalten fern, lassen Sie alles stehen und liegen und kommen Sie her, *capisce?*
YOSHI Offengestanden nein, ich verstehe nicht. Wer spricht denn da, zum Teufel?
KARDINAL Heiligemariamuttergottes! *Du* bist es! Weiche von mir!
YOSHI Hallo? ... Hallo! – Aufgelegt.
PETER Wer war denn das?
YOSHI Keine Ahnung. Was machen wir jetzt bloß mit dem armen James?
PETER Wozu hast du ein Telefon? Ruf einen Krankenwagen!
YOSHI Klar, natürlich ...

Kurze Zeit später herrscht Aufruhr im Come-Together-New Age-Camp. Mit dem Krankenwagen sind mehrere Streifenwagen der *Carabinieri* gekommen, die Dr. Nakamuras Anruf als willkommenen Vorwand für eine Razzia unter den verdächtigen Ausländern mit ihrem merkwürdigen Gebaren, ihrer legeren Kleidung und der für jeden Italiener im höchsten Maße mißtrauenerregenden Beschränkung auf Vollwerternährung nutzen. Aufgrund dieser Entwicklung sinkt der Beliebtheitsgrad der beiden Mythologen auf weit unter Null, so daß es ihnen schließlich ganz recht ist, von den Polizisten mitgenommen zu werden. Nach einigen Stunden in der Untersuchungszelle beginnen sie jedoch, anders darüber zu denken...

YOSHI Ich hab Hunger. Wann lassen die uns endlich hier raus? Wie war das, können wir nicht mit unserem Anwalt telefonieren?
PETER Ich hab keinen Anwalt.
YOSHI Ich auch nicht. Aber wir haben doch noch das Kruzifix-Handy. Wir könnten die Auskunft in Deutschland anrufen, und ...
PETER Immer mit der Ruhe. Die werden uns jeden Moment sagen, daß James an einem Herzinfarkt gestorben ist und uns dann freilassen. In einer Stunde sitzen wir in einem Café und trinken einen Grappa auf den Schreck.
CESARE *Scusi*, Signore, abärr das iste unwahrrscheinlich.
PETER Bitte?
CESARE Es iste Mittagspause. Von zwölf bis vierr wirte keina kommen.
PETER Ah so. *Grazie*.
CESARE *Prego*. Mein Name iste Cesare.
PETER Angenehm. Ich bin Pietro. Das ist Yoshiro.
CESARE Freut mich sehrr. Sie sind unschuldig hierr, *naturalemente*?
YOSHI *Si*, Signore. Wir waren gerade zu Studienzwecken in diesem New-Age-Camp, und plötzlich ...
CESARE Ah ... New Age. Aufebrruch in eine neue Zeit. Ich habe vieles darrüber gelesen, Signori. *Die Verantwortung für das, was in der nächsten Zeit mit unserem Planeten geschieht, lastet zum Großteil auf unseren Schultern. Wir haben eine Wahl, was mit uns in Zukunft geschehen soll, und wir haben eine Wahl, was mit dem Planeten Erde geschehen soll.*
YOSHI Sie kennen die Schriften von Peter Russell?
CESARE Natürelich. In meiner Jugend, in Roma, haben wire viele Pläne gemachte, wie wire die Erde verändern könnten.
YOSHI Der Aufsatz, aus dem Sie zitiert haben, hieß *An der Schwelle zur Spiritualisierung der ganzen Menschheit*, richtig?
CESARE *Si, vero, vero*. Eine wunderbare Schrift. Er hat viel von *amore* geschriebene, die die Welt retten soll. Er hätte *Italiano* sein können. (singt) *Olle ju nietis lawe, dutudududu* ...
PETER Nun, gerade diese These fand ich eher merkwürdig. Er macht die große Veränderung, in der wir uns heute befinden, an einem bestimmten Datum fest, nämlich dem Jahr 1967, als Lennon und McCartney die Botschaft *All you need is love* verkündeten.

Alles was der Planet braucht, ist Liebe. Wenn wir alle einander lieben würden, dann würde der Planet transformiert.
YOSHI Nicht gerade eine besonders *konkrete* Utopie.
PETER Und die Liebesidee wird natürlich sofort spiritualistisch gedeutet. *Wir müssen Wege finden, die es jedem gestatten, sein Eins-Sein mit jedem anderen Menschen und Lebewesen zu spüren. Diese Erfahrung ist freilich genau jene, von der Mystiker und spirituelle Lehrmeister seit urdenklichen Zeiten sprechen.* Die Renaissance der spirituellen Traditionen in unserer Gegenwart ist *das bedeutendste Ereignis der Zeit.*
YOSHI Die Idee des Eins-Sein halte ich keineswegs für Unsinn, sie läßt sich in naturalistischer Leseart durchaus verteidigen Sätze wie 'Wir sind alle Fasern in dem Gewebe der Natur' zeigen in diese Richtung. Selbst Aussagen der mystischen Tradition wie 'In der tiefsten Ebene meines Seins bin ich von gleichem Wesen wie du' oder 'Ich und alles im All sind eins' lassen sich in diesem Sinne 'beerben'. Kritisieren muß man allerdings die supranaturalistische Besetzung der Einheits-Idee wie auch den Alleinvertretungsanspruch, mit dem dieses Konzept auftritt. 'Die eine göttliche Wirklichkeit hinter allem'.
PETER Auch ein weiterer fragwürdiger Gedankengang wird durch eine richtige Einsicht eingeleitet. *Wir befinden uns in einer Zeit des wachsenden Bewußtseins – und zwar in der gesamten Gesellschaft -, daß wir eine Menschheit sind, auf einem Planeten leben und eine Zukunft haben.*
CESARE *Vero, vero.* (singt) *Wiaarrde wööld, wiaarrde tschilledrren...*
PETER Von hier aus geht Russell recht zwanglos zur Gaia-Hypothese über, *nach der die Welt, wie die griechische Göttin Gaia, einen lebenden Organismus darstellt; ein lebender Organismus im übrigen, der durch eine entwickelte Menschheit zu einem eigenen, globalen Bewußtsein gelangen wird.*
YOSHI Na, es kann doch durchaus zulässig sein, z.B. in systemtheoretischer Perspektive von einem 'System Erde' zu sprechen und auch das Konzept der Selbstorganisation auf dieses System anzuwenden.
PETER Das will ich nicht ausschließen. Die Rede vom lebenden Organismus Erde, von der lebendigen Eigenständigkeit der Erde

hat jedoch offenkundig weiterreichende Implikationen mit eindeutig mythisch-religiösen Zügen. Und diese werden durch den systemtheoretischen Ansatz nicht gedeckt. Die Erde erscheint hier als eine Groß-Person, die gezielt und bewußt handeln kann – eben als eine Art Göttin oder Gott.

CESARE *Si*, genau so ist es. Denken Sie an die Etna, Stromboli, Pina Tubo ... Odärr *il terremoto*, das Erdebeben in America. *La terra* wehrt sich. *Vero!*

PETER Glaubt man ernsthaft, daß die Erde eine Groß-Person sei, so kann man viele 'uralte' Denkmuster aktualisieren, z.B. so: 'Umweltkatastrophen sind die Strafe der Göttin dafür, daß die Menschen ihre Gebote mißachtet haben'. In den 'rein' religiösen Formen des New-Age-Denkens werden derartige Ideen weiter entfaltet. Klimaveränderungen und geologische Störungen, so heißt es etwa bei Trevelyan, *mag manch einer als die Vergeltung auffassen, die den Menschen wegen seines Umgangs mit der lebendigen Erde heimsucht. Unheil und Katastrophen dürften einen Sinne haben für die höheren Welten – nämlich daß sich der Mensch seiner üblen Taten bewußt wird. Viele glauben, daß der Mensch die lebendige Erde so behandelt hat, daß dieses große empfindende Wesen aus Protest zurückschlagen wird.* Entschuldigen Sie, Cesare, wir langweilen Sie bestimmt. Wir lassen uns gleich immer so mitreißen.

CESARE No, no, überrhaupte kein Problem, Signori! Ich muß sowieso warten auf *la familia*.

YOSHI Ah, Sie bekommen Besuch?

CESARE So kann man sagen. Sie holen miche rraus hier. Möchten Sie mitkommen?

YOSHI Äh ... was genau verstehen Sie denn unter *familia*?

CESARE *Il padrone*, meine Brüder, meine Cousins, meine Neffen ... *tutti*. Sie müssen bald da sein.

PETER Sie ... sie sind auch unschuldig hier, Cesare?

CESARE *Naturalemente!* Ich habe nur erschossen diesen Gemüsehändler, weil er nicht hatte Respekt vor meinem *padrone*. Er war nicht ... *simpatico*, Sie verstehen? Ich hasse Gemüsehändler, wenn Sie es genau wissen wollen.

PETER Einen Ggggemüsehändler? Erschossen?

CESARE Si. Und Sie, einen *padre, vero?* Auch nicht viel besser. Aber lassen Sie uns nichte überr Geschäfte reden.

YOSHI Aber wir haben ihn doch gar nicht erschoss ...
CESARE *Basta.* Was meinen Sie nun, ist *la terra* lebendig oder nicht?
YOSHI Nun ... Hier könnte unser Konzept des Als-ob-Mythos wieder greifen. Der 'geglaubte' Gaia-Mythos ist unauflöslich mit unhaltbaren kognitiven Geltungsansprüchen verbunden – ein 'fiktionaler' Gaia-Mythos wäre demgegenüber nicht nur unproblematisch, sondern vielleicht auch produktiv.
CESARE Wie meinen Sie das?
YOSHI Ein entsprechender Als-ob-Mythos sähe so aus: Obwohl wir überzeugt sind, daß die Erde keine Groß-Person ist, die Vergeltungsmaßnahmen ergreifen kann, können wir mit der *Fiktion* einer solchen Person arbeiten, die ja nur unsere Wertüberzeugung von dem zu schätzenden System Erde symbolisiert.
PETER Eine solche Fiktion könnte sich als nützlich erweisen, da sie vielleicht dazu beiträgt, ökologische Langzeitwirkungen stärker zu berücksichtigen. Wenn ich mir vorstelle, wie ein das System Erde repräsentierendes göttliches Wesen auf dieses oder jenes Vorhaben reagieren würde, würde ich gewisse Projekte eventuell unterlassen. Wenn ich die Fiktion der Groß-Person Gaia benutze, wird mir ein respektvoller Umgang mit der Erde vielleicht leichter fallen.
YOSHI Dieser Als-ob-Mythos könnte auch zur gefühlsmäßigen Verankerung des zugehörigen Wertsystems beitragen.
PETER Eine solche emotionale Verankerung ist unerläßlich, da eine rein verstandesmäßig bleibende Einsicht zumeist nicht ausreicht, um eine Verhaltensänderung hervorzurufen.
CESARE Da haben Sie rrecht. Die *carabinieri* sagen mir seit Jahren: Cesare, du darfste keine Gemüsehändler erschießen. Und ich frrage: Warum? Und Sie sagen: Weil es verrboten ist. Was ist das für eine Antwort?
YOSHI Aber Sie haben doch eben gesagt, daß Sie sich mit Russells Appell an die allübergreifende Liebe identifizieren, Cesare!
CESARE *Si, certo.* Ich liebe Gemüse: *pomodori, spinachi, funghi* ... aber ich liebe auch meinen *padrone.* Und ich hasse Gemüsehändler. War schon immer so. Was soll ich machen?

PETER In der Tat, ein Teufelskreis. Russell spricht, global gesehen, vom *planetaren Krebs. Damit wir den bösartigen Trend in unserer Gesellschaft rückgängig machen können, müssen wir wieder zum System als Ganzes zurückverbunden werden, und zwar durch die Erfahrung des Eins-Seins mit der Welt. Was wir brauchen, ist eine spirituelle Erneuerung.* Er spricht auch von einer *globalen Spontanheilung.*
YOSHI Die Krebs-Metaphorik bringen wir mit dem mythischen Drei-Stadien-Schema in Verbindung. Phase 2 ist die lange Zeit der Entfremdung vom Göttlichen, also die Periode, in der der bösartige Trend immer stärker die Oberhand gewonnen hat, die Periode, in der das bösartige Krebsgeschwür immer weiter gewachsen ist – bis schließlich in das tiefste Dunkel erneut das göttliche Licht hineinscheint und die definitive Wendung zum Guten bewirkt.
CESARE *Si,* das klingt doch logisch, oder?
YOSHI Zunächst vielleicht schon. Aber eine solche Diagnose läuft über kurz oder lang immer auf die Produktion von Sündenböcken hinaus. Bilder wie das des bösartigen Krebses müssen nämlich auf Menschen bezogen werden, auf diejenigen, die für den angeblich total bösartigen Trend verantwortlich sind. Diese Menschen werden zum Teil des planetaren Krebses.
CESARE Wie die Gemüsehändler.
PETER Und daraus wird ganz schnell 'Diese bösartigen Wesen, die den gesunden Volkskörper befallen haben, müssen ausgemerzt werden – dann wird alles wieder gut'. Um es mit den Worten eines anderen New-Age-Theoretikers zu sagen: *Es liegt durchaus drin, daß der ganze Holismus direkt nach Auschwitz zurückführt.*
YOSHI Russell ist für diese Seite der Medaille blind; er ist ganz auf die Heilserwartung und Heilsverkündung fixiert. Wir stehen, so Russell, an der Schwelle der ersten wahren Spiritualisierung der ganzen Menschheit, und durch sie wird alles in Ordnung kommen.
PETER Der in diesem Sinne verstandene *große Evolutionssprung* stellt jedoch keine unabänderliche historische Notwendigkeit dar, der wir uns bloß zu unterwerfen hätten. Vielmehr gilt (mit Russell): Wir haben eine Wahl, was mit uns in Zukunft geschehen soll. Und ich für meinen Teil wähle den vorgeschlagenen Weg – der selbstredend wieder als einzige Alternative zu Chaos und wahrscheinlicher Auslöschung ausgegeben wird – nicht. Ich möchte

kein Teil des von Russell und anderen anvisierten zusammenhängenden integrierten Ganzen sein, denn ich fürchte, der ideale soziale Superorganismus, der – so der Autor – eine Form von Globalhirn sein wird, würde sich als eine neue Spielart des theokratischen Totalitarismus entpuppen. Daß sich aber jeder Totalitarismus als 'höhere Ganzheit', als große einheitliche Weltkultur verkleiden kann, liegt auf der Hand.

Mit einer Mischung aus Unbehagen, Faszination und wissenschaftlichem Eifer haben unsere Freunde versucht, ihrem Zellengenossen die Gefahren der Russellschen New-Age-Theorien verständlich zu machen, während sie sich weiterhin bemühen, alle Gedanken an tote Gemüsehändler zu verdrängen. Nach ein paar Minuten ungemütlicher Stille reißt eine Explosion die Gelehrten aus ihren Gedanken und einige Steinquadern aus den Gefängnismauern. *La familia* klettert, sich den Mörtelstaub von den schwarzen Jackets klopfend, durch das entstandene Loch in die Zelle und begrüßt den strahlenden Cesare überschwenglich. Trotz ihrer Beteuerung, daß sie lieber auf ihre Freilassung warten würden, nimmt man die mythologischen Untersuchungshäftlinge ohne viel Federlesen mit in die wartende Limousine und rast zum Familiensitz, wo *mamma* bereits mit der *pasta* wartet.

YOSHI Hmmm ... *rigatoni quattro formaggio. Grazie*, signora.
MAMMA *Prego.* Sie müssen auch die *penne pesto* probieren. Noch etwas Brot?
PETER Köstlich, in der Tat. Nach all dem Buchweizen und Bulgur ...
PADRONE Nehmen Sie noch *chianti, amico.* Es freut mich, daß Sie sich wohlfühlen. Sie gehören jetzt zur *familia*.
PETER Oh, *mille grazie.* Aber, das können wir gar nicht annehmen ...
CESARE Sie müssen, Pietro, Sie müssen.
YOSHI Also, vielen Dank, das könnten wir gar nicht wieder gutmachen ...
PADRONE Wir werden sehen. Eine Hand wäscht die andere, *vero?*

YOSHI Äh ... wir müssen nach dem Essen leider gehen, uns ruft die Forschung, Sie verstehen ...?
PETER Wieso, wir können doch ruhig noch ein bißchen ... Aua! Was trittst du mich denn?
PADRONE Also, Sie sind unser Gast? *Perfetto! Benvenuto, amici.* Cesare, bring sie auf ihr Zimmer.
YOSHI Aber wir möchten wirklich keine Umstände ...
PADRONE *Basta!* Wir sehen uns morgen früh. *Buena notte.*

Der leutselig plaudernde Cesare bringt die beiden Freunde zuvorkommend in ihr Quartier, wünscht eine gute Nacht und zieht die massive Eichentür des geräumigen, mit schmiedeeisernen Fenstergittern versehenen Gästezimmers taktvoll hinter sich zu. Erst nachdem er den im Schloß knirschenden riesigen Schlüssel gehört hat, wird auch Professor Tepe klar, was sein mit den Zähnen knirschender Assistent schon etwas früher gemerkt hat.

YOSHI Vom Regen in die Traufe. Mensch, Peter, hast du denn nie *Der Pate* gesehen?
PETER Doch, schon ... Wieso?
YOSHI Dann müßtest du eigentlich wissen, was diese Leute mit *Eine Hand wäscht die andere* meinen. Die drücken dir morgen ne Kanone in die Hand, und du mußt einen Pizzabäcker wegblasen.
PETER Meinst du wirklich?
YOSHI *Certo.* Und ich hab keine Ahnung, wie wir hier rauskommen sollen.
PETER Du hast doch dein Handy. Wir könnten die Polizei anrufen ...
YOSHI Und mitten im Kugelhagel sitzen. Prima Idee. Da warte ich doch lieber, was der Tag morgen bringt. Besser lebendig als tot.
PETER Sagt Sheldrake übrigens auch. In seinem Buch *Die Wiedergeburt der Natur* ...
YOSHI Wie kannst du jetzt an sowas denken?
PETER Besser als Däumchen drehen, oder? Schlafen kann ich eh noch nicht.
YOSHI Hm. Ich auch nicht. Also, was ist mit deinem Sheldrake?

PETER Er vertritt die These, *daß die Natur, die wir bisher als leblos und mechanisch betrachtet haben, in Wirklichkeit lebendig ist.*

YOSHI Ist doch nichts Neues, das haben wir schon bei Russell durchgekaut.

PETER Die Kritik an der mechanistischen Naturtheorie, an der Sicht der Natur als unbelebtes maschinenartiges System ist jedoch zweideutig. Und diese Zweideutigkeit hängt wiederum mit spiritualistischen Prämissen zusammen. Zunächst einmal ist die Opposition leblos/lebendig – man könnte auch sagen tot/lebendig – suggestiv. 'Für euch ist die Natur leblos/tot, für uns ist sie lebendig'.

YOSHI Tja, da braucht man gar nicht zu wählen. Wie schon gesagt, lebendig ist selbstverständlich besser als tot.

PETER Aber schauen wir mal genauer hin. Das mechanistische Vorgehen läßt sich zwanglos so verstehen: 'Ich bestreite natürlich nicht, daß die organische Natur lebendig ist – ich versuche nur, die Eigenart der organischen Natur mit Hilfe des Maschinenmodells zu erfassen'. Es mag sein, daß dieses Vorgehen letztlich unzureichend und daß ein 'Paradigmenwechsel' angesagt ist, z.B. der Übergang zu einer systemtheoretischen Betrachtung der organischen Natur. Eine solche Überwindung der mechanistischen Theorie scheint Sheldrake freilich nicht zu genügen, und das führen wir darauf zurück, daß er letztlich nicht einfach bloß auf die Lebendigkeit z.B. der organischen Natur hinauswill ...

YOSHI die ja auch die mechanistische Theorie einräumen kann...

PETER ... sondern auf ihre Lebendigkeit im spiritualistischen Sinn. Gehen wir von dieser Vermutung aus, so wird die Opposition leblos/lebendig sofort klar, denn die mechanistische Theorie schließt ein spirituell verstandenes Leben in der Natur, in der anorganischen wie in der organischen, aus. Sheldrake jedoch möchte mit wissenschaftlichen Mitteln das göttliche Leben in der Natur aufweisen, zur *Heiligkeit der Natur* zurückfinden.

YOSHI Aha! Zurück zum *traditionellen Glauben, daß die Natur von einer spirituellen Kraft durchdrungen sei, die sich besonders an heiligen Stätten und in spirituell aufgeladenen Gegenständen verdichtet.*

PETER Genau. Aber hier ist noch ein weiterer Aspekt wichtig. Nach der mechanistischen Theorie war die Natur *seelenlos und* *ohne Spontaneität, Freiheit und schöpferische Kraft. Mutter Natur war jetzt nur noch tote Materie, die sich in bedingungslosem Gehorsam gegenüber den gottgegebenen mathematischen Gesetzen bewegte.*

YOSHI Mich interessiert die Wendung *ohne Spontaneität, Freiheit und schöpferische Kraft.* Es mag richtig sein, daß die mechanistische Theorie der Natur diese Momente abspricht, doch es trifft nicht zu, was Sheldrake nahelegen will, daß nämlich zu einer spiritualistischen Sichtweise überwechseln muß, wer der Natur z.B. schöpferische Kraft zuerkennen will. Das kann man innerhalb einer naturalistischen Sichtweise nämlich genausogut. Eine schöpferische Natur kann sehr wohl zugleich eine im supranaturalistischen Sinn 'geistlose' Natur sein.

PETER Anders formuliert: Eine nachmechanistische Weltsicht muß keine spiritualistische Weltsicht sein. Sheldrake selbst verwendet übrigens nicht den Ausdruck *Spiritualismus*, sondern spricht von einem *neuen Animismus*. Und selbstverständlich nimmt er die Gaia-Hypothese auf. *Wenn Gaia in irgendeinem Sinne lebendig und beseelt ist, wohnt ihr ein Organisationsprinzip inne, das seine eigenen Ziele und Absichten hat. Vielleicht hat Gaia sogar Bewußtsein, doch dann ist es ein ganz anderes als das unsere. Zu den bewußten und unbewußten Zielen Gaias gehören Entwicklung und Erhaltung der Biosphäre und daher in gewissem Sinn wohl auch die Evolution der Menschheit.* Sheldrake nimmt sogar an, daß sich das Universum insgesamt auf ein Ziel hin entwickelt; dann liegt es nahe, *das gleiche auch für Gaia anzunehmen, auch wenn ihre Ziele im dunkeln liegen.*

YOSHI Apropos dunkel ... Hast du hier irgendwo einen Lichtschalter entdeckt?

PETER Nö. Es scheint ein sehr altes Haus zu sein.

YOSHI Oder sie wollen nicht, daß wir die ganze Nacht aufbleiben und nachdenken. Legen wir uns aufs Ohr. Du mußt morgen frisch sein für deinen Pizzabäcker. Nur gut, daß wir schon ein bißchen Erfahrung durch den Bristoler Vollkornbäcker haben.

PETER Sehr witzig. Wie wär's mit einem Gute-Nacht-Fazit zu Russell und Sheldrake?

YOSHI Des profanen Mannes Nachtgebet. Also gut.

1) Das New-Age-Denken träumt von einer Wissenschaft, welche die spiritualistischen Überzeugungen bestätigt. Daraus ergibt sich die überzogene Kritik am kartesianischen Paradigma.
2) Aus dem 'geglaubten' Gaia-Mythos läßt sich ein guter 'fiktionaler' Mythos machen.
3) Der ersehnte große Evolutionssprung kann sehr leicht zu einer 'falschen' Ganzheit führen.
4) Eine schöpferische Natur kann zugleich eine im supranaturalistischen Sinn 'geistlose' Natur sein. – Nacht, Pietro.
PETER Nacht, Yoshiro.

Der Morgen kommt mit einem herrlichen toscanischen Sonnenaufgang, einem toscanischen Hahnenschrei und Cesare, der den Gästen des Hauses einen Cappucino ans Bett stellt und sie bittet, sich rasch anzukleiden, der *padrone* würde sie in seinen Privaträumen erwarten. Klopfenden Herzens eilen unsere Freunde Seite an Seite mit Cesare durch die weißgetünchten Flure und malen sich aus, was sie am Ende des langen Ganges wohl erwarten wird.

PETER (leise) Wir sollten ganz ruhig bleiben. Wer weiß, vielleicht hast du dich geirrt mit dem ganzen Mafiazeugs.
YOSHI (leise) *Padrone* heißt soviel wie Clan-Chef, mein Lieber. Ich sag dir, hier geht es um ein ganz großes Ding. Wir scheinen da zu sein.
CESARE *Permesso?*
PADRONE *Avanti!* Ah, signori. Ich freue mich, sie zu sehen. Setzen Sie sich. Du auch, Cesare. – Also, Sie sind *professori, vero*?
PETER *Si, padrone.* Das heißt, mein Assistent hier ist erst *dottore.*
PADRONE Das macht nichts. Ich höre, sie kennen sich aus auf dem Gebiet des Übersinnlichen?
PETER Nun, vom streng profan-wissenschaftlichen Standpunkt aus gesehen herrscht ein gewisses Interesse, aber als wirkliche Fachleute könnte man uns keineswegs ... Aua! Was trittst du mich schon wieder?
PADRONE Ja oder nein?
YOSHI Si, *padrone.* Wir kennen uns in Geisterbeschwörung und dergleichen aus.
PETER (leise) Aber das stimmt doch gar nicht!

YOSHI (leise) Sei still! Willst du lieber den Bäcker erschießen?
PETER (leise) Schon gut.
PADRONE Bene, bene. Ich brauche Ihre Hilfe, Signori. Setzen Sie sich. Glauben Sie an die Wiedergeburt der unsterblichen Seele?
PETER Ah, interessant! Das berührt unser momentanes Thema *New Age*, daher habe ich mich ausführlich damit beschäftigt. Die New-Age-Denker, müssen Sie wissen, lassen sich zwei Hauptrichtungen zuordnen. Auf der einen Seite stehen Leute wie Capra, die stark auf ein Umdenken in den Wissenschaften setzen. Auf der anderen Seite stehen Leute wie Spangler und Trevelyan, die mit dem empirisch-rationalen und dem wissenschaftlichen Denken wenig oder gar nichts am Hut haben – sie setzen alte mythisch-religiöse Denktraditionen ziemlich ungebrochen fort. Wir stehen diesem Gedankengut daher höchst reserviert und letztlich ablehnend gegenü ... Au!
PADRONE Sie müssen etwas lauter reden, junger Mann. Glauben Sie daran oder nicht?
YOSHI Natürlich tun wir das, *padrone.*
PETER (leise) Was redest du denn da? Unserer Einschätzung zufolge ist dieses Denken gänzlich in Wert- und Wunsch-Projektionen befangen! Außerdem treten Wert-Setzungen ständig als Erkenntnisse auf, und die Tendenz, scheinhafte Entlastung von dieser oder jener Form des Realitätsdrucks zu erlangen, siegt auf breiter Front!
YOSHI Weiß ich, du Idiot! Willst du lebend hier rauskommen oder nicht?
PADRONE Also, mein Sohn Cesare hat mir ein Buch von diesem Signor Trevelyan gegeben, Signor Yoshiro, und ich muß sagen, er hat das ausgedrückt, was ich schon immer fühle. Warten Sie, ich habe es hier ...
PETER Ah, *Eine Vision des Wassermann-Zeitalters.* Das kann man durchaus als repräsentativ für diese gedankliche Richtung ansehen. Wir treffen hier auf die religiöse Grundüberzeugung, daß das Ganze lebendig ist und das Werk *eines* Geistes, *einer* Intelligenz. Diese große Einheit, die all der Vielfalt, all den unzähligen Formen der Natur zugrunde liegt, wird von den einen *Gott,* von den anderen *schöpferische Intelligenz* genannt und wieder anderen als jenseits jeder Bezeichnung liegend betrachtet. *Diese Welt ist*

letzten Endes spirituellen Ursprungs und ihre Formen könnte man sich als gefrorenen Geist vorstellen. Die Qualität des Seins durchdringt und durchflutet alles. Göttlichkeit wohnt also allem inne.

YOSHI Die Überzeugung 'Alles ist vom Göttlichen durchflutet', die auf eine lange religionsgeschichtliche Ahnenreihe zurückblicken kann, wird zu einer religiösen Anthropologie ausgeformt, die ebenfalls wohlbekannt ist. Hier geht es um das Verhältnis von Körper und Geist. *Der innere Kern des Menschen, das, was man in jedem von uns 'Geist' (das Spirituelle) nennen könnte, ist ein kleiner Tropfen der göttlichen Quelle. Als solches ist er unvergänglich und ewig, denn das Leben kann nicht ausgelöscht werden. Die äußere Hülle, in der er Gestalt annimmt, kann sich natürlich abtragen und abgelegt werden; aber in Bezug auf das wahre Wesen und den Geist des Menschen von 'Tod' zu sprechen, ist unangemessen. Das spirituelle Wesen in uns, das wahre 'Ich', ist unvergänglich. Das war es immer und wird es immer sein.*

PADRONE *Vero, vero.* Demzufolge besteht der Mensch aus einem unsterblichen Geist, oder, wie die Kirche sagt, einer unsterblichen Seele und einem sterblichen, vergänglichen Körper.

YOSHI Richtig, *padrone.* Die Seele gehört eigentlich höheren und reineren Sphären an. Sie inkarniert, also verkörpert sich, um sich in der Dichte der irdischen Materie Erfahrung anzueignen – eine notwendige Erziehungsphase bei ihrer Entwicklung. Eine solche Verkörperung bedeutet natürlich eine drastische Einschränkung einer freien spirituellen Wesenheit. *Die unsterbliche Seele, Erbe der ganzen Fülle des unbegrenzten Bewußtseins, ein freier Geist, imstande, die weiten Bereiche des Spirituellen zu durchwandern, sich zur geistigen Sonne emporzuheben, ein Wesen solch erhabener Größe muß sich jetzt darein schicken, sich in eine enge körperliche Gestalt einzuschließen und zu beschränken. Ist die Körperhülle abgetragen, so findet eine Rückkehr in die höheren Sphären statt.* Abstieg in die Materie – Rückkehr zum Geist. Der Körper ist, so Trevelyan, nichts als eine Art Mantel, den man ablegen kann, sobald er abgetragen ist. Und unter Berufung auf Rudolf Steiner, der für die New-Age-Leute ein wichtiger Gewährsmann ist, heißt es: *Ist der Mensch als Seele/Geistwesen ewig, so lebt er in einer ande-*

ren spirituellen Sphäre, während er nicht verkörpert ist, und dort bedarf es eines physischen Gehirns offensichtlich nicht.

PETER Hier kommt der Reinkarnationsgedanke ins Spiel, der für die New-Age-Religion eine zentrale Rolle spielt. Der Abstieg in die Materie gilt, wie schon erwähnt, als Erziehungsphase in der Entwicklung der Seele bzw. des Geistes. Der Mensch hat die Aufgabe, seine Seele so zu läutern, daß sie zu immer reineren Sphären des Lichts emporsteigen kann. Dazu bedarf es mehrerer Verkörperungen des Geistes, des ewigen 'Ich'. *Die Seele muß mit der Zeit nochmals 'sterben', um auf höheren Ebenen wiedergeboren zu werden, bis sie schließlich frei ist, sich im himmlischen Reich des freien Geistes zu bewegen. Dies ist aber erst möglich, wenn sie dazu reif ist, und diese Reife wird durch Reinigung und Läuterung erlangt.*

YOSHI Das Erdenleben stellt für diese Weltsicht eine Art Schule dar, in der man, wenn alles klappt, von Reinkarnation zu Reinkarnation eine Klassenstufe weiterkommt.

PADRONE Genau so ist es. Und ich dachte schon, mir wird nie jemand glauben.

PETER Was denn glauben?

PADRONE Daß ich vor langer Zeit schon einmal gelebt habe. Ich war ein großer, mächtiger Mann in Italien.

YOSHI Ach ja? Wer denn, ein Medici?

PADRONE Ha! Dieses florentinische Rattenpack? Diese Bande blutsaugender Banker-Bastarde? *Porca miseria!* Signor, ich war Papst Alexander VI.[22]

PETER Sie waren ein Borgia?

PADRONE Was denken Sie, wieso ich meinen Sohn auch heute noch Cesare genannt habe? Und meine Tochter Lucrezia?

YOSHI Stimmt. Das ist ein eindeutiger Beweis.

PADRONE *Vero.* Jetzt hören Sie zu. Wir waren eine mächtige *familia*, eine reiche *familia*. Aber Sie glauben ja nicht, was man als

---

[22] Der Renaissance-Papst aus der mächtigen Familie der Borgia saß von 1492 bis 1503 auf dem heiligen Stuhl. Er war berühmt wegen seiner Kinder Cesare und Lucrezia, deren berüchtigte Grausamkeiten (besonders gegen Gemüsehändler) unbestritten sind, teilweise aber auch schon Legendenstatus erreicht haben.

Papst damals für Unkosten hatte! Künstler durchfüttern, Paläste bauen, und die teuren Orgien! Kurz, wir waren von diesen widerlichen Medicis, diesen Emporkömmlingen, diesen besseren Gemüsehändlern abhängig.
CESARE Gemüsehändler, Gemüsehändler ...
PADRONE Ganz ruhig, Cesare. Sehen Sie, er haßt Gemüsehändler: noch ein Beweis. Nun also, ich tat, was ich konnte, der Ablaßhandel lief gut, und wir konnten ein hübsches Sümmchen beiseitelegen. Ich ließ eine neue geheime Schatzkammer bauen, den Architekten nach Fertigstellung lebendig einmauern, die Maurer hängen und den Henker ersäufen. Es wußte also keiner von den Schätzen, nur Cesare und ich. Es war für die *familia, capisce?* Doch dann bin ich gestorben, 1503.
YOSHI Durch das Schwert, nicht wahr?
PADRONE Das ist falsch überliefert worden. Ich bin an einer Fischgräte erstickt. Es war allerdings tatsächlich *pesce spada*, Schwertfisch, wenn ich mich nicht irre. Jedenfalls hat man den Schatz nie gefunden, selbst bei der großen Plünderung nicht.[23]
PETER Und sie meinen, er liegt noch da?
PADRONE *Certo.* Wo soll er sonst sein! Ich weiß nur nicht mehr genau, wo. Und deshalb sollen Sie mich zurückversetzen in die Zeit meiner Herrschaft. Ich habe alles Notwendige hier: Pendel, Kerze, Klangschalen, Bach-Blüten, Cannabis und gebatikte T-Shirts. Fangen Sie an!

Unsere wackeren Wissenschaftler stehen nun vor etlichen, unüberwindlich scheinenden Schwierigkeiten, die Gedanken rasen ungeordnet durch ihre Köpfe, Hilflosigkeit breitet sich aus. Versuchen wir, eine Ordnung in das Chaos der auf sie einstürzenden Probleme zu bringen.
1. Offensichtlich meint dieser Mafiaboss des späten 20. Jahrhunderts tatsächlich, ein Kirchenboss im späten 15. Jahrhundert gewesen zu sein.

---

[23] Der Sacco di Roma, die Verwüstung Roms durch deutsche und spanische Söldner 1527, beendete das Renaissancepapsttum und brachte den Plünderern eine Beute von sieben bis elf Millionen Golddukaten ein. Im Jahr darauf soll Rom nur noch halb so viele Einwohner gehabt haben.

2. Ebenso offensichtlich vernachlässigt er die (nach New-Age-Begriffen essentielle) Aufgabe, seine Seele durch Reinigung und Läuterung zu immer reineren Sphären des Lichts emporsteigen zu lassen, zugunsten rein materieller Interessen.
3. Weder Prof. Tepe noch Dr. Nakamura haben einen blassen Schimmer, wie man einen Menschen in Trance versetzt.
4. In Cesares Blick ist zu lesen, daß sie bei einem etwaigen Scheitern den Status italienischer Gemüsehändler erwerben werden.
Die beste Strategie in solchen Situationen ist bekanntlich, Zeit zu gewinnen, was Dr. Nakamura im folgenden versuchen wird.

YOSHI *Padrone*, wir helfen Ihnen natürlich gerne, aber ich frage mich, wieso sie nicht auf profiliertere Fachkräfte zurückgreifen?
PADRONE Das wissen Sie ganz genau, Signor Yoshiro. Sie haben das Kreuz!
YOSHI Oh, Sie meinen mein Handy? Ja, ganz originelles Design, nicht wahr, aber es ist doch nun mal bloß ein Telefon. Oder?
PADRONE Was Sie da haben, meine Lieber, und das wissen Sie genausogut wie ich, ist der elektronische Schlüssel für die innersten Gemächer der päpstlichen Residenz. Und sie kennen die Codenummer. Sobald wir wissen, wo der Schatz liegt, werden Sie ihn für mich herausholen. Ich wußte sofort, daß Sie päpstliche Agenten mit Zutrittsberechtigung sind. Was meinen Sie, weshalb ich dafür gesorgt habe, daß Sie in dieselbe Zelle kommen wie mein Sohn? Aber jetzt arbeiten Sie für mich, *capisce?*
PETER Äh ... aber das ist doch Wahnsinn! Aua! Mensch, Yoshi!
PADRONE *Scusi?*
YOSHI Mein Kollege meint, Wahnsinn, daß wir für Sie arbeiten dürfen. Wirklich toll. Kein Problem, *padrone*.
PADRONE *Bene.* Beginnen wir.
YOSHI Wir müssen zunächst den Raum herrichten, eine spirituelle Atmosphäre schaffen, Sie verstehen. Wenn Sie uns für ein Stündchen allein lassen könnten ...?
PADRONE *Quindici minuti*, eine Viertelstunde, nicht mehr. Komm, Cesare.
PETER Bist du verrückt? Wie kannst du ihnen das versprechen?
YOSHI Was sollen wir denn sonst machen? Wir kommen hier nicht wieder raus, wenn wir nicht mitmachen. Hör zu: Wenn wir uns

die eben skizzierte religiöse Kosmologie und Anthropologie Trevelyans genau anschauen, läßt sich doch leicht eine Erklärung für die Hauptübel, unter denen wir zu leiden haben, konstruieren, richtig?

PETER Richtig, ungefähr so: Der Mensch kann dem Reich der Materie verfallen, er kann seinen spirituellen Wesenskern verleugnen und gewissermaßen verdrängen. Dann entwickeln sich, sagt Trevelyan, Ich-Bewußtsein, intellektueller Stolz und Überheblichkeit, und damit hängen alle Übel, die uns plagen, zusammen. Was machst du denn da?

YOSHI Ich baue einen Joint, was sonst? Los, hilf mir. Hier, kleb die Blättchen aneinander. Also, der Mensch hat, nach Trevelyan, *jegliche Erinnerung an die Realität höherer Welten und der Hierarchie der Seinsebenen verloren. Er hat den Geist und Gott verloren. Der intellektuelle, ich-bewußte, sich selbst genügende Mensch hat jegliches Gespür für seinen wahren Zweck in der Welt verloren.*

PETER Stimmt. Nebenbei bemerkt: Das bedeutet auch, daß die Leute, die etwa den Versuch unternehmen, die für die Existenz eines unvergänglichen wahren Ich vorgelegten Beweisführungen vor dem Hintergrund des empirisch-rationalen Wissens über Körper und Geist kritisch zu prüfen, als solche Wesen gedeutet werden müssen, die voll dem Reich der Materie verfallen sind. Hätten sie sich nicht von ihrem göttlichen Ursprung gelöst, so wären sie niemals auf solche Zweifel gekommen!

YOSHI Ein typisches Argumentationsmuster, das perfekt geeignet ist, die eigenen Überzeugungen gegen jegliche Kritik abzuschirmen. Schematisch ausgedrückt: 'Wer an der Behauptung X zweifelt, zeigt eben damit, daß er sich vom Göttlichen abgewandt hat, daß er sozusagen des Teufels ist'. Und genau das wird auf uns angewandt, wenn wir nicht so tun, als würden wir an die Papstgeschichte glauben, klar?

PETER Klar.

YOSHI Und noch ein weiteres Argumentationsmuster läßt sich hier anfügen. Die spirituelle Weltsicht behauptet, den *göttlichen Ursprung des menschlichen Geistes, seine unvergängliche Natur, seinen Abstieg in die Begrenzung des Körpers auf der Erde, den*

Sinn der ihm auferlegten Proben und die Wirklichkeit der höheren Welten, zu denen er zurückkehren würde, zu kennen.
PETER Und was bedeutet das für diejenigen, die nicht daran glauben oder sogar daran zweifeln?
YOSHI Ganz einfach. Wer nicht daran glaubt, zeigt eben damit, daß er oder sie nicht in der Lage ist, mit Offenbarungen umzugehen. 'Diese Lehren sind für dein begrenztes Bewußtsein zu mächtig'. Durch stereotype Zuordnung der Nicht-Gläubigen zu einer niederen Entwicklungsstufe wird die spirituelle Weltsicht stabilisiert. So, fertig.
PETER Ist das ein Riesending geworden. Meinst du nicht, es wäre kompensatorische Entlastung vom Realitätsdruck, wenn wir den rauchen?
YOSHI Der ist doch nicht für uns! Los, ruf die beiden wieder rein.

In der nun folgenden Séance konsumieren die – lediglich an *vino rosso* und *grappa* gewöhnten – Mafiosi insgesamt zwei Gramm Roten Libanesen, was nicht unwesentlich zur Glaubwürdigkeit der aus dem Ärmel geschüttelten Informationen Dr. Nakamuras über den Verbleib des Borgia-Schatzes beiträgt. Zufrieden mit den übermittelten Koordinaten läßt der selig lächelnde *padrone* unsere beiden strikt profan denkenden Mythologen in Bischofsgewänder kleiden, mit entsprechenden Papieren versehen und unter strenger Bewachung nach Vatikanstadt fahren.

YOSHI Gar nicht so unbequem, dieses Bischofsgewand.
PETER Ja, aber mir rutscht das Käppi immer vom Kopf. Wie kriegt der Papst das bloß fest? Der hat doch auch nicht mehr Haare als ich.
YOSHI Keine Ahnung. Doppelseitiges Klebeband? – He, Fahrer! Wann sind wir denn endlich da? Ich will das hier hinter mich bringen.
FAHRER *Io non capisco.*
YOSHI Ja, ja. Völlig beknackte Idee. Undercover in den Vatikan.
PETER Hat aber auch was Mythisches, Yoshi. Eintritt in die Höhle des Löwen ... Übertreten der heiligen Schwelle ... Tabuverletzung...
YOSHI Hm. So gesehen ... Wie geht eigentlich die spirituelle Weltsicht mit Mythen um?

PETER Nun, Trevelyan drückt sich da unmißverständlich aus. Aus Mythos, Allegorie und Legende *spricht eine tiefe und mächtige Weisheit. Das kollektive Unbewußte eines Volkes oder der Genius eines Individuums benutzt solche Vehikel als Kanal, durch den die höheren Welten dem Menschen die großen Wahrheiten über die Natur der Seele in einer Form vermitteln, die er annehmen kann und wodurch er in seinem Wachstum gefördert wird. Daher ihre große Bedeutung, wie sie z.B. C. G. Jung erkannte.* In Mythen – um uns darauf zu konzentrieren – finden demnach die 'ewigen Wahrheiten' der spirituellen Weltsicht einen symbolischen Ausdruck, der auch begrenzteren Bewußtseinen zugänglich ist.

YOSHI Aber das kann doch in der Praxis nur darauf hinauslaufen, daß bloß einige Mythen als echte Mythen betrachtet werden, nämlich diejenigen, deren 'Botschaft' mit der 'Botschaft' der New-Age-Religion voll oder doch wenigstens in einigen Zügen übereinstimmt!

PETER Richtig. Gern wird – und dies ohne sachliche Grundlage – behauptet, alle Mythen seien von dieser Art. *Überall auf der Welt erzählen Mythen und Märchen in ihren unzähligen Varianten die gleiche große Geschichte vom Abstieg der Seele aus höheren Welten in die Begrenzungen der Materie. Sie vermitteln dem jungen Bewußtsein ein spirituelles Bild des Lebens. Sie geben der jungen Seele die Gewißheit ihres göttlichen Ursprungs und ihrer spirituellen Bestimmung, wenn auch nur unbewußt. In unserem intellektuellen Zeitalter ist die Neu-Interpretation der Mythen ein sehr wichtiger Kanal zum Wissen. Die Seele kennt die Wahrheit, und sobald sie vom Verstand aufgenommen und gedeutet worden ist, nimmt das Herz sie freudig an.* Von außen betrachtet sieht die Sachlage aber eher so aus: Die 'jungen Seelen' werden mit einer Mythen- und Märchendeutung konfrontiert, die strikt den Prinzipien der New-Age-Religion folgt. Und diese Interpretationsweise wird durch den Offenbarungsgedanken legitimiert. 'Wir erläutern dir nur die großen Wahrheiten, die die höheren Welten dem Menschen in bildlich verpackter Form vermittelt haben; tief im Inneren kennst du die Wahrheit schon, da du selbst aus diesen Welten stammst'.

YOSHI Und da haben wir wieder eine Argumentationsform, die geeignet ist, die eigenen Überzeugungen gegen jegliche Kritik zu immunisieren.

PETER Genauso funktioniert es ja auch bei der Geschichtsauffassung des New-Age-Denkens: Die Geschichte wird strikt nach dem Drei-Stadien-Schema interpretiert: Ursprüngliche Einheit mit dem Göttlichen – dunkle Zeit der sich immer weiter verschärfenden Entfremdung vom Göttlichen – Umschlag zur neuen Einheit mit dem Göttlichen. *Ein großer Wendepunkt trat am Ende des neunzehnten Jahrhunderts ein. Um diese Zeit hatte das Abendland eine in den esoterischen Lehren als das Ende des 'Kali Yuga' (des dunklen Zeitalters) bezeichnete Epoche erreicht, eine Zeit also, in der es für den einzelnen zunehmend schwieriger geworden war, sein Bewußtsein spirituellen Welten zu öffnen. Doch bald danach kehrte sich diese schlimme Situation um.*

YOSHI Also, das ist ja wohl religiöse Wertprojektion in reiner Form. Wer mit der illusionären Variante des Drei-Stadien-Schemas arbeitet, ist, was die Gegenwart anbelangt, zur exzessiven Anwendung von Techniken der Schwarzmalerei gezwungen. Die Gegenwart *muß* als zerrissene, chaotische, zerfallene Zivilisation dargestellt werden, denn sie soll ja als Umschlagspunkt zum neuen Paradies erscheinen.

PETER Genau, Trevelyan spricht vom neuen Himmel und einer neuen Erde. 'Aus dem tiefsten Unheil muß schließlich das Heil entspringen'. 'Heute befinden wir uns auf dem äußersten Punkt der Entfremdung'. Und der Heilszustand ist einer, in dem – der übertriebene Utopismus läßt grüßen – z.B. der wirtschaftliche Vorteil aufgehört hat, Hauptmotiv des Handelns zu sein. Der Einklang mit dem Göttlichen besteht, strukturell ähnlich wie im Marxismus, in einer großen Harmonie ohne Konkurrenz.

YOSHI Peter?

PETER Yoshi?

YOSHI Der Wagen fährt nicht mehr. Was sind das für kostümierte Jungs mit diesen riesigen Hellebarden?

Unsere Gelehrten sind tatsächlich im Vatikan angelangt, wo sie, wider Erwarten von der Schweizergarde unbehelligt, dank ihrer Verkleidung und der hervorragend gefälschten Papiere bis zur elektronisch geschützten Pforte zu den Privatgemächern des Papstes gelangen.

YOSHI So. Da sind wir nun, in der Höhle des Löwen. Hätte dein vollständig profanes Bewußtsein sich auch nicht träumen lassen, was?
PETER Mir reicht es jetzt, ehrlich gesagt. Was meinst du, sollen wir nicht einfach abhauen? Hier drin hat der *padrone* doch sicher keine Cousins oder Neffen.
YOSHI Kann man nicht wissen – als ehemaliger Borgia. Außerdem bin ich jetzt auch neugierig, wie es in den Privaträumen von J.P. so aussieht. Gut, daß er gerade wieder auf Dienstreise ist. Trotzdem komisch, daß die uns hier allein gelassen haben.
PETER Tja, Kleider machen Leute. Außerdem hat dein High-Tech-Kruzifix uns Tür und Tor geöffnet. Bis jetzt jedenfalls. Wie geht denn nun der Code?
YOSHI Woher soll ich das wissen? Du kannst fragen, also ehrlich. Wir müssen einfach rumprobieren. Sagen wir mal ... eins acht fünf eins neun zwei null.
PETER Wie kommst du denn dadrauf?
YOSHI Woytilas Geburtstag. Wo ist die Enter-Taste? Ah ja ... Et voila! Nach dir, mein Freund.

Frohen Mutes betreten die beiden Mythologen die Gemächer und sehen sich neugierig um, ohne die Existenz der zahllosen, hochauflösenden, verborgenen Videokameras zu vermuten, die ihre Bilder direkt in die Geheimdienstzentrale des Vatikans übertragen, wo der uns bekannte K fasziniert vor den Monitoren sitzt und jede Bewegung der Eindringlinge verfolgt.

KARDINAL Sieh nur hin, Bruder Geldpfennig, der Leibhaftige und sein Knecht. Mitten im Herzen der heiligen Mutter Kirche.
GELDPFENNIG Sind Sie sicher, Eminenz?
KARDINAL Bruder James hat sie mir genau beschrieben. Da, der größere von beiden humpelt.
GELDPFENNIG In der Tat. Erschreckend.
KARDINAL Gottseidank sind wir vorbereitet. Bruder Technikus!
TECHNIKUS Ja, Eminenz? Soll ich die Weihwassersprinkleranlage aktivieren?

KARDINAL Noch nicht. Laß sie zunächst durch den Fitneßraum kommen, dann können wir sie in der Sauna einsperren. Jetzt! Schotten dicht!
TECHNIKUS Roger, Eminenz. Sie sind eingesperrt. Soll ich die Temperatur hochdrehen? Ich kann sie ganz schön zum Schwitzen bringen ...
KARDINAL Jetzt überleg mal, wen wir da vor uns haben. Du willst ihnen mit *Hitze* kommen?
TECHNIKUS Oh. Natürlich, dumm von mir. Also Weihwasser.
KARDINAL Und nicht zu knapp. Wasser marsch!

Und so kommt es, daß sich unsere Helden zum dritten Mal innerhalb von 48 Stunden ihrer Freiheit beraubt sehen. Verständlicherweise haben sie jetzt wirklich bald die Nase voll.

PETER Wo kommt denn das Wasser auf einmal her? Jetzt hab ich aber wirklich bald die Nase voll. Komm, raus hier.
YOSHI Ich krieg die Tür nicht mehr auf!
PETER Versuchs mit dem Geheimcode.
YOSHI Eins acht fünf eins neun zwei null ... klappt nicht!
PETER Verdammt! Warte mal ... drück zwei zwei eins null eins neun sieben acht!
YOSHI Bingo! Was war das denn für ne Zahl?
PETER Tag der Machtergreifung von J.P. Los, raus hier!
YOSHI Das war eine Falle, Peter. Ich wette, hier sind überall Kameras. Wohin jetzt?
PETER Hier entlang! So, hier ist es zumindest trocken. Sag mal, knirschst du wieder mit den Zähnen?
YOSHI Nein, das kommt von unten. Der Boden bewegt sich. Das ist ne Falltüüüüür ....

Während unsere Freunde Meter um Meter in die Dunkelheit stürzen und schließlich auf dem fauligen Stroh einer achthundert Jahre alten, stockfinsteren Kerkerzelle aufprallen, stoßen K, Bruder Geldpfennig und Bruder Technikus mit einem guten Glas *Barolo* auf ihren endgültigen Sieg über den Erzfeind des Menschen an. Hinter meterdicken Mauern, tief im Herzen der Erde gefangen, unter Kontrolle gebracht von der hlg. Mutter Kirche, welch ein Triumph!

KARDINAL *Und ich sah einen Engel vom Himmel herabfahren, der hatte den Schlüssel zum Abgrund und eine große Kette in seiner Hand. Und er ergriff den Drachen, die alte Schlange, das ist der Teufel und der Satan, und fesselte ihn für tausend Jahre, und warf ihn in den Abgrund und verschloß ihn und setzte ein Siegel oben darauf, damit er die Völker nicht mehr verführen sollte, bis vollendet würden die tausend Jahre. Danach muß er losgelassen werden eine kleine Zeit.*[24] – Bis dahin: Prost, mein Lieber!

Derweil in der Geheimdienstzentrale gelacht und gefeiert wird, liegen die – nacheinander für New-Age-Anhänger, Höllenfürsten, Geisterbeschwörer und Bischöfe gehaltenen – Gelehrten ohnmächtig, aber unverletzt nebeneinander in der Dunkelheit. Düster, und bar jeder Hoffnung, sind auch ihre Gedanken, als sie schließlich zur Besinnung kommen.

YOSHI Das war's. Hier werde ich also sterben.
PETER Wenigstens haben wir was erlebt.
YOSHI Kann man wohl sagen. Wär schön, wenn ich an Wiedergeburt glauben könnte, Peter.
PETER Nun mal halblang. Du kannst ja einen Als-ob-Mythos draus machen. Tu so, als ob du wiedergeboren wirst, obwohl du nicht dran glaubst. Dann ist das Sterben gar nicht so wild.
YOSHI Haha. Schwacher Trost.
PETER Im Ernst, du solltest froh sein, daß du nichts mit der New-Age-Religion zu tun hast. Mir kommen da einige besonders 'dramatische' Folgerungen in den Sinn. Trevelyan äußert sich unter anderem zum Problem der vielen schwierigen oder geistig behinderten Kinder unserer Zeit. Aus der spirituellen Weltsicht läßt sich direkt eine Erklärung für Behinderung ableiten, die mit dem empirisch-rationalen Wissen indes keinerlei Berührungspunkte aufweist.
YOSHI Wie meinst du denn das?
PETER Nun, betrachtet man das Geborenwerden als Absteigen in das Grab des Körpers, so kommt man nicht umhin, mit Schwie-

---

[24] *Die Offenbarung des Johannes*, Kapitel 20, Vers 1 - 3.

rigkeiten beim Eintritt der Seele in den Körper zu rechnen. Die Hauptschwierigkeit für die ewige Seele ist es natürlich, einen ihren Bedürfnissen entsprechenden Körper zu finden. Schwierige oder geistig behinderte Kinder sind demzufolge Kinder, deren Seelen es aus diesem oder jenem Grund nicht gelungen ist, einen angemessenen Körper zu finden.
YOSHI Was für ein absurder Gedanke.
PETER Du sagst es. Das ist übrigens wieder ein interessanter Punkt, an dem sich unser Konzept des Als-ob-Mythos ins Spiel bringen läßt. Aus unserer Sicht ist eine solche Erklärung z.B. für das Entstehen geistiger Behinderung, wenn sie ernsthaft mit Erkenntnisanspruch vorgetragen wird, völlig unhaltbar und in der Tat absurd. Hält man diese religiöse Vorstellung jedoch im Modus des Als-ob fest, d.h. betrachtet man sie bloß als Fiktion oder Wertsymbol, dann kann ihr eine 'positive' Funktion zugeschrieben werden. Sie vermag nämlich dazu beizutragen, daß wir behinderten Kindern und überhaupt Behinderten mit Respekt begegnen und sie 'menschlich', also nicht als schwachsinnige Halb-Tiere behandeln. Überhaupt lassen sich aus einigen religiösen Vorstellungen des New-Age vielleicht gute Als-ob-Mythen gewinnen.
YOSHI Trevelyan kommt doch auch auf die großen Unterschiede in bezug auf Unglück oder Chancen des einzelnen zu sprechen. Wird an Reinkarnation, also an wiederholte Erdenleben geglaubt, so drängt sich folgende religiöse Erklärung für die angesprochenen Unterschiede auf: 'Unglück und Chancen des Einzelnen hängen letztlich davon ab, in welcher Klasse der Reinkarnationsschule sein ewiges Ich gerade steckt'.
PETER Würde man daraus einen Als-ob-Mythos machen, so wäre es eher ein schlechter als ein guter. Denn diese Vorstellung begünstigt eindeutig das Sich-Abfinden mit gesellschaftlichen Strukturen, die aus unserer Sicht als änderbar gelten müssen.
YOSHI Kompensatorische Entlastung vom Realitätsdruck.
PETER Genau. Wenn es letztlich an der von mir erreichten Reinkarnationsstufe liegt, daß ich Unglück und geringe Lebenschancen habe, dann ist es ja völlig sinnlos, für eine Veränderung sozialer Rahmenbedingungen zu kämpfen, da diese den Entwicklungsstand des ewigen Ich in keiner Weise beeinflussen kann. Konsequente Anhänger dieses 'Dogmas' müßten eigentlich auf jede Sozialpolitik

verzichten. Und das läßt für ein Neues Zeitalter, in dem religiöse New-Age-Führer das Sagen hätten, nicht unbedingt Erfreuliches erwarten.

YOSHI Das bringt mich auf das Thema *Karma*. Das *Gesetz des Ausgleichs* (der Taten) ist ein wesentlicher Bestandteil der Vorstellung der Reinkarnation. *'Was der Mensch sät, das wird er ernten.'* *Alles, was wir tun, welchen moralischen Wertes auch immer, findet seinen Ausgleich, entweder in diesem oder in einem späteren Leben.* Mal angenommen, ich habe jemandem schweres Unrecht zugefügt, und ich glaube an das Gesetz des Ausgleichs, dann sag ich mir einfach: 'Ich werde wohl noch einmal auf die Erde zurückkommen müssen, um diese Tat zu sühnen'.

PETER Das aber kann auch bedeuten: 'Ich brauche mich jetzt, in diesem Leben überhaupt nicht um die Folgen meiner Tat zu kümmern'.

YOSHI Eben. Was da passiert ist, war eben, wie man so sagt, 'mein Karma' – und damit basta. Bedenklich finde ich außerdem die Tendenz der New-Age-Religion, dem Menschen nicht einfach nur Verantwortung für sein Leben zuzuschreiben ...

PETER ... dagegen wäre ja nichts zu sagen ...

YOSHI ... sondern ihn 'ideologisch' auf *totale* Verantwortung zu programmieren. Sobald wir das Gesetz des Ausgleichs verstehen, *können wir uns die mutige Ansicht zu eigen machen, daß wir allein die Verantwortung tragen für alles, was wir sind und alles, was uns zustößt.* Wird dieser Gedanke ernstgenommen, so kann rasch ein religiöser Schuldkomplex entstehen, der von der Sache her völlig unbegründet ist. 'Was auch immer passiert, letztlich bin ich selbst dafür verantwortlich, daß es passiert'.

PETER 'Daß mir dieses oder jenes zugestoßen ist, z.B. ein Autounfall, muß letztlich darauf zurückzuführen sein, daß ich mich noch auf Reinkarnationsstufe X befinde, d.h. daß ich noch nicht bis zur vollen Selbsterkenntnis gelangt bin'.

YOSHI 'Wäre ich in der inneren Entwicklung schon weiter, so wäre das nicht geschehen'.

PETER Ein verhängnisvolles Deutungsmuster. Denn das Individuum schreibt sich auch dasjenige zu, was aus empirisch-rationaler Sicht auf andere Faktoren zurückzuführen ist. Ich hab noch eine Passage im Kopf, die zeigt, das Trevelyan tatsächlich so denkt –

und mit ihm viele New-Age-Leute. Wir neigen dazu anzunehmen, daß Charakter ausschließlich das Produkt von Vererbung und Umwelt ist. Dies bietet uns den bequemen Vorwand, die Verantwortung für unser Verhalten auf eine äußere Ursache zu schieben – unsere Eltern lebten getrennt, man war Einzelkind, die Familie war zu arm, die Umwelt war unerträglich. Aber man kann das Bild umkehren. Mein 'Ich' ist ein ewiges Wesen. 'Ich' war also bereits eine voll entwickelte Seele, ehe ich geboren wurde. Unter Mitwirkung meines höheren Selbst und meiner spirituellen Führer muß mir also irgendeine Art Vor-Schau auf das Schicksal gegeben worden sein, das ich annahm, als ich beschloß, mich zu inkarnieren. Das besagt, daß wir wirklich die ganze Ursache sind von allem, was wir sind und was uns zustößt. Es gibt in Wirklichkeit keine Zufälle, weil unser höheres Selbst Situationen und Erfahrungen inszeniert, die für unseren inneren Fortschritt notwendig sind. Von spiritueller Perspektive gesehen wählen wir Erbgut und Umwelt als den äußeren Rahmen für Erfahrungen und Umstände, die der Entwicklung des inneren Menschen dienen können.

YOSHI Aber was hat das für Konsequenzen? Dann würde z.B. auch gelten: 'Da ich mir ja meine Eltern letztlich selbst ausgesucht habe, darf ich mich eigentlich nicht beklagen, wenn sie mich schlagen, sexuell mißbrauchen' usw. Die Fiktion der totalen Verantwortlichkeit kann man wohl wirklich als 'lebenshemmend' bezeichnen.

PETER Manches ist aber auch gar nicht so schlecht. So würde ich z.B. einer anderen religiösen Vorstellung – in fiktionalistischer Umdeutung – eine 'lebensfördernde' Funktion zuschreiben, nämlich der Vorstellung, unsere Nöte und Leiden seien eine Art Prüfung der Seele. Das ist insofern eine 'gute' Fiktion, als Nöte und Leiden, wenn man sie als zu bestehende Prüfung auffaßt, Energien freisetzen und zu einer individuellen Weiterentwicklung führen können.

YOSHI Wird ein Unglück als sinnloses Unglück betrachtet, so liegt es nahe, darauf mit 'passivem' Jammern und Klagen zu antworten. Wird es hingegen als Prüfung und damit als potentiell sinnvolles Unglück betrachtet, so liegt es nahe, darauf 'aktiv' zu antworten und so in der individuellen Entwicklung voranzukommen.

PETER Um diesen positiven Effekt zu erzielen, reicht jedoch der 'fiktionale' Prüfungs-Mythos völlig aus. In Trevelyans New-Age-Religion treffen wir hingegen, wie nicht anders zu erwarten, auf einen 'geglaubten' Prüfungs-Mythos. *In jedem Leben haben wir die Gelegenheit, uns aus den Tiefen der sinnlichen Erfahrung in klareres und reineres Bewußtsein zu heben. Wir dürfen dabei nicht vergessen, daß über unsere Geschicke Wesen weitaus fortgeschrittener Intelligenz wachen. Das Studium der Art und Weise, wie das Karma-Gesetz (das Gesetz des Ausgleichs) wirkt, deutet auf ein Muster großer Feinheit und Gerechtigkeit hin. Es gibt wirklich Engel, die über unsere unsicheren Schritte wachen und da sind, um zu helfen und zu dienen.* Es gilt eben 'Es gibt eine göttliche Führung, die hinter dem menschlichen Geschick arbeitet'.
Hier läßt sich übrigens eine illusionstheoretische Erwägung anschließen. Auch aus vollständig profaner Sicht gibt es Stufen individueller Entwicklung. Der Übergang von Stufe A zu B läßt sich in 'dramatischer' und geradezu mythischer Redeweise so fassen: Ich muß der Stufe A 'absterben', um auf der höheren Stufe B 'wiedergeboren' zu werden. Dann aber könnte gelten: Die mythisch-religiöse Vorstellung 'Die Seele muß mit der Zeit nochmals sterben, um auf höheren Ebenen wiedergeboren zu werden' ist durch den Mechanismus der unbewußten Ontologisierung aus dem profanen Modell der Stufenentwicklung hervorgegangen.
YOSHI Für die 'fiktionalistische' Sichtweise aber gilt: Wir betrachten Nöte, Leiden, Rückschläge als Prüfungen, obwohl wir davon überzeugt sind, daß es sich 'objektiv' nicht um Prüfungen handelt, insbesondere nicht um Prüfungen, die uns von diesem oder jenem höheren Wesen gezielt zugemutet werden. Peter?
PETER Yoshi?
YOSHI Betrachten wir das hier als Prüfung. Wir lassen uns nicht unterkriegen, klar?
PETER Recht hast du. Wir sind schon mit ganz anderen Sachen fertiggeworden. Ha! Das wollnwer doch mal sehen!
YOSHI Apropos sehen. Ein bißchen Licht wäre gar nicht schlecht. Vielleicht gibt's an meinem Superkruzifix ja auch eine Taschenlampe ... Tatsächlich. Aaahh!

Der scharfe Taschenlampenstrahl erweckt, nach kurzem Umherwandern auf den Kerkerwänden, eine grauenhafte Szenerie vor den Augen unserer Helden zu scheinbarem Leben. Rings um sie, an die Wände gekettet, hängen bleiche Skelette, deren grinsende Totenschädel auf ihre neuen Nachbarn hinunterstarren. Entsetzen, Angst und Faszination, jene untrennbaren Bestandteile des Horrors, ziehen unsere Freunde unwiderstehlich zu einer der unglückseligen Gestalten hin. Zwischen den Rippen steckt immer noch ein reichverziertes Schwert, mit dem offenbar ein Stück Pergament an die Brust des armen Sünders geheftet worden war.

PETER Kannst du das lesen? Die Schrift ist total verwittert ...
YOSHI Nicht anfassen! Es würde sofort zu Staub zerfallen. Mal sehen ... *Commerciante de la verdura.* Unglaublich! Ich faß es nicht ...
PETER Was denn? Was hast du? Was bedeutet *commerciante de la verdura*?
YOSHI 'Gemüsehändler'.
PETER Wow.
YOSHI Wir sind auf der richtigen Spur. Ich möchte wetten, daß von hier aus irgendein geheimer Gang zu dieser Schatzkammer führt. Los, wir müssen die Wände abklopfen. Fang da drüben an!
PETER Aber da ist überhaupt kein Licht ...
YOSHI Wir müssen sowieso Batterien sparen. Ich mach die Lampe jetzt aus, und wir klopfen nach Gehör.
PETER Sag mal ...
YOSHI Ja? Hast du was gefunden?
PETER Nein, mir fiel gerade noch ein letzter Aspekt zu Trevelyan ein.
YOSHI Muß das jetzt sein? Klopf lieber.
PETER Mach ich ja. Ich muß neue Ideen bloß trotzdem sofort rauslassen, sonst sind sie weg, das weißt du doch.
YOSHI Ja, schon gut. Worum geht es denn?
PETER Also, mein letzter Punkt hängt mit dem Bestreben, die Wissenschaft auf spiritualistische Prämissen hin umzupolen, eng zusammen. Der von seiner spirituellen Quelle abgeschnittene Mensch verleugnet, so Trevelyan, den Geist und hält das Universum für einen riesigen toten Mechanismus. *Da er sich selbst als*

zufälliges Produkt der Evolution betrachtet, fühlt er sich berechtigt, zu seinem eigenen Vorteil und Ruhm auszubeuten, was er für den toten Mineralkörper des Planeten hält. Da er das Wunder der Wechselbeziehungen im komplizierten Gleichgewicht der gesamten Natur nicht begreift, vergewaltigt er die Erde in seiner Unwissenheit, Arroganz und Habgier.

YOSHI Das kennen wir aber doch schon von Capra und den anderen, eher in wissenschaftlichen Kategorien denkenden New-Age-Leuten.

PETER Das stimmt schon, aber entscheidend ist, *von wo aus* das 'mechanistische Weltbild' kritisiert wird. Die einen kritisieren 'mechanistische' Vorstellungen mit Argumenten empirisch-rationalen Denkens und gelangen so vielleicht zu 'besseren' Theorien, die anderen hingegen, und zu ihnen gehört Trevelyan, kritisieren diese Vorstellung, weil sie Anhänger einer spirituellen Weltsicht sind. Sie sind davon überzeugt, daß alles so gekommen ist, weil die Menschen sich vom göttlichen Geist abgewandt haben. Der Kampf ist für sie einer zwischen Gut und Böse; deshalb auch die Neigung zu solchen Dichotomien wie toter Mechanismus/lebendiger Organismus, die mit großer Vorsicht zu genießen sind. Huch! Das klang hohl!

YOSHI Echt? Warte, ich mach Licht. – Hm. Bloß ein Schädel. Aber darüber ist sowas wie eine Metallplatte in der Wand ... Komm, hilf mir drücken! Hhnnnggsssstttaaaaaahhh!

Die Metallplatte bewegt sich knirschend, jahrhundertealte Scharniere beginnen zu arbeiten, Steingewichte ziehen an einer Kette, und die gesamte, massive Wand teilt sich. Unsere Helden stehen wie angewurzelt auf der Schwelle zu einer riesigen Halle, geblendet von einem strahlenden Leuchten, umhüllt von Sphärenklängen und betörenden Düften. Der Raum, den sie nun betreten, ist nicht faßbar, weder Wände noch Decke sind deutlich auszumachen, und als sie sich umdrehen, ist auch der düstere Kerker verschwunden. Sie sehen eine gewaltige, goldene Stadt in der Ferne, und über Ihnen ertönt eine Stimme, sanft und gewaltig zugleich.

JOHANNES *Und ich sah einen neuen Himmel und eine neue Erde, denn der erste Himmel und die erste Erde sind vergangen,* und das Meer ist nicht mehr. Und ich sah die heilige Stadt, das neue Jerusalem; von Gott aus dem Himmel herabgekommen, bereitet wie eine geschmückte Braut für ihren Mann. Und die Stadt bedarf keiner Sonne noch des Mondes, daß sie ihr scheinen. Und ihre Tore werden nicht verschlossen am Tage, denn da wird keine Nacht sein.[25]

YOSHI Peter, erklär mir das! Erklär's mir naturalistisch, bitte! Was ist das für eine Stimme?

PETER Jetzt werd nicht hysterisch, Yoshi. Woher soll ich wissen, wer das war?

JOHANNES Und ich, Johannes, bin es, der dies gehört und gesehen hat.[26]

PETER Danke. Also, ich nehme an, daß wir durch Angst, Übermüdung und Hunger in einen Trancezustand gefallen sind, der uns eine übersinnliche Erfahrung vorgaukelt. Aaah! Wo bist du, Yoshi?

YOSHI Hier, neben dir. Wieso ist es wieder dunkel geworden?

PETER Keine Ahnung.

YOSHI Sprich weiter, ich will deine Stimme hören.

PETER Ganz ruhig, gib mir deine Hand. Wir gehen ganz langsam geradeaus, bis wir irgendwo einen Ausgang finden. In der Zwischenzeit lenk ich dich ein bißchen ab, okay? Jetzt hör schon auf zu zittern, das kenne ich ja gar nicht von dir. – Also, reden wir von übersinnlicher Wahrnehmung. David Spangler z.B. ist überzeugt, *daß es zwei Welten gibt. Die eine ist die sogenannte normale Welt, die wir mit unseren fünf Sinnen und deren technischen Verlängerungen wahrnehmen können. Die andere ist eine übersinnliche Realität, eine metaphysische Welt von Licht, Energie und Weisheit, Heimstatt intelligenter Wesen, die in vielen Fällen weiter entwickelt sind als wir.* Wird an eine metaphysische Hinter-Welt geglaubt, so wird in der Regel auch geglaubt, daß sie für uns erreichbar ist. Nach Spangler etwa durch Intuition, Meditation oder außersinnliche Wahrnehmung. Das Streben nach einer direkten Erfahrung der höheren Wirklichkeit ist im Lichte der 'ontologischen' Prämissen völlig konsequent. Aus unserer Sicht führt es jedoch dazu, daß Erfahrungen, die durchaus eine naturalistische

---

[25] *Offenbarung* 21, 1 ff.
[26] *Offenbarung* 22, 8.

Deutung zulassen, 'automatisch' supranaturalistisch interpretiert werden. Jede psychische Erschütterung gilt gleich als göttliche Heimsuchung.
YOSHI Das kann man diesen Leuten ja auch nicht verdenken.
PETER Nun hör schon auf zu jammern, und beteilige dich gefälligst! Du hast Spangler doch auch gelesen, oder?
YOSHI Gelesen schon, aber noch nicht erlebt.
PETER Wie gesagt, ich glaube nicht an diese Hinter-Welt. Wie dem auch sei, in einem solchen Kontext gewinnt die Rede von der Geburt eines Neuen Zeitalters in unserer Epoche eine spezifische Bedeutung. Das Neue Zeitalter ...
YOSHI ... ist hier diejenige Zeit, in der wir uns mit den aus der übersinnlichen Realität kommenden Weisungen voll im Einklang befinden. Das gegenwärtige Zeitalter erscheint dann als eines der Entfremdung vom Göttlichen. Autsch!
PETER Aua! Meine Nase ... Was ist das da vor uns?
YOSHI Keine Ahnung ... fühlt sich glatt an, wie Glas ... Und wenn es nun doch das neue Jerusalem ist, Peter? *Und ihr Mauerwerk war aus Jaspis und die Stadt aus reinem Gold, gleich reinem Glas.*[27]
PETER Unfug. Es fühlt sich an wie eine Schaufensterscheibe. Mach doch mal die Kruzifixlampe an. Da sind ja Menschen auf der anderen Seite! He! Hallo! Hört mich denn niemand! Los, Yoshi, feste! Wir müssen die Scheibe einschlagen!

Die zahlreichen zahlenden Zuschauer der Apokalypsen-Show in *Roms Erster Interaktiver Bildvorführung Alter Christlicher Historien* in Vatikanstadt, abgekürzt R.E.I.B.A.C.H. GmbH, stehen noch ganz unter dem Eindruck der überaus fesselnden Kombination aus computeranimierten Drei-D-Bildern, Dolby-Surround-System und Duftorgel, als plötzlich, Minuten nach Ende der Vorführung, von innen an die Panoramascheibe gehämmert wird. Allgemein wird ein technischer Defekt vermutet, das Servicepersonal checkt besorgt die Kontrollanzeigen, als schließlich ein sternförmiges Loch im Sicherheitsglas entsteht, das sich wie ein Spinnennetz über die gesamte Fensterfläche ausbreitet und schließlich, ganz ähnlich einer Windschutzscheibe, in sich zusammenfällt und in harmlose

---

[27] *Offenbarung* 22, 16.

Granulatstückchen zerbröselt. Noch bevor die Security zugreifen kann, sind die beiden mutmaßlichen Vandalen an ihnen vorbei zum Ausgang gestürmt.

Kurze Zeit später drängen sich zwei uns wohlbekannte Gestalten, getarnt mit frisch gekauften Billigsonnenbrillen und Strohhüten, zusammen mit tausenden von Touristen um die *Fontana di Trevi*, jenen berühmten Wunschbrunnen, in dem schon Anita Ekberg badete.

PETER Stell dir mal vor, hier hat schon Anita Ekberg gebadet.
YOSHI Hm.
PETER In dem Fellini-Film, du weißt schon.
YOSHI Hmja.
PETER Es bringt Glück, wenn man eine Münze rein wirft. Damit sichert man sich die Rückkehr in die ewige Stadt.
YOSHI Ich will aber nicht mehr zurück! Ich will überhaupt nie mehr nach Italien! Scheiß-Italien! Ich will nach Hause!
PETER Ganz ruhig, Yoshi. Wir wollten doch nicht auffallen. Ich habe keine Lust, von Cesare erwischt zu werden.
YOSHI Oder der Schweizergarde.
PETER Oder diesen Securityleuten. Laß uns hier verschwinden. In einer Stunde sind wir am Flugplatz.

Und so geht ein weiteres Abenteuer der tapferen Mythologen dem Ende zu. Während sich Dr. Nakamura in der kühlen, sauberen Behaglichkeit seines First-Class-Schlafsessels langsam entspannt (lediglich ein nervöses Augenzucken wird ihn sein Lebtag an den vatikanischen Kerker erinnern), baut Professor Tepe Türmchen aus leeren Cognacfläschchen und bringt seine Gedanken zu den Ideen Spanglers zum Abschluß.

PETER Im Grunde war das doch alles halb so wild, Yoshi. Sieh mal, verglichen mit den wahrhaft planetarischen Krisen wie Verschmutzung, Überbevölkerung und der Gefahr eines Atomkrieges war das dochn Klacks. Spangler macht übrigens im Grunde keine konstruktiven Vorschläge zur Bewältigung dieser Krisen, sondern erwartet das 'Heil' vom neuen Einklang mit den höheren Wesen.

Das ist für ihn die neue planetarische Perspektive, die der Aufgabe des Überlebens und Wachstums gerecht wird.
YOSHI Ha! Die alte Vorstellung vom Allheilmittel. 'Hör auf Grenzenlose Liebe und Wahrheit, und alles wird wieder gut'. Leute wie Spangler fühlen sich als von einer höheren Bewußtseinsebene beauftragt, die neue, wieder dem Göttlichen zugewandte Zeit herbeizuführen – das mittlerweile vertraute Muster.
PETER Spangler tritt in Kontakt zu den höheren Dimensionen des Lebens. Genau wie wir, was, Yoshi? Mauerwerk aus Jaspis und Stadt aus reinem Gold, hihihi ...
YOSHI Das find ich gar nicht lustig. Erzähl lieber von deinem Spangler, oder sag am besten gar nichts.
PETER Gar nichts kannichnich. Also Spangler: *Am 31. Juli 1970 wurde ich am Rande meines Bewußtseins einer starken Wesenheit gewahr, die die Vorgänge überstrahlte. Ich teilte mit, was ich empfand, und wir beschlossen, zusammen zu meditieren und zu sehen, ob wir mit diesem Wesen Verbindung aufnehmen könnten. Das Ergebnis war die Kommunion mit einem unpersönlichen Bewußtsein, das sich durch die Eigenschaften der grenzenlosen Liebe und Wahrheit zu erkennen gab. Innerhalb dieser Kommunion war ich in der Lage, die Ideen und die Vision, welche diese Wesenheit verkörperte, zu identifizieren und mitzuteilen.*
Dabei kam es, so Spangler, zu mehreren Übertragungen, die alle mit der Geburt einer neuen Welt und eines neuen Bewußtseins, mit der Herabkunft höherer Geistenergien in das menschliche Bewußtsein zu tun hatten. Die Wesenheit der Grenzenlosen Liebe und Wahrheit hatte sich offenbart. Wie finssu das?
YOSHI Von hier aus läßt sich Spanglers Verständnis von Esoterik erschließen, finde ich. Esoterik *untersucht den Geist und das Wesen des Seins hinter der Welt der Phänomene und der materiellen Formen. Sie betrachtet das Universum als eine Ganzheit, die von einer bestimmenden Eigenschaft durchdrungen ist, die wir als Geist, Intelligenz oder Bewußtsein bezeichnen.*
PETER Genau. Und für dieses Bewußtsein gibt es heilige Orte, Spangler spricht von Orten der Synthese zwischen der Menschlichkeit und der Göttlichkeit in der Natur. Findhorn in Neuschottland ist für ihn ein solcher Ort. *Dorothy sah, daß sie die Verbindung mit diesen Wesen herstellen konnte. Von ihnen gab sie an*

Peter die Information weiter, wie er manche Samen setzen, wieviel er gießen, wie er Kompost machen sollte und noch vieles andere. Ihnen wurde gesagt, daß die Qualität ihres Bewußtseins, die Energie des Geistes und Herzens, die sie ausströmten, für die Gesundheit und Vitalität des Gartens ein höchstwirksamer Faktor war. Als sie diesen Anweisungen gemäß handelten und lernten, sich psychisch und spirituell zu den Kräften des Gartens in harmonischer Beziehung zu setzen, begannen Wunder zu geschehen.

Tja, es handelte sich eben um einen magischen Garten, der durch die Hilfe von Elfen, Kobolden und engelhaften Wesen auf dem Sand wuchs.

YOSHI Ich bin mir gar nicht mehr so sicher, ob ich nicht auch an sowas glauben soll ...

PETER Das legt sich wieder, mein Lieber. Du mußt nur wieder nüchtern denken.

YOSHI *Du* trinkst den ganzen Cognac.

PETER Du weißt genau, wie ichas meine. Also, Frage: Göttner-Abendroth setzt, wie wir neulich gesehen haben, auf ein neues Matriarchat, auf eine neue Form der Frauenherrschaft. Und worauf setzen Leute wie Spangler?

YOSHI Wenn man davon ausgeht, daß er das Findhorn-System auf die Gesamtgesellschaft übertragen möchte, fällt die Antwort nicht schwer: eine neue Theokratie soll es sein.

PETER *Die Grundfeste der Entwicklung von Findhorn war die Einstimmung mit dem Göttlichen durch Peter, Eileen und Dorothy. Jeder von ihnen erfuhr die Berührung mit einer göttlichen Quelle in seinem Innern, zwar jeder auf andere Weise, aber einander ergänzend, und sie befolgten die Weisungen, die sie erhielten, aufs Wort. Findhorn war eine Gemeinschaft, die ihren Mittelpunkt in Gott hatte, eine Theokratie, für die Eileens innere Führung absolut richtunggebend war.*

YOSHI Nach dem Motto: 'Mir ist der göttliche Heilsplan offenbart worden – alles hört auf mein Kommando'.

PETER 'Die höheren Wesen greifen immer stärker in die Entwicklung ein, um die Welt vor dem Untergang zu bewahren. Eure Aufgabe ist es, den höheren Mächten bei der Umsetzung dieses Plans zu dienen und zu helfen'.

Also, wir haben ja nichts dagegen, daß Gruppen gemäß ihren religiösen Überzeugungen leben. Eine andere Qualität ist freilich gegeben, wenn angestrebt wird, die gesamte Gesellschaft auf diese Lebensmuster zu verpflichten. Hier sollte eine den Prinzipien der Demokratie verpflichtete Kritik einhaken. Demokratische Lebensformen müssen immer wieder gegen antidemokratische Tendenzen dieser oder jener Art verteidigt werden. Richtig?
YOSHI Richtig. Bist du jetzt fertig? Ich bin so müde ...
PETER Eigentlich nicht. Aber der Rest kommt in den Anhang. Schlaf, mein Freund.

Und so fliegen unsere müden Helden, erschöpft, versehrt, doch ungebrochen, der nördlichen Heimat entgegen, aufrechterhalten durch die Hoffnung auf einige Wochen der Erholung, ganz ohne Abenteuer, in der behaglichen, papiernen Stille des Studierzimmers, sicher aufgehoben im Schoße der Wissenschaft.
Sie haben nicht mit Kapitel elf gerechnet.

Anhang

In etlichen New-Age-Texten stößt man auf eine Kritik an autoritären Führungsstrukturen. Ein Beispiel: *Wenn eine einzelne überragende Gestalt, ein Guru, ein Zentrum oder eine Gruppe so dominiert, daß die anderen zu bloßen Nachfolgern oder Verehrern werden, dann ist dies ganz sicher eine Energie des alten Zeitalters, folgt dem Guru-Prinzip, der politischen und spirituellen Führungsform der Vergangenheit. In der neuen Zeit wird jeder einzelne aufgerufen, den 'Guru in sich' zu suchen, wird eher einen unmittelbaren, eigenen Zugang zum Spirituellen, zu einer geistigen Dimension suchen, als sich auf die Vermittlung eines 'Erleuchteten', eines Menschen mit hohem Bewußtsein zu verlassen. Wie stark die Menschen der heutigen Zeit diesem Guru-Prinzip noch verhaftet sind, beweisen die vielen Gruppen, Sekten und Richtungen, in denen die Ausrichtung auf eine Persönlichkeit verlangt und vorgegeben ist.*
Wir begrüßen es, wenn der einzelne aufgefordert wird, seinen eigenen Weg zu gehen und zu finden, ohne dazu von einem anderen aufgefordert und ständig daran erinnert zu werden, doch wir haben einige Reserven gegen die New-Age-Gestalt der 'Hilfe zur Selbsthilfe'. Für die New-Age-Religion geht es primär um den *unmittelbaren, eigenen Zugang zum Spirituellen* – unabhängig z.B. von kirchlichen Vermittlungsinstanzen. Für uns hingegen ist es darum zu tun, den eigenen Weg im naturalistischen Sinn des Wortes zu finden, und die Suche nach dem eigenen Zugang zur geistigen Dimension erscheint uns gewissermaßen als verdrehte Form dieser Suche, die auch nur eine partielle Zurückdrängung des Guru-Prinzips erlaubt. Wenn die 'geistige Dimension', wie der Spiritualismus sie versteht, ein Phantasma ist, dann ist die 'Demokratisierung' des Zugangs zum Spirituellen nicht die Lösung des Problems. In gewisser Weise führt dieser *erfahrungs- und erlebnisorientierte Ansatz* sogar wieder zu einer Stärkung des Guru-Prinzips. Denn es wird ja angenommen, *daß in einer geistigen Dimension bereits so etwas wie ein Plan vorliegt, dem die Menschen zu folgen haben, wenn sie überleben wollen.* Das Projekt 'Die Transzendenz als Erfahrungsmöglichkeit zugänglich machen' läuft somit darauf hinaus, daß jeder selbst einsehen und 'erleben' soll, daß die höheren

Wesen einen Rettungsplan haben, den es in die Tat umzusetzen gilt. In dieses Denksystem ist der Führungsanspruch derer, die vorgeben, zur Transzendenzerfahrung fähig zu sein, bereits eingebaut. Insofern ist die Betonung der *strengen Disziplin und Ausrichtung an geistigen Gesetzen* kein Zufall.

Die New-Age-Religiosität ist in gewisser Hinsicht als innerreligiöse Antwort auf den modernen Individualisierungsschub zu sehen. *In der Vergangenheit war das Wissen um eine andere Wirklichkeit meist in Form eines gläubigen Annehmens von Aussagen gegeben, die zu irgendeiner Zeit einmal von einem Religionsstifter, also einer Persönlichkeit mit sehr hohem spirituellen Bewußtsein, übermittelt wurde. Dieser religiöse Weg wird mit zunehmendem individuellem Bewußtsein immer weniger begehbar.* Paradoxerweise wird die Betonung individueller religiöser Erfahrung jedoch mit religiösen Vorstellungen von erweiterten Bewußtseinsformen gekoppelt, *die mit unseren begrenzten Bewußtseinen zusammenarbeiten und klare Vorstellungen darüber haben, wie die drohende Katastrophe zu verhindern ist* – also mit religiösen Vorstellungen, die letztlich wieder auf die Entwertung individueller religiöser Erfahrung hinauslaufen, denn es gilt ja: 'Entweder du hast die Wahrheit erfaßt oder nicht'.

Dem entspricht auf politischer Ebene die Kopplung von Dezentralisierungskonzepten mit anti-demokratischen Zielvorstellungen. Ein anderer New-Age-Denker schreibt: *Das Neue Zeitalter – die neue Weltordnung, die wir einzuführen versuchen – wird keinesfalls auf demokratischer Basis sein. Es wird eine 'pneumatokratische' Basis haben. Das Wort ist gebildet aus pneuma, gleich Geist, und kratos – Herrschaft.* Es wird von einer globalen sakralen Zivilisation geträumt – nicht unser Traum.

Im Umkreis des New-Age-Denkens spielen Meditationstechniken sowie spirituelle Meister und Gurus, die Wege zur Erleuchtung lehren, eine zentrale Rolle. Gegen Meditationstechniken als solche habe ich überhaupt nichts einzuwenden. Entscheidend ist, daß derartige Techniken und die Erfahrungen, die man bei ihrer Anwendung machen kann, wieder grundsätzlich auf zweierlei Weise interpretierbar sind: naturalistisch und supranaturalistisch. Für die supranaturalistisch-spiritualistische Deutung ist Meditation eine ausgezeichnete Möglichkeit, Kontakt zur übersinnlichen Realität,

zur metaphysischen Welt von Licht, Energie und Weisheit zu erlangen (um Spanglers Worte zu benutzen).
Eine naturalistische Deutung könnte nach meiner Auffassung so aussehen: Durch Meditation können wir in seelische Tiefenschichten vordringen, welche Evolutionsstufen zuzuordnen sind, die wir zumindest mit anderen Lebewesen gemeinsam haben. Eventuell in der Meditation auftretende Einheitserlebnisse wären somit auf diese Evolutionsstufen zu beziehen.
Die Gurus, die z.B. die Transzendentale Meditation als Erleuchtungsweg lehren, können durchaus gute Lehrer geeigneter Techniken sein, aber ich lehne den spiritualistischen Interpretationsrahmen für Meditationserfahrungen, an den sie in dieser oder jener Form alle gebunden sind, grundsätzlich ab.
In einer Diskussion kommt Sheldrake auf den Konflikt der traditionellen Religionen mit der wissenschaftlich geprägten Kultur zu sprechen. *Alle religiösen Lehren beinhalten Geschichten wundersamer Ereignisse, die den bekannten Naturgesetzen zu widersprechen scheinen.* Für einen konsequenten Naturalismus ist klar, daß jede Behauptung, daß tatsächlich ein Wunder geschehen sei, sorgfältiger kritischer Prüfung bedarf. Liegt eine Überhöhung eines Ereignisses vor, das durchaus in Einklang mit den bekannten Naturgesetzen steht? Liegt eine Illusionsbildung vor? 'Das ist ein Wunder' kann eine Deckformel sein für 'Das war wirklich nicht zu erwarten' usw.
Zweitens betont Sheldrake, daß die Idee des Weiterlebens nach dem Tod praktisch universell ist, *außer in der modernen westlichen, wissenschaftlichen Kultur.* Und in der Tat: Vorstellungen wie die *von einem Weiterleben in einer Unterwelt, wo die Vorfahren durch Schamanen kontaktiert werden können,* geraten mit der Zunahme profanen Wissens zunehmend unter Illusionsverdacht.
Drittens erwähnt Sheldrake die Macht des Gebets. Die Vorstellung eines direkten Einflusses von Gebeten, nicht bloß eines psychologischen Effekts für die betende Person, paßt nicht ins *vorherrschende wissenschaftliche Weltbild.* Nach Sheldrake ist *einfach kein Weg denkbar, wie man die Vorstellung, daß jemand durch eine Zeremonie in Neu Guinea Regen macht, mit der modernen Wissenschaft in Einklang bringen soll.* Leute wie Sheldrake unterstellen gern als gesichert, daß es z.B. Regenmacher gibt. Nach unserer

Auffassung sind hier zunächst sorgfältige Untersuchungen notwendig, denn es liegt auf der Hand, daß die Tatsache, daß es nach einer Zeremonie spezifischen Typs regnet, auf ganz unterschiedliche Weise erklärbar ist. Die einen sagen 'Er kann eben Regen machen', die anderen sagen vielleicht 'Er ist jemand, der die Vorzeichen des kommenden Regens besser als andere erkennen kann'.
Kurzum, ein Problem für die 'moderne Wissenschaft' würde erst dann bestehen, wenn wir nach genauer Prüfung der Sachlage im Lichte moderner wissenschaftlicher Verfahren zu dem Ergebnis kommen würden, daß es sich wahrscheinlich um 'echte' Regenmacher handelt. Erst dann könnte der 'westlichen Sicht' vorgeworfen werden, sie weigere sich, Tatsachen anzuerkennen, sie weiche Problemen aus usw. Es ist jedoch höchst fraglich, ob dieser Punkt wirklich erreicht ist.
Nun zu Ken Wilber. Er unternimmt den Versuch, die New-Age-Religiosität zu einer in sich stimmigen Kosmologie und Eschatologie auszuformen. *Nach Wilber stellt Evolution einen stufenweisen Prozeß immer größerer Nähe zum absoluten Geist dar. Der absolute Geist ist die Höchste Ganzheit. In der am 'weitesten' vom Geist entfernten Form von Materie gibt es kein Bewußtsein. Allmählich evolviert das Seiende zu Formen primitiven Bewußtseins im Menschen. Mehr und mehr beginnt sich dieses Bewußtsein an den absoluten Geist zu erinnern, bzw. wird 'bewußter'. Dieser Er-Innerungsvorgang ist für Wilber – ganz in der Tradition der Ewigen Philosophie – eigentlich eine Wiederer-Innerung. Denn die Evolution des Menschen hin zu höchstem Bewußtsein findet überhaupt statt, weil der Geist, bevor seine Objektwerdung stattfand, schon immer das war, was ständig in uns anwesend ist: Vor der Evolution gab es die Involution, Wilber zufolge eine stufenweise Entfremdung des Geistes von sich selbst, eine etappenweise abnehmende Bewußtheit, bzw. ein immer tieferes Vergessen, eine immer weiter gehende Fragmentierung und Verdinglichung. Involution ist der Fall des Geistes in die Materie, Evolution die sukzessive Wiederer-Innerung von Geist oder die Befreiung des Geistes aus der Materie.* Die Nähe zu Philosophen wie Schelling und Hegel ist unübersehbar. Das Absolute ist nach Wilber *sowohl höchstes Stadium und Endziel der Evolution als auch der stets gegenwärtige Urgrund der Evolution.* Anstößig ist für uns nicht,

daß Wilber zwischen mehreren Seinsebenen oder Schichten unterscheidet und sie durch ein übergreifendes 'evolutionäres' Konzept verbindet. Anstößig ist die Art, wie er dies tut – nämlich innerhalb eines spiritualistischen Gesamtkonzepts. Grundaxiom des Spiritualismus ist, *daß das Höhere nicht aus dem Niederen erklärt oder aus ihm abgeleitet werden kann.* Es wird behauptet, daß das Niedere aus dem Höheren geschaffen wird – eben das ist das Konzept der Involution. Wir favorisieren ein anderes Konzept. Erstens halten wir einige der von Wilber postulierten Seinsebenen (die subtile, die kausale und die absolute) für reine Phantasmen, und zweitens gehen wir an die verbleibenden Seinsebenen (die materielle, die biologische und die mentale) folgendermaßen heran: Die jeweils 'höhere', d.h. komplexere Ebene kann nicht auf die 'niedere', weniger komplexe reduziert werden – sie weist eine Eigengesetzlichkeit auf; auf der anderen Seite ist die 'höhere' Ebene jedoch in einem (naturalistisch verstandenen) Evolutionsprozeß aus der 'niederen' entstanden, muß daher auch theoretisch aus ihr 'abgeleitet' werden. Nach Wilber gilt hingegen, *daß das Höhere durch das Niedere hindurch entsteht und danach auf dem Niederen beruht, aber nicht aus dem Niederen entsteht.*
Wilber geht es natürlich vor allem um die 'höheren Welten'. *Das niedere Bewußtsein ist nicht in der Lage, das Leben der höheren Welten zu erfahren, ist nicht einmal ihrer Existenz gewahr, obwohl es von ihnen durchdrungen ist.* Diesen Gedanken kennen wir von Spangler und Trevelyan her. Wilber formt diese Lehre, an alte religiöse Traditionen aknüpfend, zu einer Kosmologie aus, derzufolge es *'im Anfang' nur zeitloses, raumloses, unendliches und ewiges Bewußtsein-an-Sich gab. Aus einem Grunde, der sich nicht in Worte fassen läßt, wird in diesem unendlichen Ozean ein subtiles Wellenkräuseln erzeugt. Die winzige Welle führt an sich nicht aus der Unendlichkeit heraus, da das Unendliche alles und jedes erfassen kann. Die sich ihrer selbst bewußt werdende Welle vergißt jedoch das unendliche Meer, von dem sie nichts als eine winzige Gebärde ist. Deshalb glaubt sie sich von der Unendlichkeit getrennt, isoliert, separat.* Diese 'Entfremdung vom Göttlichen' ist sozusagen der Ursprung allen Übels. Ziel muß es sein, sich wieder in den *Glanz der Unendlichkeit* aufzulösen, was den Tod des *separaten 'Ichgefühls'* voraussetzt. Doch davor hat der Mensch Angst,

und er versucht stattdessen *die Unendlichkeit auf Wegen zu erlangen, die diese Rückkehr gerade verhindern.* Er will selbst Gott sein. Diese Versuche bezeichnet Wilber als Atman-Projekte. Wir müssen hinaus über die Stufe des *Ich-Gekräusels, das sich dem Atman-Projekt verschreibt.*

Kommen wir jetzt zur spiritualistischen Deutung von Tod und Schlaf. Ist der Mensch, wie die New-Age-Religion glaubt, in seinem Kern ein ewiges spirituelles Wesen, das eine Zeitlang in einem Körper wohnt, so ist der Tod nichts Endgültiges, sondern ein Zurückkehren ins Reich des Geistes. Dann aber liegt es nahe, auch den Schlaf auf ähnliche Weise zu interpretieren. *Während des Schlafs ziehen sich die feineren Körper in höhere Welten zurück, obwohl nur wenige von uns genügend entwickelte Wahrnehmungsorgane besitzen, um sich daran zu erinnern. In einem solchen Zustand sind wir bei unseren Freunden, die bereits verstorben sind, und wer seine tieferen Wahrnehmungskräfte geschult hat, kann tatsächlich von seinen Erfahrungen während des Schlafes berichten. Dies ist eine der wichtigsten Quellen spiritueller Forschung. Der physische und ätherische Körper liegen auf dem Bett, unbewußt, sie sind aber durch die sogenannte 'Silberschnur' verbunden, durch welche die wandernde Seele sofort zurückgerufen werden kann; dann erwacht man. Beim Tod jedoch reißt die 'Silberschnur' und eine Rückkehr ist nicht möglich.* Aus unserer Sicht ein schönes Beispiel für eine kompensatorische Entlastung vom Realitätsdruck. Ich verzichte jetzt auf die Ausführung der Kritik und bringe lieber noch ein weiteres Beispiel von Trevelyan. *Zwei oder drei Tage lang feierlich aufgebahrt zu liegen ist ein Ritual von tiefer Bedeutung, denn während dieser Zeit schwebt die Seele oft um ihre frühere Wohnstätte und gewöhnt sich daran, sie verlassen zu haben. Auch Blumen und Kerzen sind wichtig, denn: Astral- und Ätherkörper werden von den Blumen und den Lichtern angezogen und das erleichtert den Prozeß des Übergangs.*

Wie sieht die New-Age-Religion ihre Gegner? Trevelyan stellt die spirituelle gern der materialistischen Weltsicht gegenüber. Diese nimmt an, *daß die Materie die primäre, wenn nicht sogar die einzige Realität ist.* Der Spiritualismus hingegen nimmt an, daß die Welt des schöpferischen, göttlichen Geistes primär ist und daß aus ihr die Materie und die materielle Welt hervorgeht. So weit, so gut.

In trickhafter Weise wird nun jedoch der kosmologische Materialismus mit einem ethischen Materialismus, d.h. einer Position, der es nur um sogenannte 'materielle Werte' geht, in Zusammenhang gebracht. Es wird – ein aus der religiösen und metaphysischen Denktradition wohlbekanntes Muster – suggeriert: 'Wer nicht an eine höhere schöpferische Intelligenz glaubt, kann sich im praktischen Leben nur mit Anschaffen und Ausgeben befassen – für ihn besteht das Leben in der Jagd nach Besitz und Macht'. Und damit wird nahegelegt 'Wer Gegner eines kruden ethischen Materialismus, wer also in irgendeiner Weise nicht-materielle und in diesem Sinne geistige Werte hochhält, muß auch Gegner des kosmologischen Materialismus und somit Anhänger des Spiritualismus sein'. Würde es eine notwendige Verbindung zwischen dem kosmologischen und dem ethischen Materialismus geben, so hätte der Spiritualismus in der Tat leichtes Spiel. Tatsächlich gibt es jedoch keinen Grund, eine solche Zwangsverbindung anzunehmen. Vielmehr gilt: Der kosmologische Materialismus ist mit verschiedenen ethischen Positionen vereinbar – mit der Hochschätzung nicht-materieller Werte ebenso wie mit der Jagd nach Besitz und Macht usw. Entsprechendes gilt für den kosmologischen Spiritualismus. Er ist z.B., wie die Erfahrung nachdrücklich lehrt, mit einer lebenspraktischen Fixierung auf die Jagd nach Besitz und Macht ohne weiteres vereinbar. Die Unterstellung einer notwendigen Verbindung zwischen dem kosmologischen und dem ethischen Materialismus eröffnet interessante Perspektiven. In unserer Kultur spielen materielle Werte zweifellos eine zentrale Rolle. Wenn man die nötige Vorsicht walten läßt, könnte man sie als eine – im ethischen Sinne – materialistisch eingestellte Kultur bezeichnen. Und es ist auch legitim, diese Kultur mit 'materialistischer' Schlagseite in gewisser Hinsicht überwinden zu wollen. Die Verbindungs-These hat dabei den Vorteil, eine sonnenklare Lösung des Problems anbieten zu können. 'Hängt der ethische notwendig mit dem kosmologischen Materialismus zusammen, ist er letztlich auf diesen zurückzuführen, so brauchen wir nur zum Spiritualismus zurückzukehren und alle Dinge kommen wieder in Ordnung'. Eine typische projektive Lösung, die sich keinen Deut um tatsächliche Sachzusammenhänge schert. 'Ihr seid doch auch gegen Wertvorstellungen, die auf Gier, Selbstsucht und Aggression beruhen; das

Eintreten für geistige Werte ist aber letztlich nur von einem spiritualistischen Standpunkt aus möglich; also werdet Spiritualisten'. 'Wir allein sind es, die die Entwicklung hin zu einer besseren Welt verkörpern'.
Die New Age-Religion zeigt ferner deutliche Neigung, ihr spirituelles Weltbild durch eine passende Verschwörungstheorie zu ergänzen. 'Wenn die Menschen nicht an die höheren Welten glauben, so ist dies darauf zurückzuführen, daß sich die Mächte des Bösen gegen das Gute verschworen haben'. *Ahriman, der Herr der Finsternis, ist es nach Trevlyan, der die menschliche Seele immer tiefer in die Materie und die Sinneswelt herabzieht, so daß der Mensch die Realität des Geistes leugnet. Ahriman ist es, der uns dazu verführt, den göttlichen Ursprung der menschlichen Seele zu leugnen. Sein Einfluß ist alldurchdringend.*
Noch kurz zur spiritualistischen Revision der Wissenschaft. Trevelyan spricht gern und oft von der materialistischen Grundlage der herrschenden Wissenschaft. Für den 'reinen' Spiritualismus ist es z.B. eine Irrlehre, daß der Charakter ausschließlich das Produkt von Vererbung und Umwelt sei. Wahr soll sein, daß das höhere Selbst Erbgut und Umwelt wählt. Wer dies glaubt, muß eine radikale Veränderung der Wissenschaften fordern, nämlich ihre Umpolung auf die spirituelle Weltsicht. 'Wenn die Wissenschaft wahre Wissenschaft und nicht materialistische Pseudo-Wissenschaft sein will, muß sie sich auf spiritualistische Grundlagen verpflichten'. Aus unserer Sicht wäre ein solches Umpolen gleichbedeutend mit dem Ende freien wissenschaftlichen Denkens, ähnlich wie beim Projekt einer deutschen oder arischen Physik. Spekulative Konstruktionen wie die der New-Age-Religion haben nicht schon einfach deshalb, weil sie in sich relativ stimmig sind, den Status einer wissenschaftlichen Theorie. Sie sind vielmehr mit den Mitteln empirisch-rationalen Denkens kritisch zu prüfen. Die Gefährlichkeit der New-Age-Religion besteht nicht zuletzt darin, daß sie, unter dem Vorwand, endlich die 'wahre' Wissenschaft zu etablieren, die potentiell kritische Instanz Wissenschaft in eine willfährige Bestätigungsinstanz für vorgefaßte religiöse Theorien umzuwandeln bestrebt ist. Wäre dieser Umwandlungsprozeß einmal in Gang gekommen, so würde rasch jede Religion die zu ihr passende 'Wissenschaft' oder besser Pseudo-Wissenschaft 'erfinden'.

11. New Age und Mythos III: Die Piraten kommen!

Sehr geehrter Herr Professor!

Sie kennen mich nich, ich bin der Heinrich Spökendiek aus Greetsiel. Das Paket hier hab ich gestern in meim Krabbennetz gefunden, was komisch war, weil ich mit meim Kudder gar nich ausm Hafen ausgelaufen war, mein ich. Ich bin da nicht schlau draus geworden, aber Ihr Name stand drauf, und da dacht ich mir, schickst du das dem Professor, wird schon richtig sein. Kann sein, dassas 'n büschen nach Fisch riecht, aber Hauptsache, Sie haben's gekricht, stimmt doch, oder?
P.S. Den Brief hat unser Bürgermeister auf der Schreibmaschine geschrieben. Er läßt sie schön grüßen und Sie könnten unsern herrlichen Ort ja mal positiv erwähnen, wenn Sie 'n Buch schreiben oder so. Wegen dem Tourismus, Sie wissen schon.
Alles Gute, Ihr *Hein Spökendiek.*

PETER Yoshi! Hast du das hier schon gesehen?
YOSHI Was denn? Eine neue Anfrage zu 'ner Vortragsreise? Ich verreise nicht mehr, das hab ich dir doch gesagt.
PETER Nein, nein. Ein Brief aus Ostfriesland. Und ein Buch, in Wachstuch verpackt. Aha – sieht aus wie ein Tagebuch.
YOSHI Puh, das stinkt aber nach Fisch. Was steht da auf der ersten Seite? Sieht aus wie ein Motto ...

Die Suche nach dem Snark

"Der Snark ist nicht fern!" rief der Käptn erregt
Und der Kragenbär nickte bedächtig
Selbst der Killer, der Koch, der Kulturdezernent
Und der Kurpfuscher freuten sich mächtig.
Nur der Kranführer und auch der Kontrabassist
Wußten gleich, Ach! es konnte nicht wahr sein
Denn ein Snark ist so scheu wie ein Hase im Wald
Und so selten wie trinkbarer Saarwein.

Zum Käptn behutsam der Kranführer sprach:
(Der Kontrabassist war's zufrieden)
"Es haben so viele den Snark schon gesucht
Und fanden nicht Ruhe hienieden."
"Der Snark", sprach der Kontrabassist ruhigen Tons,
"bringt dir Geld, Glück, Gesundheit in Scharen
Und er zeigt dir den Weg nach Utopia gern –
Doch birgt er auch viele Gefahren."

"Verfolg' ihn mit Hoffnung, verfolg' ihn mit List
Verfolg' ihn mit Klugheit und Lampen!
Geh frisch ihm ans Leder mit Aktien und Salz
Mit Fleiß, Mut und Warzenschweinwampen.
Und triffst du ihn endlich, so halte ihn fest
Denn ein Snark kann die Zukunft wohl lesen
Doch löst du dich leis' dann in gar nichts auf –
Dann ist es ein Boojum gewesen."

PETER Verstehe ich nicht. Das ist doch völliger Nonsens!

YOSHI Da liegst du gar nicht mal falsch. Das hier ist eine ziemlich freie Bearbeitung von Lewis Carrolls *The Hunting of the Snark*. Berühmtes Beispiel für die englische Nonsense-Literatur im 19. Jahrhundert. Aber wer schickt dir sowas?

Santa Esmeralda, den 50. Ganunk
Lieber Peter, ich hoffe, daß diese Nachricht dich erreicht. Wir befinden uns nun schon seit dreiundvierzig Grösen in der Gewalt der Snarkjäger, Piraten und Philosophen auf diesem verfluchten Schiff. Alles hier ist so verrückt, daß uns außer dir und Yoshiro niemand unsere Geschichte glauben würde. Also lest meinen Bericht, und dann macht euch auf die Socken und holt uns hier raus. Beeilt euch!
Schöne Grüße von Mutti und den anderen, Dein Helge.

PETER Ich dachte, die wären noch in Montana ...
YOSHI Das kann unmöglich sein Ernst sein. Ganunk, Grösen ... Was soll das alles?
PETER Offenbar eine eigene Zeitrechnung. Vielleicht werden wir mit der Zeit ja schlau daraus.

Alles begann mit unserem Entschluß, die Freie Republik Montana zu verlassen. Wir hatten das Gefühl, diesen Modellversuch auf den richtigen Weg gebracht zu haben und wollten, daß die kleine Athene in Deutschland aufwächst. Ingo und Sabine hatten ebenfalls Heimweh und so setzten wir uns in den Zug nach New York.

INGO Wieso haben wir eigentlich nicht den Flieger genommen? Geht viel schneller.
SUSI Ich will mit der Kleinen noch nicht fliegen, das hab ich dir doch gesagt. Außerdem habe ich eine Überraschung für euch.
HELGE Was denn? Och, Mutti, bitte, sag schon!

SUSI Also gut. Ich habe Tickets für die *Queen Elizabeth II.* Wir nehmen uns Zeit und schwelgen ein paar Tage im Luxus, um uns auf Zuhause einzustimmen. Außenkabine, Zimmerservice, abends Tanz ...
SABINE Mensch, Mutti! Das kostet doch ein Vermögen!
SUSI Ich hab ordentlich verdient bei meinem letzten Film. Wir können uns wirklich mal etwas gönnen, finde ich. Ich möchte ganz ohne Streß reisen ...

Famous last words. Als ich mit Sabine und Ingo am zweiten Tag unserer Schiffsreise den klaren Nachthimmel genoß (Mutti und die Kleine waren schon zu Bett gegangen), überkam mich eine böse Vorahnung, als stünden die Sterne ungünstig für uns.

HELGE Sag mal, Ingo, meinst du, die Sterne haben Einfluß auf unser Leben?
INGO Nein, nein. *Es gibt keine kausalen Wirkzusammenhänge zwischen den Gestirnen und den verschiedenen Ebenen der Wirklichkeit.* Astrologie ist vielmehr die Lehre von den sieben Urprinzipien (Sonne, Mond, Merkur, Mars, Venus, Jupiter, Saturn), die erst sekundär mit den Himmelskörpern verbunden werden.
SABINE Wo hast du das denn her?
INGO Dethlefsen, *Schicksal als Chance.* Es ist so: *Für das Leben eines Menschen wie für das Geburtsgeschehen selbst ist ein und dasselbe Horoskop zuständig. In anderen Worten: Das Leben eines Menschen ist lediglich die Vergrößerung seiner eigenen Geburt. Alles, was an Schicksalsereignissen im Leben eines Menschen eintritt, muß sich mit Sicherheit bereits bei der Geburt selbst als wesentlich verkleinertes Ereignis analog gezeigt haben.*
SABINE Also, ich bitte dich! Die Astrologie, wie Dethlefsen sie versteht, ist doch völlig von religiösen Sinnkonstruktionen beherrscht. 'Alles, was mir im Leben widerfährt, hat einen höheren Sinn, und was mir widerfährt, ist bereits bei der Geburt vorgezeichnet'.

INGO Das stimmt ja auch. Das Horoskop zeigt die Konstellation der Urprinzipien, unter der ein Mensch in dieses Dasein getreten ist, und weist eben damit den Lehrplan auf, den es in diesem Leben zu erfüllen gilt. *Der Lebensweg eines Menschen steht bei der Geburt fest. Der Mensch setzt mit seinem Lebensweg lediglich diese Latenz in Wirklichkeit um. Es gibt im Leben des Menschen keinen Zufall.*
SABINE So so ... 'Alles hat einen höheren Sinn und ist von oben strikt vorherbestimmt' – also, für mich ist das eine 'reine' Illusionsbildung.
INGO Ach, dann glaubst du auch nicht an Reinkarnation?
SABINE Was hat das denn damit zu tun?
INGO Eine ganze Menge. *Bei der Geburt kommt nicht irgend ein 'unbeschriebenes Blatt' auf die Welt, lediglich abhängig von der Gunst ihrer Geburtsminute. Blenden wir in der Biographie einer Seele zurück, so hat diese eine sehr lange Kette von Erdenleben hinter sich. In jedem Leben wurde sie mit einem bestimmten Lehrplan konfrontiert, den sie mehr oder weniger gut und vollständig einlöste.* Das Horoskop ist somit das gesetzmäßige Zwischenergebnis des bisherigen Weges durch die Erdenleben. Das Horoskop zeigt uns das Karma des Menschen – es ist der notwendig gewordene Lehrplan für diese Inkarnation. Durch die Verbindung von Astrologie und Reinkarnation kann nun auch erklärt werden, warum ein Mensch genau dieses Horoskop hat. Das ist nämlich kein Zufall, sondern darauf zurückzuführen, daß er in der Kette der Inkarnationen an einer bestimmten Stelle steht. Das Horoskop ist etwas, was sich jeder selbst erarbeitet hat – man kann sich darüber nicht beschweren.

YOSHI Interessanter Ansatz ... Sag mal, Peter, gibt es für dich eigentlich so etwas wie einen rationalen Kern der Astrologie?
PETER Oh, das ist ein weites Feld, außerdem sind meine Kenntnisse darüber sehr begrenzt. Auf der einen Seite kann nicht a priori ausgeschlossen werden, daß astrologische Aussagen einen gewissen empirischen Gehalt besitzen. Hier wäre zunächst wieder mit den Mitteln herkömmlicher Forschung zu prüfen, ob es tatsächlich Korrelationen z.B. zwischen – vereinfacht formuliert – Geburtstag und der Häufigkeit des Auftretens bestimmter Charaktereigen-

schaften gibt. Sollte dies der Fall sein, so müßte versucht werden, diese Zusammenhänge 'natürlich' zu erklären, d.h. ohne auf spiritualistische Konstruktionen zurückzugreifen.

YOSHI Und auf der anderen Seite?

PETER Auf der anderen Seite können wir astrologische Aussagen mit den Problemen persönlichen Wachstums in Verbindung bringen. Wenn ein Astrologe einem Menschen sagt 'Bei dir steht eine Saturnkonstellation bevor', so bedeutet das nach Dethlefsen, *daß die Zeit jetzt reif geworden ist, das Prinzip des Saturns näher kennenzulernen, es in das eigene Leben zu integrieren, den 'Gott Saturn' in sich aufzunehmen, um vollkommener zu werden.*

YOSHI Und was steckt deiner Meinung nach hinter solchen Aussagen?

PETER Nun, es könnte sein, daß der Astrologe ein guter Alltagspsychologe ist, der die konkreten Lebensprobleme seines Klienten erkennt oder erspürt und der insbesondere einen Sinn dafür hat, was der Klient braucht, um auf seinem Weg weiterzukommen – welches 'Prinzip' (jetzt im nicht-spiritualistischen und nicht-astrologischen Sinn verstanden) er in dieser Lebenssituation in sich aufnehmen müßte.

YOSHI Und dann stellt er komplizierte Berechnungen an, die die intuitive psychologische Einsicht – die natürlich spiritualistisch aufgemotzt wird – als Ergebnis spezialistischer astrologischer Forschung erscheinen lassen. 'Du, meine Berechnungen haben ergeben, daß es an der Zeit ist, das Prinzip des Saturns in dein Leben zu integrieren'.

PETER Genau. Ich neige in der Tat dazu, den Astrologen als einen sich selbst mißverstehenden Alltagspsychologen zu betrachten. Handelt es sich um einen guten Alltagspsychologen, so können seine Ratschläge durchaus nützlich sein.

YOSHI Er kann denjenigen, die an Astrologie 'glauben', Einsichten vermitteln, die sie vielleicht in profaner Verpackung im Regal stehenlassen würden.

PETER Wir sollten jedoch nicht übersehen, daß der Astrologe auch großen Schaden anrichten kann: wenn er ein schlechter Psychologe ist, wenn er weniger an der Weiterentwicklung des Klienten als an dessen Schutz vor angeblichen Gefahren interessiert ist, wenn er in seinen Berechnungen 'dogmatisch' verfährt, so daß die intuitiven Einsichten nicht mehr zum Zuge kommen usw.

YOSHI Ich frage mich nur, wieso Ingo auf einmal zum New-Age-Anhänger geworden ist.

HELGE Wieso bist du denn auf einmal zum New-Age-Anhänger geworden, Ingo?

INGO Ach, Anhänger ist zuviel gesagt. Aber ich interessiere mich für den Gedanken der Wiedergeburt. Ich meine, denk mal, was uns auf den letzten Expeditionen alles zugestoßen ist! Das kann kein Zufall sein. Den Ärger haben wir uns in der letzten Klasse selbst eingebrockt.

HELGE Wie meinst du das, in der letzten Klasse?

INGO Es sieht so aus: *Was wir ein irdisches Leben nennen, entspricht einer Schulklasse mit ihren Aufgaben, Problemen, Schwierigkeiten, Erfolgen und Mißerfolgen. Einem solchen Zeitraum des Lernens folgt eine Zeitspanne der Ferien, in der manchmal mangelhafte oder versäumte Lernprozesse nachgeholt werden müssen. Nach den Ferien eine neue Klasse. Es kommt nun darauf an, wieviel von dem Lernstoff der letzten Klasse in das Bewußtsein integriert wurde, dementsprechend wird man in die nächsthöhere Klasse eingestuft, oder man muß die gleiche Klasse wiederholen. Das Schicksal arbeitet nach demselben Prinzip – der einzige Unterschied ist dessen endlose Geduld, die dem Menschen immer wieder neue Möglichkeiten gibt, nicht Gelerntes doch noch zu begreifen und Fehler zu kompensieren.*

HELGE Ach, und wenn man im letzten Leben zuviele Fehler gemacht hat ...

INGO ... muß man zurück in die Schule. *Nach dem körperlichen Tod werden die eigenen Fehler, die man während des Lebens begangen hatte, häufig schlagartig klar. Sieht man von den ganz dunklen Sphären ab, so wird der Aufenthalt im Jenseits als so angenehm empfunden, daß niemand mehr in die materielle Welt zurück will. Allein die Erkenntnis der eigenen Fehler führt zu dem Wunsch des Ausgleichs und der Wiedergutmachung und schließlich zu der Einsicht, noch einmal inkarnieren zu müssen.*

YOSHI Ein merkwürdiger Zufall, daß sich Ingo gerade mit diesen Dingen beschäftigt, nicht? Dethlefsens Position ähnelt in vielen Punkten der New-Age-Religion Trevelyans. Anhand seines Buches kann man wunderbar Esoterik, Astrologie und andere Dinge besprechen.

PETER Du hast recht, den sollten wir nicht außer acht lassen, zumal wir auch bei ihm die spiritualistische Deutung der Seele finden. *Wenn wir von Seele oder Bewußtsein sprechen, so meinen wir eine eigenständige, nichtmaterielle Instanz, die weder ein Produkt der Materie (wie Gehirn, Zentralnervensystem oder ähnliches) noch von dieser irgendwie abhängig ist. Religionen, Eingeweihte und Okkultisten wußten seit allen Zeiten von dieser Seele und deren Überdauern des körperlichen Todes.*

YOSHI Also, diese ganze Schulklassenmetapher ist für mich keine 'große Wahrheit', sondern eine ziemlich naive Projektion und Ausweitung 'irdischer' Entwicklungsmodelle mit kompensatorischer Tendenz. Charakteristisch ist übrigens auch die Umverteilung der Beweislast. Für Dethlefsen ist von vornherein evident, *daß nur die Reinkarnation im Einklang mit allen Gesetzen des Universums steht.* Daher hält er es für absurd, *Beweise für die Reinkarnation* zu fordern: *Wirklichkeit beweist sich durch ihre Existenz von selbst und bedarf keines äußeren Beweises. Eine Behauptung wie beispielsweise: 'Mit dem Tod ist alles vorbei', bedarf eines Beweises, weil diese Behauptung kein Teil der Wirklichkeit ist.*

PETER Es geht Dethlefsen nicht zuletzt darum, die Tatsache, daß nicht allen Menschen in diesem Leben die gleichen Startlöcher zugewiesen werden, religiös zu erklären und so die Benachteiligten mit ihrem 'Schicksal' auszusöhnen. *Es ist ziemlich schwierig, ohne den Reinkarnationsgedanken jemandem zu erklären, warum ausgerechnet er stumm oder gelähmt, verstümmelt oder debil das Licht 'dieser besten aller Welten' erblickte. Auch ein Hinweis auf die unerforschlichen Ratschlüsse Gottes ist wenig geeignet, in solchen Fällen ein Gefühl der Sinnhaftigkeit zu vermitteln.*

YOSHI Der Mechanismus ist klar: Die Frage 'Warum ausgerechnet ich?' führt direkt zu 'Es muß doch einen höheren Sinn haben, daß ich...'. Religiöse Konstruktionen wie die Reinkarnation vermitteln das Gefühl der höheren Sinnhaftigkeit z.B. einer Behinderung und söhnen dadurch mit ihr aus. Religiöse Sinnpostulate machen so das Leben erträglich.

PETER Wir müssen allerdings einräumen, daß Illusionsbildungen eine 'positive' Wirkung haben *können*. Natürlich erleichtern Vorstellungen wie 'Im nächsten Leben werde ich mit Sicherheit nicht mehr stumm sein' oder 'Auch alle anderen Menschen werden in irgendeinem Leben stumm geboren – das Schicksal ist gerecht' die Lebensbewältigung des Benachteiligten. Aber wir bestreiten bekanntlich, daß menschliches Leben ohne religiöse Illusionsbildungen nicht produktiv bewältigt werden kann.

YOSHI Lassen wir die Gegenführung jetzt, ich möchte wissen, was Helge mit den bösen Vorzeichen meinte.

Kaum redet man von diffusen Gefühlen, die einen überkommen, wenn man sich der Unendlichkeit des Universums bewußt wird, da sind diese Leute auch schon in der tiefsten illusionstheoretischen Diskussion. Ich wette, du hast mit Yoshi auch erstmal über 'kompensatorische Tendenzen' oder so etwas geredet, bevor du weitergelesen hast. Gib es ruhig zu.

PETER Klugscheißer.

Jedenfalls hatte mich mein schlechtes Gefühl nicht getrogen, denn bei Morgengrauen wurden wir von einer Kanonensalve aus den Betten geholt, und bevor die Wache noch reagieren konnte, stand schon eine verwegene Gestalt im klassischen Seeräuberkostüm auf der Brücke und zertrümmerte mit seinem Enterhaken das Funkgerät.
In Nullkommanichts hatten die Piraten ein paar Geiseln genommen, und der Ozeanriese war in ihrer Gewalt.

KÄPTN Meine Damen und Herren, Sie befinden sich in der Gewalt des Smaragdgrünen Korsaren-Kommandos. Ich bin der

Kapitän, und verspreche hiermit, daß Ihnen nichts geschehn wird, wenn Sie meine Anweisungen strikt befolgen. Bitte versammeln Sie sich alle auf Deck und legen Sie Brieftaschen und Schmuck vor sich auf den Boden. – Kranführer, Killer, Kurpfuscher: Beute einsammeln! Kragenbär, du gehst mit dem Koch in die Kombüse, Proviant konfiszieren. Kontrabassist und Kulturdezernent: die Mannschaft in Schach halten! – Du da, dich kenne ich doch!
HELGE Wen, mich?
KÄPTN Natürlich! Ich habe schon Blåbærpankøken mit dir gegessen.
HELGE Das gibts doch nicht ... Blåsengrøn?
KÄPTN Einfach 'Käptn', bitte. Endlich mal ein vernünftiger Mensch als Geisel. Pack dein Zeug, du kommst mit uns.
HELGE Aber ...
KÄPTN Keine Widerrede! Wir müssen doch unser Wiedersehen feiern.
HELGE Ich habe Weib und Kind ...
KÄPTN Können mitkommen. Beeil dich, wir wollen hier weg, bevor der Pott vermißt wird.

Angesichts eines drohend erhobenen Säbels, dessen Wirkung durch das freundliche Zwinkern des einen, nicht durch eine schwarze Klappe verdeckten Auges nur unwesentlich gemildert wurde, fügte ich mich in mein Schicksal. Sabine und Ingo zeigten sich – sei es aus Abenteuerlust oder Langeweile – freiwillig solidarisch, und eine Stunde später bezogen wir unsere Kabinen im knarrenden, hölzernen Bauch des Dreimasters, mit dem das Smaragdgrüne Korsaren-Kommando die sieben Meere unsicher machte.

SUSI Kneif mich. Das ist doch ein Traum, oder?
HELGE Ich fürchte nein, Mutti. Wie geht's der Kleinen?
SUSI Athenchen geht es prima. *Ich* kriege einen hysterischen Anfall. Ich habe viel Geld für eine ruhige Überfahrt bezahlt, ohne

Streß, ohne Hektik ... und jetzt muß ich hier schon wieder die *Stirb Langsam*-Nummer abziehen.
HELGE Mach dir keine Sorgen, Blåsengrøn ist schon in Ordnung. Ich rede gleich mit ihm. Wer weiß, vielleicht bringt er uns schneller nach Hause als die *Queen Elizabeth*.
REICHSTEIN Do däätisch misch nit drop verlosse, Jung. Ming Frau un isch, mir sin ad ewisch un drei Tare op dääm Dingen hee.[28]
SUSI Wo kommen *Sie* denn her?
REICHSTEIN Bereschem.[29]
SUSI Ich meine, was machen Sie hier?
REICHSTEIN Ach, Entschuldijung. Reichstein mein Name, Schreinermeister. Isch han die neue Kajütentür einjezoren, tut mir leid, dat isch Sie erschreckt han.
HELGE Helge May, Chronist der Mythic Tours GmbH – oder dem, was davon übrig ist. Könnten Sie bitte hochdeutsch sprechen? Ich habe sonst später so viel Arbeit mit den Fußnoten.
REICHSTEIN Isch bemühe misch. Isch wollte im Jrunde auch nit weiter stören, et is nur wejen ming Frau. Der jehdet nit joot ...

Wir gingen natürlich sofort in die Kabine des Schreinerpaares, um festzustellen, daß die geschwächte, grüngesichtige Frau Reichstein bereits in den Händen des Kurpfuschers war, der sich gerade anschickte, sie zur Ader zu lassen.

REICHSTEIN Wat määst do met ming Mariesche? Jank, sons jiddet Riss, do Drissinnepief do![30]

---

[28] Darauf würde ich mich nicht verlassen, junger Mann. Meine Gattin und ich, wir sind bereits ewig und drei Tage auf diesem Schiff.
[29] Bergheim/Erft. Kleine, für Zuckerrüben, Braunkohle und berserkerhafte Autofahrer berühmte Kreisstadt bei Köln.
[30] Was machst du mit meinem Mariechen? Geh, sonst setzt es Prügel, du ... (derb, etwa: fäkalienhaltiger Pfeifenkopf), du!

Käptn Blåsengrøn, der den Kurpfuscher (ähnlich wie den Killer) nur des K's wegen in die Mannschaft aufgenommen hatte, entschuldigte sich sofort für den Fehlgriff, und wir diskutierten, wie der armen Frau geholfen werden könnte. Der Kontrabassist, der zumindest einen Erste-Hilfe-Kurs absolviert hatte, wollte einige Medikamente ausprobieren, die noch irgendwo herumgelegen hatten, wohingegen Ingo, der immer noch auf seinem Dethlefsen-Trip war, unbedingt ganzheitlich vorgehen wollte.

KONTRABASSIST Ganzheitlich, ganzheitlich. Was soll denn das heißen?
INGO Also, die moderne wissenschaftliche Medizin geht bekanntlich auf Hippokrates zurück, der mit der Tradition der Priestermedizin brach *und begann, die Krankheiten losgelöst von aller Religion, für sich gesondert, zu betrachten und aus dem Studium des Verlaufs die entsprechenden Kuren zu entwickeln.* Das ist für Dethlefsen der medizinische Sündenfall, den es wieder rückgängig zu machen gilt, wobei die moderne Medizin jedoch nicht völlig verdammt wird. In der entscheidenden Dimension soll Heilen jedoch wieder zur Sache der Priesterschaft und somit der Religion werden. Zu diesem Zweck führt Dethlefsen eine wichtige Unterscheidung ein, die zwischen *Krankheiten* und *Kranksein*. Die Medizin bis heute beschäftigt sich *mit der Diagnose und Therapie von Krankheiten und übersieht damit das eigentliche Problem des Krankseins. Ein Mensch hat nicht eine Krankheit, sondern vielmehr ist er krank. Doch gerade dieser kranke Mensch wird von der Medizin nicht behandelt, sondern lediglich seine Krankheiten, seine Symptome.* Daraus ergibt sich: Die wissenschaftliche Medizin behandelt bloß Krankheiten, der Arzt-Priester hingegen behandelt das letztlich entscheidende Kranksein, das der wissenschaftliche Medizin grundsätzlich unzugänglich ist.
SABINE Das kannst du doch nicht ernst meinen, Ingo. Hier wird wieder mit einem doppelten Boden gearbeitet, merkst du das nicht? Die Unterscheidung Krankheiten/Kranksein hat aus profaner Sicht

eine relative Berechtigung, sofern sie darauf abzielt, daß die Medizin eine Gestalt annehmen kann und vielfach angenommen hat, die sich um die Reparatur einzelner 'Maschinenteile' kümmert, den kranken Menschen als Ganzes aber aus dem Blick verliert. Wir meinen jedoch, daß die moderne Medizin prinzipiell in der Lage ist, diese Fehlentwicklung durch Selbstkorrektur und 'Paradigmenwechsel' zu überwinden. Dethlefsen hingegen schreibt sie quasimythisch mit Hilfe eines Wesensbegriffs fest: 'Die wissenschaftliche Medizin ist grundsätzlich, also von ihrem Wesen her außerstande, das *Kranksein* zu erfassen'. Und die trickhafte Einführung eines derartigen Wesensbegriffs dient selbstredend dazu, die spiritualistische Medizin zu 'rechtfertigen'. Der Begriff 'Kranksein' wird nämlich von Anfang an spiritualistisch gefüllt. 'Sich mit dem Kranksein befassen' bedeutet bei Dethlefsen niemals einfach nur 'sich mit dem kranken Menschen als Ganzheit befassen', es bedeutet immer schon 'sich mit der unsterblichen Seele und ihren diversen Reinkarnationen befassen'. Daß in diesem Kontext *Heilen* letztlich mit *Heiligen* Heilen letztlich mit Heiligen zusammenfällt, kann dann nicht mehr verwundern. Merke: Man ist oft bereit (z.B. bei der Unterscheidung Krankheiten / Kranksein) den kleinen Finger zu geben, doch Vorsicht, das New-Age-Denken nimmt gern gleich die ganze Hand, und dies so, daß viele es gar nicht merken.

INGO Aber ...

SABINE Nebenbei bemerkt: bei Dethlefsen findet sich ein schlechtes altes Argument, das den Geltungsbereich 'materialistischer' Wissenschaft einschränken soll, um Raum für die spirituelle Geistdimension zu schaffen. *Die Wissenschaft begann ihre Arbeit damit, die sichtbare Außenwelt zu erforschen. Die sichtbare Welt tritt uns als Materie entgegen – dementsprechend paßte die Wissenschaft ihre Arbeitsmethode den Bedingungen der Materie an. Dies war sicher richtig – bleibt aber nur so lange richtig, solange man tatsächlich nur Materie erforscht. Auch gelten die gefundenen Ergebnisse bestenfalls innerhalb der Materie.* Es gehört zum spiritualistischen 'Spiel', daß der kognitive Alleinvertretungsanspruch des profanen und speziell des wissenschaftlichen Wissens begrenzt werden muß. 'Bereiche, die mit der Materie nichts zu tun haben, können mit deinen Arbeitsmethoden nicht erfaßt werden'. Übersehen wird z.B., daß das wissenschaftliche Wissen sehr wohl

zur Kritik spiritualistischer Existenzannahmen verwendet werden kann.
SUSI Seid ihr jetzt endlich fertig? Typisch, immer nur reden, reden, reden. Was machen wir denn jetzt mit Frau Reichstein?
MARIECHEN Jessesmariaunjupp ...
REICHSTEIN Ruhisch, Liebschen, die nette Frau hilft dir jetzt.
SUSI Tja, wenn ich nur wüßte, wie ...
INGO Wie wäre es mit Homöopathie? Ich habe Bachblüten in hohen Potenzen dabei!
SUSI Na ja, schaden kann es wohl nicht.
REICHSTEIN Nä? Dann tun Sie das mal, junger Mann. Und wat is jetz eijentlisch Homö ...
INGO Sie wurde von einem Herrn Hahnemann begründet, einem *von der Natur Eingeweihten*. Das Tolle daran ist ...
SABINE Moment. Die Homöopathie ist bekanntlich stark umstritten. Es darf nicht a priori ausgeschlossen werden, daß die homöopathische Medizin einen empirischen Gehalt besitzt. Insbesondere wäre es 'unwissenschaftlich', den Grundsatz, daß das Ähnliche durch das Ähnliche geheilt werden kann, ungeprüft zu verwerfen.
INGO Na also. Ich wollt gerade ...
SABINE Daher sind Versuche, einen empirischen Gehalt der Homöopathie nachzuweisen, zu begrüßen. Wenn er erwiesen wäre, könnte die – eventuell mehr oder weniger stark reformulierte – Homöopathie problemlos in die moderne Medizin, diese erweiternd, eingefügt werden. Dethlefsen sieht das erwartungsgemäß völlig anders, nicht wahr, Ingo?
INGO Hmja, stimmt. Er lehnt jede Anpassung an das *schulmedizinische Denksystem* rigoros ab. *Anpassung esoterischer Disziplinen durch unkompetente Nachfolger ist immer Verrat.*
SUSI Interessant. Wie verdeutlicht er denn seinen eigenen spiritualistischen Zugriff auf dieses Heilverfahren?
INGO Das macht er anhand der Herstellungsart homöopathischer Arzneimittel. Aus einer pflanzlichen Frucht z.B. wird ein Ausgangsstoff, die Urtinktur hergestellt. Davon nimmt man einen Teil, fügt 10 Teile Lösungsmittel hinzu und führt eine bestimmte Anzahl von Schüttelschlägen aus. Das nennt man Potenzieren. Daraus resultiert die erste Dezimalpotenz (D1). Dieser Vorgang wird immer weiter wiederholt. Jedes Arzneimittel ist in den ver-

schiedensten Potenzen erhältlich. Nach Dethlefsen ist bei der D 23 bereits kein Molekül der Ursubstanzen mehr vorhanden, so daß eigentlich von hier an nur noch ein *rituelles Verschütteln von Alkohol* geschieht.
SABINE Aha! Das ist der Beweis – Scharlatanerie!
INGO Ich wußte, daß du das sagen würdest. Dennoch arbeitet die Homöopathie mit Vorliebe mit diesen 'hohen Potenzen'. *Der Gegner der Homöopathie freut sich, da hiermit bewiesen ist, daß man mit 'nichts' arbeitet. Der echte Homöopath aber benützt die D 30, damit er sicher ist, daß er nicht mehr mit Materie arbeitet.*
SABINE Ja, eben! Die zugrunde liegende Überzeugung von der Überwindungsbedürftigkeit der Materie ist natürlich selbst spiritueller Art, und es versteht sich eigentlich von selbst, daß sie sich zwanglos in die New-Age-Religion einfügen läßt. Nach deinem Dethlefsen sind die homöopathischen Arzneimittel, und dies gerade in den hohen Potenzen, *Heilvermittler,* die eine im spiritualistischen Sinn geistige Information übertragen. Dieses Konzept von Homöopathie halte ich für ein reines Phantasma. Dethlefsen verkoppelt es mit der an die Gnosis erinnernden Überzeugung, daß *alle Materie 'an sich' krank* sei, so daß es darauf ankomme, die spirituelle Information aus ihrer materiellen Gefangenschaft zu erlösen. Er versteht die Technik der Potenzierung als *schrittweisen 'Vergeistlichungsprozeß' der Materie.* Die 'wahre' Homöopathie ist demzufolge eine Therapie *ohne materielle Arzneien.*
REICHSTEIN Wie jetz? Dat is also quasi nur Schnaps?
SABINE Genau.
REICHSTEIN Dann brauch isch dat Zeusch nit teuer ze kaufe. Korn jibt et billijer im *Betlehemer Hof.*
SABINE Merke: Homöopathie ist nicht gleich Homöopathie. Mit der spiritualistischen Homöopathie, wie sie im folgenden Zitat dargestellt wird, werden wir uns nie anfreunden können. *Der Mensch als Mikrokosmos enthält in sich die Summe aller Urprinzipien in Form nichtmaterieller Einheiten. Der Makrokosmos enthält ebenfalls all diese Urprinzipien, aber in ihrer gestürzten, sündigen Form; gefesselt in der Dunkelheit der materiellen Erscheinungsweise. Der Sturz aus dem Reiche der Ideen in das Reich der Materie macht die Prinzipien giftig, denn giftig ist der Gegenpol von heil, heilig. Deshalb wurde oben gesagt, daß die materiellen*

Substanzen nie heilen können, denn sie sind selbst ja noch nicht erlöst. Heilen ist für Dethlefsen *immer ein priesterlicher Akt, der jenseits der Stofflichkeit sich vollzieht.*
MARIECHEN Nä, isset mir schlescht ...
KÄPTN Jetzt tut doch endlich was!
KRANFÜHRER Käptn, schlechte Nachrichten. Der Kragenbär und der Kulturdezernent sind gerade zusammengebrochen. Sie sind ganz grün im Gesicht ... ungefähr wie Frau Reichstein.
KÄPTN Eine Epidemie! Alle sofort an Deck! Die Kabinen ausräuchern! Wir sind verflucht, beim Klabautermann!

YOSHI Um Himmels willen, Peter! Das klingt ja, als sei da die Cholera ausgebrochen!
PETER Ich glaube, bei Cholera wird man blau im Gesicht, nicht grün. Außerdem kommen noch mindestens zwanzig Seiten. Helge zumindest sollte überlebt haben.
YOSHI Und was ist mit den anderen? Mutti! Sabine! Das Baby! Da fragt man sich doch nach dem Sinn!
PETER Ganz ruhig, Yoshi. Laß dich jetzt nicht von Ingos vorübergehender Leidenschaft für das esoterische Weltbild anstecken, wie Dethlefsen es beschreibt. Es ist identisch mit dem spiritualistischen Reinkarnations-Weltbild. *Der Wissenschaftler denkt ausschließlich funktional. Die Esoterik denkt inhaltlich, das heißt, sie fragt nicht nur nach dem 'Wie' der Wirklichkeit, sondern vor allem nach dem 'Warum'. Dieses Warum ist die Frage nach der Sinnhaftigkeit.*
Anders formuliert: Das esoterische Denken fragt stets nach dem höheren Sinn eines Geschehens, nach einem höheren Sinn, der für uns eine reine Projektion zu Entlastungszwecken ist.
YOSHI Schon gut, also hat es keinen höheren Sinn. Ich mach mir trotzdem Sorgen. Lies schon weiter!
PETER Ja, ja. Wo waren wir ...

KÄPTN Eine Epidemie! Alle sofort an Deck! Die Kabinen ausräuchern! Wir sind verflucht, beim Klabautermann!

Kopflos rannten Mannschaft und Gefangene an Deck, wo sich in der Zwischenzeit bereits eine handfeste Meuterei entwickelt hatte. Der Killer und der Kurpfuscher waren dabei, die Mannschaft aufzuwiegeln, wobei sie auf ihrer Suche nach einem Sündenbock rasch auf den so unvorsichtig mit New-Age-Begriffen jonglierenden Ingo stießen.

KURPFUSCHER Er! Er hat eben von Kranksein und Priestern und sowas geredet! Er hat uns diese Krankheit an den Hals gehext! Er mit seinen Kräuterfläschchen in 'hohen Potenzen'. Knüpft ihn auf!
KÄPTN Moment mal ... Das ist immer noch mein Kommando, Kurpfuscher. Killer, sofort das Messer weg! So, ohne Gerichtsverhandlung wird an meiner Rahe niemand aufgeknüpft. Willst du dich selber verteidigen?
INGO Äh ... ich wwweiß nnnich ...
SABINE Ganz ruhig, Ingo. All das ist doch grotesk. Ich verteidige ihn. Ich werde die Absurdität des esoterischen Weltbildes beweisen und ihn so entlasten.
INGO Neinnein. Es ist alles mmmeine Schschuld. Ich hab in meinem letzten Leben Scheiße gebaut, und dafür muß ich büßen.
KILLER Jawoll! Aufknüpfen!
SABINE Unsinn. Eine der nachteiligsten Folgen des esoterischen Denkens ist aus profaner Sicht, daß es zu einem religiösen Schuldkomplex führt, der sich letztlich 'lebenshemmend' auswirken muß. *Hat jemand beispielsweise die Astrologie begriffen, so kann er niemals mehr Schuldige in der Außenwelt suchen, keinen Prozeß mehr führen und so weiter.* Denn er glaubt ja, daß letztlich er selbst an allem schuld ist, da er sich sein jetziges Horoskop in früheren Erdenleben selbst erarbeitet hat.
HELGE Eben. Es war bloß ein Zufall, daß die Leute gerade dann krank wurden, als Ingo an Bord kam.
SABINE Für den Esoteriker gibt es keinen Zufall. *Der Zufall als ein nicht berechenbares und nicht gesetzmäßiges Geschehen würde jeden Kosmos in ein Chaos verwandeln.* Hinter jedem Ereignis steht für den Esoteriker ein Gesetz, aber kein 'funktionales'

Naturgesetz im Sinne moderner Wissenschaft, sondern ein höheres Sinn-Gesetz.
SUSI Und welche Konsequenzen hat das?
SABINE Nun, das Sinn-Gesetz können wir, sagt der Esoteriker, nicht immer auf Anhieb erkennen, aber deshalb dürfen wir nicht seine Existenz leugnen. *Die Steine fielen auch zu jenen Zeiten gesetzmäßig nach unten, als die Menschen das Fallgesetz noch nicht entdeckt hatten.* Zurück zum Kernbestand 'Alles hat einen höheren Sinn'. Daraus folgt: *Weder die Tatsache, daß Herrn X ein Stein auf den Kopf fällt, noch der Zeitpunkt, an dem dies geschieht, ist zufällig. Man wird nicht zufällig krank, nicht zufällig von einem Auto angefahren, nicht zufällig von armen oder reichen Eltern geboren und so weiter.*
REICHSTEIN Wie, man wird nit zufällisch krank! Heißt dat, et Mariesche wör selefs schuld? Et Mariesche het immer Diät gehalten!
SABINE Vorsicht! 'Man wird nicht zufällig krank' heißt hier nicht 'Es hängt mit der körperlich-seelischen Gesamtkonstellation zusammen, daß ich jetzt krank werde', sondern es heißt eher 'Es hängt mit dem sich aus meinen früheren Erdenleben ergebenden Lehrplan für dieses Leben zusammen, daß ich jetzt krank werde'.
REICHSTEIN Dat is doch Quatsch. Wat kütt dat kütt. Obwohl ... jut, saren wer mal zum Beispiel, wenn isch vill ze vill jesoffen han, is irjenswann de Leber kapott, klar. Dat is dann minge Schuld. Logisch.
SABINE Nun, für den Esoteriker hat alles, was lebend sich entwickelt, Bewußtsein und Seele, auch die Pflanze. Auch Körperorgane wie die Leber. *Die Leber empfindet sich ebenfalls als geschlossene Einheit und Individualität. Sie besitzt zweifellos auch Bewußtsein, empfindet sich als 'ich bin'.* Natürlich ist *auch die Erde eine individuelle Intelligenz und besitzt nicht nur einen Körper, sondern auch Bewußtsein.*
REICHSTEIN Also nää ...
SABINE Ferner gilt: Wenn alles einen höheren Sinn hat, dann kann es eigentlich nichts geben, was nicht sein sollte. Das aber bedeutet, *daß alles, was existiert, die Berechtigung hat zu existieren;* es bedeutet, *daß alles, was ist, gut ist, weil es ist.*

KILLER Wunderbar. Genau so ist es mit dem Aufknüpfen, richtig? Nehmen wir an, ich kümmere mich einen Dreck um die Gerichtsverhandlung und nehme die Schlinge, lege sie ihm um den Hals – so wie jetzt – und fange an zu ziehen. Das wäre dann in Ordnung, weil es *ist*, nicht wahr?
SABINE Dem esoterischen Weltbild zufolge ja. Diese Einstellung hätte für Ingo natürlich fatale Folgen. Als Esoteriker müßten wir denken 'Der Henker ist gut, weil er *ist* – er hat eine Berechtigung zu existieren'. Oder: 'Daß Ingo jetzt aufgeknüpft wird, muß einen höheren Sinn haben, den wir nur noch nicht erkennen'. Für einen Esoteriker gibt es somit nicht den geringsten Grund, gegen dieses Aufknüpfen oder eine beliebige andere 'Ungerechtigkeit' zu kämpfen.
KÄPTN Hm. So gesehen logisch.
KURPFUSCHER Gut. Also los.
KILLER Fein. Wo haben wir denn ein Plätzchen frei ...
INGO Äh, Sabine, ich ...
SABINE Ja, mehr noch: Sein Denksystem verschafft ihm eine perfekte Legitimation für das soziale und politische Nichtstun. 'Wenn z.B. die Todesstrafe aufgrund bloßer haltloser Anschuldigungen einen höheren Sinn hat, dann würden wir uns ja gegen die sozusagen gottgewollte Ordnung auflehnen, wenn wir sie abschaffen wollten'. Noch grundsätzlicher ist folgende Legitimation angelegt: Derjenige Mensch, *der glaubt, durch seine Aktivität die Welt verändern zu können, ist in Wirklichkeit Sklave der Verhältnisse geworden. Alles, was die Außenwelt stört, zeigt lediglich an, daß man selbst mit dem analogen Prinzip in sich selbst noch nicht ausgesöhnt ist.* Das ist die esoterische Konsequenz aus der Annahme, daß der Mensch ein Mikrokosmos und das genaue Abbild des Makrokosmos ist. Geschieht etwas für mich Unangenehmes, so ist dies gerade *nicht* ein Grund, sich um die Änderung der Dinge zu bemühen, sondern *lediglich eine Aufforderung, mich auch noch diesem Bereich in meinem Innern zuzuwenden. All die bösen Menschen und die unliebsamen Ereignisse sind in Wirklichkeit nur Boten, sind Medien, das Unsichtbare sichtbar zu machen.*
SUSI Es ist ja wohl leicht zu sehen, daß die Kehrseite der Esoterik ein extremer Konservatismus ist, der jede Veränderung der bestehenden Ordnung als Abfall von der 'Wahrheit' deutet.

HELGE Stimmt. Man kann radikalkonservativen Kreisen eigentlich nur empfehlen, Stiftungen zur Förderung esoterischen Denkens ins Leben zu rufen. Insbesondere die Lehre *Es gibt in dieser Welt nicht zu verbessern, aber sehr viel an sich selbst* dürfte hier mit Wohlgefallen aufgenommen werden.
SABINE Glück ist nach esoterischer Auffassung überhaupt nicht von äußeren Dingen abhängig. *Glück ist völlig unabhängig von der Außenwelt. Glück wächst dort, wo der Mensch in Harmonie mit der Welt kommt.* Dethlefsen gelangt in diesem Kontext zu Formulierungen, die man durchaus faschistoid nennen kann. Der Mensch hat als Zelle nur die Aufgabe, *seinen ihm zugeteilten Dienst am Ganzen zu erfüllen. Er hat sich zu bemühen, eine möglichst nützliche Zelle zu sein, damit er nicht zum Krebsgeschwür dieser Welt wird. Verläßt er dennoch die Ordnung mutwillig, um seine mißverstandene Freiheit auszukosten, so sollte er sich nicht wundern, wenn er eliminiert wird.* Die uneingeschränkte Anerkennung der *Daseinsberechtigung aller Dinge, die Forderung, mit allem, was ist, in Harmonie zu gehen*, ist also höchst ambivalent.
SUSI Im übrigen dürfte es aufschlußreich sein, die Spannung ins Auge zu fassen, die im esoterischen Denken zwischen der Annahme der totalen Verantwortlichkeit des Menschen für alles, was ihm widerfährt, und der Tendenz zur totalen Entlastung von jeder sozialen und politischen Verantwortung besteht. Zu Recht wird das 'Die anderen (die Familie, die Gesellschaft, die Regierung usw.) sind an allem schuld' kritisiert, aber die Ersetzung durch 'Ich allein bin schuld', verbunden mit der Totalbejahung alles Existierenden, führt zwangsläufig zum totalen Desinteresse an der äußeren Wirklichkeit und zur Fixierung auf das eigene 'Seelenheil', das es in der Reinkarnationsschule zu gewinnen gilt.
SABINE Die Esoterik formuliert die dazu passenden Lehren mit aller Klarheit. *Es gibt keine Umwelteinflüsse, die den Menschen formen, es ist nicht die Erziehung, die den späteren Menschen prägt, es gibt keine Schuldigen für das Schicksal des einzelnen. Es gibt keine Bakterien oder Viren, die Krankheit erzeugen.* Wenn Krankheit stets einen höheren Sinn hat und im Lebensplan vorherbestimmt ist, dann muß jede Präventivmedizin als Illusion und als verfehlt gelten. 'Lassen wir doch alles, wie es ist, denn es ist gut'.

REICHSTEIN Also, jetzt reisch et mir! Dat is doch alles Tinnef, merkt ihr dat nit? Moment, wie wor dat:
1. Ming Frau es krank, un daran selefs schuld, weil se im vorijen Leben jet falsch jemaat het.
2. Weil se krank es, es dat joot so.
3. Weil dat joot es, darfste nix dran ändere.
4. Wenn de doch jet ändere dääst, wirste plattjemaat. Und dat is dann widder joot so.
Also, für misch han die Esoteriker ne Ratsch im Kappes, ja. – Marieschen, wie isset dir?
MARIECHEN Och, jet besser. Isch han mir bestimmt dä Maren verrenkt von dä Hummer.
KÄPTN Aha! Kragenbär, Kulturdezernent! Habt ihr auch Hummer gegessen?
KULTURDEZERNENT Drei Stück. Tut mir leid, Käptn.
KÄPTN Soso. Da haben wir also die Ursache. Killer, nimm dem Mann die Schlinge ab. Keine Widerrede! Alle anderen: abtreten. Du nicht, Helge. Du kommst in meine Kabine.
HELGE Aber ich ...
KÄPTN Sofort!

YOSHI Puh! Ich dachte wirklich, die ganze Mannschaft würde dahingerafft.
PETER Naja, zumindest Ingo hätte es ja fast erwischt.
YOSHI Er hätte die Leute gar nicht auf diese esoterischen Ideen bringen sollen. An dem ganzen Ärger war er wirklich selber schuld.
PETER Ich wollte sowieso noch mal zum Schuldkomplex kommen; das interessiert mich doch sehr. Angenommen, X wird von einem Auto angefahren. Nach dem Prinzip 'Es gibt keinen Zufall – alles hat einen höheren Sinn' gilt: 'Das konnte X nur passieren, weil er dafür reif war'. Wer an die esoterische Weltsicht glaubt, wird zumindest bei jedem einschneidenden Ereignis nach dem höheren Sinn, der auf den ersten Blick nicht zu erkennen ist, fahnden und sich immer tiefer in die spiritualistische Innenschau und Schuldzuschreibung an sich selbst verstricken 'Krankheit muß etwas mit Schuld zu tun haben'. *Jeder Kranke spürt in seinem Inneren, daß das Kranksein mit ihm etwas zu tun haben muß, spürt etwas von*

Schuld. Nebenbei bemerkt: die verbreitete Ansicht 'Alle Krankheiten haben letztlich seelische Ursachen' paßt perfekt zur esoterischen Lehre!

YOSHI Und die Reinkarnationslehre erlaubt es, sich selbst die Schuld an jedem beliebigen Ereignis zuzuschreiben, z.B. nach dem Prinzip 'Das ist die Strafe für ein in einem früheren Leben begangenes Vergehen'.

PETER Die Kehrseite der Schuldprojektionen ist, daß X immer stärker von dem *großen Arzt-Eingeweihten* abhängig wird. Und die Erzeugung solcher Abhängigkeitsverhältnisse ist vielleicht der geheime profane Sinn des ganzen Unternehmens.

YOSHI Du hast recht ... Die Esoterik will, daß *der Mensch lernt, alles, was ihm geschieht, nach seiner Sinnhaftigkeit zu hinterfragen. Bei allem, was dem Menschen widerfährt, sollte er sich sofort fragen: 'Warum geschieht gerade mir, gerade jetzt, gerade dies?'*

PETER Tja, die Konsequenzen sind absehbar. Wer einmal an das Sinn-Prinzip glaubt, wird über kurz oder lang glauben, jede Kleinigkeit – das Herunterfallen des Zahnputzbechers usw. – einer Interpretation im Lichte des Sinn-Prinzips unterziehen zu müssen. Die gesamte Lebensenergie wird schließlich in die spiritualistische Innenschau investiert, also vom produktiven Lebensvollzug abgezogen.

YOSHI Und diese arm gewordene Existenzform stellt sich selbstredend als 'höhere' Daseinsweise dar. 'Im Unterschied zu euch bin ich fähig, die Sinnhaftigkeit der Ereignisse zu erkennen'. 'Du schläfst noch, während ich bereits erwacht bin' usw.

PETER Noch ein letzter Schlenker zur spiritualistischen Interpretationskunst. 'Wenn mir X (z.B. ein Unfall) passiert, so muß ich für X reif gewesen sein' – durch diesen Grundsatz der Ereignis-Interpretation kann ich mich mit jedem beliebigen Ereignis aussöhnen. *Man versuche die Sinnhaftigkeit des Geschehens zu begreifen, um so langsam dafür dankbar zu werden, daß alles so war, wie es war.*

YOSHI Auf der anderen Seite gilt: 'Wenn ich für X reif bin, werde ich X auch bekommen'. *Es genügt, daß man etwas wirklich braucht, und man wird es bekommen.* Alle auftretenden Probleme werden nun wie durch einen Zauberschlag lösbar. Angenommen, ich brauche einen bestimmten Kontakt. Bekomme ich ihn, so gilt 'Ich war ja auch reif dafür'; bekomme ich ihn nicht, so gilt 'Tja, leider war ich wohl noch nicht reif dafür – ich habe den Kontakt wohl nicht wirklich gebraucht, denn sonst hätte ich ihn ja bekommen müssen!

PETER In psychologischer Perspektive erscheint uns der Esoteriker als Sonderfall des schwachen Menschen, der durch die totale Angst vor dem Zufall geprägt ist. *Bereits beim ersten zufälligen Ereignis* – so heißt es nicht zufällig bei Dethlefsen – *würde unsere Welt aufhören zu existieren.* Zur Angstbewältigung wird eine Interpretationsmethode ersonnen, die es gestattet, jedes Zufallsmoment perfekt wegzuinterpretieren. Dadurch wird freilich nicht verhindert, daß die Angst und speziell die Zufallsangst aus allen Poren des esoterischen Denksystems dringt.
YOSHI Bewundernswert erfaßt. Wir sollten ein Fazit formulieren.
PETER Ich bitte darum.

1) Durch den Reinkarnationsgedanken werden die Menschen mit ihrem Lebensschicksal ausgesöhnt.
2) Dethlefsen will von der Reinkarnationslehre aus ein vertieftes Verständnis der Astrologie gewinnen.
3) Die Astrologie ist möglicherweise eine sich selbst mißverstehende Alltagspsychologie.
4) Die Unterscheidung zwischen Krankheiten und Kranksein ist bei Dethlefsen von vornherein spiritualistisch gefärbt.
5) Während eine Erweiterung der modernen Medizin durch die Homöopathie durchaus denkbar ist, will Dethlefsen auf eine spiritualistisch-gnostische Homöopathie hinaus.
6) Die Annahme, 'Alles hat einen höheren Sinn' führt zu einem religiösen Schuldkomplex und zum totalen Desinteresse an der äußeren Lebenswirklichkeit. Die gesamte Energie wird in die innere Sinn- und Schuld-Suche investiert.

Mit klopfendem Herzen und einem mulmigen Gefühl im Magen folgte ich Käptn Blåsengrøn in die Kapitänskajüte, nichtsdestotrotz entschlossen, ihm endlich all die Fragen zu stellen, die mich beschäftigten. Wieso war er Pirat geworden? Was war das für eine merkwürdige Mannschaft? Was hatte es mit dem Snark auf sich? Wo kam das Schiff her? Wo fuhr es hin? Würde er uns je freilassen? Doch wie sollte ich beginnen ...?

HELGE Ähem, Käptn, ich hätte da ...
KÄPTN Setz dich. Du willst bestimmt wissen, wieso ich Pirat geworden bin, was? Also, es war vor einhundertdreißig Grösen, ...
HELGE Entschuldigung, *Grösen?*
KÄPTN Ach, das kannst du ja nicht wissen. Wir haben hier unsere eigene Zeit- und Entfernungsmaßstäbe. Auf der Suche nach dem Snark und nach Utopia nützen dir Grade, Minuten und Sekunden wenig. Es funktioniert so: Nehmen wir mal an, das Meer ist in 73 Sektoren aufgeteilt. Sag eine Zahl zwischen 1 und 73.
HELGE Neunundfünfzig.
KÄPTN Sehr schön. Utopia liegt also in Sektor 59. Bei voller Kraft voraus schafft dieses Schiff 23 Manicks, d.h. wir müßten ungefähr am ... laß mich kurz rechnen ... am 40. Ganunk dort sein.
HELGE Gut, aber woher wissen wir, wann der 40. Ganunk ist?
KÄPTN Ich bitte dich, das ist doch wirklich einfach! Heute haben wir den fünfeinhalbsten Flobanz, es dauert also noch gut siebenunddreißig Grösen bis der Velander anfängt. Und nach dem Velander kommt?
HELGE Der Ganunk?
KÄPTN Du hast es begriffen.
HELGE Eigentlich ganz einfach.
KÄPTN Siehst du. Nun, als wir also vor hundertdreißig Grösen von Hammerfest aus in See stachen, bestand meine Mannschaft noch aus liebenswerten Schizophrenen auf der Suche nach einer besseren Welt. Wir schipperten auf unserem Dampfer durchs Nordmeer, wechselten dann und wann die Identitäten und waren zufrieden – bis ich meinen Freunden irgendwann dieses Lewis Carroll-Buch vorlas, um die abendliche Langeweile zu vertreiben. Tja, und *Die Jagd nach dem Snark* hat sie so elektrisiert, daß sie in die Figuren hineingeschlüpft sind und jetzt unbedingt den Snark finden wollen. 'Er zeigt dir den Weg nach Utopia/Doch birgt er auch viele Gefahren'.
HELGE Du meinst ... den Boojum?

KÄPTN Richtig. Wenn wir den Snark finden sollten, kann es sein, daß er sich als Boojum entpuppt. Und dann gnade uns Gott. – Nun, jedenfalls war der alte Walfänger, auf dem wir in See gestochen waren, nicht mehr standesgemäß, und zufällig lief uns ein paar Tage später dieser wunderbare Dreimaster vor die Harpune. An Bord nur ein paar Models und Werbeleute, und der Laderaum voller Bier. Wir haben diese wunderbaren, smaragdgrünen Segel gehißt und los ging's!
HELGE Und jetzt sucht ihr den Snark.
KÄPTN Richtig. Und zum Zeitvertreib plündern wir Schiffe. Und vervollständigen unsere Mannschaft. Meister Reichstein und seine Frau haben wir von einem Butterfahrtkutter gekidnappt; er ist ein wahrer Künstler im Innenausbau. Dich wollte ich fragen, ob du unsere Abenteuer aufschreibst, als Chronist.
HELGE Oh. Natürlich, ist mir eine Ehre.
KÄPTN Na prima. Das war's schon. Ich lasse dich rufen, sollten wir den Snark sichten.

YOSHI Also, das ist mir entschieden zu abgefahren. Glaubst du, das Ganze ist ein Gag?
PETER Denke ich nicht. Ich traue Blåsengrøn alles zu, und so einen hanebüchenen Irrsinn kann sich unser schlichter Chronist nun wirklich nicht ausgedacht haben.
YOSHI Da hast du allerdings recht.

Einige Grösen vergingen, und wir gewöhnten uns notgedrungen an das Leben auf einem Piratenschiff. zusammen mit der Mannschaft schauten wir nach dem sagenhaften Snark aus, ohne eine Ahnung zu haben, wie dieser aussehen sollte. Wir würden ihn schon erkennen, wenn es soweit sei, meinte der Käptn, und so kam es, daß eines Tages ...

KRAGENBÄR Snark voraus! Käptn, ich kann ihn ganz deutlich sehen!
KÄPTN Bist du sicher, Kragenbär? Tatsächlich. Alle Mann an Deck! Wir holen ihn an Bord!

KONTRABASSIST Na, hoffentlich ist es kein Boojum ...

Die Gestalt, die mit zotteligen, langen, grauen Haaren, welche ihre sonnenverbrannte, ausgemergelte Blöße nur notdürftig bedeckte, in einem Einbaum auf uns zugepaddelt kam, war jedoch weder ein Snark noch ein Boojum, wie zumindest den mit mir reisenden Mitglieder der Mythic Tours GmbH schnell klar wurde. Es handelte sich vielmehr um einen alten Bekannten ...

SUSI Herr Kümmelkorn! Was für eine Überraschung!
KRAGENBÄR Was denn, das *ist* gar nicht der Snark?
KONTRABASSIST Dann ist es der Boojum!
SABINE Unsinn, das ist der Schamane Heinrich Kümmelkorn.
KÄPTN Aber nicht *der* Kümmelkorn, Kommilitone von Eliade?
KÜMMELKORN Ach, mein Sohn, das ist schon so lange her. Sie haben nicht zufällig einen Schluck Wasser für mich? Ich habe eine Woche nichts getrunken und bin recht durstig.
KÄPTN Selbstverständlich ... ich glaube es nicht. Heinrich Kümmelkorn. Sie sind Schamane geworden?
INGO Nun, da können Sie in der westlichen Welt durchaus Karriere machen. Im Umkreis der New-Age-Bewegung gibt es ja eine regelrechte Schamanen-Verehrung. Gerade in psychotherapeutischer Hinsicht werden sie zu Vorbildfiguren.
SABINE Tja, geht man von der New-Age-Religion aus, wie wir sie im Anschluß an Spangler und Trevelyan aufgearbeitet haben ...
INGO ... Glaube an eine übersinnliche, höhere Geist-Realität und einen Zugang zu ihr, Glaube, daß der Mensch aus einem unsterblichen Geist und einem sterblichen Körper besteht, Glaube an eine Erziehung der Seele durch mehrere Reinkarnationen, Glaube, daß die Entfremdung vom Göttlichen die Letztursache allen Übels ist usw. ...
SABINE ... geht man also von der New-Age-Religion aus, so ist die Zuwendung zur Tradition des Schamanismus naheliegend und in sich völlig konsequent.

INGO Der Schamane gilt ja als ein Wesen, das die Fähigkeit besitzt, mit den Mächten einer anderen Welt Kontakt aufzunehmen und sie sich dienstbar zu machen. *Es gibt Menschen auf diesem Planeten - seit den Uranfängen unserer Geschichte -, die ein gespaltenes Leben führen und mit beiden Beinen nicht nur fest auf dem Boden dieser Welt stehen, sondern gleichzeitig tief in einer jenseitigen Welt verwurzelt sind. Wir kennen sie als Schamanen, Magier, Heiler, Medizinleute und Orakel. Den schönsten Namen aber, der ihrem Wesen am ehesten entsprechen dürfte, besitzen wir im Deutschen: Zauberer!*
SABINE Kurzum, die Attraktivität des Schamanismus für die New-Age-Religion erklärt sich einfach daraus, daß die Weltauffassung der Schamanen dem Typ der mythisch-religiösen Zwei-Welten-Lehren zugehört – genau dieser Weltauffassungstyp wird aber auch, in etwas veränderter Form, vom New-Age-Denken vertreten.
INGO In der Denkweise des bei vielen Völkern auftretenden Schamanen findet das New-Age-Denken also einen Vorläufer der eigenen Denkweise (und gegen eine derartige 'Ahnenforschung' ist ja, wie wir an anderer Stelle betonten, prinzipiell nichts einzuwenden). Jedenfalls haben Sie eine große Karriere vor sich, solange Sie auf diese Menschenopfer verzichten, Herr Kümmelkorn.
KÜMMELKORN Vielen Dank, zu gütig, meine Lieben. Ich bin aber doch etwas erschöpft nach zwei Wochen Fasten und fünf Tagen ohne Schlaf. Wenn ich mich kurz hinlegen dürfte ...
KÄPTN Aber natürlich. Kranführer, bring ihn in die Gästekoje. Bin gespannt, was er uns zu erzählen hat, wenn er aufwacht. Nicht zu fassen, Heinrich Kümmelkorn ...

Es sollte noch vier Tage dauern, bis Kümmelkorn wieder unter den Lebenden war. Nach und nach kam er zu Kräften und erzählte uns, daß ihn die Maouissuto nach der spektakulären Hubschrauberentführung seiner Opferungskandidaten durch Prof. Blåsenstrøm kurzerhand gefeuert hatten. Seitdem war er auf dem Ozean herumgeirrt, meditierend, sich selbst kasteiend und voller Visionen. Interessant war auch die Verwandlung, die seit dem Auftauchen Kümmelkorns bei Blåsengrøn vor sich ging. Er trug die Augenklappe nicht mehr, ließ sich nicht mehr Käptn nennen, interessierte sich nicht mehr für den Snark – kurz, er schien wieder ganz der vom mythischen Bewußtsein geprägte Wissenschaftler geworden zu sein, der er vor seinem Aufenthalt in der Osloer Klinik für Geisteskrankheiten gewesen war. Nur daß er davon besessen war, alles über den Schamanismus zu lernen.

BLÅSENGRØN Fantastisch. Seht nur, er hat wieder eine Vision.
HELGE Irre. Meinst du, sowas könnte ich auch?
BLÅSENGRØN Unfug. Mit Zusehen und Nachäffen ist es nicht getan. Für Anhänger einer spirituellen Weltsicht ist es völlig unzureichend, wenn die anthropologische oder ethnologische Forschung sich mit einer bloßen Außenbetrachtung und Verhaltensbeschreibung von Schamanen begnügt. *Berühmt sind jene Beobachtungen, die fotografisch genau jede ekstatische Zuckung und tänzerische Gliederverrenkung notieren, ohne je den psychischen Zusammenhang zu begreifen.*
INGO Stimmt. Auch wir halten es für unerläßlich, die innere Erlebniswelt und die Denkweise des Schamanen zu rekonstruieren. Die Außenbeobachtung genügt nicht.
SABINE Die *neue Schamanenforschung* mit spiritualistischem Hintergrund geht jedoch noch einen Schritt weiter – sie identifiziert sich, zumindest in den Grundzügen, mit der schamanistischen Weltauffassung. Motto: 'Forschen durch Lernen, durch Selbstergriffenheit'.
BLÅSENGRØN Richtig. Genau das habe ich vor.
SABINE Nun, hier scheiden sich wieder unsere Wege. Auch wir schließen nicht aus, daß wir von den Schamamen in dieser oder jener Hinsicht etwas lernen können, doch unter 'Lernen' verstehen wir dabei das Einfügen gewisser Einsichten und Praktiken in einen naturalistischen Bezugsrahmen ...

INGO ... während die New-Age-Leute daran interessiert sind, in einem supranaturalistisch-spiritualistischen Bezugsrahmen die direkte Schamanen-Nachfolge anzutreten. 'Die Schamanen haben einen Draht zur höheren Realität – von ihnen können wir lernen, selbst einen Zugang zur Welt des Geistes zu finden'. *Schamanen betreten im alternativen Bewußtseinszustand eine Parallelwelt von ebenso großer Wirklichkeit wie die unsere, und die Geschehnisse dort haben eine solche Tragweite, daß sie in unserem 'Schwingungsbereich' unmittelbare Auswirkungen zeitigen, die der Alltagsverstand gemeinhin mit dem Vermerk geheimnisvoll, mythisch, parapsychologisch oder okkult versieht. Hinter all diesen Beschilderungen verbergen sich jedoch nur die Fabeln eines einfältigen Intellekts, mangelnde Empirie und bares Unverständnis der Wirkungsweise der Psyche.*

YOSHI Es ist unglaublich. *Blåsengrøn* läßt sich von *Kümmelkorn* im Schamanismus unterweisen. Das ist doch an den Haaren herbeigezogen!
PETER Wir haben schon Unwahrscheinlicheres erlebt. Ich erinnere dich nur an unsere kleine Vatikanreise. Nun, wie dem auch sei, wir sind hier an einem Punkt angelangt, der für die Argumentationsstrategie des New-Age-Denkens von zentraler Bedeutung ist. Mit dieser Position ist ja der Anspruch auf höheres Wissen unauflöslich verknüpft. 'Wir haben Zugang zur höheren Realität, während ihr blind für diese Dimension seid'.
YOSHI Auf den Schamanen bezogen bedeutet das: 'Der Schamane betritt in alternativen Bewußtseinszuständen die höhere Realität; die herkömmlichen Erforscher der Schamanen sind blind für diese Dimension – als Verfechter des Normalbewußtseinszustandes müssen sie daher die Schamanen fundamental verkennen'.
PETER Suggeriert wird: 'Andere Bewußtseinszustände als die des Normalbewußtseins können nur von spiritualistischen Positionen aus gewürdigt werden'.
YOSHI Und das trifft nicht zu. Daß es besondere Bewußtseinszustände – wie etwa die Trance – gibt, ist unbestritten. De facto schlägt die spirituelle Weltsicht nur eine von mehreren möglichen Deutungen vor, nämlich die folgende: 'Besondere Bewußtseins-

zustände sind mit dem Übergang von der niederen, sinnlichen zur höheren, geistigen Realität in Zusammenhang zu bringen'.

PETER Wir neigen demgegenüber zu der Annahme, daß sich zumindest in einigen dieser Bewußtseinsformen die Tendenz zur scheinhaften Entlastung vom Realitätsdruck durchsetzt. Demnach handelt es sich nicht um ein tatsächliches Eindringen in andersartige Daseinsräume, sondern um die psychische Hervorbringung des Phantasmas 'höhere Realität', wobei die höhere Realität stets eine ist, in der dieser oder jener Realitätsdruck (Sterblichkeit, Leidanfälligkeit usw.) nicht existiert.

YOSHI Und wir nehmen an, daß die dabei wirksamen psychischen Mechanismen zum Grundinventar des menschlichen Weltbildapparates gehören. Daß bestimmte Vorstellungen von höheren Welten auf der ganzen Welt auftreten, führen wir auf die grundsätzliche Illusionsanfälligkeit des menschlichen Denkens zurück ...

PETER ... nicht aber, wie die Spiritualisten es tun, darauf, daß es sich um 'ewige Wahrheiten' handelt. Im Sinne von: *Ohne vorherige Absprache, ohne gegenseitige Kontakte kamen einzelne Individuen in allen Völkern zu gleichen Beschreibungen der Struktur und Funktionsweise der menschlichen Psyche.* Sie betonen: *Um Einblicke in diese quasimaterielle, transpsychische Sphäre zu erhalten, ist die Transformation des Bewußtseins, seine Entleerung von anerzogenen Verhaltensmustern und Normen unerläßlich.*

YOSHI Der Unterschied läßt sich recht gut anhand derjenigen Bewußtseinszustände verdeutlichen, die Visionen genannt werden. Ich wüßte gern, was das Tagebuch über Kümmelkorns Visionen sagt. Lies weiter, ja?

Es war tiefste, windstille Nacht. Im Sternenlicht saß der Schamane Kümmelkorn mit gekreuzten Beinen vor uns und begann, mit kehliger Stimme archaische Weisen vor sich hin zu brummeln. Unterbrochen wurden die simplen, rauhen Melodien immer wieder von Worten in einer fremden Sprache, die mal mit der Stimme eines Kindes, mal mit der einer jungen Frau gesprochen zu werden schienen.

BLÅSENGRØN Da! Er nimmt Kontakt zu den Geistern auf!
HELGE Meinst du wirklich?
BLÅSENGRØN Ja doch! Siehst du nicht, wie losgelöst und glücklich er ist?
SABINE Na ja. Ich bestreite nicht, daß diese Bewußtseinszustände Zuversicht, Sicherheit im Glauben und die Gewißheit der Existenz einer höherstrukturierten Welt geben. Ich bestreite allerdings sehr wohl, daß tatsächlich ein Kontakt zu nicht-humanen höheren Wesen hergestellt wird, und ich bestreite somit auch den Erkenntniswert von Visionen. Spiritualisten sehen dies naturgemäß völlig anders.
BLÅSENGRØN Das tun wir in der Tat. *Visionen geben nicht nur Aufschlüsse über kommende Ereignisse, räumen mit unserer Unklarheit über gesellschaftliche und persönliche Fragen auf, sie führen darüber hinaus zu einer Energieübertragung, geben Anweisungen, was heilsam wirkt, übermitteln geistige Machtgegenstände, enthüllen deren Verstecke oder geleiten den Seher zur Erleuchtung.*
SABINE Also, aus unserer Sicht ist die systematische Herabsetzung der Funktionstüchtigkeit des Körpers – durch Schock, Angst, Hungern, Dürsten, Einsamkeit, Beten oder endlose Wiederholung einer beliebigen Handlung – nicht ein Weg, um wirklich Kontakt mit einer höherstrukturierten Welt zu bekommen. Es ist vielmehr ein Weg, um die im menschlichen Weltbildapparat eingebaute Illusionsmaschine völlig unabhängig von jeder Realitätskontrolle, mit der das 'gewöhnliche Denken' ja immer auch zu tun hat, arbeiten zu lassen. In diesem Sinne gilt in der Tat: *Rein sein heißt frei sein vom Strom des gewöhnlichen Denkens.*
BLÅSENGRØN Da! Habt ihr das gesehen?
HELGE Was denn?
BLÅSENGRØN Er ist ganz kurz geschwebt! Ich hab es deutlich gesehen! Oh, Meister!

Blåsengrøn hat die Kontrolle verloren. Er schwankt hin und her zwischen euphorischen Momenten, wenn er wieder eine Meditationstechnik gelernt hat, und tiefer Depression, wenn er sich vor Augen führt, daß man zum Schamanen

geboren sein muß. Jedenfalls kümmert er sich nicht mehr um die Geschicke des Schiffes, und so haben der Killer und der Kurpfuscher sich sämtlicher Musketen und des Schlüssels zur Pulverkammer bemächtigt. Die Meuterei ist da, und wenn diese Verrückten nicht bald ihren Snark finden, oder wenigstens den Boojum, werden sie uns alle ins Verderben stürzen. Gerade haben sie einen Hafen angesteuert, um Proviant und Wasser zu laden, und uns vorsorglich schon in den Kajüten eingesperrt, damit niemand an Land fliehen kann. Wenn sie den Snark finden, sagen sie, werden wir ihnen dankbar sein. Wenn nicht, würden wir gemeinsam untergehen.
Ich werfe das Buch jetzt ins Meer und hoffe, daß es dich erreicht. Leb wohl.*

YOSHI Das war's?
PETER Das war's. Hier brechen die Aufzeichnungen ab.
YOSHI Nein! Und wir wissen nicht mal, wo sie stecken. Mit Ganunks, Grösen und Velandern können wir nicht viel anfangen ... Moment. zeig mir noch mal den Brief aus Ostfriesland. Wenn Hein Spökendiek das Buch gestern in seinem Netz hatte ...
PETER ... aber gar nicht aus dem Hafen ausgelaufen ist ...
YOSHI ... dann muß das Schiff mit smaragdgrünen Segeln in Greetsiel gewesen sein!

Und so unternimmt Dr. Nakamura, trotz seiner kürzlich entwickelten Abneigung gegen das Reisen, mit Prof. Tepe die Fahrt nach Norddeutschland, fest entschlossen, die Freunde aus den Klauen der durchgeknallten schizophrenen Piraten zu befreien. Jede Minute zählt, da das von einer Bremer Brauerei bereits vermißt gemeldete Piratenschiff sich gewiß nicht lange im Hafen aufgehalten hat.
Um so ärgerlicher, daß der betagte Mercedes des Professors bereits hinter dem Kreuz Wuppertal Nord seinen Geist aufgibt.

PETER Verdammt! Und jetzt?

YOSHI Na, wenigstens hab ich mein Handy dabei. Stell das Warndreieck auf. Ich ruf den ADAC an, und dann können wir nur noch warten. Wir haben ja leider keinen Kümmelkorn dabei, der uns mit Psychokinese auf die A 1 bugsiert.

PETER Tja, schön wär's. Übrigens schon merkwürdig, daß der alte Blåsengrøn tatsächlich glaubt, ein Schamane werden zu können, nicht?

YOSHI Stimmt, er sollte wirklich mehr über den Berufungsweg des Schamanen wissen. Wie war das ... *Krankheit, extremes, charakteristischerweise nicht diagnostizierbares Leiden bis hin zu Formen der Schizophrenie und Epilepsie wurden beobachtet. Schon bei der Entwicklung des Kindes kündigen sich die Berufungsleiden des zukünftigen Schamanen an.* Das Kind kam häufig schon unter ungewöhnlichen Umständen zur Welt; *es gibt sich schüchtern, überempfindlich und egozentrisch und ist schon in frühen Jahren telepathisch, hellseherisch oder psychokinetisch veranlagt.*

PETER Das kann man ja durchaus unterschiedlich interpretieren. Interpretation A (die spiritualistische) neigt, was die Entwicklung des zukünftigen Schamanen anbelangt, zu folgender Einschätzung: 'Die ungewöhnlichen Umstände der Geburt, die abweichenden Verhaltensweisen und die spezifische Veranlagung, die das Kind hat – all das sind verläßliche Anzeichen seiner Bestimmung, die Verbindung zur höheren Realität herzustellen'. 'Das Kind ist von höheren Mächten ausersehen'.

YOSHI Interpretation B (die naturalistische) hingegen geht etwa so: 'Im Rahmen mythischen Denkens, für das die Annahme einer höheren Realität grundlegend ist, wird geglaubt, daß es Menschen gibt, die dazu bestimmt sind, die Verbindung zur göttlichen Realität zu sichern. Daraus entsteht das Problem, wie man diese ausgezeichneten Wesen erkennen kann. Und die Antwort drängt sich auf: Man erkennt sie daran, daß sie anders sind als die anderen. Die künftigen Schamanen werden aus dieser Gruppe rekrutiert, d.h. ungewöhnliche Umstände bei der Geburt z.B. werden als relevanter Hinweis interpretiert'.

PETER Und was ist mit telepathischen und anderen Fähigkeiten?

YOSHI Interpretation B schließt nicht von vornherein aus, daß es Fähigkeiten gibt, die dem Normalbewußtsein abgehen. Hier müssen zunächst nüchtern und mit den bewährten wissenschaftlichen Mitteln die Tatsachen geprüft werden.

PETER Wäre die Existenz etwa der Telepathie auf diesem Wege hinlänglich gesichert, so würde Interpretation B sie als natürliche Fähigkeit deuten ...

YOSHI ... während Interpretation A sie als über-natürliche Fähigkeit auffassen würde: 'X ist von den höheren Mächten ausersehen'.

PETER *Irgendwann in der Reifezeit, oft auch erst im Alter bricht das Nervensystem zusammen: untypische Krankheitsbilder entstehen und das Leiden scheint unheilbar. Diese Menschen werden zunächst für geistig gestört oder verrückt gehalten, gleichzeitig aber auch verehrt – denn man hofft trotzdem, hier handle es sich um einen zukünftigen großen Schamanen. Ob es sich um eine gewöhnliche Störung oder die sakrale Berufung handelt, diagnostizieren schließlich Medizinleute, und sie allein sind in der Lage, den Gang des Transformationsgeschehens aufzuhalten, sobald ihnen die Familie des Kindes oder der Berufene selbst den Auftrag dazu erteilt.*

YOSHI Während Interpretation A selbst an sakrale Berufung glaubt, hebt B hervor, daß es für das mythisch-religiöse Denken naheliegend ist, psychische Erkrankung mit sakraler Berufung in Verbindung zu bringen. *Tatsächlich handelt es sich bei der Krise des Schamanen nur vordergründig um Krankheit, die Ausdruck einer nicht näher bestimmbaren Umstellung auf allen Ebenen des Organismus ist. Die uns bekannte logische Schichtung des Weltgeschehens ist für den Schamanen nach überwundener Leidenszeit nur noch von bedingter Bedeutung: Sein biologisches Reaktionsvermögen ist jetzt erhöht, und er nimmt unterschwellig unsichtbare Vorgänge im Umkreis des eigenen Körpers und in großer Entfernung wahr, denn die Durchsichtigkeit der Welt ist ihm zur zweiten Natur geworden. Seherisch 'röntgt' er andere Menschen und überspringt die Raum-Zeitbarriere. Krankheit und Leidensdruck formten ihn zu einem Übermenschen. Erhöhung der Empfindsamkeit der Psyche und die Fähigkeit, die eigenen biochemischen Vorgänge zu beeinflussen, das sind Ursprünge seiner Kräfte.*

PETER Für Interpretation B gilt wiederum: Es ist nüchtern zu prüfen, was der Schamane tatsächlich vermag. 'Erhöhung der Empfindsamkeit der Psyche' und 'Fähigkeit, die eigenen biochemischen Vorgänge zu beeinflussen' sind hier gewiß weniger problematisch als die Fähigkeit, unsichtbare Vorgänge in großer Entfernung wahrzunehmen.

YOSHI Während der Schamane für A wirklich ein 'Übermensch' ist, der die Raum-Zeitbarriere zu überspringen vermag, ist er für B ein durch Krankheit und Leidensdruck zu einem herausragenden Individuum geformter Mensch, der imstande ist, das Phantasma 'höhere Realität' nach Belieben zu erzeugen und von den Früchten dieser 'anderen Welten' zu naschen.

PETER *Der Schamane mit seiner hochgezüchteten und sensibilisierten Psychophysiologie ist der Inbegriff eines neuen, geistig freien Menschentyps. Da die Auserwählten nach der Berufung erstaunlich weltoffen, realistisch und ichstark werden und die Zunahme psychischer Kräfte offenbar auch zu größerer Ichautonomie und Ausheilung von Neurosen, uralten Charakterschwächen und seelischer Unausgeglichenheit führt, dürfen wir in der Schamanenkrankheit und ihrer Überwindung eine ungewöhnliche Form psychischer Selbstheilung erblicken. Unsere moderne Psychologie und Medizin haben die Brisanz schamanischer Selbsttherapie noch nicht entdeckt: Krankheit führt zu Gesundheit, Irresein zu seelischem Wohlbefinden, zu Spannkraft und im wirklichen Sinne zu erweiterter Weltsicht und Selbsterkenntnis.*

YOSHI Das ist ein auch für Interpretation B wichtiger Punkt. B befürwortet das Bestreben, 'alte' Formen psychischer Selbstheilung in die moderne Psychologie und Medizin zu integrieren, insbesondere dann, wenn sich zeigen läßt, daß sie zu größerer Ichautonomie und seelischer Ausgeglichenheit führen. Und dem Gedanken, daß diejenigen, die sich selbst geheilt haben, möglicherweise besonders befähigt sind, andere zu heilen, steht B ebenfalls positiv gegenüber.

PETER Der Hauptunterschied zu Interpretation A bleibt jedoch, daß A auch dort, wo er die Folgen der psychischen Selbstheilung beschreibt, an eine spirituelle Weltsicht gebunden bleibt. Das aber heißt: A strebt nicht, wie B, bloß die Erweiterung der modernen Psychologie und Medizin an, sondern ihre spiritualistische Umformung.

YOSHI Das bekannte Muster. Dieser Hintergrund tritt in den Ausführungen zu den schamanischen Einweihungsmethoden wieder stärker hervor. *Oft leiten Geister diesen Vorgang ein, wollen sie einen der ihren zum Nachfolger eines verstorbenen Schamanen bestimmen. Der Auserwählte erkrankt, reist, von Schmerzen aus seinem Körper getrieben, in die Geisterwelt, wo ihn die Jenseitigen aufklären über das Verhältnis von Ursache und Wirkung im irdischen Dasein, das eigentlich nur als ein von der anderen Welt inszeniertes Marionettentheater zu verstehen ist. Darüber hinaus existieren psychologische Techniken, die die geistigen Gewohnheitsstrukturen umkrempeln helfen. Wesentlich ist dabei, den Körper durch extremes Fasten, durch alle mögliche Formen von Schock - durch Erdrosseln, Ersticken, Ertränken, Blutlassen, Schmerzen, Angst und Erregung – an den Rand des Todes zu führen.*

PETER Ich erinnere mich; Kümmelkorn sagte ja, daß er zwei Wochen nichts gegessen habe, während er in seinem Einbaum unterwegs war. Nun, die Vorstellungen von der Reise in die Geisterwelt usw. passen natürlich perfekt zur New-Age-Religion. Auch dort glaubt man an eine feinstoffliche Seele, mit der wir durch geistige Seinsräume fliegen können, und an eine andere Welt, die gewissermaßen Urform allen Seins ist. *Für die moderne Welt, für die kein Überleben des Todes in geistiger Form und keine Wiedergeburt existiert, ist die schamanische Vorstellung eines unmittelbaren Fühlungnehmens zu den Wesen zwischen Diesseits und Jenseits unannehmbar. Daher tun wir uns so schwer, Hilfsgeister, die jeder Schamane sein eigen nennt, anzuerkennen. Hilfsgeister mögen verstorbene Verwandte, Geisttiere sowie nicht genau bestimmbare Entitäten sein. Auf jeden Fall gilt im schamanischen Kosmos die jenseitige Welt als Urmatrix der festen Materie: Sie besteht aus dem, was nach dem Verfall des Körpers übrigbleibt – dem Geist; hier ist die wirkliche Heimat des Schamanen.*

YOSHI Diese Linie will Interpretation B gerade nicht fortsetzen. Und sie wird auch die Neigung zur Anwendung brutaler Schocktherapien, die eben deutlich wurde, bedenklich finden. Im Rahmen der spiritualistischen Sichtweise hat dies eine innere Logik: 'Wenn du fähig werden willst, in die Geisterwelt zu reisen, müssen die auf die irdische Welt zugeschnittenen Gewohnheitsstrukturen völlig umgekrempelt werden'.

PETER Und dann liegt der Gedanke gewiß nicht fern, diese Umkehrung sei dadurch erreichbar, daß man den Körper durch Formen von Schock an den Rand des Todes führe. Oder – eine andere Variante, die dem New-Age-Denken ebenfalls geläufig ist – durch 'bewußtseinserweiternde' Drogen wie LSD. Drogen als Zugang zur höheren Realität. ich erinnere nur an Cannabis, Klangschalen und gebatikte T-Shirts.

YOSHI Einer zukünftigen Psychotherapie, die Interpretation A folgt und an diese Einweihungsmethoden anknüpft, stehen wir höchst reserviert gegenüber. Eine weitere Kostprobe: *Es gibt unterschiedliche Formen der Schamanenweihe. Besonders drastisch ist es, von einem Blitz getroffen zu werden. Überlebt der Getroffene die Zufuhr des hohen Energiepotentials, macht sich in ihm bald ein augenfälliger Wesenswandel bemerkbar. Dem Tod entronnen und nach Phasen geistiger Verwirrung, erkennt er schließlich die Welt der Geister oder des Geistes. Die wissenschaftliche Erklärung für diese archaische Form der Elektroschocktherapie steht noch aus, vielleicht wird aber auch sie einmal zum Repertoire einer zukünftigen Psychotherapie gehören.*

PETER Eine solche Psychotherapie scheint von einer Gehirnwäsche nicht weit entfernt zu sein. Sie verfolgt das Ziel, mit der *menschlichen Verfangenheit in Egostrukturen total zu brechen, um zur hinter der sichtbaren Welt liegenden Urformenwelt* vorzudringen.

YOSHI Interpretation B hingegen strebt gerade nicht die radikale Entwöhnung von den Formen des Alltagslebens an, um die Heilige Natur oder Übernatur zu erreichen, sondern die Veränderung der Formen des Alltagslebens, z.B. im Sinne der Zunahme der Ichautonomie. Das alleinige Streben nach Erlösung aus den Fesseln des uns begrenzenden Egos erscheint uns als Bestandteil der religiösen Variante des Hyper-Utopismus.

PETER Halten wir fest: Gegen eine Rückbesinnung der modernen Psychologie und Medizin auf alte Formen der Heilung und Selbstheilung ist prinzipiell nicht nur nichts einzuwenden, sie ist sogar zu begrüßen. Eine Anknüpfung z.B. an den Schamanen ist

jedoch grundsätzlich auf zweierlei Weise möglich: supranaturalistisch und naturalistisch.
YOSHI In die New-Age-Religion fügt sich ein 'orthodoxer' Neo-Schamanismus zwanglos ein. Wir hingegen plädieren für die genaue Untersuchung schamanischer Heilung und Selbstheilung und für die Übernahme geeigneter Elemente in den Kontext naturalistischer Weltauffassung.
PETER Und das ist etwas völlig anderes als das, was die neue Schamanenforschung spiritualistischen Typs will. Hinwendung zur Figur des Schamanen ist nicht gleich Hinwendung zur Figur des Schamanen.
PANNENHELFER So, was haben wir denn für ein Problem?

Das Problem stellt sich als ein sogenannter Kolbenfresser heraus, der eine Weiterfahrt unmöglich macht. Vom Pannenhelfer zur nächsten Werkstatt geschleppt, stehen unsere Freunde rat- und mutlos da, im Wissen, daß jede weitere Verzögerung ihre Chancen, die *Santa Esmeralda* noch zu erwischen, rapide schrumpfen läßt. Ein Mietwagen ist nicht zu bekommen, und sie sind nahe daran, die restlichen fünfhundert Kilometer mit dem Taxi zu fahren, da ...

BLUMENTHAL Entschuldigen Sie die Störung Prof. Tepe ...
PETER Woher kennen ... Ach, Herr Blumenthal! Der Star meines Hauptseminars!
BLUMENTHAL Oh, ich bitte Sie, zuviel der Ehre ...
PETER Nein, nein! Was macht die Hausarbeit über Schamanismus? Kommen Sie voran?
BLUMENTHAL Danke, Herr Professor. Ich versuche gerade, herauszustellen, daß die Schamanendiskussion von allgemeinerer Bedeutung ist als zumeist angenommen. Sie läßt sich meiner Ansicht nach auf eine übergreifende Frage beziehen, die man schlagwortartig so formulieren könnte: 'Wie soll es mit der abendländischen Kultur weitergehen?' Das ist aber ein Zufall, daß wir uns hier treffen.
PETER In der Tat. Aber auch zu dieser Frage gibt es zwei Interpretationsmöglichkeiten, wie Sie wissen. Interpretation A sagt: 'Die westliche Kultur ist letztlich eine Fehlentwicklung, denn sie ist gleichbedeutend mit der radikalen Entfernung vom Göttlichen. Die

Rückkehr zur spirituellen Weltsicht und Lebenspraxis ist der Ausweg aus der Krise'. Folgerichtig wendet sich das New-Age-Denken, das dieser Linie angehört, anderen Kulturen zu, die stark spiritualistisch geprägt sind. Folgerichtig werden auch die spiritualistischen Traditionen im Abendland selbst aufgewertet.
YOSHI Peter, die Zeit drängt ...
PETER Oh, du hast recht. Wir sind leider in Eile, Herr Blumenthal. Aber sagen Sie mal, arbeiten Sie hier?
BLUMENTHAL Das ist die Werkstatt meines Vaters. Sie sehen, Mythosleidenschaft und Schlosserhandwerk schließen sich nicht aus. Kann ich Ihnen irgendwie helfen?
YOSHI Ich fürchte, nein. Es sei denn, Sie hätten zufällig ein Flugzeug im Schuppen stehen. Wir haben schon genug Zeit vertrödelt, Peter. Ich ruf jetzt ein Taxi.
BLUMENTHAL Nun, zufällig habe ich tatsächlich eine kleine Cessna hinterm Haus. Wenn ich Sie irgendwo hinfliegen kann ...?
YOSHI Das glaub ich nicht.
BLUMENTHAL Ich muß nur noch einen kurzen Check-up machen. Wenn Sie mitkommen würden?
PETER Ah. Ein schönes Flugzeug.
YOSHI Nicht mehr ganz jung, oder?
BLUMENTHAL Keine Sorge. Die *Ikarus* ist sehr verläßlich. Würden Sie den Tank füllen, Herr Tepe? Bitte nichts überschwappen lassen. Ich überprüfe derweil die Steuerklappen. Sie hatten eben Interpretation A, also die aus spiritualistischer Sicht dargestellt, wenn ich mich recht erinnere.
PETER Ah ja, richtig. Interpretation B hingegen sagt: 'Die westliche Kultur ist weit davon entfernt, ein grundsätzlicher Fehlschlag zu sein, aber sie bedarf dringend der Revision und Weiterentwicklung. Die Rückbesinnung auf alte Wertüberzeugungen und Praktiken und deren modernisierende Aneignung kann einen Beitrag zur Überwindung der Krise leisten'. Hier wendet man sich anderen Kulturen sowie den verschütteten Traditionen der eigenen Kultur mit einem völlig anderen Interesse zu, als es dort der Fall ist, wo man auf spiritualistische Ahnensuche geht. – So. Der Tank ist voll, Herr Blumenthal.
BLUMENTHAL Ausgezeichnet. Wo soll es denn hingehen?
YOSHI Greetsiel, Ostfriesland.

BLUMENTHAL Na dann – bitte anschnallen!

SPÖKENDIEK Jette! Bissu schon klar mit Krabbenpulen?
JETTE Immer midder Ruhe, so flott gedas nich. Sach ma, hat sich der Professer schon für dein Brief bedankt? Hat ja immerhin sechs Mark Pordo gekostet, das Paket, nich?
SPÖKENDIEK Nee. So'n Professer, der hat ne Menge zu tun, das kanns' aber ma glauben, du. – Was isn überhaupt mit dem Schiff gewesen?
JETTE Wasn für'n Schiff?
SPÖKENDIEK Na, das mit den grünen Segeln, Frau. Ham die ordentlich was gekauft aufn Markt?
JETTE Jau, das kanss aber annehmen. Zehn Zentner Krabben und ne Riesenladung Schiffszwieback. Die wollen bestimmt bis Amerika oder so. Die sollen mit Goldmünzen bezahlt haben, erzählt man sich.
SPÖKENDIEK Nee!
JETTE Doch. Oh, kiek ma, Hein. Das Flugzeug fliegt aber tief.

BLUMENTHAL Greetsiel, Herr Tepe. Ich fürchte, ich kann hier schlecht runtergehen.
PETER Macht nichts. Das Schiff kann noch nicht weit sein. Können wir noch ein Stück aufs Meer raus fliegen?
BLUMENTHAL Gut ... ich hab noch Sprit für eine Stunde. Sagen Sie mal, was mir noch auf dem Herzen liegt ...
PETER Ja, bitte?
BLUMENTHAL Nun, die spiritualistische Weltsicht strebt doch vielfach auch die Überwindung der sogenannten westlichen Denkmechanismen und Verhaltensstile an – *die Befreiung von ihrem zwickenden und einschnürenden Korsett.*
PETER Ah, ich sehe, worauf sie hinauswollen. Dies ist vielleicht der geeignete Ort, um auf einige Fallstricke der Ethnozentrismus-Kritik hinzuweisen. Selbstverständlich gehört es zu den Aufgaben anthropologischer Forschung, das Weltverständnis von Medizinmännern, Heilern, Medien und Yogins zu rekonstruieren. Selbstverständlich muß die ethnozentrische Verfälschung dieses Weltverständnisses, etwa durch unbewußte Projektion von Weltaneignungs-

formen des westlichen Geistes in den Forschungsgegenstand, verhindert werden.

YOSHI Die spiritualistische oder transpersonale Anthropologie will jedoch viel mehr. Sie will letztlich erreichen, daß wir dieses Weltverständnis als 'wahr' anerkennen und somit davon abweichende Weltaneignungsformen des westlichen Geistes ablegen. Dieses Ziel läßt sich jedoch nur dadurch erreichen, daß das im Abendland entwickelte Verständnis von Wissenschaft systematisch als 'Verfälschung der religiösen Wahrheit' diskreditiert wird.

BLUMENTHAL Der Schamanenaufsatz, den ich meiner Arbeit zugrunde gelegt habe, zeigt sehr deutlich diese Tendenz, die Ebene der 'einfachen' Ethnozentrismus-Kritik mit der Ebene der – spiritualistisch begründeten – grundsätzlichen Wissenschaftskritik zu vermengen. Eine ganz andere Wissenschaft soll es sein. *Die tief in der Forschung verankerten und kaum mehr aufzudeckenden Wert- und Denkvorstellungen gehen als apriorische, unreduzierbare oder unanfechtbare Voraussetzungen in jegliches Forschungsvorhaben ein und bleiben wie die unbewußten Selbstverständlichkeiten unserer Kultur von der Anthropologie samt und sonders verschont. Die von der Wissenschaft zusammengetragenen Kenntnisse über den Schamanen verstehen wir daher zunächst nicht als Kenntnisse über ihn selbst, vielmehr als Aussagen über die Weltaneignungsformen des westlichen Geistes.* Was sagen Sie dazu?

PETER Es ist außerordentlich wichtig zu erkennen, daß diese verbreitete Argumentation trickhaft und quasi-mythisch ist. Es ist überhaupt nicht einzusehen, wieso es unmöglich sein sollte, im Rahmen der Weltaneignungsformen des westlichen Geistes verläßliches Wissen über den Schamanen selbst und sein Weltverständnis zu erlangen.

BLUMENTHAL Sie haben Recht! Die Verfasser räumen im übrigen selbst ein, daß jeder Anthropologe das Bestreben fühlt, die eigene Kulturbestimmung vorsichtig abzuwägen und oberflächlichen Projektionen vorzubeugen.

PETER Wenn aber die sogenannte 'westliche Wissenschaft' erstens verläßliches Wissen erlangen kann und wenn sie zweitens zur Selbstkorrektur von Verfälschungen des Gegenstandes, die auf Projektionen zurückzuführen sind, fähig ist, dann muß die generelle Behauptung 'Die westliche Wert- und Denkvorstellungen schließen echte Kenntnisse z.B. über den Schamanen völlig aus' als bodenlos angesehen werden.

YOSHI Tja, aber die Frage ist nun: Was steckt hinter dieser bodenlosen Behauptung?

PETER Die Antwort haben wir bereits skizziert. Die aberwitzige General-These wird, obwohl sie offenkundig unbegründet ist, vertreten, weil eine ganz andere Wissenschaft ...

BLUMENTHAL ... die uns als spiritualistische Pseudo-Wissenschaft erscheint ...

PETER ... angestrebt wird, und weil dieses Projekt an Plausibilität gewinnt, wenn die 'herrschende' Wissenschaft mit einem 'totalen' Ideologieverdacht belegt wird.

YOSHI De facto geht es dem New-Age-Denken denn auch gar nicht darum zu zeigen, daß die von der Wissenschaft zusammengetragenen Kenntnisse über den Schamanen in diesem oder jenem Punkt oder auch grundsätzlich fehlerhaft sind. De facto geht es darum (Stichwort 'andere Wissenschaft'), den in die 'westliche Wissenschaft' eingebauten Identifikationsvorbehalt rückgängig zu machen.

BLUMENTHAL Moment ... Was verstehen Sie unter 'Identifikationsvorbehalt'?

YOSHI Darunter verstehen wir folgendes: Dort, wo es um Denkweisen, Weltauffassungen geht, verfolgt Wissenschaft unter anderem das Ziel, diese Gegebenheiten zu rekonstruieren, ihre Eigenlogik zu erfassen usw. Eine Weltauffassung kann man jedoch *rekonstruieren*, ohne sich mit ihr *identifizieren* zu müssen. Die Identifikation oder Nicht-Identifikation mit einer Weltauffassung ist keine im strikten Sinne wissenschaftliche Angelegenheit.

PETER Wenn wir die fragliche Denkweise letztlich ablehnen, so bewegen wir uns nicht mehr auf der Ebene wissenschaftlicher Rekonstruktion, sondern auf der Ebene philosophischer Auseinandersetzung. Die Stellungnahmen auf dieser Ebene hängen letztlich davon ab, für welchen 'ontologischen Rahmen' man sich entscheidet.

YOSHI Wenn wir diese Differenzierungen an unseren Schamanentext herantragen, so werden einige Korrekturen fällig.

PETER Erstens: Es trifft nicht zu, daß die 'westliche Wissenschaft' ein Wissenssystem ist, welches nur an sich selbst glaubt. Diese

Kritik übersieht, daß wissenschaftliche Ergebnisse (hier: die Rekonstruktion einer Denkweise) mit unterschiedlichen und gegensätzlichen philosophischen Stellungnahmen vereinbar sind. Sie verwechselt Wissenschaft mit einer bestimmten philosophischen Position, nämlich dem die Wissenschaft verabsolutierenden Szientismus. Nur hinsichtlich des Szientismus ist es auch zulässig, von einer Selbstüberschätzung der Wissenschaft zu sprechen. Eine derartige Grenzüberschreitung liegt z.B. vor, wo postuliert wird 'Nur wissenschaftliche Erkenntnis ist wichtig – unser Innenleben, unser Körper, unsere Träume usw. sind nicht von Belang'.

YOSHI Zweitens: Es trifft nicht zu, daß Begriffe und Denkgesetze abendländischer Wissenschaft schon von vornherein die Möglichkeit paralleler Erkenntnisgesetze denunzieren. Auch diese Kritik übersieht, daß wissenschaftliche Erkenntnis logisch durchaus mit einer spiritualistischen Position vereinbar ist. Und es gibt keinen Grund für die Annahme, fremdartige existentielle Erfahrungen seien von der 'westlichen Wissenschaft' prinzipiell nicht erfaßbar.

PETER Das Gegenkonzept läuft nun nicht etwa auf ein relativistisches Geltenlassen der fremden Weltauffassung hinaus.

YOSHI Oder genauer: Relativistische Argumente werden gern aufgegriffen, sofern sie sich gegen die 'westliche Wissenschaft' ins Feld führen lassen. Letztlich ist es jedoch um die Etablierung eines neuen Kulturabsolutismus spiritualistischer Art zu tun.

BLUMENTHAL Es wird von einem völligen Einklang zwischen spiritualistischem Glauben und wissenschaftlichem Wissen geträumt, richtig? Der Glaube ist 'wahr', und die Wissenschaft 'beweist' das.

PETER So ist es. Wir sagten schon mehrfach, daß diese Position, die die Eigenart wissenschaftlichen Denkens verkennt, letztlich auf die Liquidierung einer unabhängigen Wissenschaft und ihre Verwandlung in eine Unterabteilung des religiösen Propagandaministeriums hinausläuft.

BLUMENTHAL Auch diese Tendenz kommt in dem Schamanenaufsatz zum Ausdruck. *Nur das Aufgeben der Kritik, des rationalen, logisch determinierten Forschens und das Ablassen vom bewußten Wollen geben uns Hoffnung. Der erste Schritt zur rigorosen Kritik an den Denkfesten westlicher Zivilisation ist die Preisgabe der Kritik.*

YOSHI Für eine dem Schamanismus nahestehende New-Age-Religion gilt: 'Identifiziere dich mit dem Schamanen, folge seinen Weisungen, gib jede Art von kritischer Reserve auf – dann wirst du erkennen, daß er die Wahrheit weiß'.
PETER Wir bestreiten keineswegs, daß die intime Vertrautheit mit dem Schamanentum für die wissenschaftliche Erkenntnis des Schamanismus unerläßlich ist. Die weitergehende These 'Nur wer selbst versucht hat, zum Schamanen zu werden, kann den Schamanen wissenschaftlich erkennen' lehnen wir jedoch ab, da sie darauf hinausläuft, den Schamanen im vorhinein als Verkünder 'absoluter' Wahrheit zu akzeptieren.
YOSHI Peter, ich seh was Grünes! Da, in nordnordöstlicher Richtung!
PETER Tatsächlich. Herr Blumenthal, Kurs Nordnordost.
BLUMENTHAL Aye, Sir.

BLÅSENGRØN (singt) Haaiee oowaiiee ... omma houuiieee ... hömma hömma koiiee ...
HELGE Was macht er da?
SABINE Siehst du das nicht? Er folgt der These 'Nur wer selbst versucht hat, zum Schamanen zu werden, kann den Schamanen wissenschaftlich erkennen'.
INGO Wirklich? Die läuft doch offensichtlich darauf hinaus, den Schamanen im vorhinein als Verkünder 'absoluter' Wahrheit zu akzeptieren!
SABINE Ganz genau. Darüber hinaus halte ich Thesen dieser Art für Versuche, sich gegen Kritik von außen abzuschotten. Wenn nämlich gilt 'Nur wer auf unserer Seite steht, kann uns wirklich verstehen', dann läßt sich jede kritische Analyse bequem abweisen – und zwar ohne sich inhaltlich auf sie einlassen zu müssen. Von der Sache her ist es überhaupt nicht einzusehen, daß man die schamanische Bewußtseinsumstellung selbst erlernen muß (was wiederum eine religiöse Identifikation voraussetzt), um Aussagen über die schamanische Denkweise machen zu können. Ich wüßte wirklich gern, was gerade in seinem Kopf vorgeht.
INGO Tja, das kannst du vergessen. Es gibt da die berühmte rhetorische Frage aus der spirituellen Ecke: *Können wir den Schamanen tatsächlich untersuchen, muß nicht im Gegenteil er die*

Arroganz und Ignoranz der Wissenschaftler seinem seherischen Röntgenblick aussetzen? – Wie kann das Niedere das Höhere beurteilen, wie der Frosch den Menschen einschätzen.

Von hier aus wird übrigens gern ein weiteres Problem angesprochen, das der Bereitschaft zur Drogeneinnahme: Anthropologen untersuchen oft jahrelang einen Stamm, ohne jemals deren psychoaktive Drogen zu probieren, ohne je die psychophysischen, bewußtseinsverändernden Techniken an sich selbst zu erproben; ihnen kommt es nicht in den Sinn, die eigene Psyche als Experimentierfeld zu benutzen. Einer experimentellen Anthropologie dieser Art bedürfen wir aber, damit Schamanenforschung zur wirklichen Forschung wird.

SABINE Also, aus meiner Sicht ist nichts dagegen zu sagen, daß Anthropologen die psychoaktiven Drogen des jeweiligen Stammes zu sich nehmen usw., die Frage ist jedoch, mit welcher Einstellung sie dies tun oder tun sollten. Ein völlig distanzloser, auf religiöser Identifikation beruhender und den direkten Zugang zum 'transpersonalen Reich' erstrebender Umgang mit derartigen Drogen ist für uns eher ein Hindernis als eine Bedingung wirklicher Forschung. Ich bestreite jedoch nicht, daß ein spiritualistisch eingestellter Forscher aufgrund der Weltbild-Verwandtschaft die Schweigsamkeit des Schamanen unter Umständen besser überwinden kann als ein Nicht-Spiritualist, der eventuell durch 'westlichen Verhaltensstil', 'materialistische Skepsis' und dergleichen den Schamanen abschreckt. Doch daraus kann nicht gefolgert werden, daß die Schamanenforschung grundsätzlich auf spiritualistische Prämissen zu verpflichten sei, denn selbstverständlich kann sich auch ein Nicht-Spiritualist, wenn er Informationen über die schamanische Denkweise hat, angemessen verhalten.

REICHSTEIN Wat is dat dann?

KULTURDEZERNENT Was meinst du?

REICHSTEIN Na, da oben. Siehst du et, Mariesche? Wie ne silberne Vogel, der jet falle läßt.

MARIECHEN Igitt.

REICHSTEIN Nää, isch mein, jet jroßes! Dat is bestimmt ...

KURPFUSCHER Der Snark! Er stürzt auf uns herunter! Alarm! Alle Mann an Deck!

HELGE Quatsch, Snark. Das sind zwei Fallschirme. Da, sie haben sich geöffnet. Kommen direkt auf uns zu ...

PETER (schreit) Yoshi!
YOSHI (schreit zurück) Hier, über dir!
PETER (schreit) Wie lenkt man die Dinger?
YOSHI (schreit) Gewichtsverlagerung!
PETER (schreit) Oh. Vielen Dank auch! Falls wir das nicht überleben ...
YOSHI (schreit) Ich weiß schon; ein letztes Fazit! Die Korrektur von Fehlentwicklungen in der Schamanenforschung (Beispiel: Beschränkung auf äußerliche Verhaltensbeschreibung) ist eine gute Sache! Das New-Age-Denken möchte jedoch die Schamanenforschung an die identifikatorische Einstimmung ins Wesen des schamanischen Bewußtseins binden! *Das geistige Universum des Schamanen ist nur erforschbar, wenn wir die Gesetze der transpersonalen Psyche erkennen und annehmen!*
PETER (schreit) Das aber trifft nicht zu! Es handelt sich vielmehr um eine von mehreren Möglichkeiten, sich den Schamanen zu nähern! 'Ihr habt die spirituelle Wahrheit noch, wir im Westen haben sie verloren, und wir kommen als Schüler zu euch, um sie wiederzufinden'!
YOSHI (schreit) Auf einige andere Aspekte des zugrunde gelegten Buches solltest du in einen Kurzvortrag eingehen!
PETER (schreit) Keine Zeit! Mach ich im Anhang! Vorsicht, der Mast!
WASSERSCHUTZPOLIZIST Achtung, Achtung. Hier spricht die Wasserschutzpolizei. Wir fordern Sie umgehend auf, uns Ihr Schiff zu übergeben. Kommen Sie an Deck und heben Sie die Hände gut sichtbar in die Luft. Sie beide da, im Vormast! Das gilt auch für Sie!

Wir schreiben den 15. August. Nun habe ich so lange in Grösen und Manicks gedacht, daß es mir schwerfällt, mich wieder an die wohltuend logischen Alltagsregeln meiner Umwelt zu gewöhnen. Nach unserer Entlassung aus der Untersuchungshaft haben Mutti, Athene und ich erst einmal lange geschlafen, und nun kommen mir die verrückten Geschehnisse auf der Santa Esmeralda schon beinahe wie ein Traum vor. Ja, wäre da nicht der tätowierte Anker auf meinem Oberarm, ich würde nicht glauben, daß all das wirklich passiert ist.

Was mich immer noch quält, ist die eine Frage: Gibt es den glückbringenden, geheimnisvollen Snark wirklich? Und wo liegt Utopia, das Land unserer Träume?

Wir werden es wohl nie erfahren.

Kein Pirat, kein Schamane, und kein Philosoph
Hat jemals die Frage entschieden
Es haben so viele den Snark schon gesucht
Und fanden nicht Ruhe hienieden
Nur der Kranführer und auch der Kontrabassist
Wußten gleich, Ach! es konnte nicht wahr sein
Denn ein Snark ist so scheu wie ein Hase im Wald
Und so selten wie trinkbarer Saarwein.

Anhang

Kurzer Kommentar von Professor Tepe zu Bruchstücken aus diversen Texten des Sammelbandes *Heilung des Wissens*.

1) In einem Aufsatz heißt es: *Der indianische Stamm bereitet sich auf die Behandlung seiner Patienten dadurch vor, daß er jeden Menschen als Einheit sieht, die aus Körper, Geist und Seele besteht, wobei das Spirituelle meist als wichtigster Teil angesehen wird; denn sobald eine Person von Geist erfüllt und in Harmonie mit sich selbst ist, lassen sich Heilungswunder allein durch die Tatsache erzielen, daß ein entsprechend motivierter Körper angehalten wird, sich selbst zu heilen.*
Kommentar. Die Grundidee läßt sich, so scheint es, völlig vom spiritualistischen Rahmen ablösen und in die 'moderne Medizin' integrieren. Wir können den Menschen als Einheit von Körper, Seele und (naturalistisch verstandenem) Geist auffassen und durch geeignete seelisch-geistige Beeinflussung Selbstheilungsprozesse des Körpers begünstigen. Heilung hat offenbar viel mit derartigen Beeinflussungen zu tun. Das aber bedeutet, daß die Weltauffassungsstrukturen bei der Bildung therapeutischer Konzepte zu berücksichtigen sind. Liegt bei einem Individuum, einer Gruppe, einer Kultur eine starke Bindung an spiritualistische Denktraditionen vor, so ist zu erwarten, daß Ärzte, denen es gelingt, diese Glaubenskräfte zu aktivieren, größeren Heilungserfolg als jene haben, die diese Faktoren gleich Null setzen – gleiche fachliche Qualifikation einmal vorausgesetzt. Entsprechendes gilt für nicht-spiritualistische Denktraditionen. Eventuell können wir von den Schamanen einiges lernen, was Techniken seelisch-geistiger Beeinflussung anbelangt.

2) In einem anderen Text wird zwischen dem (spirituellen) Lehrer und dem Wissenschaftler unterschieden. *Meiner Erfahrung nach erscheint der 'gute Wissenschaftler' dem Lehrer als Langweiler, und als solcher hat er nur wenig von der Kraft des Lehrers verdient und erhält auch entsprechend wenig. Der Lehrer seinerseits ist für den 'guten Wissenschaftler' oft eine Enttäuschung und nur als weiterer Beweis des 'guten Wissenschaftlers' gut, daß jene, die das Studium der Lehrer empfehlen, irregeleitet oder unwissend sind.*

Um den Lehrer zu erleben, um ihn zu erfahren, muß man ihn mit seinem ganzen Leben aufnehmen, nicht nur aus wissenschaftlicher Neugier für das Experiment, das nur einen mechanischen Aspekt eines eleganten Problemlösungsmechanismus darstellt, der zutiefst vom kognitiven und perzeptiven Stil des Westens beeinflußt ist.

Kommentar. Ich schlage vor, hier zwischen zwei Einstellungen zu unterscheiden. Einstellung 1: Man ist auf der Suche nach – ich wähle geläufige Formulierungen – existentieller Orientierung, nach einem Sinn des Lebens oder zumindest meines Lebens. Auf dieses Bedürfnis antworten diejenige, die existentielle Orientierung dieser oder jener Art anbieten; in Anlehnung an das Zitat könnte man sie als Sinn-Lehrer bezeichnen. Ferner ist zu berücksichtigen, daß existentielle Orientierung nicht notwendigerweise spiritualistischer Art ist – das ist nur eine Möglichkeit unter anderen.

Gegenüber dem Sinn-Angebot kann ich mich im Rahmen von Einstellung 1 eigentlich nicht neutral verhalten: entweder ich nehme es an oder ich lehne es ab. Ein Sinn-Angebot wird aber nur dann wirklich aufgenommen, wenn das Leben nach diesen Regeln gestaltet wird, wenn ich mich voll auf das Sinn-Angebot einlasse. Entsprechendes gilt (zumindest tendentiell) für den das Sinn-Angebot vermittelnden Lehrer – auch auf ihn muß ich mich existentiell einlassen, was übrigens keineswegs mit einer völligen Preisgabe der Kritik gleichbedeutend sein muß.

Nun zu Einstellung 2. Hier ist man auf der Suche nach Erkenntnis empirisch-rationaler Art. Dort, wo es um die Erkenntnis von Weltauffassungen, Denkstilen usw. geht, führt das zu einer gewissermaßen neutralen Beschreibung. Einstellung 2 trennt grundsätzlich zwischen der Rekonstruktion einer Weltauffassung und der existentiellen Entscheidung für oder gegen sie. Wie ist nun das Verhältnis zwischen den Einstellungen 1 und 2 zu bestimmen? Ich denke, daß beide Einstellungen legitim und notwendig sind. Auf existentielle Orientierung können wir ebensowenig verzichten wie auf empirisch-rationales Wissen, speziell auf solches über Denkweisen. Ferner denke ich, daß es auch für das Individuum hier kein Entweder-Oder, sondern ein Sowohl-als-auch gibt: Ich kann Wissenschaftler sein und eine stabile existentielle Orientierung besitzen. Wissenschaftler sind nicht zwangsläufig, wie der Text nahelegt,

standpunktlose Kleingeister, die völlig auf mechanische Aspekte eleganter Problemlösungsmechanismen fixiert sind.
Für unmöglich halte ich es jedoch, *zugleich* Einstellung 1 und Einstellung 2 einzunehmen. Bin ich auf existentielle Orientierung (welcher Art auch immer) ausgerichtet, so ist durch eben dieses existentielle Engagement der Identifikationsvorbehalt, der für Einstellung 2 charakteristisch ist, zeitweilig aufgehoben. Und umgekehrt: Bin ich auf die Rekonstruktion einer Weltauffassung ausgerichtet, so ist eben dadurch das existentielle Engagement zeitweilig zurückgedrängt.
Nun können wir den Fehler, dem viele New-Age-Denker erliegen, genauer bestimmen: Er besteht darin, daß eine totale Einheit der Einstellungen 1 und 2 angestrebt wird, nämlich eine Wissenschaft, die ganz auf ein bestimmtes Sinn-Angebot verpflichtet ist und 'Beweise' für die Richtigkeit dieses Sinn-Angebotes liefert. Die Umsetzung dieses Konzeptes wäre jedoch, wie leicht zu sehen ist, gleichbedeutend mit der Verwandlung von Einstellung 2 in eine Dienerin für Einstellung 1. Passagen wie die vorhin zitierte sind geeignet, diese gefährliche Tendenz zu stützen, indem sie den 'guten Wissenschaftler' als einen auf das Unwesentliche gerichteten Langeweiler erscheinen lassen. In der Tat: Denjenigen, die ausschließlich an existentieller Orientierung und insbesondere an ihrem 'Seelenheil' interessiert sind, muß wissenschaftliche Erkenntnis sozusagen als 'uneigentliches' Wissen gelten. Gegen eine solche Haltung ist grundsätzlich nichts einzuwenden. Nur: sie überschreitet ihre Grenzen, wenn sie zum Konzept einer 'anderen Wissenschaft' führt, die sich dann als religiöser Dogmatismus entpuppt. Selbstverständlich ist es zulässig, sich den Schamanen ganz im Sinne von Einstellung 1 zu nähern und gegebenenfalls zur Übernahme ihrer Weltauffassung zu gelangen. Ein Beispiel: *Diese fünf Tage veränderten mein Leben von Grund auf. Nein, an Gott, wie man das so sagt, glaube ich jetzt nicht. Vielmehr vermute ich: Es gibt einen Geist hinter allen Dingen. Ein solcher Geist hat kein Aussehen, denn er ist immateriell. Doch ist nicht auszuschließen, daß er sich gelegentlich einem Menschen als Traumbild zeigt. Selbst wenn er weder sicht- noch hörbar ist, kann ich ihm Fragen stellen, und er antwortet mir auf seine ihm eigene Art durch Zufälle. Ich weiß: Er kümmert sich um mich und liebt mich mehr*

als mein bester Freund. Dieser Geist begleitet mich seither dauernd und führte mich schon durch die verwickeltsten Situationen. Das ist mir viel wichtiger als alle kleinen schamanischen Zaubereien. Plötzlich hat mein Leben einen Sinn bekommen. Eine fundamentale Verkennung liegt jedoch vor, wenn Einstellung 1 als Voraussetzung 'wirklicher' Schamanenforschung ausgegeben wird.
3) In einem weiteren Text heißt es über 'gute Seancen': *ich konnte mich mit dem tanzenden Schamanen, dem singenden Orakel gleichsetzen und mich in seinen Zustand, zumindest periodisch, hineinversetzen und das Zerbröckeln der Ichstruktur und Außenwelt miterleben, man konnte selbst ein wenig Schamane sein. Lust kam auf, es ihm nachzutun, man wollte aufspringen und mitwirken. Sein Ritual wirkte ansteckend. Ging das Drama seinem Ende entgegen, fühlte man sich ernüchtert und war enttäuscht, daß es bereits vorüber war. Endlos hätte man in diesem Wirbelsturm der Ichauflösung verweilen mögen so wie ein Kind, das sich im Spiel im Kreise dreht, um das angenehme Gefühl der Benommenheit, das Weggleiten der normalen Ichdefinition, zu erleben. Schon im kindlichen Spiel erkennen wir die Sehnsucht unserer Art nach Dezentralisierung. Überall auf der Welt entdeckten Kinder dieses Spiel, und hier liegen die wahren Ursprünge des Schamanentums, in der Sehnsucht nach dem Glücksgefühl beim Ichverlust. Trance ist daher ein begehrter Zustand. Zu ihm neigt die ganze Menschheit hin, wenn sie sich in der Liebe wiegt, singt, tanzt, träumt oder sich im Alkohol- oder Drogenrausch dreht.*

Kommentar. Wir bestreiten nicht, daß es so etwas wie eine Sehnsucht nach dem Glücksgefühl beim Ichverlust gibt. Eine andere Dimension ist freilich dort erreicht, wo – natürlich mit spiritualistischem Hintergrund – der 'Sinn des Lebens' darin gesehen wird, der Sehnsucht nach Dezentralisierung so weit wie irgend möglich zu folgen. Mit einem solchen Sinn-Angebot muß man sich nicht identifizieren. Nur in einem spiritualistischen Bezugssystem kann die Verschmelzung mit dem großen Weltenall den Stellenwert des höchsten Ziels gewinnen. Für uns ist demgegenüber das Ich-Bewußtsein gerade nicht etwas, das zugunsten eines kosmischen Bewußtseins so schnell wie möglich abzustreifen ist. Das New-Age-Denken favorisiert die regressive Selbst-Preisgabe und damit auch das Opfer des kritischen Intellekts. Dieses Denken beruht auf einem anti-individualistischen Wertsystem.

Noch ein Schlenker. Die neureligiösen Bewegungen – und hier denke ich auch an die sogenannten Sekten – sind vielfach weit von einer Einheit von Kopf und Herz, Verstand und Gefühl entfernt. 'Folge deinem Gefühl, mißtraue deinem Verstand' – das scheint sehr oft die Maxime zu sein. Ist die Geringschätzung des eigenen Verstandes aber einmal etabliert, so ist es nicht mehr weit bis zur totalen Abhängigkeit von Führergestalten, die in der Lage sind, ihren Anhängern permanent intensive und 'gute' Gefühle zu verschaffen. Der Nationalsozialismus, das sollten wir nicht übersehen, war eine politische Bewegung genau dieses Typs.

Nur das Allernötigste:
Hinweise auf benutzte Literatur

1. *Für Neueinsteiger: Die Museumsführung*
P. Tepe, H. May: Mythisches, Allzumythisches. Theater um alte und neue Mythen 1, Ratingen 1995.

2. *Mythen des Alltags: Chez Pierre*
R. Barthes: Mythen des Alltags, Frankfurt / Main 1964

3. *Eliade I: Die Katastrophe*
4. *Eliade II: Der Schamane Kümmelkorn*
M. Eliade: Das Heilige und das Profane. Vom Wesen des Religiösen, Frankfurt / Main 1984. Das Kapitel *Das Heilige und das Profane in der modernen Welt* wurde darüber hinaus für den ersten Teil von Kapitel 5 benutzt.
Für die Kritik: G. S. Kirk: Griechische Mythen. Ihre Bedeutung und Funktion, Reinbek 1987.

5. *Utopien I: Die Deponie*
6. *Utopien II: Ganz oben*
P. Tepe: Illusionstheoretischer Versuch über den historischen Materialismus, Essen 1989.

7. *Feminismus I: Mutti in Hollywood*
8. *Feminismus II: Ab nach Montana!*
H. Göttner-Abendroth: Die Göttin und ihr Heros. Die matriarchalen Religionen in Mythos, Märchen und Dichtung, München 1980.
H. Nagl-Docekal (Hg.): Feministische Philosophie, Wien / München 1990.
C. Rohde-Dachser: Unbewußte Phantasien und Mythenbildung in psychoanalytischen Theorien über die Differenz der Geschlechter. In: Psyche 3 / 89, S. 193-218.
I. Stephan, S. Weigel (Hg.): Feministische Literaturwissenschaft, Berlin 1984.

Die Auseinandersetzung mit dem Thema *Mythos und Feminismus* geht auf ein gleichnamiges Seminar zurück, das Jutta Rosenkranz-Kaiser vor dem Hintergrund ihres Dissertationsprojekts konzipiert und zusammen mit Peter Tepe geleitet hat. Die Dissertation ist inzwischen erschienen:
J. Rosenkranz-Kaiser: Feminismus und Mythos. Tendenzen in Theorie und Literatur der achtziger Jahre, Münster / New York 1995.

9. New Age und Mythos I: In geheimer Mission
F. Capra: Die neue Sicht der Dinge. In: H. Bürkle (Hg.): New Age – kritische Anfragen an eine verlockende Bewegung, Düsseldorf 1988.
F. Capra: Wendezeit. Bausteine für ein neues Weltbild, Bern / München / Wien 1983.

10. New Age und Mythos II: In der Höhle des Löwen
G. Geisler (Hg.): New Age – Zeugnisse der Zeitenwende. Anthologie der wichtigsten Beiträge aus fünf Jahren aktueller Berichterstattung der Zeitschrift Esotera, Freiburg / Breisgau 1987.
P. Russell: Die erwachende Erde. Unser nächster Evolutionssprung, München 1984.
R. Sheldrake: Die Wiedergeburt der Natur. Wissenschaftliche Grundlagen eines neuen Verständnisses der Lebendigkeit und Heiligkeit der Natur, Bern / München / Wien 1991.
D. Spangler: New Age – die Geburt eines Neuen Zeitalters. Die Findhorn-Community, Frankfurt / Main 1978.
G. Trevelyan: Eine Vision des Wassermannzeitalters. Gesetze und Hintergründe des 'New Age', Freiburg / Breisgau 1980.
K. Wilber: Halbzeit der Evolution, München 1988.

11. New Age und Mythos III: Die Piraten kommen!
T. Dethlefsen: Schicksal als Chance. Das Urwissen zur Vollkommenheit des Menschen, München 1985 (11. Auflage).
A. Schenk, H. Kalweit (Hg.): Heilung des Wissens. Forscher erzählen von ihrer Begegnung mit dem Schamanen, München 1987.

Die Auseinandersetzung mit dem Thema *Mythos und New Age* geht auf ein gleichnamiges Seminar zurück, das Angela Berrisch vor dem Hintergrund ihres Dissertationsprojekts konzipiert und zusammen mit Peter Tepe geleitet hat. Die Dissertation ist inzwischen erschienen:

A. Berrisch: Hieroglyphen der Transzendenz. Mythos und neues Bewußtsein im New Age, Münster / New York 1995.

Nachwort zur Vorgeschichte

Wer das *Nachwort zur Vorgeschichte* in *Mythisches, Allzumythisches I* gelesen hat, weiß um die Hintergründe dieser Veröffentlichung. Der erste Band geht (wie im Vorwort bereits angedeutet) zurück auf etwas, das es unseres Wissens noch nie gegeben hat – nämlich eine *Theatralische Vorlesung*, eine Vorlesung in Theaterform. Sie fand im Wintersemester 1993/94 an der Heinrich-Heine-Universität in Düsseldorf statt.
Das Team hat zu keinem Zeitpunkt die (vermessene?) Idee verfolgt, die *Theatralische Vorlesung* auf Dauer zu stellen. Diese Veranstaltung war vielmehr als ein singuläres Gesamtkunstwerk konzipiert, das wissenschaftliche und künstlerische Elemente zu einem Ganzen verbinden sollte.
Obwohl dieses *wissenschaftlich-künstlerische Fest* ausdrücklich nicht als Modell für den Uni-Alltag angelegt war, sollte aus ihm ein im Uni-Alltag anwendbares Modell entwickelt werden – das Modell einer *Dialogischen Vorlesung*. Zu diesem Zweck fanden vom Sommersemester 1994 bis zum Sommersemester 1995 drei dialogische Vorlesungen statt: *Mythisches, Allzumythisches II, Psycho-Mythologie* und *Mythos – Ideologie – Illusion*.[31]
Das vorliegende Buch ist aus der ersten dieser drei Veranstaltungen hervorgegangen. Während wir uns beim ersten Band mit dem Abdruck der (nur geringfügig überarbeiteten) Vorlesungstexte begnügen konnten, war für den zweiten Band allerdings eine größere Umgestaltung erforderlich. Aus mehreren Gründen.
Erstens handelte es sich bei der Vorlesung *Mythisches, Allzumythisches II* in formaler Hinsicht um eine Kompromißbildung, die in der ursprünglichen Form für eine Publikation ungeeignet war. Die beiden ersten Sitzungen waren nämlich, um eine Verbindung zum vorigen Semester herzustellen, noch *theatralische Vorlesungen* der bewährten Art. Dann wurde, beginnend mit den Eliade-Vorlesun-

---

[31] Genauer gesagt: *Hauptsächlich* fanden diese Vorlesungen statt, um die *integrale Theorie des Mythos und der Ideologie* zu entfalten, und bei dieser Gelegenheit sollte auch das Alltagsmodell einer dialogischen Vorlesung entwickelt werden.

gen, ein Übergang zu einer einfacheren Dialogform ohne theatralische Anteile vollzogen. Für die Veröffentlichung mußte dieser formale Bruch entweder getilgt oder auf elegante Weise künstlerisch 'bewältigt' werden.

Zweitens bauten wir in die ersten dialogischen Vorlesungen noch ein paar Elemente ein, die als Restbestände der theatralischen Vorlesungen angesehen werden können. So wurden die beiden Sitzungen über Eliade als Prüfungsgespräch zwischen einem Professor und einem alptraumgeplagten Studiosus inszeniert. Mit einer grobgezeichneten Rahmenhandlung und einem minimalistischen Bühnenbild ausgestattet, war dies der erste Versuch, mit möglichst geringem Arbeits- und Probenaufwand zu einer dialogisierten *Sach*vorlesung überzuleiten. Das Ergebnis war für Spieler wie Zuschauer gleichermaßen unbefriedigend. Wir hatten uns in den insgesamt sechzehn 'Bühnenstücken' zuvor ein anspruchsvolles, verwöhntes Publikum herangezogen, das von dem geringen Unterhaltungswert dieses leicht ironisierten 'Prüfungsgespräches' enttäuscht war. Die Schauspieler wiederum mußten mit Erschrecken feststellen, daß die Zuschauer nun mit dem 'Brot des Künstlers', dem vorher so freigiebig gespendeten Applaus, sehr sparsam umgingen, bzw. bald in das Uni-übliche höfliche Klopfen zurückfielen.

Das konnte so nicht weitergehen. Für ein unbefriedigendes Resultat war diese Zwischenlösung immer noch viel zu arbeitsaufwendig, und so fanden wir, nach längerem Experimentieren, schließlich eine praktikable Lösung: Reine Sachdialoge, auf zwei oder drei Sprecher verteilt, ergänzt durch graphische und künstlerische Aufbereitung der zentralen Thesen über Episkop- und Overheadprojektion sowie Auftritte von Gastmusikern bzw. Rezitatoren.[32]

---

[32] Weitere Auskünfte über das Alltagsmodell einer dialogischen Vorlesung finden sich in: P. Tepe (in Zusammenarbeit mit Y. Nakamura und S. Stemmler): Alternative Vorlesungsmodelle. In: Studienreformprojekt der Fachschaft Germanistik und des Germanistischen Seminars der Heinrich-Heine-Universität Düsseldorf (Hg.): "die blaue reihe" - Diskussionsgrundlagen zur fachinternen Studienreform, Bd. 32, Düsseldorf 1995.

Es versteht sich von selbst, daß die Wiedergabe dieser heterogenen Formexperimente für eine Druckfassung ungeeignet war. Etwas völlig Neues mußte her – und hier kommen die *Kopf-Filme*, die absurden Abenteuer zum Zuge, die Helge May eigens für diesen Band verfaßt hat. Die Kernfiguren der verschiedenen Episoden wurden aus dem Vorlesungsteam selbst rekrutiert, und so entstand die *Mythic Tours GmbH*, deren fernab jeglicher Plausibilität liegende Erlebnisse von May, als offiziellem Chronisten, getreulich wiedergegeben werden.

Auf diese Weise sind, so hoffen wir zumindest, die ästhetischen Probleme, die der zweite Band aufwarf, angemessen gelöst worden.

Düsseldorf, im August 1996   Peter Tepe, Helge May

Inhalt

Anstelle eines Vorworts: Gebrauchsanleitung		5
1.	Für Neueinsteiger: Die Museumsführung	7
2.	Mythen des Alltags: Chez Pierre	31
3.	Eliade I: Die Katastrophe	49
4.	Eliade II: Der Schamane Kümmelkorn	72
5.	Utopien I: Die Deponie	99
6.	Utopien II: Ganz oben	126
7.	Feminismus I: Mutti in Hollywood	154
8.	Feminismus II: Ab nach Montana!	180
9.	Mythos und New Age I: In geheimer Mission	207
10.	Mythos und New Age II: In der Höhle des Löwen	242
11.	Mythos und New Age III: Die Piraten kommen!	287
Nur das Allernötigste: Hinweise auf benutzte Literatur		337
Nachwort zur Vorgeschichte		340

Veröffentlichungen im Melina-Verlag:

Tibet - Der Weiße Tempel von Tholing
400 Jahre alte Tempelmalerei im westlichen Tibet mit Vorwort vom Dalai Lama, Verfasser Ewald Hein/Günther Boelmann, Herausgeber Ewald Hein, 188 S., 52 Farbf., gebunden, 1994, Deutsch, ISBN 3-929255-06-5, 79,00 DM

Der Adam & Eva Report
Betrachtungen über die Anfänge der Bibel,
Verfasserin Eva Maria Borer, Herausgeber Ewald Hein,
280 S., gebunden, 1994, Deutsch, ISBN 3-929255-10-3, 28,00 DM

Stamm-Baum und Samadhi-Raum
Die Suche nach dem verlorenen Gesicht (Meditation)
Verfasser Ewald Hein/Nesim Tahirović, Herausgeber Ewald Hein, 48 S., 10 Abb. s/w, gebunden, 1995, Deutsch, ISBN 3-939255-13-8, 28,00 DM

Hana
Roman eines Mädchens aus Bosnien
Verfasserin Safeta Obhodjas
200 S., gebunden, 1995, Deutsch. ISBN 3-929255-18-9, 24,60 DM

Pechmann - Ein Leben zwischen allen Stühlen
Authentische Lebensgeschichte eines deutschen Christen, den es im Jahre 1937 nach Palästina verschlagen hatte. Eine ungewöhnliche Existenz bis zu seinem Tod in Israel.
Verfasserin Malka Schmuckler
176 S., gebunden, 1996, Deutsch, ISBN 3-929255-22-7, 19,80 DM

Zypern - byzantinische Kirchen und Klöster
Mosaiken und Fresken
Darstellung der wichtigsten Kirchen und Klöster aus Zyperns byzantinischer Zeit, einschließlich einer umfassenden Einführung über die historische und kunstgeschichtliche Entwicklung der Insel.
Verfasser Ewald Hein, Andrija Jakovljević, Brigitte Kleidt
200 S., 190 Farbb., geb., 1996, Deutsch, ISBN 3-929255-21-9, 79,00 DM